International Trade Law

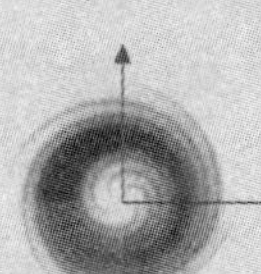

新坐标管理系列精品教材

国际商法

（第3版）

史学瀛　潘晓滨　等 编著

清华大学出版社
北　京

内容简介

本书采用9个章节的设置模式，分别为第1章导论、第2章合同法、第3章国际货物买卖法、第4章国际产品责任法、第5章代理法、第6章商事组织法、第7章票据法、第8章知识产权法、第9章仲裁与涉外民事诉讼。

本书适合普通高等院校国际贸易类和法学类专业学生作为教材选用，也可供贸易和法律实务类专业人士参阅。

图书在版编目(CIP)数据

国际商法/史学瀛等编著. --3版. --北京：清华大学出版社，2015（2021.7重印）
（新坐标国际贸易系列精品教材）
ISBN 978-7-302-41710-1

Ⅰ. ①国… Ⅱ. ①史… Ⅲ. ①国际商法—高等学校—教材 Ⅳ. ①D996.1

中国版本图书馆CIP数据核字(2015)第238108号

责任编辑：刘志彬
封面设计：汉风唐韵
责任校对：宋玉莲
责任印制：丛怀宇

出版发行：清华大学出版社
网　　址：http://www.tup.com.cn，http://www.wqbook.com
地　　址：北京清华大学学研大厦A座　　**邮　　编**：100084
社 总 机：010-62770175　　**邮　　购**：010-62786544
投稿与读者服务：010-62776969，c-service@tup.tsinghua.edu.cn
质量反馈：010-62772015，zhiliang@tup.tsinghua.edu.cn
印 装 者：涿州市京南印刷厂
经　　销：全国新华书店
开　　本：185mm×260mm　**印　张**：22.5　**插　页**：1　**字　数**：516千字
版　　次：2006年7月第1版　2015年10月第3版　**印　次**：2021年7月第5次印刷
定　　价：45.00元

产品编号：065066-01

作者简介

史学瀛，南开大学法学院教授，博士生导师，南开大学环境与司法研究中心主任，南开大学WTO研究中心副主任，中国国际经济贸易仲裁委员会仲裁员，中国环境与资源保护研究会理事，天津市人大常委会立法咨询专家，天津市法学会学术委员会委员。2011年获天津市优秀青年法学家称号。研究领域涉及国际商法、国际环境法、国际经济法和知识产权法。

近年来出版研究类专著多部，包括《碳排放交易市场与制度设计》、《公共健康危机与发展中国家的知识产权战略》、《生物多样性法律问题研究》、《国际技术转让法新论》、《保险法前沿问题案例研究》、《反倾销、反补贴、保障措施典型案例——钢铁行业案例》等。

发表学术类文章多篇，代表性文章包括《有关生物多样性的若干知识产权问题》、《生态城环境保护补偿的法律思考》、《遗传资源法律问题初探》、《我国解决公共健康危机的法律策略探析》、《碳排放交易机制中涵盖部门制度的构建》、《碳排放交易中控排企业履约责任比较研究》等。

主编了《国际商法》和《环境法学》等多部高等学校用法学教材，包括国家级"十一五"规划教材《环境与自然资源保护法》。

主持了国家和天津市重大科研课题多项，包括CDM赠款项目"关于进行碳强度减排、将天津滨海新区建成低碳经济示范区的试点方案与配套政策研究"、教育部基地重大项目"联合国工商业与人权指导原则框架下的企业人权责任研究"、教育部人文社会科学研究项目"公共健康危机与发展中国家的知识产权战略"、"经济发展方式根本转变与法制改革问题研究——以环境资源法为例"、"天津生态环境法律保护问题研究"等。

新坐标国际贸易系列精品教材

编 委 会

再版说明

本书自 2011 年第 2 版出版以来得到了广大读者的认可。但在近 3～4 年的时间里，伴随着全球经济一体化趋势的迅猛发展，大量的国际条约、商事惯例、国内法律相继出台或进行修订，第 2 版教材已经不能适应国际商法内容与时俱进的教学需要，为此，我们对本书进行了第 3 版的内容修订。

主要修订工作如下所述。

一、对第 2 版教材各章节中文字和段落的明显纰漏之处作了更正与补充。

二、本书的相关重要章节内容进行了重新编写，吸收和借鉴了国内外学术界关于国际商法的最新研究成果。

三、根据近年来国际条约、国际商事惯例、部分国家特别是我国的国内立法的发展，本书大量更新了相关法律的内容，在相关章节进行了增补，主要涉及如下内容。

（一）第二章合同法部分，国际商事惯例部分增加了对《国际商事合同通则》2010 版本内容的介绍，国内法部分增加了 1999 年《最高人民法院关于适用〈中华人民共和国合同法〉若干问题的解释（一）》和 2009 年《解释（二）》相关法条的梳理和补充说明。

（二）第三章国际货物买卖法部分，国际公约部分增加了《联合国国际货物买卖合同公约》的最新缔约情况统计，国际商事惯例部分增加了对《国际贸易术语解释通则》2010 版本的介绍，国内法部分增加了 2012 年颁布的《最高人民法院关于审理买卖合同纠纷案件适用法律问题的解释》相关法条的梳理和补充说明，并在电子商务合同一节补充介绍了 2014—2015 年我国电子商务立法最新进展。

（三）第四章国际产品责任法部分，在内容结构上增加了产品责任的免责事由、产品责任的损害赔偿、国际产品责任的法律适用问题三个分节的内容介绍。

（四）第五章代理法部分，在第二节中国外贸代理制度部分补充了我国外贸代理制度的自 1984 年发展至今详细立法发展历史沿革的内容介绍。

（五）第六章商事组织法部分，根据中国 2013 年修订的《公司法》，以及 2014 年新增加的公司登记、信息披露相关的法律规定，在对相关部分进行修正、完善的同时，增加了公司信息披露相关内容。

（六）第七章票据法部分，对票据特征进行内容完善，并对《统一汇票本票法公约》以及相关公约进行了详尽介绍。

（七）第八章知识产权保护法部分，针对商标法内容，根据 2013 年修正的《中华人民共和国商标法》进行了框架完善和内容补充。

（八）第九章仲裁与涉外民事诉讼部分，与第 2 版相比重新编排了篇章结构，增加了仲裁程序一节，加入了 2015 年中国国际经济贸易仲裁规则等内容。

需要说明的是，国际商法是一门不断完善和发展的学科，截止到目前其学科体系尚不成熟。在内容覆盖领域和国际贸易法、国际经济法等学科相互交叉，因此给国际商法的教学带来了极大的困扰。在本书第 3 版的修订过程中仍然坚持前两版的立场，不去花费大量精力分析和论证国际商法学科的独立性问题，在编写和修订过程中，并不刻意追求学科体系的周延性和逻辑性，而更侧重于对国际商事活动中具体问题的阐述。

本书（第3版）在内容架构上仍然采用9个章节的设置模式，分别为第1章导论、第2章合同法、第3章国际货物买卖法、第4章国际产品责任法、第5章代理法、第6章商事组织法、第7章票据法、第8章知识产权法、第9章仲裁与涉外民事诉讼。

本书属于合作作品。参加第3版修订工作的人员主要有：

史学瀛　南开大学法学院教授、博士生导师

潘晓滨　南开大学法学院博士研究生

林美彤　南开大学法学院硕士研究生

张文强　南开大学法学院硕士研究生

具体分工为：全书内容由史学瀛统稿和审定。第1、2、3、4、5章由潘晓滨负责编撰，第6、7章由林美彤负责编撰，第8、9章由张文强负责编撰。

在本书第3版修订过程中，得到了南开大学法学院和清华大学出版社诸多师友和同人的鼎力支持，并借鉴了同行著作的最新研究成果，在此一并表示诚挚的感谢！

由于作者水平有限，恳求业内专家、学者和读者多加指正。

编　者

2014年12月

目　录

第一章　导　论

本章学习目标

1. 国际商法的历史沿革
2. 国际商法的渊源及其与相关法律学科的关系
3. 西方两大法系中的民商法
4. 我国法律体系中的民商法

本章重要概念：商法　国际商法　国际条约　国际惯例　英美法系　大陆法系

国际商法作为一门学科，我们是从两个角度进行研究的：一是当今世界主要国家的民商法；二是调整国际商事交易和商事组织的国际公约和国际惯例。但是，从严格的意义上来说，国际商法作为一门正在形成和发展的法律学科，其真正的内涵是调整国际商事交易和商事组织的各种关系的法律规范的总和。

第一节　国际商法的历史沿革

商法，顾名思义是有关商人和商事活动的法律。现代大多数民商法学者通常认为，近代商法形成于欧洲中世纪。商法的最初形式是商人习惯法。它的形成有着特定的社会根源。11世纪后，东西方贸易的发展促进了地中海海上贸易的发达和地中海沿岸一些新兴城市的繁荣，其中被称为"通往东方门户"的威尼斯、热那亚、佛罗伦萨的商业地位尤为瞩目。其后几百年间，此种高度集中的口岸贸易和海上贸易又相继扩展到欧洲大西洋沿岸、波罗的海沿岸和北海沿岸的一系列开放城市。

然而，当时欧洲大陆仍处于以农业为主的封建时期，封建法制与新兴经济地区的经济发展和法律要求之间存在着尖锐的冲突。在这种背景之下，自11世纪起在意大利的佛罗伦萨和佛兰德诸港率先出现了旨在联合保护商人自身利益的行会组织——商人基尔特。其后，此种商人组织迅速在意大利、西班牙、英格兰、荷兰的许多城市中相继出现。商人行会组织形成的最初意义在于通过行业自治和习惯规则协调商人之间的关系，反抗封建法制的束缚，处理商人之间的纠纷。但此种行会组织随着其实力和权力的加强，逐渐担负起认可和接纳商人，制定和编纂规约或习惯规则，组织商事法庭和行使商事裁判权等多种职能。从11世纪至14世纪的几百年间，正是在商人行会规约、商人惯例和商事判例的基础上才逐步因袭沿用、形成了较为系统的商人习惯法，其中许多习惯法规则被商人行会或商人编辑成书。这种商人习惯法与封建法律比较有如下特点：①它具有国际性，普遍适用于各国从事商事交易的商人。②由商人自己组织的法院，特别是行商法院(piepowder)处理商事案件。这种行商法院的陪审团由本地商人和外地商人各半组成，行商法院的诉讼程序不拘泥于形式，按照公平合理的原则审理案件，结案速度很快。当时有一个形象的比喻，行商法院审案的速度就像“把商人脚上的灰尘去掉”一样。这些行商法院无疑是统一的，具有现代社会的调解和仲裁性质，而不是严格意义上的法院。③公证人参与商事活动。自1236年起，位于法国香槟地区的集市合同必须采取公证的形式。13世纪中叶，公证合同已在意大利普遍出现。据记载，马赛的一个公证员仅在1245年这一年就办理了上千件商事单证的公证，有一个公证员在一天内就起草了近60件公证文件，其中很多公证合同就是我们今天所说的标准合同，如租船合同等。由公证人的这些活动可见商人习惯法的普遍性。

16世纪以后，随着资本主义商品经济关系的萌芽和欧洲中央集权国家的强大，欧洲各国都采用各种方式把商法纳入本国的国内法，使之成为国内法的一部分，从而使商法失去了它原有的国际性。在这一过程中，德、法两国率先开始了本国的法律统一运动。1673年法国国王路易十四颁布了法国《商事条例》，该法典共12章，112条，其内容包括商人、票据、破产、商事裁判、管辖等，该法在适用性上实际上仍是商人习惯法的补充，并且其司法职能由商人担任法官的商事法院行使。1681年法国又颁布了《海事条例》，其内容包括海上裁判所、海员及船员、海事契约、港口警察、海上渔猎五篇，类似于后来的海商法。与法国相类似，德国从18世纪起即以商人习惯法为依据，开始制定商事成文法，例如1727年的《普鲁士海商法》、1751年的《普鲁士票据法》、1776年的《普鲁士保险法》等。这些欧洲早期的商事立法虽然其实质不过是封建国家以王权名义对商人习惯法和商人利益的确认，但在当时的历史条件下是具有社会进步意义的，它们对于现代商法形成所起的作用是毋庸置疑的。

19世纪以后，随着欧洲资产阶级革命的成功，社会关系发生了根本变革。欧洲大陆国家相继开始了大规模的法典制定活动。由此，商法开始在大多数大陆法系国家作为一个独立的法律部门出现。

1807年，法国以路易十四1673年颁布的《商事条例》为蓝本，制定了新的商法典，共由四编(其中第三编于1838年颁布)组成。第一编关于商业事务，规定了商人的法律地位。指出商人是以经营商业为自己日常职业者；不问男女，凡年满18岁、不受亲权及禁治产等限制者，可以经营商业。该编内容还对合伙公司、股份公司等经营方式的原则、法律地位以及交易所、经纪人和汇兑、票据等作了规定。第二编关于海上贸易，法典规定船舶为动产，所有人有权将其抵押、买卖，但必须依法纳税。船长指挥全船，向船主负责，但船舶本身或装载的货物因不可抗力造成损失时，船长不负责任。此外，对于船员等的雇用、海上保险等规则作了规定。第三编关于破产，商法详尽得规定了财产分散、通常的破产和欺诈破产等应负的责任，体现了严格维护债权人利益的原则。第四编对商事法院及其诉讼程序作了规定。商事法院审理的案件是：契约及交易案件、股东间发生的诉讼案件，公民商业行为的诉讼案件以及有关的破产案件。由于历史条件的局限，虽然《法国商法典》在内容和体系方面均有不完善之处，但其对现代商法的形成具有重要的开拓性意义，尤其是它所首创的民商分立体例对于大陆法各国后来的民商立法产生了重大影响。继法国之后，大多数欧洲大陆国家采用了商法独立的立法形式，例如1829年的《西班牙商法典》、1811 年的《卢森堡商法典》、1833 年的《葡萄牙商法典》、1838 年的《荷兰商法典》、1850 年的《比利时商法典》、1835 年的《希腊商法典》、1865 年和 1883 年的《意大利商法典》,以及 1900 年的《德国商法典》等。在上述国家的商事立法当中,除《法国商法典》首创商法独立体系以外,《德国商法典》对世界各国商事立法产生了巨大的影响。

《德国商法典》于 1900 年 1 月 1 日与民法典同时实施。商法典是只包括调整有关商业关系和仅适用于商人的特殊法规,凡在商法典中未规定的,一律适用民法典。商法典共 905 条,分为四篇,第一篇"商从业者",规定商人身份、商业注册、商号、商业账簿、业务代理人及商事代理人、店员及经纪人等。德国的旧商法系采用 1807 年法国商法典的精神,只承认实质上以从事商业行为为业者为商人,新商法则不限于此,而是按照商业的方法作为认定商人的依据。第二篇专门规定商业公司,尤其是股份公司。法典规定商业公司有:合名公司、合资公司、股份公司和股份合资公司四种。这些规定,说明 19 世纪末期从事商业流通主要活动的已非单个商人,而是以资本的聚集为基础的各种公司了。第三篇是关于商业契约的法规,除对这些契约作了一般规定之外,还对商品买卖、批发营业、委托契约、仓库营业、商品发送和转运等作了详细规定。第四篇是海商及商业航海有关的专用法规。除商法典外,德国当时也适用商业惯例以补充商法典之不足,灵活而适时地满足了垄断资本集团的要求。

法、德两国的国内商事立法在资本主义初期对规范商人及其商事活动,促进资本主义发展以及对世界其他国家的商事立法产生了积极重要的影响。

与此同时,中世纪的商人习惯法也逐步渗透到普通法系的英国。与大陆法国家不同的是,将普遍采纳的商业惯例纳入到普通法的惯例当中去,在重视程序法的英国是非常困难的。尽管如此,早在 15 世纪初,英国法律中就已渗透了大量商人法内容。此后几百年间,英国不仅建立了仅适用于商人的商业登记制度、公司制度、商业账簿制度、商人信用制度、商业信贷和利息制度、商业买卖和代理制度等,而且还逐步发展起近代的商人习惯法、商人法庭、海事法庭、商事仲裁等独特的制度,它们多被纳入衡平法范畴。到了 18 世纪,以曼斯菲尔德(Mansifield)大法官为首的一批法学家,制定了一系列符合需要的、公正和现代化的实体商法,同时还将商人习惯法与普通法的各项原则协调一致,既反映了商业界的要求,同时也体现了旧法的原则。

20 世纪以来,特别是第二次世界大战以后,由于各国国力的增强,各国之间的经济联系日益密切,经济生活越来越国际化。国际贸易的发展,要求在客观上为其提供一个良好的、共同的法律环境,商法国际化的回归也就成为必然。不论是市场经济国家之间,还是市场经济国家与计划经济国家之间,商法的国际性和普遍性成为它们的共同要求。另外,各国在长期的经济贸易交往中已逐渐形成了一些被普遍接受的贸易惯例和习惯做法,各国的贸易做法日趋接近。例如,各国企业在国际贸易中都普遍采用 FOB 或 CIF 条件订立合同,而一旦它们采用了这类贸易术语,则各国对买卖双方在交货中关于风险费用和责任划分的解释基本上都是相同的。这种情况也为形成统一的国际商法提供了可能。

此外,联合国国际贸易法委员会和其他一些专门机构,以及国际统一私法协会、国际商会、国际法协会等,都在积极从事研究和制定统一的国际商法的工作,并已取得了很大成就,如《1990 年国际贸易术语解释通则》、1980 年通过的《联合国国际货物买卖合同公约》以及 1994 年的《国际统一私法协会国际商事合同通则》等都是上述机构近年来富有成效的工作成果，为国际商法的统一作出了积极的贡献。

总之，从国际商法的历史沿革中，我们发现了国际商法从国际法到国内法又到国际法的发展过程，它的产生和发展不是基于法学家的传播，而是一定社会物质条件的客观要求，不论人们对其存在与否、是否成为一个独立的法律学科存在多大分歧，它都是客观存在的。一个新的、独立的国际商法正在形成之中。

第二节　国际商法的渊源及其与相关法律学科的关系

一、国际商法的渊源

法律渊源是指法律的表现形式。国际商法的渊源有两个：一是国际条约；二是国际贸易惯例。

（一）国际条约

国际条约是国家间关于权利义务的协议文件的总称，是国家间为调整政治、经济、军事、文化等关系而采用的最常见的法律文体形式。国际条约的种类很多，除了用条约命名的以外，还有公约、协定、宪章、议定书等。这些不同的名称，在应用习惯上各有不同，但在法律意义上并无严格的区别，都是国家或政府间签定的关于相互权利义务的书面协议。

如上所述，第二次世界大战以后，特别是 20 世纪 60 年代以后，商法又恢复它的国际性和统一性，其中，有关商事方面的国际条约和公约对各国商事活动规则的统一发挥了极其重要的作用，是国际商法的重要渊源。例如，联合国于 1966 年成立的以逐步协调和统一国际贸易法律为宗旨的专门机构——国际贸易法委员会，至今已制定了若干重要公约和规则，主要有：1974 年签署的《国际货物买卖时效公约》、1978 年签署的《联合国海上运输公约》（汉堡规则）、1980 年签署的《联合国国际货物买卖合同公约》、1976 年签署的《国际贸易法律委员会仲裁规则》等，这些公约和规则在国际商事活动中已产生重大影响。此外，联合国贸易和发展会议在商法的国际化方面也做了大量的工作，它受联合国委托，于 1978 年草拟了《关于国际技术转让行动守则》，1980 年，联合国贸易和发展会议的 84 个成员方一致通过了《联合国国际货物多式联运公约》。在代理法方面，1983 年 2 月 15 日，由 49 个国家代表参加的外交会议通过了由国际统一私法协会组织起草的《国际货物销售代理公约》。

上述公约和规则是属于实体法方面的规范，除此之外，还有一种属于冲突法规则的国际条约，如国际货物买卖合同适用法律公约、产品责任适用法律公约等。无论是实体法还是冲突法方面的国际条约，对于商法的国际化都将起到越来越重要的作用。

（二）国际贸易惯例

国际贸易惯例也是国际商法的重要渊源。国际贸易惯例是在国际贸易的长期实践中逐步形成的一些国际间通用的习惯做法和规则。在国际上，关于贸易惯例并没有一个统一的定义，在大多数情况下，只是提及。例如，《联合国国际货物买卖合同公约》和我国的《合同法》在涉及贸易惯例时，只是规定惯例适用的情况和约束力，并没有定义其含义。但是也有少数国家给予贸易惯例以概括性的定义。例如,美国《统一商法典》中规定:“一项贸易惯例是在某一地方,某一行业或贸易中所惯常奉行的某种做法或方法,并以之判定发生争议的交易中应予奉行的所期望的行为模式。”在英国法中,贸易惯例被简单而准确地定义为:“从事商业活动在某一行业经营的人们所接受的做生意的方法或行为模式。”英国著名的国际贸易法专家施米托夫教授为贸易惯例下的定义是:“贸易惯例是某种商业方法或行为方式,为某个特定的商业行业所惯常奉行,以至被那些从事该商业行业的人们认为是有拘束力的。”

国际贸易惯例一旦明示或默示地适用于商事活动中某一行业的商人,对他们就会产生相当于法律的效力。但是,国际贸易惯例不是法律,它与法律、当事人订立的合同既有区别又有联系。在研究国际贸易惯例时,弄清它们彼此之间的关系是非常必要的。

关于国际贸易惯例与法律的关系可以从两方面来理解。首先,国际贸易惯例不是法律。国际贸易惯例的产生与发展不是国家意志发生作用的结果,而是人们在长期的贸易实践中逐步形成的。当法律将某项贸易惯例吸收为制定法或国际条约时,就制定法律或参加该国际条约的国家而言,该项贸易惯例已因其转化为法律或国际条约而不复存在。但是,对于不是该法律或国际条约的制定者的其他国家而言,此项贸易惯例仍旧是客观存在的事实,但却不是法律,因此,国际贸易惯例并不具有当然的法律约束力。其次,国际贸易惯例的法律效力依赖于法律的规定。国际贸易惯例虽然不能直接产生法律效力,但在一定条件下通过法律的确认可以产生法律效力。例如,在与一国的法律不相抵触和不违背社会公共秩序的前提下,国家法律以明示或默示的方式承认惯例具有法律效力。

在国际商事活动中,贸易惯例与合同条款之间具有十分密切的关系。一般来说,除非在合同中明确排除适用某一贸易惯例,国际贸易惯例可以明示或默示地约束合同当事人。例如,《联合国国际货物买卖合同公约》规定:

“(1) 双方当事人业已同意的任何惯例和他们之间确立的任何习惯做法,对双方当事人均有约束力。

(2) 除非另有协议,双方当事人应视为默示地同意对他们的合同或合同的订立适用双方当事人已知道或理应知道的惯例,而这种惯例,在国际贸易上,已为有关特定贸易所涉同类合同的当事人所广泛知道并为他们所经常遵守。”

目前,在国际商事活动中影响最大的贸易惯例是国际商会制定的《国际贸易术语解释通则》(简称“INCOTERMS”),由国际商会在1936年制定,现行最新版本为2010年文本。《跟单信用证统一惯例》,由国际商会在1930年制定,现行文本为2007年修订的UCP600号出版物。这些惯例在世界上已经获得绝大多数国家和地区的承认和采用。此外,还有国际法协会于1932年制定的《华沙—牛津规则》(*Warsaw-Oxford Rules*),美国1941年修订的《国际贸易定义》,在某些国家和地区也有一定的影响。

由于国际商法正处于形成和发展阶段,各国的民商法无疑是国际商法的重要补充,因为在某些没有国际统一商事法的领域,国际商事纠纷尚需借助国际私法的冲突规范来处理,必然会涉及某些国家的国内法。因此,虽然各国民商法不是国际商法的渊源,但是,在学习和研究国际商法这门学科时,除了掌握国际商法的渊源以外,还应了解有关国家民商法的一些规定。

二、国际商法与相关法律学科的关系

（一）国际商法的调整对象

法律调整的对象是划分法律部门的首要标准。为了说明国际商法与相关法律学科的关系，应首先研究国际商法的调整对象。

1961 年，英国著名的国际贸易法专家施米托夫教授发表了《国际商法——新的商人习惯法》一文，提出了国际商法这一概念，并认为国际商法包括两个主要分支：(1)国际贸易法，其中国际货物买卖是该法的主要内容，其中还包括国际结算、运输和保险中的法律问题；(2)国际公司法，即根据一国法律设立但又在其他国家具有商业利益的公司。这种商业利益表现在，在其他国家设立子公司，或在联合公司中占有股份，或参加联合管理，或者采取其他形式。

从施米托夫教授对国际商法内容的描述中我们看到，国际商法调整的对象是传统的国际商事交易关系和跨国公司行为关系。

在我国，1982 年，对外经济贸易大学沈达明、冯大同教授出版了《国际商法》一书，在该书的新编本中，他们认为国际商法是调整国际商事交易和商事组织的各种关系的法律规范的总和。

我们认为，随着世界经济日益国际化尤其是国际贸易的迅猛发展，无论是商事关系还是商主体较之传统商法都会发生深刻的变化。商事关系和商主体关系无疑应是国际商法的调整对象。就商事关系而言，传统商法主要包括商行为法、公司法、票据法、海商法、保险法等。而国际商法的调整对象除包括这些传统的内容以外，还应包括与现代经济和国际贸易发展相适应的新的商事关系。国际贸易这一概念本身的变化很能说明这个问题。

传统国际贸易一般仅指货物贸易，因此，传统商法调整的主要是商主体之间围绕货物买卖所发生的商事关系，如运输、保险、票据、仲裁等。目前，国际贸易的含义已经发生了根本性的变化。对世界经济发展产生巨大影响的世界贸易组织(WTO)在《关于建立世界贸易组织的协议》序言中指出，其宗旨之一是扩展商品与服务的生产和销售，同《关税与贸易总协定》的“扩展商品生产与销售”相比，增加了服务贸易的内容。根据 WTO《服务贸易总协定》第 1 条的规定，它所适用的服务包括任何部门的服务，只有为实施政府职能所提供的服务除外。通常包括下列项目：运输业，金融服务(包括保险业)，旅游服务，电信，建筑和工程承包，咨询服务，广告、设计，律师和会计师服务，视听服务，维修和保养服务，文化、教育和卫生服务，零售业。可见，WTO 对服务贸易范围的规定是非常广泛的。从我国的情况来看，国际贸易所涉及的行业和领域也在逐步扩大，国际贸易的含义也随之发生了重大变化。2004 年修订的《中华人民共和国对外贸易法》第 2 条规定：“本法所称对外贸易，是指货物进出口、技术进出口和国际服务贸易。”

如上事实说明，新的商事关系的出现必然对调整这些关系的法律提出新的要求。而国际商法的任务之一就是应该适应这种客观要求的需要，理应将其作为调整对象，不断地完善本学科的体系，更好地为国际商事活动服务。

关于商主体问题，按照商主体的组织机构特征进行分类，可将商主体划分为商个人、商法人与商合伙。在现代商事活动中，商法人是国际商法最基本的主体，它以公司或企业的形式出现，又称做营利性法人。在本书公司法一章中对此将做详细介绍，在此不多赘述。

（二）国际商法与相关法律学科的关系

1. 国际商法与国际私法的关系

关于国际私法的定义和范围，国际私法学界历来有不同的解释。有人认为，国际私法仅包括或主要包括调整涉外民事法律关系的冲突规范；也有人认为，国际私法不仅包括调整涉外民事法律关系的冲突规范，还包括国际统一实体规范；还有人认为，国际私法不仅包括冲突规范、统一实体规范、还包括国内法中专门调整涉外民事法律关系的实体规范。

在上述三种观点中，第一种观点在国际上是较普遍的观点。从这种观点出发，国际商法与国际私法的区别显而易见。从公法和私法的角度划分，国际商法应属于私法范畴，但是，国际私法是主要调整涉外民事法律关系的冲突规范，而国际商法主要是调整国际商事关系和商事组织关系的实体规范，二者无论在冲突规范、实体规范方面，还是在涉外民事法律关系与国际商事关系方面都是不同的。

按照上述第二、第三种观点，国际私法的调整范围在人为的扩大，于理论与实践、科学地划分学科之间的界限都是不利的。如果这些观点能够成立，国际商法似乎已无存在的必要，国际商法很可能被包容在国际私法的所谓“统一实体规范”当中，所以我们认为这两种观点是不可取的。

2. 国际商法与国际经济法的关系

与国际商法一样，国际经济法也是一门正在形成和发展的学科。关于国际商法与国际经济法的关系，目前还很难得出确切的结论。因为，就国际经济法本身在法律体系中的地位和作用，在国际法学界一直就存在不同的看法，概括起来可归纳为如下三种观点。

(1) 国际经济法是国际公法的一个分支，把国际经济法看成是调整政府间、政府与国际经济组织间以及国际经济组织相互间的经济关系的法律规范。这种意义上的国际经济法与国际商法的区分是显而易见的，单就主体来看，即可将二者区别开来，如前所述，国际商法的主体是商个人、商法人、商合伙，而不包括政府和国际经济组织。

(2) 关于国际经济法的第二种观点，不涉及国际经济法的地位，它主张国际经济关系应通过国际私法的实体规范进行直接调整或通过冲突规范进行间接调整。这种观点实际上否认了国际经济法的存在，国际经济法与国际商法的关系也就无从谈起。而国际私法中的实体规范应该说指的就是国际经济贸易惯例与国际公约或条约，作为国际私法分支的国际商法，其法律渊源亦指国际贸易惯例与国际公约或条约。

(3) 第三种观点认为，国际经济法是一个独立的新出现的法律部门，主要论点为：国际经济法并非国际公法的分支，是与国际公法并立的独立法律部门；国际经济法不仅调整政府间、政府与国际经济组织间、国际经济组织相互间的经济关系，而且还调整私人之间的国际经济关系。这种意义上的国际经济法似乎包括了国际商法的内容，国际商法已无存在的必要。

我们认为，法学学科的划分无论在国内还是在国外从来就没有过比较一致的观点，而且一些法学学科受人为因素的影响有任意扩大学科范围的趋势，某些学科划分的争论从来就未停止。实际上，学科的划分除考虑科学性和逻辑性以外，更应考虑是否有利于整个法学体系的研究和完善以及实践的需要，同时，每一学科存在的合理性和必要性不是取决于法学家们的争论，而是要经过时间和实践的检验才能最终得出结论。就国际商法来说，它是否能成为一门独立的法学学科，以及它与相关学科的关系，也取决于时间和实践的检验。我们相信，具有古老传统的商法学科随着商事活动的日益国际化，不但不会消失，而且将会备受商人和法学家们的重视并得到发展，并将成为我国法学体系中的一门崭新的学科。

第三节　西方两大法系中的民商法

一、西方两大法系的法律渊源和主要特点

法系这一术语是西方法学较早使用的一个概念，英文有两种表达方法：genealogy of law 或 family of law。西方法学家至今没有对法系这一概念作出权威的精确的解释，美国权威的法学词典《布莱克法学词典》和《大不列颠百科全书》都没有“法系”的词条。我国法学家对法系的解释也存在着差异，有的认为“某国固有的法律同某些外国接受过的法律，或者同本国历史上长期积累起来的法律结合起来，形成一种独特的体系，这就是所谓法系”。有的认为“法系是以亲缘关系为标准对各种法律制度所作的一种分类”。还有的认为法系“可以理解为由若干国家和地区内的具有某种共性或共同的法律的总称”。《中国大百科全书》（法学卷）中指出：“法系是指根据各国法律的特点和历史传统的外部特征，对法律进行的分类，通常是把具有一定特点的某一国的法律同仿效这一法律的其他国家的法律，划为同一法系。”对法系解释的差异主要是由于法学家对法系划分的依据或标准的理解不同。我们认为，法系划分的标准应该是法律的亲缘关系，主要特点及外部特征。

根据上述标准，可将西方各国法律划分为两大法系，即大陆法系和英美法系。

（一）大陆法系

大陆法系，又称罗马法系、罗马—日耳曼法系，民法法系、成文法系、法典法系，是世界上历史最长、影响最大、包罗国家最多的一个法系，是指欧洲大陆大部分国家从 19 世纪初以罗马法为基础建立起来的、以 1804 年《法国民法典》和 1900 年《德国民法典》为代表的法律制度，以及仿效这种法律制度的其他国家或地区的法律制度的总称。

大陆法系分布的国家和地区的数量是世界最多的。以法国、德国为代表的欧洲大陆国家，包括比利时、意大利、荷兰、瑞士、西班牙、葡萄牙、奥地利、匈牙利等国，以及曾是法国、西班牙、荷兰、葡萄牙四国殖民地的国家和地区，包括拉丁美洲大部分国家，非洲的埃及、刚果、阿尔及利亚、摩洛哥、扎伊尔、索马里等国，亚洲的日本、泰国、土耳其、韩国等国及我国台湾地区，都属于大陆法系。另外，加拿大的魁北克省、美国的路易斯安那州也属于大陆法系。

1. 大陆法系的法律渊源

大陆法系的法律渊源主要有成文法（包括宪法、法律、行政法规等）、国际条约以及经

认可的习惯。

（1）宪法。大陆法系国家都采用成文宪法，在宪法中都规定了宪法具有最高的法律效力和地位。宪法的制定和修改也要经过不同于一般立法的程序，但具体作法各国又有差异。有的国家的宪法需由议会经特别程序制定或修改；有的国家由专门成立的宪法委员会制定或修改宪法；有的国家在议会经特别程序制定或修改宪法后，还需由公民复决才能生效；有的联邦国家需由国家议会经特别程序制定或修改，然后还需交各省或各州议会批准才能生效。

（2）法律。法律在大陆法系国家成文法中的地位仅次于宪法，属于议会立法。法律包括法典和非法典形式的一般法律。所谓法典是指把有关同一类内容的各种法规和原则收集起来，加以系统化，形成为单一的法律文件。近代大陆法系的法典编纂始于法国。拿破仑法典（即《法国民法典》）颁布后，各国纷纷仿效，现在大陆法系国家一般都有宪法典和系统的民法典、商法典（也有的国家把民商法合编为一部法典）、民诉法典、刑法典。法典和一般法律在制定机关、制定和公布的程序、法律效力等方面均相同。但是，由于法典内容完备、体系严谨、逻辑严密，具有系统性、稳定性和完整性，在实践上，法典往往起更大的作用。

（3）行政法规。现代社会日趋复杂，议会立法已不足以应付这种复杂的局面。仅议会有立法权的原则开始动摇，于是就产生了委托立法或授权立法，即由立法机关用法的形式规定总的法律原则和目标，然后由行政机关用行政法规的形式制定法律细则。现在，从数量上说，大陆法系各国的行政法规都远远超过了议会的立法，因此，行政法规在大陆法系国家发挥着重要的作用。

（4）国际条约。国际条约虽然不是国家立法机关制定的法律，但是一国一旦参加某一国际条约，根据“约定必须遵守”的原则，该国就必须受此条约的约束，因此，此条约就成为该国法律的组成部分。一国是否同意参加某一国际条约通常由该国议会决定。大陆法系各国对国际条约具有的法律地位有不同的态度。有的国家认为国际条约具有超过国内立法的效力，理由是国际法优于国内法；有的国家认为国际条约与国内立法具有相同的效力，无高低之分。

（5）习惯。大陆法系国家普遍承认经国内立法机关认可其效力的习惯为法律渊源之一。

2. 大陆法系的主要特点

（1）法律渊源上的特点

大陆法系是成文法国家，成文法是大陆法的主要渊源。所谓成文法，即制定法，是指具有书面形式的，经立法机关依法定程序通过的法律。大陆法系强调立法机关的垄断权，明确划分立法权和司法权，因此，不承认判例的正式效力。法官只能根据成文法办案，而不能根据判例，不存在“遵循先例”原则。法官只能适用法律，而无解释法律的任务，只能司法，不能立法。采用成文法是大陆法系区别于英美法系的一个显著特点。

（2）把法律划分为公法和私法两个部门

把公法和私法相区分是大陆法系的一个历史传统。古罗马法学家早就意识到公法和私法的区别，并且把这种区别运用到了立法实践。19 世纪以法国和德国为代表的大陆法系国家在编纂法典时广泛运用了公法和私法相区别的理论，把这种理论发展到了顶峰。

尽管大陆法系的法学家们在公法和私法的划分标准上有不同意见，但分歧并不明显，划分结果也基本相同。公法主要包括宪法、刑法、行政法和诉讼程序法。私法主要包括民法和商法。

进入20世纪后，资本主义各国大规模干预经济生活，干预传统的私法领域，出现了私法公法化，私法社会化的趋势，从而降低了公法和私法划分的意义。尽管如此，公法和私法之间依然存在着界限，以公法和私法的划分为原则编纂的法典体系至今未变，绝大多数大陆法系的法学家们仍把此种划分看作是法律分类的基础。因此，把法律划分为公法和私法两大部门是大陆法系的另一个显著特征。

(3) 法律规范抽象、概括、逻辑严谨、系统性强

大陆法系各国的法律崇尚成文法典化，各种法律要求完整系统、清晰明确、逻辑严谨，因此，各个时期的法学家在编纂法典时，对法律的概念、原则、体系都要进行长时期的严格地反复地琢磨推敲，使法律规范高度抽象和概括，能够针对并适用于某一类情况，而不只是某一种特殊情况。

(二) 英美法系

英美法系又称普通法系、英国法系、海洋法系或判例法系，是世界第二大法系。英美法系是指英国从11世纪起主要以源于日耳曼习惯法的普通法为基础逐渐形成的一种独特的法律制度，以及仿效英国的其他一些国家和地区的法律制度的总称。

英美法系分布范围极为广泛，绝大多数以英语为官方语言的国家都属于英美法系。它包括英国(苏格兰除外)、美国(路易斯安那州除外)、爱尔兰以及曾作为英国殖民地、附属国的许多国家和地区，其中包括加拿大(魁北克省除外)、澳大利亚、新西兰，亚洲的印度、巴基斯坦、孟加拉、缅甸、马来西亚、新加坡以及非洲的苏丹和拉丁美洲一些英语国家。据有关资料统计，目前世界上有近33%的人口生活在属于英美法系或深受英美法系影响的国家和地区。

1. 英美法系的法律渊源

英美法系的法律渊源主要包括判例法、成文法以及法律权威著作等。

(1) 判例法

判例法是不成文法，由普通法和衡平法两大系统组成。

判例(precedent)产生于法官对具体案件的判决。法官在判决中必须详细写明判决理由，在判决理由中阐明判决该案所依据的法律原则和法律规范。判决生效后，此种判决就被称为判例。但是，判例仅指判决中所体现的法律原则，而不是判决的全部。判例成立之后，法官在以后的审判中必须像遵守立法机关制定的法律一样遵守此种法律规则。由无数判例构成的总体就是英美法系所称的判例法。

英美法系把这种依据既定判例审判案件的原则称之为"遵循先例"。也就是说，法官审判案件时，不能任意作出判决，而要依据已有的判例行事。他必须从过去的判例中找出一个适合本案的判例，并以此为标准对本案作出判决。

判例的效力因法院等级的不同而不同。上级法院的判例对下级法院有拘束力，下级法院必须依从。例如，英国的上议院是英国的最高上诉法院，它所作出的判例对所有下级

法院都有拘束力，高等法院、郡法院、治安法院等都必须遵守，不得违反。同样，高等法院所作出的判决对郡法院、治安法院也有类似的拘束力。美国联邦最高法院作出的判例对所有下级法院都有拘束力，上诉法院、地区法院等都必须遵从。美国联邦上诉法院作出的判例对地区法院也有拘束力。但是，下级法院所作的判决对上级法院没有拘束力。

同级法院作出的判例对同级法院所产生的效力有所不同。最高法院（如英国的上议院、美国的最高法院）以前所作的判例对该法院自身也有拘束力，一般不得随意改变。但是，如果该法院后来审理案件时认为，该法院以前的某一判例已经过时，不能适应新形势的需要，或认为以前的判例有所不当，那么它可以说明理由，作出新的判例。除最高法院以外的各级法院所作判例对同级法院一般没有拘束力，但具有劝导力，即具有参考价值。

判例法的产生与发展完善取决于判例的汇集出版。每年英美两国的法院都要出判例汇编，把该年的判例汇集出版，供法官和律师援引，供学者研究。美国最高法院和英国上议院的所有判例一般全部汇集起来公开出版，因为这些判例对各级法院都有拘束力，美国联邦上诉法院和地区法院在出版其法律汇编时通常要作筛选，只把那些比较重要的，确立了新原则的判例汇编出版，其他判例只作为法院存档，如有人想查阅，该法院不得拒绝，而且应查阅人的要求，有义务将案卷的复制件交于查阅人。

（2）成文法

成文法目前已成为英美法系的最重要的法律渊源。在英国，目前成文法的数量已经超过了判例法，成文法的效力也高于判例法。成文法可以修改普通法和衡平法，法院必须首先适用成文法。美国的成文法比英国更多，作用更重要。英美法系的成文法主要有如下两个方面内容。

① 法律

即议会或国会等立法机关通过的规范性文件。

② 行政法规

即采用立法机关委托立法的形式，由行政机关制定的规范性文件。但是英美法系对委托立法的控制，比大陆法系严格。行政机关不能主动立法，只能在立法机关的明确授权下才能立法。立法机关只能委托行政机关制定有关特定事项的法规，即一事一授权，而不能笼统地授予行政机关立法权。美国对委托立法控制更严，司法机关有权审查委托立法，有权宣布国会的委托和行政机关所制定的法规无效。尽管如此，英美国家的委托立法数量仍然很大，在整个法律体系中的地位越来越重要。

（3）法律权威著作

法律权威著作成为英美法系的一个渊源，和英美判例法分不开。判例本身具有立法的性质，所以人们常说英美法系的法官有立法权，英美法系的法很多是法官创造出来的。而法律权威著作的作者大多是法官，因此，这些著作就成了英美法系的一个渊源。19 世纪以后，随着判例汇编的完备，人们可以直接从判例汇编中找到依据，无须再引用权威著作，权威著作作为英美法系法律渊源的地位有所下降，但那些具有很高成就并具有法律史价值的权威著作至今仍被当作现行法的依据来加以引用。因此，至今法律权威著作仍然是一种次要的起补充作用的法律渊源。

2. 英美法系的主要特点

（1）判例法是英美法系的一个最显著的特点

普通法和衡平法所构成的判例法，是英美法的主要部分，形成了十分严密完整的体系，而制定法仅仅是一种补充。“遵循先例”原则成为适用法律的基本制度。

在英美法系国家中，法官发挥着重要的积极的作用，判例本身就具有立法性质。在司法实践中，在无先例可遵循时，法官可以创造先例；即使已有先例存在，法官也可以通过区别的技术，对其进行扩展或限制性的解释，从而发展先例中的规则，以适应不断发展变化的政治经济形势的需要。

19 世纪以后，英美法系国家的成文法大量增加，尤其在美国，成文法的地位日趋重要。但成文法的适用要受到法官解释的限制，未经法官解释的法典或法律法规不能成为真正的法律。法官常常在适用法律时把法典或法律法规放在一边，运用判例审理案件，而不像大陆法系国家的法官那样，必须严格地遵守法典法律的规定，不得随意加以解释，更不能创制法律。因此，在英美法系国家，法律主要是法官司法实践的产物，判例法构成其最显著的特征。

（2）普通法与衡平法是英美法系的两种基本形式

英美法系在法律体系上与大陆法系有很大的不同，它没有公法与私法的划分，普通法与衡平法是其法律的两种基本形式。在英美法系国家，所有案件，不论是民事案件、商事案件，还是刑事案件、行政案件，一律由普通法院管辖。这种普通法院形成于 12 世纪至 13 世纪，即诺曼人征服英国之后的一段时期。普通法和普通法的名称也是在这个时期内形成的。

普通法根植于中世纪英格兰人的风俗习惯，并且糅合了英格兰习惯法和日耳曼法的传统。普通法的规则是通过判例体现出来的，所以又称判例法。普通法奉行“程序中心主义”，因此英美法系的法官在处理案件时，遵循的原则是“救济先于权利”，认为普通法权利依赖于实施它的诉讼权利而存在。普通法有关民事诉讼和刑事诉讼的程序是以其令状制度和陪审制度而闻名的。民事和刑事的实体权利非通过令状和陪审制度无法实现。

15 世纪末，普通法已发展成形，各种判例已经形成，含糊不清的习惯法通过判例已经变成清楚但古板的规则。这时普通法显出了许多不足之处。第一，普通法采用严格的“遵循先例”原则，法官只能也只愿恪守判例。然而，随着形势的发展，新的案件不断出现，旧的判例显然不适用或不完全适用，勉强适用即导致不公平。第二，普通法在诉讼上采取严格的形式主义，不符合规定形式的案件不得提起诉讼，致使许多案件投诉无门，人们非常不满。在这种情况下，当事人即按自古以来的习惯，请求国王进行裁判。1329 年，理查二世开始命令大法官裁判这类案件。大法官裁判案件的程序比较简单，不要求令状，不设陪审，凡普通法院不受理或其判决显失公平的案件均可提出。大法官审理案件主要适用普通法原则，但不受其约束。在无法律规定时，可以根据公平、正义原则及大法官个人的判断进行裁判。这种通过大法官的实践活动形成的法律体系，称为衡平法。

衡平法是与普通法并行发展起来的。衡平法不是为了取代普通法，而是为了弥补普通法的不足，是在普通法不能发展法、反而成了法的发展的障碍时，给法的发展开辟的一条新路。普通法比较刻板，衡平法比较灵活。普通法与衡平法相互独立，并行发展，形成了两套各具特色的司法系统。

1873年,英国制定了《司法组织法》,普通法院与衡平法院合二为一,组成最高法院。衡平法院过去的职能移转给了最高法院,最高法院及分庭都可以同时适用普通法和衡平法。而且,法律明确规定,在普通法与衡平法发生抵触时,衡平法的原则优于普通法。因此,虽然衡平法院不复存在了,衡平法的规则仍在起作用,仍在发展,衡平法与普通法的区别也仍然存在。普通法始终是英国法的主要渊源,仍然包括刑法及绝大部分通常所讲的私法,特别是合同法、财产法、侵权法;而衡平法则包括不动产法、信托财产法、合伙法、破产法以及遗嘱解释和遗嘱清理等法律。

美国联邦法院系统一直未设独立的衡平法院,而由联邦普通法院统一行使司法权。美国不少州曾把衡平法院与普通法院分开设立,后来多数州也将此两种法院合并了,现在仅有几个州保留了独立的衡平法院。

总之,普通法与衡平法是当今英美法系的两大部门,是该法系的两种基本类型,是反映和代表英美法系外部特征的主要标志。

(3) 体系繁杂,逻辑性不强

英美法系的法律体系非常繁杂,判例法与成文法共存,古代法与现代法并用。首先,判例法本身就是一个庞杂的体系,大量的判例汇编令人望而生畏。其次,成文法也缺乏完整的严谨的科学体系,基本上是对既有法律的汇编,内容冗长,条文重复,逻辑不严,用语含糊,可操作性差。最后,英美法系的具体法律门类内部使用的概念非常混乱,缺乏准确含义的界定和逻辑性,结构没有系统性。

英美法系只有普通法与衡平法的分类,而没有公法与私法的划分。英美法系没有一个统一独立的民法或商法部门,而是分为财产法、合同法、侵权法、合伙法、破产法等具体的法律部门。

二、大陆法系中的民商法

大陆法系国家的私法由两个方面组成:一方面是民法,一方面是商法。民法属普通私法,调整人的私法关系;商法属特别私法,调整商人之间因商业活动所产生的私法关系。

民法是大陆法系的主要部门法之一,大陆法系正是以民法为中心发展起来的。大陆法系的民法以个人为主体和自由主义思想为指导,因此形成了民法的三原则,即私有财产无限制,契约自由和过失责任。大陆法系各国民法典对这些原则在立法时都给予了充分肯定。进入20世纪以来,随着现代社会政治经济关系日益复杂,社会化大生产程度日益加深,大陆法系国家纷纷对上述原则进行必要调整。与“私法的公法化”理论相一致,大陆法系中原有的“个人权利”绝对自由原则已受到“社会利益”原则的冲击,“契约自由”受到限制,在民事责任方面传统的过错责任观念也开始被客观过错、风险概念所取代。同时,国家还更多地借助立法和行政手段来加强对经济活动的干预,以改变过去自由放任的传统。

在法律体系上,大陆法系民法典都继承了罗马法,但是由于采用的不是一个体系,便形成了不同的特点。《法国民法典》采用了古罗马《法学阶梯》的体系,法典注重实际运用,不追求法典体系的科学性、抽象性和逻辑性;《德国民法典》采用了《学说汇编》的体系,法律体系严密,结构严谨、逻辑清晰、概念准确,在立法技术上明显优于《法国民法典》。但

《德国民法典》非常专业化，语言晦涩难懂，条文繁多，令人难以理解。

《法国民法典》自 1800 年开始起草，1804 年颁布施行，全法典共三编，2 281 条，20 余万字。第一编：人，其中包括有关人格和身份的规范；第二编：财产及对于所有权的限制；第三编：取得财产的各种方法。《法国民法典》对西方资产阶级国家的民法影响很大，是一部很重要的民法典。

德国于 1874 年设立了民法起草委员会，1887 年完成了民法典初稿，然后在全国公布，征求各界意见。1890 年设立了第二个委员会，根据对第一稿的意见，对第一稿进行修改，工作了 4 年，于 1895 年提出民法典的第二稿，于 1896 年提交帝国国会讨论通过了《德国民法典》，并于 1900 年施行。它是继《法国民法典》之后，西方资本主义国家第二部重要的民法典。《德国民法典》共五编，2 385 条。第一编：总则，包括人、物、法律行为、期间及日期、消灭时效、权利的行使等；第二编：债务关系，包括债的内容、债的产生、债务关系的消灭、债权的让与、债务的承担、各种具体的债；第三编：物权法，包括占有、土地权利、所有权、地上权、役权、抵押权、先买权等；第四编：亲属权，包括婚姻、监护、亲属；第五编：继承，包括继承人的法律地位、继承顺序、遗嘱、保留分、抛弃继承等。

《德国民法典》首先创造出"法律行为"概念，把当事人的意志行为加以高度概括并作出规定，增强了法典的概括性，为许多国家所仿效；第一次以法典的形式规定了法人制度，使各种公司应运而生；创造了"债"的概念，为各种票证的流通，提供了法律的保障。这些抽象的概念都是《法国民法典》所没有的，从而形成了《德国民法典》的特色，并且对其他一些国家的民事立法产生了巨大的影响。

大陆法系国家非常重视保持民法典的稳定性，但注重通过修改使其不断创新发展。进入 21 世纪以来，大陆法系几个主要国家都没有重新制定民法典，只是对原有的法典进行了修改。《法国民法典》也已有 190 多年的历史，这期间已修改多次，但修改的重点是第一编和第三编，而第二编基本未予修改。《德国民法典》和《日本民法典》的修改也主要是针对亲属编、继承编的落后内容与形式进行的，从而使民法更适合现代社会的潮流。

大陆法系国家的商事立法体系，主要分为民商分立体系和民商合一体系两类。大多数大陆法系国家采取了民商分立的立法体系，如德国、法国、日本、意大利、荷兰、丹麦、西班牙、葡萄牙、希腊、比利时等。在这些国家，商法是一个独立的法律部门，与民法同属基本法，在民法典之外，制定了独立的商法典。商法在这些国家一般指以法典为中心，辅以一些单行商事法的一类法律规范，包括有关商人和商行为的一般规范以及有关公司、票据、保险、海商等具体规范；只有少数国家和地区采取了民商合一的立法体系，主要包括瑞士和我国的台湾地区。在这些国家和地区中，商法的基本原则和制度被并入民法中，商法被包含在民法典中，成为民法典的一部分。

民商分立与民商合一立法体系的区别仅在于是否将规范营利性主体营业行为的基本商法规则纳入独立的商法典的问题上，而对于实质意义上的商事法律规范的存在，则并无争议。

三、英美法系的民商法

如前所述，英美法系中没有作为一个独立法律部门的民法或商法，即没有大陆法系意义上的民法典或商法典。英美法系也没有严格的民商界限，也不像大陆法系民法中规定有债权法的范畴，属于这一范畴的内容，一般都包括在作为英美法系法律制度基础的合同法和侵权法中，而这两个法律部门几乎完全存在于由判例法发展起来的普通法中。

英国民法包括的范围很广，如财产法、侵权法、家事法等，这些法均为独立的部门法。英国早期的商法都属于衡平法，18 世纪时商法被吸收到普通法中去，成为普通法的一个组成部分。随着英国资本主义的发展，商事方面的判例不能满足实际需要，于是就逐步制定并颁布了一些单行的成文的商事法律、法规，其中主要有：1882 年的《票据法》、1890 年的《合伙法》、1893 年的《货物买卖法》、1905 年的《商标法》、1906 年的《海上保险法》、1907 年的《有限合伙法》、1909 年的《保险法》、1911 年的《版权法》、1914 年的《破产法》、1948 年的《公司法》等。由于英国政治经济形势的不断发展变化，上述法律都曾进行过修订。总之，英国商法成文法的数量不断增加，作用不断加强。

美国法律分为联邦法和州法两大部分。在民商事立法方面，联邦的立法权范围主要包括银行、工业、国际贸易、州际贸易、专利权和税收等事宜；各州立法权范围主要包括家庭、婚姻、继承、保险、公司、票据等事宜。

同英国一样，判例法是美国法的主要渊源。各州的民商法主要依靠各州自己的判例法。由于各州法律存在着某些差异，给有些案件的法律适用带来不便，因此，联邦成立了统一各州法律的全国委员会，起草了一些统一法，推荐给各州选择适用，各州可根据本州情况决定是否采用。该委员会与美国法学会先后制定了一些统一法，如 1896 年的《统一流通证券法》、1906 年的《统一买卖法》、1909 年的《统一提单法》、1922 年的《统一信托人法》以及 1950 年的《统一商法典》。

20 世纪 40 年代以来，美国商法发展的突出标志是美国《统一商法典》的制定和修改完善。从 1942 年起，美国统一各州法律委员会和美国法学会即着手起草《统一商法典》，于 1952 公布，后曾多次修改，目前已臻于完善。该法典是以买卖为中心的商事规范，采用了大陆法系法典的模式，篇下分章、条，共 400 多条，开创了英美法系立法的先例。但它所规定的内容与大陆法系国家的商法典有很大的差别，包括了许多被大陆法系认为是属于民法范畴的法律规范。并且，这部法典也不是由美国的立法机关——国会制定和通过的法律，而是由法律团体起草，供各州自由采用的一部法律样本。由于《美国商法典》能够适应当代美国经济发展的要求，因此，目前美国 50 个州中，除了保持大陆法传统的路易斯安那州之外，所有各州均已通过本州的立法程序采用了《统一商法典》，使它成为本州的法律。美国《统一商法典》在美国商事法律中占有重要的地位，它体现了英美法系的商事法律规则。

第四节　我国法律体系中的民商法

一、我国民商法的历史沿革

我国古代社会的封建专制统治，造成自给自足的自然经济始终占主导地位，商品经济极不发达，加之封建统治阶级历来重刑轻民，整个社会法律制度民刑不分，诸法合体，不可能存在独立的民商事法律制度。

我国近代意义上的民商法始于清代末年。1904 年，光绪派戴振、伍廷芳等人起草商法，并于 1904 年公布了《公司律》和《商人通则》，这两部法律仿效日本、德国商法的规定，《公司律》共 131 条，《商人通则》9 条。1904—1906 年，清政府又先后公布了《奖励公司章程》、《商会简明章程》、《破产律》、《公司注册试办章程》等商事单行法。1908—1910 年，清政府还先后起草过两部《大清商律草案》，但未及正式颁行，清政府已被推翻。

1907 年清政府派沈家本、俞廉三等人起草民法，1911 年制定出《大清民律草案》。这是一部法典式的民法，也是旧中国最早的一部民法典。它共分 5 篇，共计 33 章，1569 条。其中前三篇即总则、债权和物权，大都是抄袭德国、瑞士和日本的民法典；后两篇即亲属法和继承法，则保留了中国历代封建法律的原则。这部法律是资本主义关系和封建关系的混杂物，制定后未及公布生效，清政府即被辛亥革命推翻。

中华民国成立后，北洋政府于 1914 年制定颁布了《中华民国商律》，此后又颁布了《商人通例》和《公司条例》两部单行法，1914—1925 年又进行了票据法草案的拟订工作，但均未实施。

1915 年北洋政府开始起草《中华民国民律草案》，1926 年完成，篇目结构与《大清民律草案》相同，但未以正式法典的名义予以颁布。

国民党政府采用民商合一立法体例，于 1929 年 5 月至 1930 年 12 月陆续制定并颁布了包括商法章节的《民法典》。该法典包括总则、债权、物权、亲属、继承五篇，共 1 225 条，将旧商法总则中的买卖、交互计算、行纪、仓库、运送及承揽运送等商事制度一并订人“民法债”篇之中。不能合并的商法制度，则分别制定单行法规。1929 年以后，国民党政府又相继制定和颁布了《票据法》、《公司法》、《海商法》、《保险法》及《商业登记法》等单行法规，形成了旧中国民商合一并由单行商事法规相补充的民商法律制度。

1949 年新中国成立后，国家废除了国民党政府的一切法统，逐步建立起社会主义的法律体系。但由于当时我国实行高度集中的计划经济体制，国家主要通过计划调拨方式对社会物质产品进行分配和调节，商品在市场上自由流通的数量很少，我国社会主义民商法的产生和发展缺少良好的商品经济环境，起步相当艰难，尽管 20 世纪 50 年代中期提出制定民法，1962 年又重提起草民法的工作，但结果是“两起两落”，国家依然主要靠行政手段管理商品生产和流通，行政法取代民商法成为调整商品生产和流通的最主要的法律。

党的十一届三中全会标志着我国进入了改革与开放的新时期。随着我国经济体制改革与对外开放的实行与不断深入，我国的民商立法工作不断加强。1979 年，由我国最高权力机关全国人民代表大会通过的《中外合资经营企业法》，开创了新中国商事法律之先河。1999 年颁行的《合同法》及相关的一系列的行政法规、地方法规及规章，标志着我国已经初步建立比较完备的商事合同法律制度。

与我国的发展社会主义商品经济与改革开放同步，我国在 1979 年第三次开始了民法的起草工作，至 1982 年已四易其稿，以后又在立法思想上经过几年的反复酝酿，1986 年 4 月制定并颁布了《民法通则》。

《民法通则》共九章，156 条，主要调整平等主体的公民之间、法人之间、公民和法人之间的财产关系和人身关系。它以民事权利(义务)为主，依次规定了民事权利的范围和具体指向，民事权利受到侵犯或不按法律规定，合同约定履行民事义务时所应采取的责任形式，首尾贯通，别具一格。虽然《民法通则》还称不上一部完整的民法典，但它作为新中国第一部调整民事关系的基本法，是我国民商法发展史上的一座里程碑，具有划时代的意义。

在商品经济的发展历史上，商法是作为民法的特别法而产生和发展起来的，商法以其特有的专门性及技术性丰富了民法的内容。由于商法是民法的特别法，所以民法的许多规定都适用于商法，只是在商法有不同于民法的特别规定时，依照特别法优于普通法的原则，才优先适用商法。

党的十四大提出在我国建立社会主义市场经济体制。市场经济就是法治经济。为了更好地规范市场经济秩序，必须完善我国的民商事法律制度，在加强和完善我国民事立法的同时，应抓紧制定有关的商事法律、法规。目前，我国已制定和颁布了大量的商事法律、法规，如1992年11月颁布的《海商法》、1993年12月颁布的《公司法》、1995年颁布的《票据法》、《保险法》、《商业银行法》、1997年颁布的《合伙企业法》、1998年颁布的《证券法》、1999年颁布的《个人独资企业法》等。其中，尤为值得一提的是1999年颁布的新《合同法》，它的通过实现了我国三部商事合同法的统一，对完善市场交易规则，发展社会主义市场经济有重要意义。我国于2007年颁布了《物权法》，2009年又出台了《侵权责任法》。《民法通则》、《合同法》、《担保法》、《物权法》、《侵权责任法》的相继颁布和实施标志着我国民商事立法体系的日益完善，为我国社会主义市场经济的发展提供了健全的法律制度保障。

二、我国商法的范围

目前，我国商法主要由规范商事主体和商事行为的八种法律规范构成，即商业登记法、公司法、合同法、票据法、保险法、海商法、破产法和证券法。这些法律规范的对象如下所述。

1. 商业登记法：主要规范商业登记的内容、条件与程序。

2. 公司法：主要规范公司的设立、组织机构、股份的发行与转让、公司债券、公司财务会计、公司的合并与分立、公司的破产、解散和清算、外国公司的机构以及法律责任。

3. 合同法：主要规范合同的订立、效力、履行、变更和转让、终止及违约责任和十几种具体类型的有名合同。

4. 票据法：主要规范票据的种类、形式和内容、票据的出票、背书、承兑、保证、付款、追索权、涉外票据的法律适用以及法律责任。

5. 保险法：主要规范保险合同、保险公司、保险经营规则、保险代理人和保险经纪人以及法律责任。

6. 海商法：主要规范船舶、船员、海上运输合同、船舶的租用合同、船舶的碰撞、海难救助、共同海损、海上赔偿责任限制、海上保险合同及涉外关系的法律适用。

7. 破产法：主要规范破产条件和破产程序。

8. 证券法：主要规范证券的发行和交易活动。

三、我国商法的渊源

我国商法的渊源是我国商事法律规范的表现和存在形式，主要有以下几种。

（一）法律

指我国最高权力机关及其常设机关所制定的规范性法律文件。

根据我国宪法的规定，我国的法律以其制定机关和调整对象的不同，又分为两类：基本法律和基本法律以外的法律。

1. 基本法律。由全国人民代表大会制定和修改的、规定和调整国家和社会生活某一方面带根本性、全面性的关系的法律，在民商法方面如《民法通则》、《民事诉讼法》的有关规定等。全国人大常委会在全国人民代表大会闭会期间，有权对基本法律作部分的补充和修改，但不得同该基本法的基本原则相抵触。

2. 基本法律以外的法律。它是由全国人大常委会制定和修改的，规定和调整由基本法律调整以外的国家和社会生活某一方面的关系，在商法方面如《公司法》、《海商法》等。

（二）国家最高行政机关的行政法规和其他规范性文件

指国务院根据并且为了实施宪法和法律，制定和颁布的规范性文件，如《公司登记管理条例》、《国务院关于股份有限公司境外募集股份及上市的特别规定》、《中外合资经营企业法实施条例》、《外企企业法实施细则》等。行政法规是我国商法的一个重要渊源，其地位仅次于宪法和法律。

根据宪法和法律规定，国务院所属各部、各委员会有权发布规范性的命令、指示和规章，这些也属于我国商法渊源的范畴。当然，它的地位和效力又低于国务院的行政法规和其他规范性文件。

此外，全国人民代表大会及其常务委员会根据需要还授权国务院制定某些具有法律效力的暂行规定或者条例，这就是所谓授权立法。根据六届全国人民代表大会第三次会议《关于授权国务院在经济体制改革和对外开放方面可以制定暂行的规定或者条例的决定》，国务院可以在经济体制改革和对外开放方面制定规范性的法律文件，它们也是我国商法的一个渊源。这种授权立法与国务院在其职权范围内所制定的行政法规是不同的。授权立法所制定的规定或条例，具有国家法律的地位和性质，其效力高于行政法规，在程序上还需报请全国人大常委会备案，待立法条件成熟时，应适时制定为法律。

（三）地方国家机关的地方性法规和其他规范性文件

地方性法规是指省、直辖市的国家权力机关及其常设机关为执行和实施宪法、法律和行政法规，根据本行政区的具体情况和实际需要，在法定权限内制定、发布并报全国人民代表大会常务委员会备案的规范性文件。同时，省、自治区的人民政府所在地的市和经国务院批准的较大的市的人民代表大会及其常委会亦可制定本市需要的地方性法规，并报全国人民代表大会常务委员会和国务院备案。地方性法规在我国商法的渊源中占有重要地位。

（四）民族自治地方的自治条例、单行条例

根据《宪法》和《民族区域自治法》，民族自治地方的自治机关是自治区、自治州、自治县的人民代表大会和人民政府，除行使地方国家机关的职权外，同时依照宪法和有关法律行使自治权。民族自治地方的人民代表大会有权依照当地特点，制定自治条例和单行条例，但应报上一级人民代表大会或其常设机关批准后方能生效。这种自治条例、单行条例也是我国商法的渊源之一。自治条例和单行条例制定的主体机关在我国法的渊源的体系中，同地方性法规具有相同的法律地位和效力。

（五）特别行政区的法律

我国是单一制的社会主义国家。根据《中英两国政府关于香港问题的联合声明》，我国已于 1997 年 7 月 1 日顺利对香港恢复行使主权，并设立香港特别行政区。香港特别行政区直辖于中华人民共和国中央人民政府，并享有高度自治权。根据《香港特别行政区基本法》的规定，香港原有的法律（包括普通法、衡平法、条例、附属立法、习惯法）除少部分外，基本予以保留，继续在香港特别行政区适用。因此，香港特别行政区的法律包括《基本法》、予以保留的香港原有的法律和香港特别行政区立法机关制定的法律三类，其中的商事法律规范构成了我国商法的渊源。

（六）国际条约

国际条约是两个或两个以上的国家缔结的关于政治、经济、贸易、军事、法律、文化等方面的相互间的权利与义务的协议。它是国际法的重要渊源之一。

改革开放以来，我国同世界许多国家签订了大量的国际条约，它涉及我国社会和国家生活的各个领域，内容相当广泛，作用相当重要。国际条约本不属国内法的范畴，但我国签订和加入的国际条约生效后，按照“约定必须遵守”的原则，它对我国国内的国家机关、企事业单位、社会团体和公民，也具有法律上的约束力。因此，我国签订或加入的国际经济贸易条约也属于我国商法的渊源，如《联合国国际货物买卖合同公约》、《汉堡规则》等。

（七）法律解释

法律解释指有权机关对现行法律或法律条文所作的解释和说明，包括立法解释、司法解释和行政解释，即由国家权力机关、司法机关和行政机关对法律所作的解释。它也是我国商法的一个重要的渊源。常用的商事法律的司法解释如《最高人民法院关于贯彻执行〈民法通则〉若干问题的意见》及《最高人民法院关于在经济审判工作中严格执行〈民事诉讼法〉的若干规定》等。

小结

国际商法肇端于欧洲中世纪的商人习惯法，历经由国际法至国内法再至国际法之变化，于第二次世界大战后应时而兴、渐成体系。其渊源分两端：一者国际公约；二者国际贸易惯例。其调整对象范围亦由买卖商事关系及商主体关系扩建至服务等国际贸易新兴领域。国际商法与国际私法、国际经济法之关系尚无定论，但其将成为独立学科乃大势所趋。就国内商事立法而言，大陆法系侧重创制法典；英美法系推崇判例，然近代以来，后者日益重视成文法的制定。我国商法以改革为契机，进步显著，业已形成由商业登记法、公司法、合同法、票据法、保险法、海商法、破产法、证券法构成的较为完备的体系。

思考题

1. 国际贸易惯例与法律的关系是什么？它在国际商事活动中发挥着什么作用？
2. 试述国际商法与国际经济法及国际私法的关系。
3. 试述西方两大法系商事立法的区别与联系。
4. 我国商法的范围包括哪些？其渊源有哪几种？

第二章　合　同　法

本章学习目标

1. 合同的概念
2. 合同法的渊源和立法形式
3. 合同的订立
4. 合同的内容与形式
5. 合同的效力
6. 合同的履行
7. 合同的违约救济
8. 合同的让与
9. 合同的消灭

本章重要概念：合同　要约　承诺　对价　约因　错误　欺诈　胁迫　显失公平　违约救济合同转让　免除　提存　抵销　混同

第一节　概　　述

一、合同的概念

合同也称为契约，是反映交易的法律形式。在现代社会，合同几乎是从事一切商事活动的工具，合同至关重要的作用决定了合同法在国际法律体系中的地位。然而，大陆法系与英美法系在合同的基本概念这一问题上始终存在着分歧。

1. 大陆法

大陆法基本上认为合同是一种协议，其本质是双方的一种合意，即合同双方的意思一致。如《法国民法典》1 101 条规定："合同是一人或数人对另一人或数人承担给付某物、作或不作某事的义务的一种合意。"在罗马法中，合同被定义为"得到法律承认的债的协议"。大陆法民法继承了这一概念。《德国民法典》从"法律行为"的角度规定合同的定义，其第 305 条规定："依法律行为设定债务关系或变更法律关系的内容者，除法律另有规定外，应依当事人之间的合同。"这就是说合同是产生、变化债的关系的法律行为。大陆法系普遍认为当事人之间可以达成无利益交换的协议，如赠予协议被认定为有效的协议。例如，《德国民法典》第 516 条第一款规定：某人以其财产使另一人获得利益的，在双方对以无偿方式进行给予成立合意时，给予为赠予。

2. 英美法

英美法一般认为合同的本质是一种“诺言”，即当诺言有了对价时，诺言与对价成为交易的对象，诺言才有了被强制执行的效力，受诺人可以通过法院强制诺言人履行其诺言，此时，诺言成为合同。《美国法律重述合同》(第二版)第 1 条规定：“合同是一项或一组这样的诺言：它或它们一旦被违反，法律就会给予救济；或者是法律以某种方式确认的义务的履行。”按照英美法的理论，合同的要素是当事人所表示的许诺，但并不是一切许诺都可以成为合同，而是只有法律上认为有约束力的、在法律上能够强制执行的许诺，才能成为合同。这一观念的形成，乃是由英国的历史习惯和诉讼程序的影响所决定的。同时也与英美法将不当得利与无因管理等关系作为“准合同”对待的做法有关系。英美传统的合同法虽然主张合同是一种许诺，但根据合同法中的“交易原则”，并非任何许诺都是可以强制执行的，只有那些作为交易的一部分的许诺在法律上才是可以强制执行的。交易形式可以多种多样，如货币与诺言的交易、服务与诺言的交易等，法律只能强制实施那些存在交易的诺言。法官在约定中不能找出双方的约定曾有许诺的交换时，即不会给予该许诺的强制执行的效力。

一些英美法国家的立法及学说正在力图将大陆法中“协议”的概念运用到英美法中。这一倾向在《美国统一商法典》第 2-209(1)条中可以明确看到：“修改本篇范围内之合同的协议，即使缺少对价，仍可具有约束力。”英国《牛津法律大辞典》给合同所下的定义为：“合同是二人或多人之间为在相互间设立合法义务而达成的具有法律强制力的协议。”《美国统一商法典》也称合同为：“来源于当事人的协议的全部法律债务。”

在国际领域内，由国际统一私法协会推出的《国际商事合同通则》第 3.2 条对上述问题概括表述为：“合同仅由双方的协议订立、修改或终止，除此别无其他要求。”该条评论写到：“在普通法系，对价在传统上被视为合同有效或可强制执行的前提以及其修改或终止的前提。然而，在商业交易中，这种要求仅具有微不足道的含义，因为在该种背景之下，债几乎总是为双方当事人承担的。”

中国法律认为合同在本质上是一种协议。《民法通则》第 85 条规定：“合同是当事人之间设立、变更、终止民事法律关系的协议，依法成立的合同受法律的保护。”《合同法》因袭了这一规定。《合同法》第 2 条将合同定义为“平等主体的自然人、法人及其他组织之间设立、变更、终止民事权利义务关系的意思表示一致的协议”。

二、合同法的渊源

在英美法国家，由法官创制的判例法和由议会制定以及由行政机构受议会委托颁布的制定法都是法律的渊源，并且，制定法的效力高于判例法。然而，由于传统习惯的制约作用，判例法在法律发展的过程中依然起着主导作用。英美的合同法判例发展到今天，体系庞大，内容浩如烟海：一方面，合同法并没有构成成文体系，判例法仍是其基本的渊源；另一方面，合同法的一般规则又散见于某些有关各种特殊合同的制定法中，或通过这些制定法的规定体现出来。在英国，《奇蒂论合同法》(*Chitty On Contract*)和《安森论合同法》(*Anson's Law Of Contract*)具有最高的权威。目前，两书均已续写至第 27 版，前者是律师办案的参考书，后者为学生用的参考书。在美国，由美国法学会组织法学家撰写的两次

《合同法重述》,其内容对于法官判案却有着重要的参考价值。《第一次合同法重述》问世于20世纪30年代,《第二次合同法重述》于20世纪70年代出版。后者是对前者的修订。美国各州的判例法也是合同法的基本渊源,当某一州的判例法对于特定的问题规定得不明确时,法官可能参考其他州的判例,但是在很多情况下是依《重述》阐明的规则判案的。

在大陆法系国家,制定法曾经是法律的唯一渊源,但是,学者著述中阐述的法学理论对法官判案亦具有重要的指导作用。时至今日,判例法在大陆法系各国已得到相当大的发展,成为法律的重要渊源。在合同法领域,以德国为例,1900年问世的《德国民法典》中规定的合同法原则和规则,依然是法官办案的依据。在研究大陆法上合同法的渊源时,应当注意到,在大陆法的体制之下,法律并不务求为实践中可能发生的所有情况留下答案,而是为法官留下更多的自由裁量的余地,让他们凭借法典规定的和法学家阐释的法律概念,通过演绎推导出答案。

在国际领域内,由国际统一私法协会理事会(International Institute for the Unification of Private Law,UNIDROIT)自1971年开始筹备推出的《国际商事合同通则》(*Principles of International Commercial Contracts*,PICC,下文简称《通则》),对于发展国际商事合同的许多一般原则有重要意义。《通则》经过不断完善和修改经历了1994版本(PICC1994)、2004版本(PICC2004)和2010版本(PICC2010)。可以由合同当事人约定适用。

1994年5月,理事会将最后定稿的通则公布于世,通则由序言及七章共八个部分。序言述明通则的目的,其余七章共118条,分别规定总则、合同的成立、合同的效力、合同的解释、合同的内容、合同的履行和合同的不履行。通则除包括序言和118个条款外,对每个条款都附有评论,对很多条款,还附加了例释。2004年通则又增加了三章内容。

2011年5月国际统一私法协会理事会在第90次会议上正式通过了《国际商事合同通则》的第三次修订本,即2010版本,增加了多数债务人和债权人一章,新增了大量条款如附条件、多数债务人、恢复原状、违法情形,为《通则》进一步研究和新发展奠定基础。现在,《通则》在序言之外的十一章分别是总则,合同的成立与代理权,合同的效力,合同的解释,合同的内容和第三人权利,合同的履行,合同的不履行,抵销、权利的转让,义务的转移和合同的转让,时效,多数债务人和债权人。

《国际商事合同通则》不是一部国际性的公约,但是由于尽可能地兼容了不同法系的制度和国际惯例,对各国的和国际的立法可以产生示范作用,已得到许多国家采纳。2012年国际统一私法协会理事会第91次大会决定设立一个起草示范条款的专门工作组,该工作因各方意图使其合同更精确地符合《通则》原则而启动,以有效解决合同纠纷。该工作组由国际私法和仲裁领域的知名专家组成,于2013年2月在罗马召开了第一次会议,示范条款的修订和注释由理事会在其第92次大会(2013年3月8日至10日)上一致通过。

另外,适用于国际商事交易的合同法的一般原则和规则,还散见于众多的国际公约之中,如《联合国国际货物买卖合同公约》等。

1999年10月1日,中国《合同法》生效。在这之前,中国的合同法主要由《民法通则》中的相关部分、《经济合同法》、《涉外经济合同法》和《技术合同法》等专门法律构成。《合同法》的问世不仅将《经济合同法》和《涉外经济合同法》以及适用于各种特殊合同的单行法规合并，同时，其所包含的合同法的一般规则共有129条，极大地填补了我国合同法的空缺，可以说是对大陆法和英美法兼收并蓄的结果。

三、合同法的立法形式

1. 大陆法

大陆法国家的合同法都包含在民法典或债务法典中，其民法理论将合同视为产生“债”的原因之一，把有关合同的法律规范与产生债的关系的其他方面原因，如侵权行为、不当得利及无因管理等法律规范并列在一起，作为民法的一编，称为债务关系法抑或债编。例如，《法国民法典》把有关合同的法条款集中在第三卷第三编，并谓之“合同或合意之债的一般规定”。《德国民法典》则有所不同，它是在“总则”一编中，使用“法律行为”这一概念，将有关合同成立的共同性问题加以规定。其第二编“债务关系法”，再把有关合同的一般性问题一一言明，其中“各种债务关系”一章，实际是合同法分论。随着社会关系发展的需要，大陆法系中的某些国家也制定了调整合同关系的单行法，如德国1976年的《普遍合同条款法》。

2. 英美法

英美法国家几个世纪以来沿袭由法院以判例形式发展起来的判例法，关于合同的法律原则主要包含在普通法中。除印度于1872年制定出一部法典化的《合同法》外，其余英美法系国家尚无一套系统的、成文的合同法。因此可以说英美法各国的合同法主要是判例法与不成文法。但这些国家的立法机构也制定一些与货物买卖、海上运输、海上保险等类商事合同交易有关的单行法，如英国1893年《货物买卖法》、美国1893年《哈特法》、1906年《统一买卖法》及1952年《统一商法典》等。

3. 中国法

中国自改革开放以来非常重视合同立法。除了《民法通则》外，相继有《经济合同法》、《涉外经济合同法》、《技术合同法》等专门立法问世。但这些立法受时代背景的制约，既不能跟上我国市场经济前进的步伐，又无法与国际惯例接轨，严重阻碍了我国经济秩序的正常运行。为解决这一问题，我国自1993年始，从我国实际出发，以三个合同法为基础，大量借鉴国外有益经验，开始着手起草统一的合同法。终于在1999年3月15日经九届人大二次会议通过了《中华人民共和国合同法》，并于当年10月1日生效。《合同法》遵循了大陆法的体例，采用了成文法典的渊源。在内容上，《合同法》分总则、分则两编；总则共八章，集中规定合同的一般原则，包括合同的订立、合同的效力、合同的履行、合同的变更和转让、合同的权利义务终止、违约责任等几方面内容；分则针对各种具体形式的合同加以规范，包括买卖、供用电水气热力、赠予、借款、租赁、融资租赁、承揽、建设工程、运输、技术、保管、仓储、委托、行纪、居间等十余种合同。

自《合同法》订立后，最高人民法院分别于1999年12月19日、2009年4月24日颁布了司法解释。第一次司法解释涉及的内容包括法律适用范围、诉讼时效、合同效力、代位权、撤销权、合同转让中的第三人和请求权竞合。第二次司法解释涵盖的内容包括了合同的订立、合同的效力、合同的履行、合同的权利义务终止、违约责任。此外，2012年5月10日还专门出台了《最高人民法院关于审理买卖合同纠纷案件适用法律问题的解释》，涉及的内容包括了买卖合同的成立及效力、标的物交付和所有权转移、标的物风险负担、标的物检验、违约责任、所有权保留、特种买卖等。

四、合同法在国际商法体系中的重要作用

在现代社会，合同几乎是进行一切形式的国际商事交往的基本工具。在从事国际性的商品买卖活动的过程中，买卖双方要签署各种合同，使交易得以顺利完成。合同这种至关重要、无所不在特性，决定了合同法在国际法律体系中的地位。对于这一体系中的许多部门法而言，它是基础性的法律，它的原理和原则构成这些部门法共同遵循和运用的原理和原则。一方面，国际货物买卖合同是合同的一种；合同法的原理和原则大都适用于国际货物买卖合同；另一方面，国际货物买卖法是特殊的合同法，其中又包括了这一领域的特殊规则。在代理法领域，法律需要处理本人、代理人、第三人这三方之间的关系。本人与代理人之间的关系，依相互间签订的代理合同调整，而代理合同属于合同的一种，既适用合同法的一般原理，又适用有关代理合同的特殊规则。然而，本人与第三人并不直接签约。双方之间的关系，受代理人以本人名义签署的合同的影响，决定该双方之间的权利义务的法律规则，是代理法的特殊法律规则，而不同于合同法的一般原理和原则。总之，合同法构成许多商事交易的基础，其基本的制度具有广泛的适用性。因此，以国际商法——这一由许多的部门法构成的法律体系为研究对象的人，必须首先具备较坚实的合同法知识的基础。

第二节　合同的订立

合同的订立是指合同当事人经过要约和承诺并达成协议而建立的合同关系。它标志着合同的存在，也是区分合同责任与缔约过失责任的界限，并且与合同的生效有着极为密切的联系。合同本质上是一种合意，合同的订立首先即意味着双方当事人的意思表示一致。法律上把订立合同的意思表示分别称为要约与承诺。如果一方当事人向对方明示或默示的方式提出一项要约，而对方对该要约表示承诺，双方之间即订立一项具有法律约束力的合同。

一、要约

1. 要约的定义

要约是订立合同所必经的程序，又被称为发盘、出盘、出价或报价等。对要约概念的理解，各国立法、判例不尽相同。大陆法定义要约为“以一定契约之成立为目的之确定的意思表示”或“是当事人一方向另一方提出合同条件，希望另一方接受的意思表示”。而英美法则将要约视为当事人所作的一种允诺。以“许诺”(promise)为要约下定义是英美合同法理论的一个十分重要的概念，它基本上是合同的同义语。美国的《合同法重述》认为：“一个合同是这样一个或一系列许诺，违背它，法律将给予补偿；履行它，法律将通过某种方式确认是一种义务。”P. S. 阿蒂亚在他的《合同法概述》对要约的说明中说：“要约，实

际上是要约人做什么事或不做什么事的一种许诺，而这种许诺有效的条件是承诺人应接受这个要约，并对这个要约支付或答应支付它的对价。”除许诺之外在英美法中也可以看到其他的定义方式，《合同法重述》第 24 条规定：“要约是对即时进行交易的愿望的表达。这一表达能使一个通情达理处于受要约人地位的人相信，他或她只要对该要约表示同意，即接受该要约，就可以进行交易。”世界学生版教科书《合同法》(Sweet & Maxwell 1995 年版)也采纳了这样的定义：“要约是要约人希望就特定事项签订合同、并且一经受要约人承诺即受拘束的意思表示。”

我国立法遵循的是传统大陆法之观点，认为要约是一种意思表示而非法律行为。中国《合同法》第 14 条规定：“要约是希望和他人订立合同的意思表示。”可见，我国立法及合同法理论将要约定义为一方当事人以缔结合同为目的，向对方当事人所作的意思表示。其中，发出要约的人称为要约人，接受要约的人称为受要约人。

2. 要约的有效条件

第一，要约必须表明要约人愿意按要约所提条件订立合同的意向。要约的目的在于订立合同，其特点是一经受要约人的承诺，合同即告成立，无须再征求要约人之同意或经其确认。我国《合同法》第 14 条就规定要约的意思表示应当“表明经受要约人承诺，要约人即受该意思表示约束”。

应严格区别要约与要约邀请的概念。邀请要约又称要约引诱，它的目的虽然也是为了订立合同，但它本身并不是一项要约而只是为了邀请对方向自己发出要约。中国《合同法》第 15 条规定：“要约邀请是希望他人向自己发出要约的意思表示。寄送的价目表、拍卖广告、招股说明书、商业广告等为要约邀请。商业广告的内容符合要约规定的，视为要约。”

第二，要约的内容必须具体、确定和完整。即应当包括拟签订的合同的主要条件，一旦受要约人表示承诺，就足以成立一项对双方当事人均有约束力的合同。要约不必载明合同全部细节，只要达到足以确定合同的程度即可，某些条件大可留待日后协商。根据美国《统一商法典》第 2-204 条的规定，只要当事人具有订立合同的意图，其要约具备了货物的名称和数量，就可以视为一项有效的要约，而价格并不是必不可少的条款。该规定是为了适应现代商事交易快节奏的要求，尽可能使要约不致由于缺少部分条款而无法成立。

第三，要约必须向特定人发出。法律上强调所谓的特定人的价值在于，如果针对的是特定人，那么收到该要约的受要约人就有权按照要约规定的条件与要约人订立合同；相反，非特定人则无权。一般的观点都认为，要约须向一个或数个特定的人发出。因为只有发出的对象特定才能确定承诺人，即要约人对谁有资格成为承诺人作出了意思选择，否则该提议不过是为了唤起不特定的人发出要约，本身并非要约。大陆法系国家立法一般遵循这一原则。《联合国国际货物买卖合同公约》以及《国际商事合同通则》也都规定要约应向一个或一个以上特定的人发出，否则仅应视为邀请要约。

在某些情况下，很难判断要约针对的对象是特定人还是非特定人。比如，无人售票公交车上设立投币箱的行为是否是要约？从表面上看，它针对的是不特定的乘客，那么向箱中投币的行为将会被视为要约，此时运输合同是否成立的关键就是承运人是否接受该要约。假设一下，在此情况下，承运人是否有权拒绝载运，答案当然是无权。而这与受要约人有自主决定是否接受要约的精神是相悖的。所以虽然设立投币箱的行为从表面上看是针对不特定的乘客,但是在任意一个乘客站在投币箱前,准备进行投币行为时,事实上,设立投币箱的行为针对的对象已经特定化。

能否向非特定人发出的问题,各国法律规定有所差异。英美法的一些判例认为,要约既可以向某一个人发出,也可以向某一群人发出,甚至可以向全世界发出。以广告为例,一般大陆法将之视为邀请要约,但英美法认为只要广告文字明确、肯定,足以构成一项许诺,亦可视为要约。不过英美法还规定,如果要约人向不特定的人发出要约,其后果应由其自身承担。

第四,要约必须传达到受要约人才能有效。所谓要约的生效是指要约发生的法律效力,即对要约人和受要约人产生法律的约束力。《联合国国际货物买卖合同公约》及《国际商事合同通则》对此有明确而相同的规定,要约只有在送达受要约人以后才能为受要约人所知悉,并能对受要约人产生实际的拘束力。中国《合同法》第16条即规定:"要约到达受要约人时生效。"

3. 要约的拘束力

要约的约束力包括两个方面的含义:一是指对要约人的约束力;二是指对受要约人的约束力。要约对两者的约束力是不同的。一般而言,要约对受要约人是没有约束力的。受要约人接到要约后,即在法律上取得了承诺的权利,但要约对其没有约束力。受要约人不仅没有必须做出承诺的义务,也没有义务就承诺与否通知要约人。但有些国家的法律规定,在某些商业交易中,受要约人无论承诺与否,均应通知要约人。例如,《德国商法典》与《日本商法典》均规定,商人对于平日经常往来的客户,在其营业范围内,在接到要约时,应立即发出承诺与否的通知,如果怠于通知,则视为承诺。一般而言,缄默不等于承诺。

要约的约束力还涉及要约能否被撤回或撤销的问题。要约到达受要约人之前要约人可以将其撤回或变更,这是毋庸置疑的。因为按照各国的法律,要约必须到达受要约人才能发生效力,在要约人发出要约至该要约到达受要约人前的这段时间里,由于要约还未生效,要约人当然有权将其撤回或者做出变更。例如,以平邮寄出的要约,在其送达受要约人之前,要约人可以用更为快捷的方式将其撤回或者对其内容做出变更。至于要约生效后,要约人能否取消要约的法律效力,这是要约撤销的问题。这个问题产生于要约到达受要约人后,受要约人做出承诺前的这段时间。对此,各国法律有不同的规定。

(1) 大陆法

《德国民法典》第145条规定:"向他方要约订立契约者,因要约而受约束,但预先声明不受约束者不在此限。"这表明除非要约人在要约中注明有不受约束的词句,要约人必须受其要约的约束。此外,如果要约规定了有效期,则在有效期内不得撤销或更改要约;如果要约未规定有效期,则按通常情况可望得到答复以前,不得撤销或者更改要约。奥地利、瑞士、巴西、希腊等国的民法也做了类似的规定,要约人可以采用"不受拘束"等词句来表明要约对自己没有拘束力。但是,如果出现了这种排除拘束力的词句,在法律上一般就不认为是要约而是要约邀请,它必须经过对方据此做出的真正的要约以及发出要约邀请一方的承诺才能成立合同。

《法国民法典》对要约人在其要约被受要约人承诺以前能否撤销的问题没有做出具体

规定，但其法院的判例认为，如果要约人在要约中指定了承诺期限，要约人可以在期限届满以前撤销要约，但须承担损害赔偿的责任。即使要约中未规定承诺的期限，但如果根据具体的情况或正常的交易习惯，要约被视为应在一定期限内等待承诺者，要约人如不适当地撤销要约，也须负损害赔偿的责任。

(2) 英美法

英美普通法认为，要约原则上对要约人没有约束力，要约人在受要约人对要约做出承诺之前的任何时候都可以撤销要约或更改要约的内容。即使要约中规定了有效期限，要约人在法律上仍可在期限届满以前随时把要约撤销。原因是，英美法把要约视为要约人所做的一项允诺，所以，如果一项允诺既没有得到对价的支持，又不是采用签字蜡封形式做成的，它对要约人是没有约束力的。显然，英美法的这些法律原则不能使受要约人得到应有的法律保障。例如，受要约人极有可能出于对要约的信赖，拒绝了其他人发来的相同内容的要约，或者放弃了主动向他人发出这种要约的打算，甚至还为准备承诺与他人订立了合同并支出了费用，在这种情况下，要约人一旦撤销或者变更要约，受要约人就有可能遭受损失。因此，英美两国都在试图改变上述法律规定。

美国《统一商法典》明确规定，在货物买卖中，在一定条件下可以承认无"对价"的"确定的要约"，即要约人在要约确定的期限内不得撤销的要约。其条件是：要约人必须是商人(merchant)；要约已经规定了期限，或者如果没有规定期限，则在合理的期限内撤销，但是无论如何不能超过3个月；要约必须以书面形式做成，并有要约人签字。如果符合上述条件，即使该要约没有对价支持，要约人仍须受要约的约束，在要约规定的期限内或在合理的时间内不得撤销要约。

英国的法律修订委员会(Law Revision Committee)也曾于20世纪30年代提出过一份报告，建议对"对价"原则进行修改，即对于规定了一定期限的要约，不能因为缺乏"对价"就认为它没有约束力。遗憾的是，到目前为止，这还仅仅是一项建议，并未付诸实施。

(3) 中国法

《合同法》第18条规定，要约可以撤销。撤销要约的通知应当在受要约人发出承诺通知之前送达受要约人。

4. 要约的有效期

一般而言，各国普遍承认以下是使要约失效的特定事由：(1)要约中规定的承诺时间已过；(2)要约被受要约人拒绝；(3)受要约人提出反要约；(4)要约人死亡或丧失能力，而受要约人作出承诺之前已知道这种情况。

在没有发生上述特定事由的情况下，英国的判例规则是：要约于合理的期间过后失效。关于什么是要约失效的合理期间，取决于每一个案件的具体情况。其中，要约所采用的通信手段的快慢是一个重要因素。如果要约用电报发出，则法院有理由认为，要约人的意思是让受要约人迅速作出承诺。在这种情况下，如果受要约人没有立即作出承诺，或没有采用快捷的方式作出承诺，要约即丧失效力。交易的性质也是重要的因素：交易涉及易腐货物的买卖时，买卖的货物的价格每天波动不停时，要约的有效期间会相应缩短；涉及股票交易，要约的存续期间往往只有几秒钟。

英国法上的上述合理期间规则也为美国法所采纳，但对于货物买卖合同，《美国统一商法典》又进一步规定，在任何情况下，这一时间不得超过3个月。

在法国，有的法院判决，在要约中未规定承诺期的情况下，如果要约是向不特定的人发出的，要约人可不受限制地将其撤销；反之，如果受要约人是特定的当事人，法院应根据案件的具体情况，包括合同的性质和交易的习惯，确定一个合理的承诺期限。

依照《德国民法典》第147条，"向对话的人所为的要约，承诺应立即为之"，以电话为要约者，亦同；"向非对话人为要约，承诺仅得在通常情形可期待达到的时期内为之"。显然，这一规定与英美等国的规定是类似的。

关于要约的有效期间，我国《合同法》第23条规定："要约没有确定承诺期限的，承诺应当依照下列规定到达：(1)要约以对话方式作出的，应当即时作出承诺，但当事人另有约定的除外；(2)要约以非对话方式作出的，承诺应当在合理期限内到达。"

二、承诺

1. 承诺的定义

承诺是接受要约的意思表示。要约一经承诺，合同即告成立。更确切地说，承诺是受要约人按要约限定的方式对要约人作出的接受要约中包含的合同条件的意思表示。

承诺的构成必须具备下列条件，才能产生法律效力。

(1) 承诺必须由受要约人向要约人作出，受要约人包括本人及其代理人。

(2) 承诺必须在规定的期间内到达要约人。

(3) 承诺必须与要约的内容一致。这是两大法系的传统理论，英美法更是将其形容为"镜像原则"(mirror-image)。但近代以来，为鼓励交易，该原则有所松动。美国《统一商法典》就规定承诺"即使与原要约或原同意的条款有所不同或对其有所补充，仍其有承诺的效力"。《联合国国际货物买卖合同公约》及《国际商事合同通则》也是如此，规定如承诺所载的附加条件或提出的不同条件在实质上并不变更该项要约的条件，则除要约人在不过分延迟的期间内提出反对外，仍可构成承诺。中国《合同法》第31条的规定也遵循了这一立法精神。

(4) 承诺必须表明受要约人决定与要约人订立合同。

(5) 须采用要约限定的承诺方式。要约人在要约中可以对承诺的传递方式作出具体规定，承诺就应按该方式作出。中国《合同法》第22条对此的规定是："承诺应以通知的方式作出，但根据交易习惯或者要约表明可以通过行为作出承诺的除外。"

2. 承诺的生效的时间

承诺生效的时间即合同成立的时间。传统大陆法原则上采取"了解主义"，即不仅要求收到对方的意思表示，而且要求当真正了解其内容时，承诺方能生效。但以法律上讲，证明是否真正了解某种意思表示的内容是很困难的。因此，大陆法后来逐渐转向"到达主义"(Received of the Letter of Acceptance Rule)，即承诺到达于相对人时始发生效力，合同亦于此时成立。如《德国民法典》第130条规定："对于相对人以非对话方式所作的意思表示，于意思表示到达于相对人时发生效力。"

英美法则采用"投邮主义"(Mailbox Rule)，认为在以书信、电报作出承诺时，承诺一经投邮，立即生效，合同即告成立。这一原则的直接理由是认定要约人曾默示地指定邮局作为他接受承诺的代理人，深层原因是为了缩短要约人能够撤销要约的时间。

中国现行立法采纳了到达主义。根据《合同法》第26条规定："承诺通知到达要约人时生效。承诺不需要通知的，根据交易习惯或者要约的要求作出承诺的行为时生效。"《合同法》第23条也明确要求承诺应当在要约确定的期限内到达要约人。

《联合国国际货物买卖合同公约》与《国际商事合同通则》也基本上采取了承诺到达生效的原则。

3. 承诺迟延

承诺迟延是指受要约人未在承诺期间内发出意思表示。各国法律一般认为，超出承诺期限的承诺期限的承诺，除非要约人及时承认其有效，应视为新要约。中国《合同法》第28条规定："受要约人超过承诺期限作出承诺的，除要约人及时通知受要约人该承诺有效的以外，为新要约。"

4. 承诺撤回

承诺撤回是承诺人阻止承诺发生效力的一种意思表示，承诺撤回必须赶在承诺生效以前。在这一点，两大法系立场不同。英美法采取"投邮主义"，因此承诺无法撤回。而大陆法则不然，在承诺到达要约人之前以更快的方式通知要约人撤回承诺的表示即可。《联合国国际货物买卖合同公约》、《国际商事合同通则》及中国《合同法》都有类似大陆法的规定。按照公约的规定，承诺是可以撤回的，只要撤回的通知能在承诺生效之前或与其同时送达要约人。

三、对价与约因

英美法解释对价含义时，主要是强调当事人之间相互给付的关系。大陆法系中，法国法也有相应的概念"约因"，是指订约当事人产生该项债务所追求的最接近和直接的目的。

（一）对价

对价在法律上的作用在于它使诺言发生强制执行的效力：如果诺言人不兑现其诺言，受诺人可以通过借助法院的强制力，迫使诺言人兑现其诺言。但无对价的诺言如果已经被兑现，诺言人不得反悔，即不能以诺言无效要求受诺人返还利益。按英美法的规定，一项有效的对价必须具备以下条件。

1. 对价须是诺言的诱因。对价是诺言的交易对象，诺言人为了得到它而作出其许诺。

2. 合法性。凡是以法律所禁止的物与行为作为对价的，皆属无效。

3. 对价需发生在诺言做出的同时或之后。即对价必须是待履行的对价或是已履行的对价，而不是过去的对价。其中待履行的对价是指双方当事人许诺在来履行的对价，已履行的对价是指当事人中的一方以其作为要约或承诺的行动，已全部完成了他依据合同所承担的义务，只剩下对方尚未履行其义务；过去的对价是指一方在对方作出许诺之前已全部履行完毕的对价，它不能作为对方后来作出的这项许诺的对价。

4. 价值性。对价必须是真实的，并具有某种价值，但不要求充足。

5. 对价必须来自受许诺人。这一条是指只有对某项许诺做出了对价的人，才能要求强制执行此项许诺。这一原则在近年来已有所改变，如美国《统一商法典》第二篇 2-209 条明文规定，关于改变现存合同的协议，即使没有对价也具有约束力。

6. 既存义务及法定义务不能作为对价。这里已存在的义务，是指原来合同上已经存在的义务，不能作为一项新许诺的对价。

（二）约因

约因是法国合同法和债法上的重要制度。《法国民法典》为此设了专目。《法国民法典》第 1 131 条规定："凡属于无约因的债，基于错误约因或不法约因的债，都不发生任何效力。"如果约因为法律所禁止，或违反公序良俗，即属不法约因，是没有效力的。关于约因的现代理论认为，约因还包括当事人的动机，并且提出了具体原因论，主张对个案中的原因进行考察。此外，现代理论还主张，约因并不限于债务的原因，还指法律行为的原因和合同的原因。

在德国法中，合同的成立不以原因的存在为条件。但其与英美法和法国法相似之处在于：不轻易让无偿的诺言发生法律效力。根据《德国民法典》规定，赠予合同以及无偿的"债务约束"和"债务承认"合同，须经公证才能产生效力。

中国《合同法》既没有对价的概念，也没有规定约因。基本上是采纳了德国法系的观点。不过在有关"无准备合同"及"可撤销合同"的内容中，还是可以发现"对价"、"约因"思想的一些影响。中国《民法通则》第 4 条规定，民事活动应当遵循有偿原则。

第三节　合同的内容与形式

一、合同内容必须合法、不违反社会公共利益

世界各国法律均要求合同内容必须合法，并且不得违反社会公共利益，否则就会导致合同无效或不能要求强制执行。现将各国有关规定概括如下。

1. 大陆法

《法国民法典》第 6 条明确规定："当事人不得以特别约定违反有关公共秩序和善良风俗的法律。"法国法上的公共秩序分为立法上的公共秩序和司法上的公共秩序。《法国民法典》对于善良风俗并没有具体的规定，因此在法国，这一概念所包含的具体内容是由法院确定的。一般来说，按照法国法，构成合同非法的主要有两种情况：一种是交易标的物是法律不允许的物品；另一种是合同的约因不合法。

德国法则是着重于规定法律行为和整个合同的内容，《德国民法典》第 134 条规定：法律行为违反制定法的禁止性规定时无效，除非可以从制定法推定出不同动机。该法典第 138 条规定：违反善良风俗的法律行为无效；特别是，某人以法律行为利用他人急迫情况、无经验，缺乏判断能力或意志薄弱，使其向自己或第三人对一项给付作约定或给予财产利益，而此种财产利益与给付明显不成比例的，该法律行为无效。

2. 英美法

在合同的合法性问题上，英国和美国法律制度中有许多基本的相似之处。在英美法系国家，非法的合同主要有两种：成文法所禁止的合同；普通法所不承认的合同。但由

于英美法没有成文的民法典，因此，英美法只能根据某些单行法则的规定和判例法所确立的原则，英美法认为下列几种合同是违法的。

(1) 触犯刑律或民事侵权的合同，以及没有执照即从事法律要求必须执有执照的业务活动所签订的合同。

(2) 危害公共利益的合同。所谓危害公共利益的活动，是违背某些成文法所规定的政策或目标，或旨在妨碍公共健康、安全、道德以及一般社会福利的合同。

(3) 违反道德的合同。指那些违反社会公认的道德标准，如法院予以承认将会引起正常人的愤慨的合同。

除了以上几种情况外，还有诸如“没有保险利益的合同”、“商业限制不合理的合同”也都属于英美法规定的非法合同之列。

3. 中国法

中国《合同法》第 52 条规定的应认定合同无效的五种情况，均与合同的合法性有关。其中包括：(1)一方以欺诈、胁迫的手段订立合同，损害国家利益；(2)恶意串通，损害国家、集体或者第三人的利益；(3)以合法形式掩盖非法目的；(4)损害社会公共利益；(5)违反法律、行政法规的强制性规定。

关于合同无效的后果，依《合同法》第 56 条、第 58 条规定，无效的合同自始没有法律约束力。在合同被认定无效之后，当事人因合同取得的财产，应予以返还；不能返还，应当折价补偿；有过错的一方应当赔偿对方因此所受到的损失，双方都有过错的，应当各自承担相应的责任。当事人恶意串通，损害国家、集体或者第三人利益的，因此取得的财产收归国家所有或者返还集体、第三人。

二、合同内容的构成

各国合同的内容都不只限于当事人明确议定的明示条款，除了明示条款外一般还承认暗示条款的存在。暗示条款包括两种：一是民商事惯例，各国法律一般都承认与合同中明示条款不相冲突的民商事惯例为该合同的组成部分；二是法定暗示条款。法定暗示条款亦可分为两类。

(1) 强制性暗示条款，合同的当事人不能用明示条款加以排除。例如产品责任法对产品卖方所规定的责任。

(2) 任意性暗示条款，当事人可以用明示条款予以排除，否则该法定的任意性暗示条款即自动适用于该合同。

我国《合同法》第 61 条、第 62 条也对暗示条款作出了规定。第 61 条规定，合同当事人就合同某些内容没有约定或约定不明确的，可以协议补充，不能达成补充协议，可依有关交易习惯确定。第 62 条则规定了在依第 61 条仍不能确定的情况下，如何确立合同的相关内容，实质上即是法定的任意暗示条款。关于交易习惯，2009 年 4 月颁布的《最高人民法院关于适用〈中华人民共和国合同法〉若干问题的解释(二)》第 7 条作出了规定：(1)在交易行为当地或者某一领域、某一行业通常采用并为交易对方订立合同时所知道或者应当知道的做法，(2)当事人双方经常使用的习惯做法。

三、合同的形式

合同一般可以分为要式合同及不要式合同，要式合同是指必须按照法定的形式中手续订立的合同，不要式合同是法律上不要求按特定的形式订立的合同。随着商品经济的日益发达，合同的形式越来越倚重于"不要式原则"，对于这两种情况，各国立法侧重不同。

1. 大陆法

《德国民法典》第125条规定："(1)不符合法定形式的法律形式无效；(2)缺乏由法律行为约定的形式者，在发生疑问时，亦属无效。"适用于合同上，德国法强调当事人意思表示必须严肃认真，并以是否遵守法定形式作为判断标准。如果合同没有按法定形式办理，说明当事人缺乏严肃认真的订约意思，合同即归于无效，而不问当事人能否提出证据证明合同的存在。

法国法对合同形式的要求主要分为三类：公证合同、一般书面合同和实践合同。在法国，公证在社会生活和经济生活中起着重要作用。涉及合同关系须经公证的合同主要有：赠予合同、夫妻财产合同、代位清偿债务的合同、设定抵押权的合同和某些种类的不动产合同。法国学者认为，公证的主要作用在于，使行为的合法性受到公共权力的检验。另外，公证人在进行公证时有提供咨询的义务，使当事人可以了解其行为的后果，这有助于保护一方或双方的自由意志。须以书面形式订立但不必公证的合同为一般书面合同。这类合同主要包括：某些劳动合同、营业资产买卖合同、房屋推销合同、发明专利的许可或转让合同、私人住宅建筑合同等。对这些合同的书面要求都是依单行的立法而提出的服务于特定的目的的。对于一般的未作特别规定的合同，法律并不要求以书面方式订立。实践合同是当事人的意思表示于实物交付时生效的合同。因此，依法国法的理论，对于实践合同，实物的交付也是合同成立的形式与要件。在传统上，借贷、寄存和质押这三种需归还原物的单务合同属于实践合同。这种传统的制度今天仍得到了保留。

2. 英美法

英美法系各国的涉及合同订立的形式制度都不同程度地受到英国1677年颁布的《欺诈行为法》的影响。该法规定，当事人之间达成的协议或证明协议存在的备忘录或记录，必须以书面方式写成并经在诉讼中被追究责任的当事人签字，否则，当事人不能提起诉讼。这一有关合同形式的规定适用于六种合同：(1)有关遗嘱执行和遗产管理的合同；(2)担保合同；(3)就婚姻的对价订立的合同；(4)不动产合同；(5)不在一年内履行的合同；(6)货物买卖合同。时至今日，依英国法上的一般原则，"要使一项协议成为一个有约束力的合同，采用某种特定的书面形式并不是必须的"。不过，对于某些合同，基于种种原因，对书面的要求依然被保留下来了，或者又根据需要被重新规定了。

美国不将书面形式作为合同成立或生效的要件。但要求下列合同须以书面形式作证据，否则不能请示法院强制执行：证券买卖合同；涉及某些证券权益的合同；不动产买卖合同；无形动产买卖合同；从订约时起1年内不予履行的合同；价金超过500美元的货物买卖合同。

3. 中国法

中国《合同法》第10条规定："当事人订立合同，有书面形式、口头形式和其他形式。"

法律、行政法规规定采用书面形式的，应当采用书面形式。当事人约定采用书面形式的，应当采用书面形式。《合同法》第 44 条规定："法律、行政法规规定应当办理批准、登记等手续生效的，依照其规定。"以原则上讲，我国法律承认当事人可以依法选择合同的形式。但如果法律对合同的形式作出了特殊规定，当事人必须遵从法律的规定。《合同法》规定的须采用书面方式签署的合同包括：借款合同、租期合同、六个月以上的租赁合同、融资租赁合同、建设工程合同、技术开发合同、技术转让合同。

根据《最高人民法院关于适用〈中华人民共和国合同法〉若干问题的解释(二)》第 2 条的规定："当事人未以书面形式或者口头形式订立合同，但从双方从事的民事行为能够推定双方有订立合同意愿的，人民法院可以认定是以合同法第十条第一款中的'其他形式'订立的合同。但法律另有规定的除外。"其第 8 条进一步规定："依照法律、行政法规的规定经批准或者登记才能生效的合同成立后，有义务办理申请批准或者申请登记等手续的一方当事人未按照法律规定或者合同约定办理申请批准或者未申请登记的，属于合同法第四十二条第(三)项规定的'其他违背诚实信用原则的行为'，人民法院可以根据案件的具体情况和相对人的请求，判决相对人自己办理有关手续；对方当事人对由此产生的费用和给相对人造成的实际损失，应当承担损害赔偿责任。"

第四节　合同的效力

合同生效是指已经成立的合同在当事人之间产生了一定的法律效力。此处所说的法律效力是指当事人之间的合意，是强调合同对当事人的拘束性。

合同成立与合同生效是两个完全不同的概念。合同成立是指合同订立过程的完成，是当事人合意的结果。合同成立只是解决了合同是否存在的问题，即使合同已经成立，如果不符合法律规定的生效要件仍不能产生效力。各国合同生效制度对合同的生效要件多集中于以下几方面：(1)合同当事人具有相应的民事行为能力；(2)当事人之间通过要约和承诺达成协议；(3)合同有对价或合法的约因；(4)当事人意思表示真实；(5)合同的内容和形式合法。下面将对其中两点加以详细介绍。

一、当事人相应的民事行为能力

(一) 自然人

自然人的缔约能力是自然人的行为能力的一种。世界各国法律对于具有订立合同的行为能力人和没有订立合同的行为能力人，都有具体的规定。

1. 大陆法系

法国法把当事人的行为能力作为合同生效的必要条件。但法国法没有无行为能力与限制行为能力之区分。《法国民法典》第 1 124 条规定无订立合同能力的人包括：(1)未解除亲权的未成年人；(2)受法律保护的成年人，包括官能衰退者和因挥霍浪费、游手好闲以至陷入贫困者。这些人订立合同必须取得其监护人或管理人的同意，否则合同无效，但须经法院宣告。德国法区分无行为能力、限制行为能力两种情况。依《德国民法典》第 104 条规定：未满七岁儿童；处于精神错乱状态，不能自由决定意志，而且按其性质此种状态并非暂时者；因患精神病被宣告为禁治产者，皆属无行为能力人。他们所订立的合同不发生任何效力。限制行为能力，是指年满七岁未满十八的未成年人。他们所作的意思表示，须取得其法定代理人的同意。凡未成年人未经其法定代理人的同意所订立的合同，须经法定代理人追认以后，才能生效。

2. 英美法系

在英美法系国家，无缔约能力的自然人包括未成年人、有精神缺陷的人和酗酒人。未成年人原则上没有订立合同的能力。未成年人对其订立的合同，在其成年之后，可以予以追认，也可以要求撤销，但是属于必需品的合同除外。精神病人在其被宣告精神错乱以后所订立的合同，一律无效；至于在宣告精神错乱以前所签订的合同，则可要求予以撤销。

3. 中国法

中国《民法通则》第 55 条明确规定民事法律行为的行为人应具有相应的民事行为能力。这对于保护当事人的利益，维护社会经济秩序，是十分必要的。根据《民法通则》规定，不满 10 岁的未成年人和不能辨认自己行为的精神病人是无行为能力人。无行为能力人不能独立进行民事活动，他们签订的合同是无效的。10 周岁以上的未成年人和不能完全辨以自己的行为的精神病人是限制民事行为能力人。他们只能实施与其年龄、智力相适应的活动。《合同法》第 47 条规定，限制民事行为能力人订立的合同，经法定代理人追认后，该合同有效，但纯获利益的合同或者与年龄、智力、精神健康状况相适应的合同，不必经法定代理人追认。

（二）法人

1. 英美法

在英国，公司大体上可以分为依制定法成立的公司和依英王颁发的特许状成立的公司。大多数商业公司属于前一种公司。后一类公司则主要是慈善机构和教育机构。长期以来，在决定依制定法成立的公司的缔约能力时，适用的规则是“越权”无效的原则。其含义是，公司无权在其章程规定的营业目的之外签署合同，否则，该合同是无效的。上述判例规则的运用导致了大量的不公正的后果，受到了人们的激烈批评。在英国加入欧共体之后，改革这一制度的契机终于到来。1972 年，英国接纳了《1972 年欧共体法》。其中第 9 条使善意的与公司交易的人受到保护，只要这一交易是由公司董事在其被授权的范围内决定作出的。以后，英国又通过了《1985 年公司法》和修改该法的《1989 年公司法》。这些法律规定：“由一个公司实施的行为的有效性，不能因公司章程中的任何内容所导致的能力的缺乏而受到质疑。”至此，传统的越权无效的规则被废弃了。

在美国，早期的判例也接受了越权无效的规则。然而从 19 世纪末开始，美国法院在审判实践中已经表现出对公司章程中的营业目的条款作扩大解释的倾向。在 20 世纪，越权无效的规则在各州的制定法中已逐步被放弃。目前，美国各州的制定法几乎都废弃了这一规定。这种情况通过 1979 年的《示范企业公司法(修改稿)》规定反映出来。

2. 大陆法

法国在 1969 年通过颁布第 69-1176 号法令在《商事公司法》第 49 条中增加了如下规定：对于有限责任公司，“在与第三人的关系中，经理拥有在任何情况下以公司的名义进行活动的最广泛的权力……公司甚至应对经理的不属于公司宗旨范围的行为负责，但公司举证证明第三人已知道或根据当时情况不可能不知道该行为超越了公司宗旨范围的除外。仅公布公司章程不足以构成此种证据。限制经理根据本条所产生的权力的章程条款不得对抗第三人”。根据同一法令而在第113条中增加的内容规定：上述规定也适用于股份有限公司的董事会和董事长。

《德国民法典》第26(2)条规定：对社团法人，董事具有法定代理人的身份；董事会代表权的范围得以章程加以限制，限制得对抗第三人。可是，依德国《股份有限公司法》第82条和《有限责任公司法》第37条的规定，公司章程中对公司营业目的的限制不得对抗第三人。根据特别法优于一般法的原则，至少对股份有限公司和有限责任公司而言，公司的行为越权并不会导致行为无效。

3. 中国法

20世纪90年代以来，为了适应社会主义市场经济发展的需要和使中国的法制环境与国际接轨，1993年，最高人民法院在《全国经济审判座谈会纪要》中指出：“合同约定仅一般违反行政管理性规定的，例如一般地超范围经营、违反经营方式等，而不是违反专营、专卖及法律禁止性规定，合同标的物也不属于限制流通的物品的，可按照有关的行政管理规定进行处理，而不因此确认合同无效。”1999年《最高人民法院关于适用〈中华人民共和国合同法〉若干问题的解释(一)》第10条规定：“当事人超越经营范围订立合同，人民法院不因此认为合同无效。但违反国家限制经营、特许经营以及法律、行政法规禁止经营规定的除外。”可见，在中国法人在经营范围之外签订的合同在不违法国家的限制经营、特许经营和法律、行政法规禁止经营的情况下，合同有效。

二、合同意思表示的真实性

各国法律一般认为当事人意思表示的内容有错误，或是在受欺诈或胁迫的情况下，或所订合同显失公平，合同虽已成立，但这种合意是不真实的，如果意思表示不真实，这在法律上称为意思表示瑕疵(insufficiency of will)。作了错误意思表示的一方或受欺诈胁迫一方当事人可以主张该合同无效或要求撤销该合同。

(一) 错误

各国都认为，并非任何意思表示的错误，都足以使表意人主张合同无效或撤销合同。对何种情况下有错误一方可以要求撤销合同或主张合同无效，而什么情况下则不可以，各国法律有不同的规定和要求。

1. 大陆法

《法国民法典》第1 110条第一款规定：“错误，仅在涉及合同标的物的本质时，始构成无效的原因。如果错误仅涉及当事人一方愿意与之订约的另一方当事人时，不能成为无效的原因，但另一方当事人个人被认为是合同的主要原因者，不在此限。”根据法国法院1913年1月28日的判决，合同标的物的本质的含义为“物的实质性品质；没有它，当事人就不会订立合同”。法国法还认为动机上的错误不能构成合同无效的原因，除非当事人将动机通过合同条款明确地表达出来。巴黎上诉法院确立的原则为：如果当事人是基于对事物性质的猜测性认识而达成协议的，错误不能成立。当错误方的错误不可原谅时，如因过分轻率或疏忽所致时，该方无权主张合同无效。根据《法国民法典》第1 117条的规定：

因错误、胁迫或欺诈而缔结的契约并非依法当然无效，而是发生请求宣告无效或撤销契约的诉权。依此规定，因错误而订立的合同属相对无效的合同，即可撤销的合同。德国法则强调意思表示的内容的错误。《德国民法典》第 119 条规定："在进行意思表示时，对意思表示的内容发生错误或根本不要进行该内容的表示的人，在可以认为其知悉情事并理智评价情况即不进行此表示时，可以撤销表示。关于人或物的性质的错误，以性质在交易上具有实质性为限，也视为表示内容的错误。"即一种是把意思的内容表述错了，为表达错误；另一种是对意思表示的含义的理解错误以及由此所致的意思表示错误，为含义错误。这里德国法同时也承认意思表示的形式上的错误也可以导致撤销合同的后果。德国法与英美等国的法律相比，给予了错误方更多的撤销合同的机会。因此，《德国民法典》第 122 条规定，错误方在行使撤销权时，应对相对方因信赖其表示有效而蒙受的损失作出赔偿；该赔偿以该表示有效时所拥有的利益为限；但如果受害人明知无效或可撤销的原因，或因过失而不知，不发生赔偿义务。

2. 英美法

在英美法上，错误(mistake)是指合同当事人对有关事实情况的误解，如果没有这样的误解，该当事人本来不会依现有的合同条件签约。错误所导致的后果，依普通法，基于错误而订立的合同是在一定条件下无效的。其理论依据是，当存在错误时，合同双方之间没有合意发生。但是，依衡平法，这种合同不是无效的，而是可以撤销的，当错误的存在对一方不利时，该方有权撤销合同，但也可以放弃这种权利。根据美国《第二次合同法重述》第 152(1)条，基于错误而订立的合同，在满足了该条款规定的条件时，可以由受到不利影响的一方撤销。英国普通法认为，订约当事人一方的错误，原则上不能影响合同的有效性。只有当该项错误导致当事人之间根本没有达成真正的协议，或者虽已达成协议，但双方当事人在合同的重大问题上都存在同样错误时，才能使合同无效。按照英国的判例法，下列错误可导致合同无效：(1)合同性质上发生错误；(2)认定当事人发生错误；(3)对合同的标的物的认定，双方当事人都存在错误；(4)在合同的标的物存在与否或在合同的重大问题上，双方当事人发生共同的错误；(5)许诺一方已经知道对方有所误会。单方错误原则的理论依据是，在存在单方错误时，双方之间虽然没有合意，但相对方的正当期望应受保护；错误方的过失给他带来的不利不应对相对方产生影响。但该原则亦存在例外：(1)如果相对方明知道错误方的认识发生了错误仍然签约，合同无效或者可撤销。(2)如果一方的错误是另一方诱使的结果，合同便不能约束错误方。

在关于错误的问题上，英国法与大陆法的主要区别在于：(1)英国法的要求比大陆法更加严格，一般而言，英国普通法不允许以单方面的错误为理由使合同无效。(2)因错误而引起的后果亦有区别：大陆法对法律认定的错误或者认为合同无效(法国法)，或者认为可以撤销合同(德国法)；而英国普通法与衡平法却采取不同的原则，如根据普通法，则错误可导致合同无效；如果根据衡平法，则可以撤销合同。美国法同样认为单方面的错误原则上，不能要求撤销合同。至于双方当事人彼此都有错误时，亦仅在该项错误涉及合同的重要条款认定合同当事人或合同标的物的存在、性质、数量或有关交易的其他重大事项时，才可以主张合同无效或要求撤销合同。即错误对交易的影响必须是"重大的"(material)。一般来说，当错误仅涉及合同标的"品质"(quality)、"价值"(value)或"特征"

(attributes)时，合同依然有效。

3.《国际商事合同通则》

《通则》第3.4条就“错误”的概念阐述以下定义：“错误是合同订立时所作的关于既存的事实或法律的不正确的假定。”关于错误的后果，《通则》第3.5条规定：“(1)一方可以因错误而撤销合同，如果在合同订立时错误如此地重大，以至一个处于与错误方同等地位的合理人本想基于有重大不同的条件订立该合同，或者，如果知道情况的真相本不会订立该合同，同时，(a)另一方有同样的错误，或导致了该错误，或者知道或应当知道该错误，并且，让错误方陷于错误的状态有违公平交易的商业准则；或者(b)另一方在合同被撤销时尚未基于对合同的依赖而行事。(2)然而，在以下情况下，一方不能撤销合同：(a)该方的错误因重大过失所致；或者，(b)该错误涉及这样的事项：有关该事项，发生错误的风险已由错误方承担，或者，考虑到相关情况，应当让错误方承担。”上述规定是对英、美、法、德等国有关错误的制度兼容并包的结果。一方面，它包括了英、美、法等国的基本制度及其细节；另一方面，它也吸收德国制度中的某些成分，即依据第(1)款(b)项，错误即使是单方的，错误方也可以撤销合同，但须以另一方没有基于对合同的信赖而行事为前提。

4. 中国法

我国《民法通则》第59条规定，行为人对行为内容有重大误解的，可以变更或撤销。《合同法》第54条也规定，因重大误解订立的合同，一方可以请求法院和仲裁机关变更或撤销。所谓重大误解，是指误解人作出意思表示时，对涉及合同法律效果的重要事项存在着认识上的显著缺陷，其后果是使误解人受到较大损失，以至于根本达不到缔约目的。对重大误解的具体确定，应区分误解人所误解的不同情况，考虑当事人的状况、活动性质交易习惯等各方面的因素。误解既可以是单方面的，也可以是双方面的。

(二) 欺诈

1. 大陆法

大陆法规定，影响合同生效的欺诈必须符合一定的要件：必须有欺诈行为的存在；欺诈人主观上必须是故意的。欺诈行为与表意人所陷入的错误以及因此所做的意思表示有因果关系；欺诈行为必须达到有悖诚实信用的程度。德国学者甚至认为，一方有告知义务而忽略不为告知时，亦构成欺诈。至于对欺诈的处理，法国法与德国法采取了不同的原则。按照《法国民法典》第1 116条的规定：“如当事人一方不实行欺诈手段，他方当事人决不签订合同者，此种欺诈是构成合同无效的原因。欺诈不得推定，而应加以证明。”即欺诈的结果将导致合同的无效。受欺诈方在宣告合同无效时，有义务证明欺诈方有故意欺诈的行为。《德国民法典》第123条则规定：“因被欺诈或不法胁迫而为意思表示者，表意人得撤销其意思表示。”据此，欺诈的结果是导致合同被撤销。此外，大陆法各国均认为，表意人因相对人欺诈而为意思表示的，有权撤销其意思表示，但不得对抗善意第三人；表意人因第三人的欺诈行为而向相对人为意思表示，若相对人对欺诈的事实不知，则不得撤销其意思表示。

2. 英美法

英国法对此问题的陈述比较零乱，在对错误的规范中也包含有欺诈的情形，其他的情形则在“不正确表述”中有所体现。英国《不正确表述法》(*Misrepresentation Act*, 1976)中所指的不正确表述不仅包括了欺骗性的不正确表述，即欺诈的情形，还包括当事人非故意的不正确表述，因而它的范围要比大陆法的更广泛。英国法在对欺诈问题的处理上规定，蒙受欺骗的一方可以撤销合同或拒绝履行其合同义务，并可请求赔偿损失。对于非故意且没有疏忽的不正确表述，蒙受欺骗的一方可以撤销合同，但无权主动要求损害赔偿，只能由法官或仲裁员酌情考虑能否以损害赔偿代替撤销合同；如果不正确表述人存在疏忽，则蒙受欺骗的一方有权撤销合同，并请求损害赔偿。

与英国法不同，美国法将欺诈与不正确表述做了区分。法院的判例表明，欺诈的构成要件包括：①一方当事人故意给予对方虚假信息或对信息的真实性漠不关心；②对方当事人基于对信息的信赖采取了行动；③对方因此受到了损害。按照法律的规定，欺诈通常仅限于事实问题。对于发表的可能不真实的意见或所做的吹嘘，不构成欺诈。对法律后果的陈述，除非当事人间存在某种特殊的关系，如律师与当事人，也不认为是欺诈。根据《美国合同法重述》第 477 条的规定，基于欺诈订立的合同，由于双方之间没有真正的合意存在，所以，受到欺骗的一方可以撤销合同。

3. 中国法

最高人民法院关于贯彻执行《中华人民共和国民法通则若干问题的意见》(以下简称《若干问题的意见》)第 68 条对欺诈行为下了定义："一方当事人故意告知对方虚假情况，或者故意隐瞒真实情况，诱使对方当事人做出错误意思表示的，可以认定为欺诈行为。"根据此定义，构成欺诈必须以故意为主观要件，体现在行为人有意通过其虚假行为，妨碍对方做出正确的意思表示。另外，必须将故意隐瞒真实情况与正当的沉默区分开来，标准是行为人是否有告知的义务。实践中，如何判断具有告知的义务，通常包括以下几种情况：法定的告知义务；合同约定的告知义务；习惯上的告知义务等。根据我国《民法通则》第 58 条和《合同法》第 52 条的规定，一方以欺诈手段使他人与之订立的合同无效。2009 年《最高人民法院关于适用〈中华人民共和国合同法〉若干问题的解释(二)》第 15 条对《合同法》第 52 条进行了补充说明，根据规定："出卖人就同一标的物订立多重买卖合同，合同均不具有合同法第五十二条规定的无效情形，买受人因不能按照合同约定取得标的物所有权，请求追究出卖人违约责任的，人民法院应予支持。"

(三) 胁迫

各国法律一般认为胁迫是指使用暴力或以暴力相威胁的手段强迫他人实施某种行为。

1. 大陆法

《法国民法典》第 1 111 条规定：对订立契约承担任务的人进行胁迫构成无效的原因，即使胁迫由为其利益订立契约的人以外的第三人所为时，亦同。该法典第 1 112 条同时规定：如行为的性质足以使正常人产生印象并使其担心自己的身体或财产面临重大且现实的危害者，即为胁迫。在这方面，应考虑到受胁迫人的年龄、性别及个人情况。

德国联邦最高法院在 1988 年 6 月 7 日的判决中解释说："胁迫是关于某种未来的危害的宣告；进行威胁的人声称，对于该危害的发生与否，他具有影响；而该危害将会实现，除非受到威胁的人作出该进行威胁的人谋求的意思表示。"德国法将胁迫与乘人之危等情况相区别，因胁迫而为意思表示者，表意人得撤销其意思表示，而法律行为系乘人之危或属显失公平，则该行为无效。

2. 英美法

美国的学理认为，以是否合法界定某种威胁手段是否是胁迫行为是不科学的。美国采纳的标准是“不适当的威胁”构成胁迫行为。

英国法一般认为，蒙受胁迫的一方可以撤销合同。受胁迫者不仅包括订约者本人，还包括其配偶及近亲属，对后者施加威胁，也构成胁迫。

对于来自合同当事人之外的第三者的胁迫，英美法主张，只有合同的相对人知晓来自第三者的胁迫事情时，受胁迫的一方才能撤销合同。

3. 中国法

中国《民法通则》认定受胁迫的民事行为无效，其中受胁迫而订立的损害国家利益的合同作为无效合同。中国《合同法》第 54 条规定，当一方以胁迫手段使对方在违背真实意思的情况下订立合同时，受损害方有权请求法院或者仲裁机构变更或者撤销。

（四）显失公平

显失公平(grossly unfair)与错误、诈欺、胁迫一样，都属于不能体现当事人真实意思的情形。这项制度最先起源于罗马法，《查士丁尼法典》首创了“短少逾半规则”，即买卖价金少于标的物价值一半时，出卖人可以解除合同，返还价金并请求返还标的物。现代各国法律及判例均规定，在显失公平情况下订立的合同，准许遭受不利的一方请求撤销或予以变更。

(1) 大陆法

《法国民法典》第 1 674 条完全继承了罗马法，明确规定：如出卖人因低价所受损失超过不动产价金 7/12 时，有权请求取消买卖。只是这一规定仅适用于不动产买卖合同的出卖人及未成年人。《德国民法典》第 138 条规定，显失公平的行为就是乘他人穷困、无经验、缺乏判断力或意志薄弱而实施的法律行为，基于这种情形订立的合同，不利方得主张撤销合同。

(2) 英美法

英美法国家特别强调对“显失公平”合同中的受害人的保护。美国《统一商法典》第 2-302 条明确规定：如果法院发现合同或合同的任何条款在制定时显失公平，法院可以拒绝强制执行，或仅执行显失公平部分以外的其他条款，或限制显失公平条款的适用，以避免显失公平的后果。但是，受害人对合同的“显失公平”具有举证的义务，以帮助法院做出裁决。《美国合同法重述(Ⅱ)》也有类似的规定。可见，显失公平制度已成为美国合同法的一个重要制度。

根据英国的衡平法，如果合同的内容显失公平且“触动了法官的良知”，则该合同不能得到执行。

(3)《国际商事合同通则》

《国际商事合同通则》在第 3 条规定，如果在订立合同时，合同或个别条款不合理地对另一方当事人过分有利，则一方当事人宣告该合同或该个别条款无效。确定显失公平时应考虑的因素包括：不公平的谈判地位；合同的性质和目的；其他因素等。对显失公平的合同有两项处理原则：①法院根据受害人的请求，可做出裁定修改该合同或其条款，以使其符合公平交易的商业标准；②受害人收到宣告合同无效的通知后，也可请求法院修改合同或其条款，条件是他必须在收到此项通知后，对方信赖该通知停止行事之前，立即将其请求通知对方当事人。

(4) 中国法

我国《民法通则》第 59 条以及《合同法》第 54 条第 2 款都规定，在订立合同时显失公平的，当事人有权请求变更或撤销。对于何谓"显失公平"，最高人民法院《若干问题的意见》第 72 条对此做了解释："一方当事人利用优势或者利用对方没有经验，致使双方的权利与义务明显违反公平、等价有偿原则的，可以认定为显失公平。"

第五节　合同的履行与违约救济

一、合同的履行

合同的履行是指合同的一方当事人通过全面、适当地完成其合同任务，使对方的合同权利得以实现。合法有效的合同只有得到履行之后才能使合同当事人订立合同的目的得到实现，也才能对社会产生积极的影响。各国对合同履行的规定主要包括以下几方面的内容。

1. 全面履行

全面履行是指合同当事人应按照合同约定，全面、适当地履行合同义务。该原则应包含履约的全面性和适当性两方面的含义。

各国法律对此均有规定。大陆法认为，对履行合同义务的全面性、适当性加以约定，即使某些事项合同条款未必载明，当事人也应适当履行。英美法认为，当事人必须全面履行合同中的"条件"(condition)条款和"担保"(warranty)条款。《国际商事合同通则》规定，当履行到期时，债权人有权拒绝任何部分履行的请求，无论该请求是否附有对未履行部分的担保，除非债权人这样做无合法利益；因部分履行给债权人带来的额外费用应由债务人承担，并且不得损害任何其他救济方法。《中华人民共和国合同法》规定，当事人应当按照约定全面履行自己的义务。

2. 诚实信用履行

诚实信用履行是指合同当事人在履行合同过程中应当诚实，与对方进行必要的客观信息交换，同时为对方提供必要的协助，讲究信用，不违背承诺。

《德国民法典》第 242 条规定："债务人应依诚实和信用，并参照交易上的习惯，履行给付。"

《美国统一商法典》第一章第 203 条规定："本法范围内的任何合同或义务都使当事人承担了履行或执行该合同或义务的过程中善意行事的义务。"第二章第 103 条规定："涉及商人时，善意是指事实上的诚实和遵守该行业中有关公平交易的合理商业准则。"

《中华人民共和国合同法》第 60 条规定："当事人应当遵循诚实信用原则，根据合同的性质、目的和交易习惯履行通知、协助、保密等义务。"

3. 促进交易履行

早在罗马法时期，就创立了一项基本合同规则：与其使合同无效，不如使它有效。其目的在于促进交易。《中华人民共和国合同法》第61条规定：“合同生效后，当事人就质量、价款或者报酬、履行地点等内容没有约定或者约定不明确的，可以协议补充：不能达成补充协议的，按照合同有关条款或者交易习惯确定。”

4. 法定补充履行

《意大利民法典》规定：(1)当以交付确定了种类物为债的标的物时，债务人应当交付不得低于中等品质的物。(2)如果应当给付的地点非由约定或惯例所确定，并且不能从给付性质或其他情况进行推定，则给付特定物之债应当在债发生时物之所在地履行。(3)给付金钱之债应当于期间届满时在债权人住所地履行，如果该住所与债权人在债发生时的住所不一致并对履行构成较重负担，则在提前向债权人进行说明的情况下，债务人有权在自己的住所进行给付；在其他情况下，债务人应当于期间届满时在债务人的住所地履行。(4)如果未确定给付期，则债权人得随时要求履行之。但是根据惯例或者给付的性质，或者按照履行形式或地点，期间的确定是必要的而双方又未对其作出约定，则由法官对期间给予确定。如果履行期间取决于债务人的意愿，则根据具体情况同样可由法官给予确定；如果履行期间取决于债权人的意愿，则履行期间得根据欲履行的债务人的要求而确定。(5)给付的费用由债务人承担。

英国《货物买卖法》规定：(1)交货地点一般应当在卖方的营业地点交货。如果买卖合同的标的物是特定物，而且买卖双方在订约时已经知道该特定物在其他地方，则应在该特定物的所在地交货。(2)如果合同没有规定交货时间，则卖方应在合理的时间内交货等。

《国际商事合同通则》对于合同的履行规定内容如下。

(1) 质量标准：如果合同中既未约定而且也无法根据合同确定履行的质量，则一方当事人有义务使其履行质量达到合理的标准，并且不得低于此情况下的平均水平。该平均水平根据履约时有关市场的情况及其他有关因素而定。

(2) 价格的确定。①如果合同未规定价格，也无如何确定价格的规定，在没有任何相反规定的情况下，应视为当事人各方引用在订立合同时可以比较的相关贸易中进行此类履行时一般应收取的价格；或者，如无此价格，则应为一个合理的价格。②如果合同的价格应由一方当事人确定，而且此定价又明显地不合理，则不管合同中是否有任何条款的相反规定，均应以一个合理的价格予以代替。③如果价格应由一个第三人来确定，而该第三人不能或不愿确定价格，则应采用一个合理的价格。④如果确定价格需要参照的因素不存在，或已不再存在，或已不可获得，则应取最近似的因素作为替代。

(3) 履约期限。当事人履约应在订立合同后的一段合理时间内进行。对于一个未定期限的合同，任何当事人可通过在事先一段合理时间内发出通知，终止该合同。

(4) 履行地。①如果合同中既未明确规定履行地，依据合同也无法确定履行地，则按下述地点履行：金钱债务在债权人的营业地；任何其他义务在债务人自己的营业地。②当事人应承担在合同订立后因其营业地的改变而给履行增加的费用。

(5) 履行费用。每一方当事人应承担其履行义务时所发生的费用。

《中华人民共和国合同法》第 62 条规定，当事人就有关合同内容约定不明确，依照本法第 61 条的规定仍不能确定的，适用下列规定：(1)质量要求不明确的，按照国家标准、行业标准履行；没有国家标准、行业标准的，按照通常标准或者符合合同目的的特定标准履行。(2)价款或者报酬不明确的，按照订立合同时履行地的市场价格履行；依法应当执行政府定价或者政府指导价的，按照规定履行。(3)履行地点不明确，给付货币的，在接受货币一方所在地履行；交付不动产的，在不动产所在地履行；其他标的，在履行义务一方所在地履行。(4)履行期限不明确的，债务人可以随时履行，债权人也可以随时要求履行，但应当给对方必要的准备时间。(5)履行方式不明确的，按照有利于实现合同的目的方式履行。(6)履行费用的负担不明确的，由履行义务一方负担。第 63 条规定，执行政府定价或政府指导价的，在合同约定的交付期限内政府价格调整时，按照交付时的价格计价。逾期交付标的物的，遇价格上涨时，按照原价格执行；价格下降时，按照新价格执行。逾期提取标的物或者逾期付款的，遇价格上涨时，按照新价格执行；价格下降时，按照原价格执行。

二、违约责任

(一) 违约责任的概念

违约是指合同当事人没有履行合同义务或者没有完全履行合同义务的行为。各国法律以及国际立法均认为合同一经依法成立，对当事人双方都具有法律约束力，任何一方都必须严格按照合同规定履行自己的义务，除非可以依法解除合同义务。违约责任是指合同当事人因违反合同义务所承担的责任。在英美法中违约责任称为违约的救济，而在大陆法中则被包括在债务不履行的责任之中，或被视为债的效力的范畴。违约责任制度在合同法中居于十分重要的地位，因为合同当事人的意志能够产生法律约束力是以违约责任制度的存在为前提的。

(二) 违约责任的构成

大陆法与英美法对于违约构成存在着传统上的分歧。主要是集中在过错责任上。过错责任来源于罗马法，为德国法及法国法所采纳。《德国民法典》第 276 条规定："债务人除另有规定外，对故意或过失应负责任。"《法国民法典》也以过错责任作为违约责任的基本原则。其第 1 147 条规定："凡不履行合同是由于不能归责于债务人的外来原因所造成的，债务人即可免除损害赔偿的责任。"

大陆法认为合同当事人作出违约行为后，只有存在着可以归责于他的过错时，才承担违约的责任。而美英法则认为只要许诺人没有履行其合同义务，纵使他没有任何过错，只要他没有法定的免责理由，也构成违约，应承担违约的后果。

英美法认为合同乃是一种担保，只要债务人不能达到担保的结果，就构成违约，应负损害赔偿的责任。《美国合同法重述》第 314 条对违约下了如此定义："凡没有正当理由的不履行合同中的全部或部分许诺者，构成违约。"

在现代合同法中，常常采纳过错推定原则。所谓过错推定，是指合同一方当事人在证明另一方当事人构成违约后，如果另一方当事人不能证明自己对此违约没有过错，则在法律上应推定被告具有过错，并应承担违约责任。

中国《合同法》虽未明确规定，但实际上采纳了过错推定原则。《合同法》第 109 条规定：当事人一方来支付价款或者报酬的，对方可以要求其支付价款或者报酬，除非违约方能够依第 117 条之规定证明不履行合同是由于不可抗力造成的，才能部分或全部的免除责任。

（三）违约的形式

1. 大陆法

《法国民法典》以不履行债务和迟延履行债务作为违约的主要表现形式。《法国民法典》第 1 147 条规定："债务人对于其不履行债务或者迟延履行债务，应负损害赔偿的责任。但是如果以不可能履行的事项为标的者，合同无效。"但是法国判例认为，如果债务人在订立合同时已经知道或应当知道他所做的允许是不可能履行的，债权人应当以侵权行为为由请求损害赔偿。

德国法将违约分为给付不能与给付延迟两种情况。在区别不同的违约情形下，是否需要由违约人承担责任，其重要的判断标准就是过失责任原则。即只有在违约方对违约事实的发生存在过失或错误时，其才承担相应的责任，这充分体现出大陆法系中关于违约责任中的"过失责任"原则。

给付不能指合同当事人出于某种原因不可能履行合同，而非有能力履行而不去履行。德国法将给付不能分为自始不能与嗣后不能两种情况。《德国民法典》第 306 条规定："凡是已不可能履行的东西为合同的标的者，该合同无效。"即在自始不能的情况下，合同在法律上是无效的，但如一方当事人在订约时对此已知情，应向对方当事人负赔偿责任。嗣后不能则有多种情况：(1)如果给付不能不是由债务人的过失所造成的，债务人不承担不履行合同的责任；(2)如果由于债务人的过失而造成给付不能，债务人应承担损害赔偿责任；(3)由于不可归责于任何一方而引起的给付不能，双方均可免除其义务。

给付延迟是指债务已届履行期，而且是可能履行的，但责任人没有按期履行其合同义务。《德国民法典》规定，凡在履行期届满后，经债权人催告仍不为给付者，债务人自催告时起应负迟延责任。但是非因债务人而来为给付者，债务人不负迟延责任。有过失的债务人在迟延过程中，不但要对一切过失承担责任，而且对因不可抗力而发生的给付不能亦应负责任，除非债务人能证明即使没有迟延履约，仍不可避免要发生损害时，他才能免除责任。其他大陆法国家也多有类似规定。

2. 英美法

在英美法国家，违约一般被分成违反条件和违反担保两种形式。只是美国现在把违反条件称作重大违约，违反担保称作轻微违约。其中条件指合同中的重要条款。在商事合同中，关于履约的时间、货物的品质及数量等项条款，都属于合同的条件，如果一方当事人违反了条件，即违反了合同的主要条款，对方有权解除合同，并要求赔偿损失。而担保是指合同的次要条款或附随条款。违反担保的法律后果与违反条件有所不同。在违反担保的情况下，蒙受损害的一方不能解除合同，而只能向违约的一方请求损害赔偿，并且不能以此为事由拒绝履行其合同义务。

英美法对于履行不可能的规定包含有两种情况：一种是在订立合同时，该合同就不可能履行；另一种是在合同订立之后，发生了使合同不可能履行的情况。前者相当于大陆法的“自始给付不能”，后者相当于“嗣后给付不能”。所谓订约时合同即不可能履行，按照英美法的解释，是指如果在订立合同时，双方当事人以为合同标的物是存在的，但实际上该标的物已经灭失，在这种情况下，合同无效。因为这是属于双方当事人的“共同错误”，以共同错误为依据的合同是没有拘束力的。所谓发生在合同成立后的履行不可能，按照英国判例解释，是指如果在合同成立之后，发生了某种意外事故，使合同不能履行，原则上并不因此而免除允诺人的履行义务，即使这种意外事故不是由于允诺人的过失造成的，允诺人原则上仍须负损害赔偿的责任。由于这项原则过于严厉，后来，英国判例形成了一项所谓默示条款原则。按照这个原则，英国法院可以通过解释双方当事人的意思，认为在某些情况下他们的履约义务不是绝对的，而是有条件的，即使他们在合同中对此没有明示的约定，但也可以默示地适用于他们的合同，这种默示条件成立时，当事人可以免除履行的义务。

3.《联合国国际货物买卖合同公约》

公约第 25 条规定：“一方当事人违反合同的结果，如使另一方当事人蒙受损害，以至于实际上剥夺了他根据合同有权期待得到的东西，即为根本违反合同，除非违反合同的一方并不预知而且同样一个通情达理的人处于相同情况中也没有理由预知会发生这种结果。”由此可得，公约把违约分为根本违反合同与非根本违反合同。如果卖方所交货物与合同不符构成根本违反合同时，买方可以采取以下救济办法：买方可以要求卖方交付替代的货物；或者买方可以撤销合同，并可请求赔偿损失。公约规定当一方违反合同时，不论此种违约行为是否构成根本违反合同，受损害一方都有权要求损害赔偿，而且即使受损害一方采取了其他的救济办法，例如要求交付替代货物或撤销合同等，这都不影响他行使请求损害赔偿的权利。

在提前违约的情况下，公约的规定主要包括以下两种情况：一是在订立合同之后，一方当事人鉴于履行合同的能力或信用有严重缺陷，或者从对方在准备履行合同中的行为中看出对方显然将不履行其大部分重要义务时，该当事人可以中止履行其义务；另一种情况是，如果在履行合同日期之前，明显看出一方当事人将根本违反合同，另一方当事人可以撤销合同。

4. 中国法

对于违约形态的分类，中国合同立法大多采用了两分法，即不履行和不适当履行两种类型。《民法通则》第 111 条规定：“当事人一方不履行合同义务或者履行合同义务不符合约定条件的，另一方有权要求履行或者采取补救措施，并有权要求赔偿损失。”《合同法》第 107 条规定：“当事人一方不履行合同义务或者履行合同义务不符合约定的，应当承担继续履行、采取补救措施或者赔偿损失等违约责任。”

三、违约的救济措施

各国对不同的违约行为，都规定了相应的救济措施，主要包括以下几种。

1. 实际履行

实际履行是指债权人要求债务人按合同的规定履行合同；或者由债权人向法院提起实际履行之诉，由执行机关运用国家的强制力，使债务人按照合同的规定履行合同。

《法国民法典》第 1 184 条规定，双方契约当事人的一方不履行其债务时，债权人有选择之权：或者在合同的履行尚属可能时，请示他方当事人履行合同，或者解除合同并请求损害赔偿。德国法认为实际履行是对不履行合同的一种主要的救济方法。凡是债务人不履行合同时，债权人都有权要求债务人实际履行，但这仅限于债务人履行合同尚属可能的情况。法国法也承认债务人不履行合同时，债权人有权提起实际履行之诉。

英美普通法认为，如一方当事人不履行其合同义务，对方的唯一权利是提起违约之诉，要求损害赔偿。因此，普通法是没有实际履行这种救济方法的。实际履行是衡平法上的救济方法，法院认为，如果原告能证明仅仅采用损害赔偿的办法还不足以满足他的要求，则可以考虑判处实际履行。但在司法实践中，衡平法对可判处实际履行的情形做了严格的限制。

我国《合同法》第 107 条原则性的将实际履行列为违约的救济方式之一。并以第 109 条和第 110 条分别对金钱债务和非金钱债务作了规定。第 109 条规定："当事人一方未支付价款或者报酬的，对方可以要求其支付价款或者报酬。"第 110 条规定："当事人一方不履行非金钱债务或者履行非金钱债务不符合约定的，对方可以要求履行，但有下列情形之一的除外：(一)法律上或者事实上不能履行；(二)债务的标的不适于强制履行或者履行费用过高；(三)债权人在合理期限内未要求履行。"

2. 损害赔偿

损害赔偿是指违约方因不履行或不完全履行合同义务而给对方造成损失，依法或根据合同规定应承担损害赔偿责任。它是合同违约救济最常见的形式。从性质上看，损害赔偿实际上是法律强制当事人给受害人一笔金钱，目的在于弥补受害人所遭受的损失。

对于损害赔偿的方法，德国法是以回复原状为原则，而以金钱赔偿为例外。《德国民法典》第 249 条规定："负损害赔偿的义务者，应回复负赔偿责任的事故发生前的原状。如因伤害身体或毁损物件而应为损害赔偿时，债权人得要求必要数额的金钱以代替回复原状。"

法国法在这一问题上规定恰恰相反，是以金钱赔偿为原则，而以回复原状为例外。在损害赔偿范围的规定上，德国法认为，损害赔偿的范围应包括违约所造成的实际损失和所失利益。其中实际损失是由于可归责于债务人的事由而受到损害的合同所规定的合法利益。而所失利益是指如果债务人不违反合同债权人本应取得的却因债务人违约而丧失的利益。法国法同德国法在这一点上的规定是一致的：《法国民法典》第 1 149 条规定，对债权人应付的损害赔偿，除下述限制外，一般应包括债权人所受的损失和所失的可得利益。

英美法认为，只要一方当事人违反合同，对方就可以提起损害赔偿之诉，而不以违约一方有无过失为条件，也不以是否发生实际损害为前提。对损害赔偿采取的是金钱赔偿的方法，英美法认为，损害赔偿的目的是在金钱可能做到的范围内，使权利受到损害的一方处于该项权利得到遵守时同样的地位。对于赔偿范围，其基本原则是使由于债务人违约而蒙受损害的一方，在经济上能处于该合同得到履行时同等的地位。此外，英美法还规定，当一方违约时，受损害的一方有义务采取一切合理的措施以减轻由于违约所造成的损失。如果由于受损失一方的疏忽而造成的本来可以合理避免的损失，不能要求给予赔偿。

中国法对于赔偿的方式，是以金钱赔偿为主。对于损害赔偿的范围，也是包括实际损失和可得利益。《合同法》第 113 条规定:“当事人一方不履行合同规定,给对方造成损失的,损失赔偿数额应当相当于因违约造成的损失,包括合同履行后可以获得的利益,但不得超过违反合同一方订立合同时预见到或者应当预见到的因违反合同可能造成的损失。”

3. 解除合同

大陆法认为,当双方合同的一方当事人不履行其债务时,对方即有解除合同的权利。而英美法有所不同,英国法规定只有当一方当事人违反条件时,对方才可以要求解除合同;如果一方仅是违反担保,对方只能请求赔偿。美国法则规定只有一方构成重大违约时,对方才可以要求解除合同,而轻微违约情况下受害人只能要求损害赔偿。我国《合同法》也在第 94 条第 4 款规定:“有下列情形之一的,当事人可以解除合同……(四)当事人一方迟延履行债务或者有其他违约行为致使不能实现合同目的……”

在解除权如何行使的问题上,法国法规定主张解除合同的一方当事人应向法院起诉,但如双方事先在合同中有明示的解除条款则无须向法院提出。德国法则主张解除合同的一方当事人只须把解除合同的意思通知对方就可以,不必经过法院的判决。英美法则认为当事人可以直接宣告不再受合同拘束,而无须经法院的判决。中国《合同法》的规定同德国法律规定是一致的。

在解除合同的同时能否要求损害赔偿的问题上,法国、日本、英美法及中国法律都规定解除合同与请求损害赔偿可以同时进行,并行不悖。而德国法则规定当事人只能二者择其一。

有关解除合同的效力能否溯及既往的问题,大陆法认为解除合同是效力溯及既往的合同消灭行为,应当设法恢复原状。中国法律也持同样的观点。而英国普通法则认为解除合同并不使合同自始无效,而只是指向将来,使尚未履行的债务不再履行。美国法则与德国法相似,认为解除合同应产生回复原状的效果。

4. 违约金与禁令

违约金是指以保证合同履行为目的,由双方当事人事先约定,当一方违约时,应向另一方交付的金钱。大陆法国家对违约金的认识有所不同:

在法国,基于当事人意思自治原则所处的神圣地位,当事人有关违约金的约定原则上是有效的,不论这种约定是基于补偿的目的而作出的还是防范违约而作出的。如果当事人已经约定了赔偿金,这种约定将成为确定赔偿金额的依据,根据《法国民法典》第 1 152 条,法官原则上不能对该约定进行其他的修改。

按照《德国民法典》第 339 条、第 340 条第 2 款规定,违约金是对违约方的一种制裁,具有惩罚性,因此受害方除了请求违约金外,还可以再请求损害赔偿。

英美法认为,一方违约,另一方只能要求赔偿,而不能加以惩罚,但允许当事人预先约定损害赔偿的金额。所以当事人在合同中约定的金额是罚金性质,还是预先约定的损害赔偿,直接关系到一方违约时,对方能否得到这笔金额。而在现实中对此性质的判断,由法院根据直接案情做出它认为适当的解释。即一旦法院认定违约金是罚金而非损害赔偿金额,那么受害方就不能得到这笔金额,而只能索取他所遭受的实际损失的损害赔偿。

《国际商事合同通则》规定,如果合同规定不履行的一方应就该不履行而向受损害方支付一定的金额,受损害方有权获得这一金额,不论实际损害如何;但金额显然过高,可将其减少至一个合理的数额，无论有无与之相反的约定。在违约金这个问题上，中国《合同法》第 114 条作出了与《国际商事合同通则》相一致的规定。第 114 条规定："当事人可以约定一方违约时应当根据违约情况向对方支付一定数额的违约金，也可以约定因违约产生的损失赔偿额的计算方法。约定的违约金低于造成的损失的，当事人可以请求人民法院或者仲裁机构予以增加；约定的违约金过分高于造成的损失的，当事人可以请求人民法院或者仲裁机构予以适当减少。当事人就迟延履行约定违约金的，违约方支付违约金后，还应当履行债务。"2009 年《最高人民法院关于适用〈中华人民共和国合同法〉若干问题的解释（二）》第 29 条进行了补充："当事人主张约定的违约金过高请求予以适当减少的，人民法院应当以实际损失为基础，兼顾合同的履行情况、当事人的过错程度以及预期利益等综合因素，根据公平原则和诚实信用原则予以衡量，并作出裁决。当事人约定的违约金超过造成损失的百分之三十的，一般可以认定为合同法第一百一十四条第二款规定的'过分高于造成的损失'。"

禁令是指由法院作出禁令，强制执行合同所规定的某种消极义务，即由法院判令被告不许做某种行为。以禁令救济需满足两个条件：一是采取一般损害赔偿的救济方法不足以补偿债权人所受的损失；二是禁令必须符合公平合理的原则。它是英美法采取的一种特殊的救济方法。

第六节　合同的让与

合同关系是一种债权债务关系，合同的让与涉及合同主体的变更。即合同让与是指合同当事人一方依法将其合同的权利和义务全部或部分地转让给第三人，可分为合同权利的让与及合同义务的承担。

一、合同权利的让与

合同权利的让与，即合同债权的让与，是指合同债权人通过协议将其债权全部让与给第三人的行为。

（一）大陆法

大陆法认为，债权的让与无需征得债务人的同意即可发生法律效力。

《德国民法典》规定：债权让与无须征得债务人的同意，也无须通知债务人。此时，凡债务人不知情而向原债权人清偿的，其债务即行解除。但是若是债务人已知道债权让与的情况，不论他是从何种渠道获悉的，如果他仍向原债权人清偿，则不能解除合同。为了保护债权人，《德国民法典》还规定债务人在债权让与时对原债权人的抗辩，均得向新债权人主张。此外，德国法把债权让与看作抽象的法律行为，认为债权让与合同是与承载债权的"具体"合同相分离的，不同基础合同的瑕疵而受到影响。

《法国民法典》也承认合同权利让与制度，也认为债权人有权不经债务人同意而把债权让与给第三者。但法国法又不同于德国法。法国法认为合同的权利让与是一种买卖行为，是一种具体的法律行为，双方必须有约因。而且债权让与合同须以通知债务人或由债务人在公证文书上作出承诺作为对第三人发生效力的必要条件。

（二）英美法

英美法原则上也承认债权让与，但对某种具有个人特色的合同权利不能让与，如果属于提供个人劳务的合同权利，除非经对方当事人的同意，否则不能让与。

英国法对债权让与有两种不同的处理方法，一种是按成文法规定进行的债权让与；另一种是按衡平法的原则进行的债权让与。按成文法进行的债权让与必须符合 1925 年《财产法》所规定的三项条件：一是必须以书面作成，并由让与人签字；二是债权让与必须是绝对的、无条件的，应包括全部债权，而不是债权的一部分；三是必须以书面通知债务人。按成文法进行的合同权利让与不要求对价。在某些情况下，如果债权让与缺乏成文法所要求的让与条件，但如当事人确有债权让与的意思，则在衡平法上仍可认为是有效的。按照衡平法进行的债权让与不以通知债务人为必要条件。

美国大多数州的诉讼也允许债权的受让人直接以自己的名义向债务人提起诉讼。美国《统一商法典》规定，除当事人另有协议外，买方或卖方都可以把他们的权利让与给第三人。除非这种让与会大大改变对方的义务，或者大大增加对方的负担，或严重损害对方获得履行的机会。

（三）中国法

中国《合同法》第 79 条规定："债权人可以将合同的权利全部或者部分转让给第三人。"对于债权让与的范围，《合同法》规定了三种排除情况：(1)根据合同性质不能让与；(2)按当事人约定不得让与；(3)依照法律规定不得让与。对于权利让与的要件，采用的是通知主义。根据《合同法》第 80 条："债权人转让权利的，应当通知债务人，未经通知，该转让对债务人不发生效力。"债权人让与权利时，只需将其让与权利的情况及时通知债务人，而不必征得债务人的同意。

二、合同义务的承担

在合同法中，合同义务的承担又称债务承担，指由新债务人代替原债务人履行债务，新债务人一般被称为承担人，债务承担只是更换了债务人，合同的客体和内容不变。各国法律对债务的让与规定不一，现分别介绍如下。

（一）大陆法

法国法没有专门的法律条文明确规定合同义务的移转，而是采用一些变通的方法来达到异曲同工的效果。《法国民法典》第 1 236 条规定："债务亦可由无利害关系人清偿之，但以该第三人以债务人的名义并以消灭债务人的债务为目的者为限。"其合同义务的移转则主要是通过债的更新的方式来实现的。《法国民法典》第 1 271 条规定："债权人得解除旧债务人的债务由新债务人替代之。"严格意义上讲，债的更新与债务承担是有区别的，它是通过消灭旧的债务，成立新债务来达到债务承担目的的一种变通做法。

德国法承认债务承担制度，并认为债务承担是一种合同关系。合同义务的移转其效力主要表现在以下两方面：一是由承担人代替债务人负担债务，原债务人的债务被免除；二是承担人得以援用原债务人的抗辩事由。对于债务承担有两种方式：一是由承担人与债权人订立合同，代替原债务人，承担其债务；二是由第三人同债务人订立合同，由承担人向债权人履行债务，但这种债务让与合同必须经债权人追认方能生效。

（二）英美法

英国普通法认为，合同义务的移转非经债权人的同意是不能进行的。合同义务的移转只能通过更新而实现，而债的更新必须取得债权人的同意。按照英国法的相关理论，债的更新是债权人应债务的请求，同意以新的债务人代替原债务人的一种新合同。其效力是解除原债务人的债务，并把这项债务加之于新债务人的头上。

美国法原则上认为合同债务不可让与，但在一些情况下允许他人代替原债务人履行债务。但原债务人并不因此得以解除义务，如果代行履行义务一方没有履行义务，则原债务人仍应承担责任。美国《统一商法典》第 2-210 条规定："除合同当事人另有协议，或债权人对由原债务人履行合同具有重大利害关系者外，债务人得通过他人代其履行义务。但替代履行并不解除债务人的履行义务或对违约产生的责任。"

（三）中国法

中国法律也承认合同义务的移转，但要求必须征得债权人的同意。《合同法》第 84 条规定："债务人将合同的义务全部或者部分转移给第三人的，应当经债权人同意。"中国法规定承担人可以援用原债务人的抗辩事由。《合同法》第 85 条规定："债务人转移义务的，新债务人可以主张原债务人对债权人的抗辩。"《合同法》第 86 条还规定新债务人（承担人）应当承担与主债务人有关的从债务，但从债务专属于原债务人自身的除外。

第七节　合同的消灭

合同的消灭，又称合同权利义务的终止，是指合同关系在客观上不复存在，合同债权和合同债务同归于消灭。下面将两大法系的相关立法分别加以介绍。

一、大陆法

大陆法系各国对于合同消灭的规定基本相同，大体包括清偿、抵销、提存、免除、混同等。

（一）清偿

清偿（payment）是指按合同的约定实现债权目的的行为。清偿与履行的意义相同，只不过视角不同。清偿是合同权利义务终止的主要原因。

各国法律一般都承认代为清偿制度，即由第三人进行清偿。此外，还有代位权制度与之配套，即对债务履行有利害关系的第三人，在为债务人向债权人清偿了债务后，在法律上即取得了债权人的债权，使自己处在债权人的地位。

关于清偿费用，如当事人无特殊约定，一般应由债务人负担。但是若债权人住所变更，导致清偿费用增加的部分，应由债权人承担。

关于清偿地点。清偿地点即履行地，即债务人应履行其义务的地点。①如果合同对履行地已有明确规定，按照规定的地点履行；②如果合同对此没有作出规定，则根据标的物的不同性质而有两种不同的选择：其一，如属特定物的债务，应于订约当时该特定物之所在地交付；其二，如果是属于其他债务，究竟应当在债权人的住所地还是在债务人的住所地交付，各国法律分别采取两种不同的办法。第一种办法叫作往取债务，即以债务成立时债务人的住所为清偿地，法国、瑞士采取这种办法：第二种办法叫作赴偿债务，即以债权人现时的住所地为清偿地，日本采取这种办法。

关于清偿期间：如果合同已有规定，按照合同规定；如合同没有规定，则称为未定期债务，债权人在合同成立以后，随时可以向债务人要求清偿，当然必须给对方一定的准备期限，债务人也可以随时向债权人为清偿。

关于清偿顺序。《德国民法典》第366条规定：债务人对于债权人基于数宗债务关系负担同种类给付的义务者，如债务人提出的给付不足以清偿全部债务时，债务人于给付时所指定的债务归于消灭。如债务人没有作出上述指定，则先抵充已届清偿期的债务；若几个债务均已届清偿期，则应抵充对债权人担保最少的债务；如担保相等者，应抵充债务人负担最重的债务；如负担相等者，应抵充到期较早的债务；如到期相同者，应按各个债务数额的比例消灭债务。瑞士和日本也有类似规定。

（二）抵销

抵销(set-off)是指双方互负债务时，各以其债权充当债务之清偿，而使其债务与对方的债务在对等额内相互消灭。抵销依其产生根据不同，可分为法定抵销、合意抵销及当事人单方表示抵销三种。抵销的功能，一是节省给付的交换，降低交易成本；二是确保债权的效力，即双方当事人互负债务时，如一方当事人只行使自己债权而不履行自己的债务，那么对方当事人就会受损害，抵销可以克服这一弊端。大陆法各国债的抵销主要有以下几种方法：法定抵销，又称当然抵销。《法国民法典》第290条规定："债务人双方虽无所知，依法律的效力仍然可以发生抵销。"二是单方面意思表示抵销。《德国民法典》、《日本民法典》、《瑞士债务法典》均认为，当事人互负债务时，任何一方当事人均得以意思表示通知对方进行抵销。

（三）提存

提存(deposit)是指由于债权人的原因而无法向其交付合同标的物时，债务人将该标的物交给提存部门而消灭合同的制度。按大陆法规定，提存原因包括以下几项：一是债权人无正当理由拒绝受领；二是债权人下落不明；三是债权人死亡未确定继承人或者丧失行为能力未确定监护人。提存的效力首先体现在债务人的责任免除上，一旦合同标的被寄存于提存部门后，债权人就只能向提存部门收取提存物。其次，提存物寄存期间，其风险由债权人负担。此外提存物寄存期间产生的一切费用，均由债权人负担。不过债务人在提存后，除非由于实际困难不能通知债权人，必须立即将有关情况通知债权人。

（四）免除

免除(release)是指债权人抛弃债权，从而消灭合同关系及其他债之关系的单方行为。免除为债的消灭原因，各国民法对其法律性质如何尚存在分歧。《瑞士债务关系法》与《德国民法典》认为免除为契约，因此免除须征得债务人的同意才能生效。而日本民法及我国台湾民法则认为免除是单方行为，只要债权人有免除债务的意思表示，无须债务人的同意即可使债的关系归于消灭。

（五）混同

混同(merger)是指债权人和债务人混为一人，即同一个人既是债权人也是债务人。在这种情况下，债的关系已无存在的必要，应归于消灭。

混同的原因主要有以下几种：一是民法上的继受。在自然人死亡时，如该死者是债权人或债务人，而由其债务人或债权人继承其债权或债务。二是商法上的继受。作为债权人和债务人的公司进行合并时，互负债务也归于消灭。三是特定继受。如因债权或债务转让使债权人和债务人混同为一人。

在某些特殊情况下，虽然债权债务发生混同，但债的关系并不因此而消灭，这主要有以下两种情况：(1)债权已被作为他人权利的标的。例如，甲把对乙的债权出质于丙，成为丙的质权的标的，日后即使乙继承了甲的债权，债权债务发生混同，但其出质的质权并不因此消灭。《日本民法典》第520条规定："债权与债务同归于一人时，其债权消灭，但其债权为第三人之权利标的者，不在此限。"(2)票据法的特别规定。如出票人、承兑人或付款人成为最后一个被背书人时，债权债务就归于同一个人身上，此时只要其尚未到期，当事人仍然可以背书转让。

二、英美法

(一) 依法使合同消灭

在英美法中，有一些法律规定可以使合同的权利义务在某些情况下而消灭，主要有以下几种情况。

1. 合并。合并有两种情况。一种与大陆法的混合相似，即合同的权利义务同归一人。另一种是以安全性更强的合同代替原合同，后者因合并入前者而消灭。

2. 破产。破产人宣布破产后，经过破产清理程序，取得了法院的解除命令，即可解除一切债务及责任。

3. 擅自修改书面合同。如果一方当事人擅自对书面合同作了修改，对方即可解除合同。但这一修改必须是未征得对方同意的对合同的重要部分作出的利己性的修改。

(二) 合同因履行而消灭

如前所述，在英美法中，履行也是导致合同权利义务消灭的主要原因。

(三) 合同因双方协议而消灭

英美法认为合同是依照双方当事人的协议而成立的，因此它也可以按照双方当事人之间的协议而解决，从而使合同的权利义务终止。如果双方当事人达成协议，解除其中一方当事人履行合同的义务，则这种协议会因对价而不能执行，除非这种协议是签字蜡封的或禁止翻供的。但是，如果双方当事人达成协议，彼此免除各自尚待履行的合同义务，则不要另外的对价。

(四) 合同因违约而消灭

英美法认为，在一方当事人严重违约时，可以使对方取得解除合同的权利，因此将违约也作为合同消灭的原因之一。违约包括两种情况，一种是合同约定的履行期已到而未履行的违约；另一种预先违约，即一方当事人在合同规定的履行期到来之前，即明确表示不履行合同或以自己的行动使履约成为不可能。

三、中国法

我国基本上采纳了大陆法的观点。《合同法》第91条规定："有下列情形之一的，合同的权利义务终止：(一)债务已按照约定履行；(二)合同解除；(三)债务相互抵销；(四)债务人依法将标的物提存；(五)债权人免除债务；(六)债权债务同归于一人；(七)法律规定或者当事人约定终止的其他情形。”

中国将合同解除列为合同消灭的法定事由之一。《合同法》第93条规定：“当事人协商一致，可以解除合同。当事人可以约定一方解除合同的条件。解除合同的条件成立时，解除权人可以解除合同。”第94条规定：“有下列情形之一的，当事人可以解除合同：(一)因不可抗力致使不能实现合同目的；(二)在履行期限届满之前，当事人一方明确表示或者以自己的行为表明不履行主要债务；(三)当事人一方迟延履行主要债务，经催告后在合理期限内仍未履行；(四)当事人一方迟延履行债务或者有其他违约行为致使不能实现合同目的；(五)法律规定的其他情形。”2009年《最高人民法院关于适用〈中华人民共和国合同法〉若干问题的解释(二)》第26条规定：“合同成立以后客观情况发生了当事人在订立合同时无法预见的、非不可抗力造成的不属于商业风险的重大变化，继续履行合同对于一方当事人明显不公平或者不能实现合同目的，当事人请求人民法院变更或者解除合同的，人民法院应当根据公平原则，并结合案件的实际情况确定是否变更或者解除。”

小结

大陆法与英美法在合同法的有关理论及规定上有很多的分歧。但是仍然可以按照成立、生效、履行、违约救济、转让、终止几个方面将两大法系的相关立法加以梳整理比较。合同的成立有效一般需满足下列条件：(1)意思表示一致；(2)约因或对价；(3)形式及内容合法；(4)意思表示真实；(5)当事人有订立合同的民事行为能力。合同债权的让与一般需通知债务人，债务的承担需征得债权人首肯。合同履行应严格遵循合同条款，否则需承担实际履行、损害赔偿、违约金等违约责任。大陆法规定合同因清偿、抵销、提存、混同、免除而终止，英美法规定合同因履行、违约、协议终止、破产、合并等事由而消灭。

思考题

1. 合同成立的条件主要有哪几项？
2. 什么是要约？要约与邀约邀请的区别是什么？
3. 什么是承诺？大陆法与英美法对承诺生效时间的规定有何区别？
4. 英美法中的对价是如何规定的，有何作用？
5. 违约的救济措施有哪些方式？
6. 比较英美法系与大陆法系在合同消灭的规定上的区别。

第三章 国际货物买卖法

本章学习目标

1. 国际货物买卖法概述
2. 国际货物买卖合同的成立
3. 买卖双方的义务
4. 货物所有权与风险的转移
5. 国际货物买卖合同的违约与救济
6. 国际电子商务合同

本章重要概念： 发盘 接受 交付货物 品质担保 权利担保 根本违约 中止履行 电子商务

第一节 概 述

一、国际货物买卖合同的概念

国际货物买卖合同，亦称国际货物销售合同，是指营业地处于不同国家或当事人之间所订立的货物买卖合同。与国内货物买卖合同相比，它具有如下特点。

一是合同当事人的营业地处于不同国家或同一国家的不同法域。区分一个合同是国际货物买卖合同还是国内货物买卖合同，其标准是双方当事人的营业地，而不是他们的国籍。因此，即使双方当事人具有相同的国籍，只要他们的营业地设在不同的国家或地区，他们之间的合同就是国际货物买卖合同。

二是合同的标的是进出口货物，即有形动产，而不是股票、债券、流通票财产，也不包括不动产和提供劳务的交易。由于国际货物买卖合同当事人的营业地处于不同国家，他们买卖的标的需要出入国境。因此，国际货物买卖合同，也称为进出口合同。

三是合同的内容具有涉外因素。由于当事人的营业地处于不同国家，合同关系的产生、变更或者消灭的法律行为可能在不同国家的境内完成。同时，合同标的物要越过国境，要涉及长距离运输过程中可能发生的各种风险，货款的支付也可能涉及外币的使用。因此，国际货物买卖合同在订立和履行过程中会有很多涉外因素。

四是国际货物买卖合同的法律适用经常涉及国际公约、国际贸易惯例或其他国家的国内法。

二、国际货物买卖合同的特征

国际货物买卖合同主要有如下特征。

（一）国际货物买卖合同的标的物一般是指某种具体的货物

英国《1979年货物买卖法》(*Sale of Goods Act*,1979)第61条对"货物"做了如下解释，买卖合同所买卖的货物包括除诉权物和金钱以外的一切动产，货物特别是指包括某种品质的工业制造品、农作物和附着物。《美国商法典》第2-105条规定，"货物"是指除作为支付价款之用的金钱、投资证券和诉权物以外的所有在特定于买卖合同项下时可以移动的物品(包括特别制造的货物)。"货物"还包括尚未出生的动物幼仔、生长中的农作物和其他附着于不动产但将与不动产分离并已特定化的物品。中国法受大陆法的影响，在《中华人民共和国合同法》中未对买卖的标的物做区分。

《联合国国际货物买卖合同公约》采用了排除法来界定货物的范围。根据公约第2条的规定，公约不适用于以下的买卖：(1)供私人、家属或家庭使用而进行的买卖；(2)经由拍卖方式进行的买卖；(3)根据法律执行令状或其他令状进行的买卖；(4)公债、股票、投资证券、流通票据或货币的买卖；(5)船舶、气垫船或飞机的买卖；(6)电力的买卖。上述几种买卖，由于其交易的性质、交易的方式或买卖的标的具有某种特殊性，因而被排除在公约的适用范围之外。也可以说，上述几项买卖标的以外的其他货物，就是公约未定义的"货物"，以此为标的的国际货物买卖都适用于公约。

（二）国际货物买卖具有国际性

英国1977年《不公平合同条款法》规定，如订约当事人的营业地处于不同的国家，而且符合下列情况之一时，即认为是国际性的买卖：在合同成立时，货物已在运转过程中，或者将由一国领土运往另一国领土；或者构成要约和承诺的行为完成于不同国家的领土之内；或者合同所供应的货物须交付到完成上述行为的国家以外的其他国家。还有的国家采用单一标准，即只要具备主体、客体、行为标准中某一要素，就可视为国际性的货物买卖。如中国就采用了此标准。

《联合国国际货物买卖合同公约》所称的国际性，与各国的观点不同。它虽也采用了单一标准，但它只对主体而言，而且是以买卖双方的营业地分处于不同国家为标志的，即只要买卖双方的营业地是处在不同国家，则它们之间的货物买卖便具有国际性。而当事人的国籍是否相同、货物是否要运往国外等，都不影响货物买卖的国际性。这一标准，被称为"营业地"标准。目前，许多有关货物买卖的国际公约，如《国际货物买卖合同时效公约》、《国际货物买卖合同法律适用公约》等，对国际性的确定也都采用了"营业地"标准。可见，国际公约衡量国际性所采用的标准是较为一致的。

（三）国际货物买卖合同为双务有偿合同

《法国民法典》第1 582条规定："买卖，为一方承担交付标的物，而他方承担支付价金的义务的契约。"《意大利民法典》第1 470条规定："买卖是旨在移转物的所有权或移转其他权利并获得价金的契约。"《德国民法典》第433条规定："1.因买卖契约，物之出售人负有向买受人交付其物，并使其取得该物所有权之义务。权利之出卖人负有使买受人取得其权利之义务。如因其权利而有权占有一定之物时，负交付其物之义务。2.买受人负有向出卖人支付约定价金并受领买卖物之义务。”《日本民法典》第555条规定：“买卖，因当事人相约，一方移转其财产于相对人，相对人对它支付价金，而发生效力。”

英美法国家都在商法中对货物买卖合同下了定义。如英国《1979年货物买卖法》第2条规定：“货物买卖合同是指出卖人为取得价金货币之对价而向买受人转让或同意转让其货物所有权的合同。”《美国统一商法典》第2-106条规定，“买卖是指卖方在取得价款的条件下将货物所有权移至买方。”这些规定指出了“买卖”具有两个最基本的特征：一是卖方须将货物及货物的所有权移转于买方；二是买方须向卖方支付货款。因此，凡是一方交付货物但并不转移其所有权，或另一方所支付的款项不是作为货款而是作为租金或加工费等的交易，从性质上讲，都不属于买卖。

三、国际货物买卖适用的法律

在国际货物买卖中，由于双方当事人的营业地分处不同的国家，这在法律上就会遇到一些难以解决的问题。其中最重要的一个问题就是，该项合同应当适用哪一个国家的法律，这就是所谓国际货物买卖合同的法律适用问题。在国际贸易中，对于这个问题有以下两种处理方法：一种处理方法是，由双方当事人达成协议，在合同中订立一项法律选择条款(choice of law clause)，明确地规定该合同所应适用的法律。另一种处理方法是，在双方当事人未能就法律适用问题达成协议，合同中没有规定法律选择条款的情况下，一旦发生争议，就要由有关的法院或仲裁机构根据它们认为适用的法律冲突规则(rule of conflict of laws)确定该合同所应适用的法律。但是，无论在哪一种情况下，在国际货物买卖中，都有可能导致适用某个国家的国内法或某项国际公约或某种国际贸易惯例。

（一）关于国际货物买卖的国内法

1. 大陆法

在大陆法系，有些国家采取民商分立的立法形式，还有些国家则采取民商合一的立法形式。在采取民商分立的国家，除在民法典中对货物买卖做了一般性规定外，还在商法典中对商事买卖作了专门的规定。以日本为例，《日本民法典》第二章第三节就是关于买卖的一般规定，日本商法典在第三编中又专设一章对商事买卖作了特别规定。在这些国家，商事买卖应遵循民法典中的一般原则，除了民法典外，商法典专门就商行为、海商、保险、票据或公司等方面的法律，分别作出具体的规定。这些国家采取民法与商法分立的做法，把民法与商法分别编纂为两部法典，以民法为普通法，以商法作为民法的特别法；民法的一般原则可以适用于商事活动，但如属商法另有特别规定的事项，则应适用商法的有关规定。采用这种立法体例的国家除日本外，还有德国、法国等。在采取民商合一的国家，只有民法典而没有单独的商法典，如意大利就只有民法典，瑞士只有债务法典。它们只在民法典或债务法典中设立了有关货物买卖的规定。因此，在民商合一的国家，其货物买卖法的表现形式比较单一。

2. 英美法

英美法系关于货物买卖的法律是由两种形式的法律组成的：一种是判例法，货物买卖的一般法律原则均是由法官的判例确立的；另一种是成文法，具有代表性的是英国的《货物买卖法》(*Sale of Goods Act*)和美国的《统一商法典》(*Uniform Sale of Goods Act*)。

英国《货物买卖法》是英国立法机关于 1893 年在总结英国数百年来货物买卖的判例基础上制定的。该法自公布以来曾多次进行过修改，现行的是 1979 年的修订本。1893 年英国《货物买卖法》为英美各国制定各自的买卖法提供了一个样板。1906 年的《美国统一货物买卖法》就是以 1893 年英国货物买卖法为蓝本制定的。该部买卖法曾被 36 个州采用。但是随着时间的推移它已经不能适应美国经济发展的需要，因此从 1942 起，美国统一州法全国委员会与美国法学会着手联合起草一部新的美国统一商法典，并于 1952 年颁布，其后曾作多次修改，现在生效的是 1988 年的修订本。该法典第二篇的题目就是“买卖”，是该法典 10 篇条文的中心与重点，其内容之详尽在世界各国的买卖法中堪称之最。“买卖”篇的一个重要特点是，从过去的统一货物买卖法强调所有权，转向强调债权。该篇共分 7 章，包含 104 条规定，是《美国统一商法典》各篇中篇幅最长的一篇，内容相当丰富。这一篇既属于买卖法范畴，是规范以商品买卖为目的的合同所产生的买卖双方权利与义务的法律制度，同时又包含了许多合同法的内容，对买卖合同的成立、履行、变更与解释等一系列重要问题作出详细、具体的规定，集中概括了美国合同法的主要规定。由此可以说，该法典的第二篇是商业活动中的最重要的规范。但值得注意的是，该法典是州法而不是联邦法。因为美国是联邦制国家，联邦与各州都在宪法规定的范围内享有立法权。根据美国宪法的规定，有关贸易方面的立法权原则上属于各州，联邦只对涉及州际之间的贸易与国际贸易的事项享有立法权。该法典是由一些法律团体(美国统一州法委员会和美国法学会)起草，供美国各州自由采用的一部法律样本，它的法律效力完全取决于各州的立法机关是否予以采纳。由于该法典能适应当代美国经济发展的要求，因此，到 1990 年，美国各州都通过各自的州的立法程序采用或部分采用了该法典，使它成为本州的法律。但有的州并不是全部采用，而只是部分采用。如保持大陆法传统的路易斯安那州就没有采用该法典的“买卖”这一篇。

3. 中国法

中国调整国际货物买卖关系的法律主要包括如下内容。

(1) 1986 年颁布的《民法通则》第 4 章第 1 节关于民事法律行为的规定，第 5 章第 2 节关于债权的规定，以及第 6 章有关民事责任的规定，都与货物买卖密切相关。其规则不仅适用于国内货物买卖，而且也适用于国际货物买卖。

(2) 1999 年颁行的《合同法》，其总则的有关原则与分则的第九章“买卖合同”的规定对与我国有关的国际货物买卖合同是完全适用的。《民法通则》与《合同法》是普通法与特别法的关系，即《民法通则》是普通法，《合同法》是特别法。从法理上看，在适用时，依照特别法优于一般法原则，凡《合同法》有具体规定时，优先适用《合同法》，《合同法》未作具体规定时，适用《民法通则》的有关规定。

(3) 中国最高人民法院的有关司法解释。1999 年最高人民法院颁布的《最高人民法院关于适用〈中华人民共和国合同法〉若干问题的解释(一)》。2009 年最高人民法院颁布了《最高人民法院关于适用〈中华人民共和国合同法〉若干问题的解释(二)》。这两个司法解释也是中国调整国际货物买卖关系的法律依据。此外，在 2012 年，最高人民法院还专门颁布了《最高人民法院关于审理买卖合同纠纷案件适用法律问题的解释》。

（二）关于国际货物买卖的国际公约

目前，与国际货物买卖有直接关系的国际公约有三部，以下分别予以介绍。

1.《国际货物买卖统一法公约》和《国际货物买卖合同成立统一法公约》

为了解决各国在货物买卖法方面存在的分歧，避免在国际经济交往中引起法律冲突，协调和统一各国关于国际货物买卖的实体法，1930 年罗马国际私法统一协会(UNIDROIT)决定拟订一项有关国际货物买卖统一法。后来因为第二次世界大战爆发，这项工作一度中断。第二次世界大战后，该所继续进行这项统一法的起草工作。终于1964 年在海牙会议上正式通过了《国际货物买卖统一法公约》和《国际货物买卖合同成立统一法公约》。前者于 1972 年 8 月 18 日生效，批准或参加该公约的有比利时、冈比亚、德国、以色列、意大利、荷兰、圣马利诺和英国等 8 个国家；后者于同年 8 月 23 日生效，在上述 8 国中，除了以色列外，其他国家均批准或参加了这项公约。但上述两项公约在国际上并没有被广泛接受和采用。这主要是因为，许多国家认为这两项公约受欧洲大陆法传统的影响较多，内容比较烦琐，有的概念比较晦涩难解。因此，在其通过后的四十多年来参加的国家寥寥无几。这一事实表明，上述两项公约未能达到其预期目的，没有能够起到统一国际货物买卖法的作用。

2.《联合国国际货物买卖合同公约》(*United Nations Convention on Contracts for the International Sale of Goods*，CISG)

由于 1964 年海牙会议通过的两项公约都未能达到统一国际货物买卖立法的预期目的，联合国国际贸易法委员会决定重新制定一部新的国际货物买卖法公约。为此，该委员会于 1969 年成立了专门工作小组，其任务是修改 1964 年的两部公约，使其更具广泛性，以便使它得到不同社会制度、经济制度和法律制度的国家的广泛接受。工作小组于1978 年完成了起草新公约的任务，将新公约定名为《联合国国际货物买卖合同公约》。该公约于 1980 年 3 月在维也纳召开的由 62 国代表参加的外交会议上获得通过，并于 1988 年1 月 1 日生效。公约包括序言和四个部分，共 101 条。第一部分，适用范围；第二部分，合同的订立；第三部分，货物买卖；第四部分，最后条款。由于公约吸取了大陆法系与英美法系中合理的易于为世界各国接受的法律观念，并且关于合同的订立和对买卖双方权利义务的规定，基本上是公平的，因此，截至 2014 年 6 月止，参加和核准公约的缔约国已达到 81 个国家。其中，既有大陆法系国家，也有英美法系国家；既包括了欧洲国家，也包括了北美洲、南美洲、非洲和亚洲的国家；既包括了发达国家，也包括了发展中国家；既包括了资本主义国家，也包括了社会主义国家。这说明公约在国际性方面远远超过了1964 年的两个公约，基本实现了预期的目的。

上述国家在批准加入公约时，大都对公约的某些规定发表了不同的声明或提出了不同的保留。中国于 1986 年成为公约缔约国。中国在核准该公约时，也提出了两项重要的保留。

(1) 关于采用书面形式的保留。公约第 11 条规定，“买卖合同无须以书面订立或书面证明，在形式方面也不受任何其他条件的限制。买卖合同可以用包括人证在内的任何方法证明。”但是，中国政府在提交批准书加入该公约时，对公约的这一条款提出了保留。这表明当时中国不承认书面形式以外的其他合同形式。中国原《涉外经济合同法》第七条规定,订立涉外经济合同(包括国际货物买卖合同)必须采用书面形式。中国最高人民法院原《关于适用〈涉外经济合同法〉若干问题的解答》也规定,涉外经济合同未采用书面形式的,是无效合同。但是在1999年颁行的《合同法》中,第10条规定:“当事人订立合同,有书面形式、口头形势和其他形式。”已经与公约第11条的规定相一致,我国对公约的这一保留似乎已经没有意义了。

(2) 关于公约适用范围的保留。根据公约第1条第(1)款(a)项的规定,如果合同双方当事人的营业地是处于不同的国家,而且这些国家都是该公约的缔约国,则该公约就适用于它们之间所订立的货物买卖合同。对这个规定,中国表示接受。但该款(b)项又规定,只要双方当事人的营业地是处于不同的国家,即使它们双方或其中一方的营业地所在国并非是公约的缔约国,但如果按照国际私法冲突规则将会导致适用某一缔约国的法律,则该公约亦适用于这些当事人之间所订立的货物买卖合同。这项规定意在扩大公约的适用范围,但由于该规定限制了缔约国有关国内法的适用,故中国在核准该公约时,对(b)项规定提出了保留,这意味着(b)项规定对中国不适用。因此,对于公约的适用范围,中国认为仅限于营业地分处于不同缔约国的当事人之间所订立的货物买卖合同。

(三) 关于国际货物买卖的国际贸易惯例

国际贸易惯例是国际贸易法的渊源之一。在国际货物买卖中,双方当事人可以在他们的买卖合同中规定采用某种国际贸易惯例,用以确定他们之间的权利和义务。目前有关国际货物买卖的国际贸易惯例主要有以下几种。

1.《国际贸易术语解释通则》(*International Rules For The Interpretation of Trade Terms,Incoterms*)

《国际贸易术语解释通则》是国际商会于1936年制定的。后来为使贸易术语适应现代科学技术和国际运输方式发展变化的需要,国际商会又于1953年、1967年、1976年、1980年、1990年、2000年和2010年先后七次进行了修订和补充。现行的是《2010年国际贸易术语解释通则》(*Incoterms 2010*),该版本在2010年9月中旬以国际商会第715号出版物正式出版。与*Incoterms 2000*相比,2010版本将原先国际货物买卖中广泛使用的13种贸易术语减少至11个,具体包括了可以适用于各种运输方式的7个贸易术语(EXW、FCA、CPT、CIP、DAT、DAP、DDP),以及适用于海运和水路运输的4个贸易术语(FAS、FOB、CFR、CIF)。2010版本对每个术语作出了统一的解释,具体规定了买卖双方在交货过程中的义务,特别是明确划分了买卖双方各自应承担的责任、风险与费用。该通则在国际上已经得到广泛的认可和采用,是国际货物买卖最重要的贸易惯例。

2. 美国《1941年对外贸易定义修正本》(*Revised American Foreign Trade Definition*,1941)

美国1941年修订的《对外贸易定义修正本》,对美国在对外贸易中经常使用的贸易术语作了解释,具体规定了在各种不同的贸易术语中买卖双方在交货方面的权利与义务。它对FOB这一术语的解释,同国际商会制定的《国际贸易术语解释通则》所作的解释有较大的区别。美国的这项对外贸易定义,在南北美洲各国有一定影响。

3.《华沙—牛津规则》(*Warsaw-Oxford Rules*)

国际法协会于1928年在华沙制定了《CIF买卖合同统一规则》,其后曾进行了多次修订。最后一次修订是于1932年在牛津进行的。因这一规则首次制定地和最后一次修订地分别是华沙和牛津，故又称为《华沙—牛津规则》。该规则共有 21 条，完全是针对“成本加运费、保险费合同(CIF)”制定的，它对 CIF 合同中买卖双方所承担的责任、费用与风险作了详尽的规定，曾在国际上有较大的影响，但目前由于国际贸易术语的解释通则的普遍采纳已经基本失去影响。

4.《国际商事合同通则》(*Principles of International Commercial Contracts*, PICC)

《国际商事合同通则》(以下简称《通则》)是国际统一私法协会历经十余年，组织世界各主要法律体系的代表共同研究于 1994 年 5 月制定的，并于 2004 年进行修订。《通则》虽然不是一个国际性公约，不具有强制性，完全由合同当事人自愿选择适用。但是，由于它尽可能地兼容了不同文化背景和不同法律体系的一些通用的法律原则，同时还总结和吸收了国际商事活动中广为适用的惯例和规则，因而对于指导和规范国际商事活动(包括国际货物买卖)将具有很大的影响力。

此外，国际商会制定的《跟单信用证统一惯例》和《托收统一规则》也是与国际货物买卖有关的国际贸易惯例。这两项惯例主要涉及国际货物买卖支付中各有关当事人的义务，已被世界各国银行广泛接受和采用。

必须指出的是，上述各项国际贸易惯例并不具有普遍约束力，双方当事人可以采用，也可以不予采用，完全由当事人决定。只有当双方当事人在他们订立的国际货物买卖合同中规定了采用某种国际贸易惯例来确定他们之间的权利、义务时，该项惯例才适用于该合同并对当事人产生约束力。但由于国际上对国际贸易惯例的解释已达到相当高度的统一，并且适用国际贸易惯例不仅可使本国的国际货物买卖不受外国法律的管辖，同时，也是解决各国法律分歧的好办法。因此，接受国际贸易惯例已成为当前国际上的一种趋势。

第二节　国际货物买卖合同的成立

一、概述

货物买卖合同是卖方为了取得货款而把货物的所有权移交给买方的一种双务合同。国际货物买卖合同与国内货物买卖合同的区别则在于它具有国际因素。按照 1980 年《联合国国际货物买卖合同公约》的规定，国际货物买卖合同是指营业地处于不同国家的当事人所订立的货物买卖合同。公约在这里所采用的是以营业地点是否分别处于不同的国家作为衡量国际合同的标准，至于双方当事人的国籍及其他因素，均不予考虑。国际货物买卖合同的订立同其他合同一样，是双方当事人意思表示一致的结果。而意思表示一致的实现途径则集中体现在合同法上的要约与承诺规则。

国际货物买卖合同的成立，首先要经过买方和卖方之间的洽商(negotiation)，对主要交易条件(terms of transaction)达成协议后，该项合同才能成立。从国际贸易的一般洽商过程来看，它可以归纳为询盘(inquiry)、发盘(offer)、还盘(counter-offer)、接受(acceptance)、订立合同(to sign a contract)五个环节。但从法律的角度来看，只有发盘和承诺是不可缺少的。

1980 年《联合国国际货物买卖合同公约》第二部分规定了“合同的成立”。在这一部分中，公约对合同成立的两个基本法律问题——要约与承诺作了相当详尽的规定。鉴于中国是《联合国国际货物买卖合同公约》的缔约国，中国外贸公司在同营业地设在其他缔约国的企业在订立国际货物买卖合同时，将会适用公约的规定，因此，有必要了解公约有关合同成立的各项规定。由于政治、经济和文化的差异，各国的法律特别是英美法与大陆法在要约与承诺的某些法律规则存在着重大的分歧，联合国国际贸易法委员会在起草公约的这一部分内容时，曾遇到很大的困难，他们做了巨大的努力，采取各种折中的办法来调和各国的法律分歧，力图使公约所确立的法律原则能被各国普遍接受。以下将介绍《公约》和《国际商事合同通则》以及各国对要约、承诺规则的规定是如何成功或不成功地调和它们之间的分歧的。

二、发盘(Offer)

1. 定义

《公约》第 14 条第 1 款的规定，凡向一个或一个以上特定的人(specific persons)提出的订立合同的建议，如果其内容十分确定，并且表明发盘人(offeror)有当其发盘一旦被接受时就将受其约束的意思，即构成发盘。据此，一项有效的发盘应当符合下列要求。

(1) 发盘应向一个或一个以上的特定人提出。即发盘人在发盘时必须指明收受该发盘的公司、企业或个人的名称。这项规定的目的是把发盘与刊登商业广告行为或向广大公众散发商品目录、价目表等行为区别开来。后者是向广大公众发出的，而不是特定的人。很多国家如北欧各国的法律就不把商业广告视为发盘，而只认为它是一项发盘邀请。但另有些国家如英美法国家则认为，商业广告原则上虽不是一项发盘，但如果其内容十分明确、肯定，在某些例外情况下，则也可视为一项发盘。对此，《公约》采取了折中的办法来处理，第 14 条第 2 款规定，凡不是向一个或一个以上特定的人提出的订约建议，仅应视为发盘邀请，除非提出建议的人有明确地表示相反的意向。

(2) 发盘的内容必须十分确定。大陆法系各国一般规定要约应明确标的、数量和价格等基本条款。英国的《货物买卖法》也有类似的规定。美国法律则采取了更为开放的态度。按照美国《统一商法典》第 2-204 条的规定，即使在买卖合同中对某一项或某几项条款没有作出规定，但只要当事人确有订立合同的意思，并有合理的确定的依据给予相应的补救，则合同仍然可以成立。根据《统一商法典》规定，在货物买卖中要约最重要的内容是确定货物的数量或提出确定数量的方法，至于价格、交货或付款时间等内容，均可暂不提出，留待日后按所谓合理的标准确定之。美国统一商法典的规定，起到了鼓励、促进交易的作用。

《公约》认为，一项关于订立合同的建议，如果包含了以下三项内容，即为“十分确定”：①载明货物的名称；②明示或默示地规定数量，或规定如何确定数量的方法；③明示或默示地规定货物的价格，或规定如何确定价格的方法。

(3) 发盘人须有当其发盘被接受时即受约束的意思。发盘的目的是同对方订立合同。因此，发盘一旦被对方接受，合同即告成立，发盘人即须受到约束。如果发盘人在其发盘中附有某种保留条件，表示即使他的“发盘”被对方接受时，他也不受任何约束，那么，这就不是一项有效的发盘，而只是发盘邀请。

2. 发盘生效的时间

《公约》第 15 条第 1 款规定，发盘于其到达受盘人时生效。在这一点上，各国法律是没有分歧的。因为发盘是一种意思表示，受盘人必须在收到发盘之后才能决定是否予以接受。

3. 发盘的撤回与撤销

发盘的撤回(withdrawal)是指发盘人在发出发盘之后，在其尚未到达受盘人之前，即发盘尚未生效之前，将该发盘收回，使其不发生效力。方法是使撤回的通知在发盘到达受盘人之前或与其同时送达受盘人。各国法律对此是没有分歧的，《公约》和《合同通则》也持肯定态度。《公约》第 15 条第(2)款规定，一项发盘，即使是不可撤销的发盘，都可以撤回，只要撤回的通知能在该发盘到达受盘人之前或与其同时送达受盘人。我国《合同法》第 17 条基本借鉴了公约的上述规定。

发盘的撤销(revocability)是指发盘人在其发盘已经到达受盘人之后，即在其发盘已经生效后，将该项发盘取消，从而使发盘的效力归于消灭。在发盘的撤销问题上，各国法律特别是英美法和大陆法存在着较大分歧。

(1) 大陆法

在大陆法系的法国，传统的合约法理论与英美法系的观点并无两样，认为要约只是单方面的意思表示，对当事人不产生效力。因此，在要约未被受要约人承诺之前，即使要约人在要约中定有期限，他也有随时撤回的自由。但司法实践对此问题的认识与合同法理论并不完全一致，法国法院的判例认为，如果要约人在要约中指定了承诺期限，要约人也可以在期限届满以前把要约撤销，但须承担损害赔偿的责任。即使在要约中未规定承诺的期限，但如根据具体情况或正常的交易习惯，要约被认为应在一段期限内等待承诺者，要约人如不适当地撤销要约，亦须负损害赔偿之责。

大陆法系之另一国家德国关于要约的撤销规则迥然相异于英美和法国。根据《德国民法典》第 145 条，除非预先声明相反意向，向他方要约订立契约者，因要约而受约束。如果在要约中规定了有效期，则在有效期内不得撤销其要约；如果要约未约定期限，则在合理期间不得撤销。违反此规则的后果是，撤销行为本身无效，还要承担损害赔偿责任。瑞士、瑞典等国也与德国观点一致。

(2) 英美法

英美法的基本原则是，在受要约人作出承诺之前，要约人随时都可以撤销要约。即使要约中含有要约人愿在某一段时间内受约束的意思，这在法律上也不能阻止要约人在该期限届满之前随时撤销要约。英美法系的上述原则会使受要约人缺乏应有的保障，大大破坏了交易的安全性。美国已采取了措施，在《统一商法典》第 2-205 条中规定：如果商人在签名的书面函件中提出出售或买进货物的要约，且函件保证该要约将保持有效，则即使无对价，在要约规定的有效时间内，或如果未规定时间，在合理时间内，要约不可撤销。但在任何情况下，此种要约不可撤销的时间都不超过 3 个月。

(3)《联合国国际货物买卖合同公约》

公约为调和上述世界各国在要约的撤销问题上的严重分歧，作出如下规定：《公约》第 16 条第(1)款规定，在合同成立以前，发盘得予撤销，但撤销通知须于受盘人发出接受通知之前送达受盘人。这里所说的“合同成立以前”是指受盘人发出接受发盘的通知以前。

按照《公约》第 16 条第(2)款的规定,在下列两种情况下,发盘一旦生效,即不得撤销:a.在发盘中已载明了接受的期限,或以其他方式表示它是不可撤销的。例如,在发盘中规定本价于 9 月 30 日前接受有效,或在发盘中写明“不可撤销”、“实盘”等字样。b.受盘人有理由信赖该项发盘是不可撤销的,并已本着对该项发盘的信赖行事。这里的据以行事包括基于对该发盘的信赖而着手购买材料或设备,准备生产,或为此而支出了各种费用等。可以看出,《公约》的第 16 条第(1)款的规定体现的是英美法的原则;而第(2)款对撤销的限制则反映了大陆法的原则。《合同通则》与《公约》的规定基本相同。

4. 发盘的终止

公约第 17 条规定:“一项发盘,即使是不可撤销的,应于拒绝该发盘的通知送达发盘人时终止。”结合《公约》及各国法律的规定,发盘因如下情况而终止。

(1) 发盘因被拒绝而终止。

(2) 发盘因被发盘人撤销而终止。

(3) 发盘因其所规定的接受期限届满而终止。此段期间内如未获承诺,要约于期满失效。

(4) 未规定期限的发盘,则因“合理期限”已过而未获得承诺而终止。

三、接受(Acceptance)

1. 定义

按照《联合国国际货物买卖合同公约》第 18 条规定,受盘人以作出声明(statement)或以其他行为对某一发盘表示同意,即为接受。一项接受应当具备以下条件:(1)接受须由受盘人或其授权代理人作出。任何第三者即使知道发盘的内容对之作出同意表示,也不构成承诺。(2)接受是一项主动行为。受盘人可以采取向发盘人发出声明方式——口头与书面均可——表示接受要约,也可以采取某种行为表示接受。但保持缄默,不采取任何行动对发盘作出反应,不能认为是对发盘的接受,因为发盘对受盘人并无约束力,后者并无作出答复的义务。但是倘若当事人间有惯例,则依然可以造成例外。(3)接受应在发盘规定的有效期作出,如发盘无规定,则应在合理期间内作出。(4)接受是对发盘内容的无条件同意。

2. 对发盘中的条件作了变更的接受的能力

接受是同意发盘所提出的订约条件的一种意思表示,因此,接受必须是同意发盘中所提出的各项条件,不能随意加以变更。如果接受的内容与发盘的内容不一致,那就不是真正有效的接受而是一项反要约。《国际货物买卖合同公约》基本上采纳了这一传统的法律原则。按照公约第 19 条第 1 款的规定,对发盘表示接受时,如载有添加、限制或其他更改,应视为对发盘的拒绝,并构成反要约。但是,为了避免由于接受的内容与发盘稍有出入,而影响到合同的有效成立,公约吸收了《美国统一商法典》的有关规定,采取了一项比较灵活的处理办法。按照公约第 19 条第 2 款的规定,对发盘表示接受但载有添加或不同条件的答复,如所载的添加或不同条件在实质上并不变更该项发盘的条件,则除发盘人在不过分迟延的期间内以口头或书面方式提出异议外仍可作为接受，合同仍可有效成立。在这种情况下，合同的条件就以该项发盘所提出的条件以及接受时所附加或更改后的条件为准。

在适用上述规定时，最重要的问题是，要确定接受中所附加或变更的条件有没有在“实质上”变更了发盘中所提出的条件。因为公约只允许在接受时可以对发盘的内容有某些非实质性的变动，但不允许在接受中对发盘的条件作任何实质性的变更，否则那就不是接受，而是对发盘的拒绝。不仅如此，公约还规定，即使受盘人在接受时对发盘所作的某些变更是非实质性的，发盘人仍有权及时提出异议，如发盘人坚持不同意对其发盘的内容作任何变更，则尽管受盘人在接受中对发盘所作的变更并不是实质性的变更，合同仍不能成立。由此可见，在接受时对发盘的内容做了变更，则只有在符合以下两项条件时，该项接受才被认为有效，合同才能成立：①接受中对发盘所作的变更并非实质性的变更；②发盘人对此项非实质性的变更没有及时提出任何异议。

公约第 19 条第 3 款规定，凡在接受中对下列事项作了添加或变更者，均认为在实质上变更了发盘的条件：①货物的价格；②付款；③货物的质量与数量；④交货的时间与地点；⑤当事人的赔偿责任范围；⑥解决争议的方法等。如果受盘人在接受发盘时，对发盘中所涉及的上述任何一项条件作了添加或变更，那就不能认为是真正的接受，而是反要约，即使发盘人没有提出异议，合同亦不能成立。

我国《合同法》第 30 条规定了承诺与要约的一致性问题以及实质性变更的定义。第 31 条规定了做出非实质性变更的承诺的效力问题。与《公约》的做法基本一致。

3. 接受的生效时间

接受生效的时间也是合同成立的时间，即双方当事人开始承担由合同所产生的权利与义务的时间。对于这个问题，英美法与大陆法有着很大的分歧。

大陆法系的法国对承诺何时生效，法律未作出具体规定。法国最高法院认为，关于承诺生效的时间完全取决于当事人的意思，应根据个案情况特别是当事人的意思来决定。这一解释有自相矛盾之处，实践中，现代法国法官越来越倾向于投邮主义。大陆法系的德国却采用“到达生效原则”，即表示承诺的信函到达要约人的支配范围就立即生效。到达支配范围者，意指到达收信人的营业所或惯常居住地点。根据到达生效原则，承诺到达要约人时才生效，合同才于此时成立。如果表示承诺的信件在邮递过程中延误或丢失，承诺便不能生效，合同也就不能成立。

英美法采取所谓“投邮生效的原则”，即以信件、电报作出承诺时，只要受要约人把信件或电报交给邮局，承诺即可成立。即使表示承诺的信函在传递过程中丢失，合同仍可成立。英美法系学者认为，投邮主义的法律解释是“邮局为代理人说”，但其实质原因是为了缩短不受拘束的要约人撤销要约的时间。

公约和通则对承诺的生效时间，主要规定如下：(1)如果受盘人以声明方式表示接受，则接受生效时间实行到达生效原则，即表示接受的声明信件到达发盘人时，接受才生效；(2)如果受盘人以实施一定行为表示接受，则接受于受盘人作出该项行为时生效。即以发运货物或支付货款的行为对发盘表示接受，则当受盘人做出这种行为时，接受即告生效，而不要求等到货物运到或价款汇到时才生效。由此可以看出，公约原则上采取到达生效主义。

中国《合同法》第 26 条作出了与公约和通则大致相同的规定，基本采纳了大陆法的观点。

4. 逾期接受的效力

逾期接受(late acceptance)是指接受通知到达发盘人的时间已经超过了发盘所规定的有效期，或者在发盘未规定有效期时已超过了合理时间。依照各国法律，逾期的接受不是有效的接受。《公约》和《合同通则》原则上同意各国的观点，但考虑到客观实际，《公约》和《合同通则》又做了两点例外的规定。

(1) 按照公约第 21 条第(1)款的规定，因受盘人的原因致使逾期接受，原则上没有效力。但对这种逾期接受，发盘人也可以承认其效力。发盘人如果愿意承认这种逾期的接受的效力，他就必须毫不迟延地用口头或书面形式将此种意思通知受盘人。一旦经发盘人承认，该逾期接受即构成有效的接受。对此，我国《合同法》第 28 条规定："受要约人超过承诺期限发出承诺的，除要约人及时通知受要约该承诺有效以外，为新要约。"

(2) 因邮递失误造成的逾期接受，原则上具有效力，《公约》第 20 条第(2)款规定："如果载有逾期接受的信件或其他书面文件表明，它是在传递正常、能及时送达发盘人的情况下寄发的，则该逾期接受具有接受的效力。"但是，《公约》也允许发盘人拒绝这种逾期接受的效力。因此，发盘人如果不愿意承认该逾期接受的效力，他必须毫不迟延地用口头或书面通知受盘人。

关于逾期接受的接受有效期的计算问题，《公约》作出了以下几项规定；①发盘人在电报或信件内规定的接受期间，从电报交发时刻或信上载明的发信日期起算，如果信上未载明发信日期，则从信封上所载日期起算。②发盘人以电话、电传或其他快速通信方法规定的接受期间，从发盘送达受盘人时起算。③在计算接受期间时，接受期间内的正式假日或非营业日应计算在内。但是，如果接受通知在接受期间的最后一天未能送到发盘人地址，因为那天在发盘人营业地是正式假日或非营业日，则接受期间应顺延至下一个营业日。

5. 接受的撤回

根据《联合国国际货物买卖合同公约》的规定，接受是可以撤回的，只要撤回的通知于该项接受生效之前或与同时送达发盘人即可。撤回接受是受盘人阻止其接受发生法律效力的一种意思表示。受盘人在发出接受通知之后，如果发现不妥，可以在该接受生效之前，赶紧发出撤回通知，只要撤回通知能早于该接受生效之前或与其同时送达对方，即可将该接受予以撤回。一旦接受生效，合同宣告成立，受盘人就不得撤销，否则就等于撕毁合同。

第三节 买卖双方的义务

货物买卖合同是一种双务合同，合同一经成立，买卖双方都有责任履行其依据合同所应承担的义务。在买卖合同中，卖方的基本义务是交货，买方的基本义务是接受货物与支付货款。除合同另有约定外，卖方的交货义务与买方的付款义务是一项对流条件

(concurrent condition)，双方均应同时地履行各自的义务。围绕货物买卖合同的双方当事人所必须履行的义务是货物买卖法的核心问题。对此，《联合国国际货物买卖合同公约》第三部分的第二章、第三章与第五章，对卖方和买方的义务作了详细的规定。一般来说，公约关于买卖双方义务的规定，都是属于非强制性的规定。双方当事人可以排除其适用或作出不同的规定，只有当买卖合同对某些事项没有作出规定，而该合同又适用该公约时，才援引公约的有关规定来确定买卖双方当事人的权利与义务。本节将着重介绍公约的上述规定，同时也要介绍西方主要国家国内法的有关规定。

一、卖方的义务

根据《联合国国际货物买卖合同公约》(以下简称《公约》)的规定，卖方的基本义务有：交付货物；移交有关货物的全部单据；将货物的所有权转移给买方。现将各国法律及公约中有关卖方义务的主要规定介绍如下。

（一）交货的时间与地点

如果买卖合同对交货的时间和地点已有明确的规定，卖方应按合同规定的时间与地点交货。但是，如果合同对交货的时间与地点没有作出规定，就应按照合同所适用的法律办理。

1. 关于交货的时间

(1) 大陆法的有关规定

按照大陆法系各国法律的规定，如果买卖合同对交货的时间没有作出具体的规定，买方有权要求及时交货，卖方也有义务在合同成立后及时交货。同时，大陆法认为，履行的期限是为债务人的利益而定的。因此，在合同规定了履行期限的情况下，买方不能要求卖方在履行期限到来之前交货，但卖方却有权提前交货。如《德国民法典》规定，合同订有履行期限者，债权人不得于期限前请求给付，但债务人得于期限到来之前履行其给付。不过债务人在履行债务时，必须遵守诚实信用原则。即如果债务人(卖方)打算提前交货，应当事先通知债权人(买方)，若突然提前交货，使债权人来不及作好受领货物的准备，则债权人可不付受领延迟的责任。

(2) 英美法的有关规定

英国货物买卖法对卖方交货的时间有规定如下：

① 如果合同没有规定卖方交货的时间，则卖方应在合理的时间内交货；

② 如果买方授权或要求卖方把货物运交买方，则卖方为了把货物运交买方而把货物交给承运人，就可推定为已向买方交货。

(3)《联合国国际货物买卖合同公约》的有关规定

公约第 33 条对如何确定卖方交货的时间作了如下规定：

① 如果合同中规定了交货的日期，或从合同中可以确定交货的日期，则卖方应在该日期交货；

② 如果合同中规定了一段交货的期间，或从合同中可以确定一段时间，则除了情况表明买方有权选定一个具体日期外，卖方有权决定在这段期间内的任何一天交货；

③ 在其他情况下，卖方应在订立合同后的一段合理的时间内交货。至于何谓合理时

间，应根据交易的具体情况来确定。

2. 关于交货的地点

(1) 大陆法的有关规定

按照大陆法的规定，卖方履行交货义务的地点应当是合同规定的地点。如果买卖合同未指定地点，则视所交付的货物是特定物还是非特定物来确定交货的地点。

① 如果买卖合同所交付的标的物是特定物，根据法国、日本和瑞士法律的规定，卖方应在订约时该特定物的所在地交货。

② 如果买卖合同所交付的标的物是非特定物，根据法国、德国的民法典和瑞士的债务法典的规定，应于卖方营业所所在地交货；但《日本民法典》规定应于买方的营业地交货。

(2) 英美法的有关规定

按照英国法，交货的地点如买卖合同没有规定，一般应在卖方的营业地点交货。如果买卖合同的标的物是特定物，而且买卖双方在订约时已经知道该特定物在其他地方者，则应该在该特定物的所在地交货。

(3)《联合国国际货物买卖合同公约》的有关规定

如果买卖合同对交货地点已有规定，卖方应按合同规定的地点交货。如果合同对交货地点没有作出规定，根据公约第 31 条的规定卖方应按下述三种不同情况履行其交货义务。

① 如果合同没有规定具体的交货地点，而该合同又涉及货物的运输，即要求卖方把货物运送给买方，如铁路交货合同、装运港船上交货合同等，则卖方的交货义务就是把货物交给第一承运人。即使这批货物需要经过两个以上的承运人才能运到买方，但卖方也只需把货物交给第一承运人，即认为已履行交货义务。

② 如果买卖合同既没有规定具体的交货地点，又不要求卖方把货物运送给买方，即合同中没有涉及卖方应负责运输事宜，则按照公约的规定，如果该合同出售的货物是特定物，或者是从某批特定的存货中提取的货物，或者是尚待加工生产或制造的未经特定化的货物(如买卖的货物将在某地某间工厂加工制造)，而双方当事人在订立买卖合同时已经知道这些货物存放在的这个地方，或者已经知道它们将在某个地方生产或制造，则卖方应在该地点把货物交给买方处置。

③ 在上述情况外的其他情况下，卖方的交货义务是在其订立买卖合同时的营业地点把货物交给买方处置。所谓交给买方处置，是指卖方采取一切必要的行动，让买方能够取得货物。如果卖方已把货物交给仓库或承运人照管，则卖方将有关单据如提单或仓库单据交给买方，即认为已将货物交给买方处置。

但是，公约的上述规定只有在买卖合同对交货地点没有作出规定时才适用。如果双方当事人已经使用某种贸易术语明确规定了交货的地点，则卖方的义务就不是交到第一承运人或在特定货物的所在地交货，而是应当把货物交到指定地点。

(二) 卖方应移交与货物有关的单据

在国际货物买卖中，与货物有关的单据很多，如提单、保险单、商业发票、货物原产地证书、商检证书，有时还可能包括领事发票、原产地证书、重量证书或品质检验证书等。这些单据是买方提取货物、办理报关手续、转售货物、向承运人或保险公司请求赔偿所必不可少的文件。正因为单据如此重要，所以，《公约》规定了移交单据的义务。《公约》第34条规定，如果卖方有义务移交与货物有关的单据，它必须按照合同规定的时间、地点和方式移交这些单据。《公约》还规定，如果卖方在规定的时间以前已移交这些单据，它可以在这个时间到达前修改单据任何不符合合同规定的情形，但卖方行使这项权利不得使买方遭受不合理的不便或承担不合理的开支，并且买方有保留按公约规定请求赔偿的权利。

中国《合同法》第135条规定："出卖人应当履行向买受人交付标的物或者交付标的物的单证，并转移标的物所有权的义务。"第136条规定："出卖人应当按照约定或交易习惯向买受人交付标的物单证以外的有关单证和资料。"2012年最高人民法院在《最高人民法院关于审理买卖合同纠纷案件适用法律问题的解释》中对合同法第136条的规定进行了补充，《解释》第7条规定："合同法第一百三十六条规定的'提取标的物单证以外的有关单证和资料'，主要应当包括保险单、保修单、普通发票、增值税专用发票、产品合格证、质量保证书、质量鉴定书、品质检验证书、产品进出口检疫书、原产地证明书、使用说明书、装箱单等。"

（三）卖方的品质担保义务

卖方的品质担保义务是指卖方对其所交的货物的质量、性能和用途方面应与其担保相符。大陆法称之为对货物的瑕疵担保义务，英美国家称之为品质担保义务，并都做了相应的法律规定，其中尤以英美法的规定最为详备。此外，《公约》对品质担保义务也提出了明确的要求。

1. 大陆法系的有关规定

大陆法系将品质担保称为瑕疵担保。《德国民法典》规定，卖方应对买方保证其出售的货物在风险责任转移于买方时不存在失去或减少其价值，或降低其通常的用途或合同规定的使用价值的瑕疵；并且规定，卖方应担保货物在风险责任转移于买方时确实具有他所担保的品质。但是，如果买方在订立买卖合同时，已经知道出售的货物确有瑕疵者，或买卖标的是根据质权以公开拍卖的方式出售的，则卖方可以不负瑕疵担保的责任。

2. 英美法系的有关规定

英美法系对于货物品质担保责任的规定比大陆法更加详细。其中有代表性的是英国《货物买卖法》与美国《统一商法典》的有关规定。

英国《货物买卖法》第12-15条规定，卖方所出售的货物必须符合下列默示条件：(1)凡凭说明出售的货物，卖方的交货必须与说明相符；(2)如果卖方是在营业期间出售货物，则应当包含一项默示条件，即卖方根据合同提供的货物应当具有商销品质(merchantable quality)。但是，如果有下列情况之一者，则不包含货物应具有商销品质的默示条件：有关货物的各种缺陷在订约之前已经特别提醒买方的注意；买方在订约之前已经对货物进行检验，而货物存在的缺陷经过检验是应当能够发现的；(3)如果卖方是在营业期间出售货物，而且买方已经明示地或默示地让卖方知道，他要求货物必须适用于某种特定的用途。在这种情况下，合同就包含一项默示条件，即卖方根据合同提供的货物应合理地适用于这种特定的用途。除非情况表明买方并不信赖也没有理由信赖卖方的技能与判断力；(4)凡是凭样品成交的买卖合同，应认为包含下列默示条件：卖方所交的货物在品质方面必须与样品相符；买方应有合理的机会将样品与整批货物进行比较；卖方所交的货物应当没有任何对样品进行检验所不能发现的与不合商销性的缺陷；(5)如果在交易中既有样品又有说明，则卖方所交的货物必须与样品和说明都一致。

根据英国法的解释，所谓默示条件具有三个方面的含义：(1)如果双方当事人在合同中没有相反的表示，这些默示条件就依法适用于他们之间的合同；(2)英国法将合同条款分为条件与担保两大类：条件是指涉及合同基础的主要条款；担保是指从属于合同主要目的的次要条款。如果一方违反了条件，则对方可以解除合同，并有权请求损害赔偿，但是如果一方只是违反了担保，则对方只能请求损害赔偿，而不能解除合同；(3)为了加强对消费者的保护，对于供私人使用的消费交易，卖方不得在合同中排除货物买卖法有关默示条件的各项规定。至于在非消费交易中，法律上虽然允许卖方在合同中排除上述各项默示条件，但是不能超出“公平或合理”的限度，如果法院认为卖方排除各项默示条件是不公平或不合理时，法院将不予强制执行。但是，这只适用于国内交易，不适用于国际交易。在国际交易中，双方当事人可以自由地确定他们之间的权利与义务，不受上述规定的限制。

美国《统一商法典》与英国《货物买卖法》不同，它不采取条件与担保的区别方法，而是将卖方对货物的担保义务分为明示担保(express warranties)与默示担保(implied warranties)。所谓明示担保是指卖方直接对其产品作出的保证；默示担保不是由双方当事人经过交易磋商在合同中规定的，而是法律认为应当包括在买卖合同之内的，只要买卖双方在合同中没有相反的规定，法律上所规定的默示担保就可以依法适用于他们之间的买卖合同。根据美国《统一商法典》的规定，卖方对货物品质的默示担保主要有以下两项。

(1) 关于商销性的默示担保

该法典第2-314条规定，如果卖方是专门经营某种商品的商人，则在这种商品的买卖合同中，他必须向买方承担该商品具有适合商销性的默示担保义务。所谓“适合商销性”是指：合同项下的货物在该行业中可以无异议地通过；在出售的货物为种类物的情况下，该货物具有同类货物的平均良好品质；货物具有同类货物的一般用途；在合同允许的差异范围内，货物的每一单位和所有单位在品质、品种和数量方面相同；货物按合同要求，适当地装箱、包装和加上标签；货物与容器或标签上的说明相符。

(2) 适合特定用途的默示担保

该法典第2-315条规定，如果卖方在订立合同时有理由知道买方要求货物适用于特定用途，且有理由知道买方依赖卖方挑选货物的技能或判断力，卖方即默示承担货物将适用于特定的义务。根据这一规定，货物不但须具备该类货物一般的商销性品质，还必须满足特定用途。同时，要使卖方承担这一担保义务，买方还必须依赖卖方的判断力或技能。若买方是行家或向卖方提供了技术规格或其他选择标准等，则说明买方未依赖卖方的判断力。

3.《联合国国际货物买卖合同公约》的规定

公约关于卖方对货物品质担保义务的规定主要体现于第35条。根据该条规定，合同对货物的质量、规格与包装方式有规定的，卖方所交付货物必须符合合同规定。此外，卖方交付的货物还必须符合下列要求：(1)货物适合于同一规格货物通常使用的目的；

(2)货物适合于订立合同时买方曾明示或默示地通知卖方的任何特定的目的，除非情况表明买方并未依赖或没有理由依赖卖方的技能和判断力；(3)货物的质量与样品或模型相同；(4)货物按此类货物的通常方式装箱或包装，或者无此种通常方式，以一种足以保护货物的方式包装。但公约同时又规定，若买方在订立合同时知道或没有理由不知道货物与合同不符，则卖方无须按上述第 1 和第 2 项规定承担货物与合同不符的责任。

公约还对卖方承担上述义务的时间作出了明确的规定。第 36 条规定，卖方应对货物在风险转移于买方时所存在的任何不符合合同的情形承担责任，即使这种不符合合同的情况是在风险转移于买方之后才明显表现出来的。换言之，公约认为卖方对货物应符合合同要求的责任，原则上虽然是以风险转移的时间作为衡量标准，即只要货物在风险转移于买方的时候符合合同的要求，卖方就履行了他的义务，如果在风险转移于买方之后，货物发生腐烂、变质与生锈等情况以至于与合同要求不相符，则卖方不承担责任，但是也有例外的情况，即如果货物与合同要求不相符的情形要在风险转移于买方之后的一段时间才能发现或显露出来，例如，有些货物需要经过科学鉴定甚至需要经过使用一段时间后才能显示其是否与合同的要求相符。在这种情况下，尽管风险已经转移于买方，但是如果货物的缺陷在风险转移于买方之前就已经存在，则卖方仍然应当承担责任。

公约还规定，在某些情况下，卖方对货物在风险转移于买方之后发生的任何不符合合同要求的情形也应承担责任，即这种不符合合同情形的发生是由于卖方违反了他的某项义务，包括违反关于货物在一定的期限内将继续适合于其通常用途或某种特定用途的保证。

（四）卖方对货物的权利担保义务

权利担保是指卖方应保证对其所出售的货物享有合法的权利，没有侵犯任何第三人的权利，并且任何第三人都不会就该项货物向买方主张任何权利。在货物买卖中，卖方的最重要义务就是保证他确实享有出售货物的所有权，或者卖方受货主的委托，作为代理人或受托人享有处分货物的权利。具体来说，卖方的权利担保义务主要包括以下三个方面的内容：(1)卖方保证对其出售的货物享有合法的权利；(2)卖方保证在其出售的货物上不存在任何未曾向买方透露的担保物权，如抵押权、留置权等；(3)卖方应保证他所出售的货物没有侵犯他人的权利，包括商标权、专利权等。按照各国的法律，上述权利担保义务是卖方的一项法定义务，即使在买卖合同中对此没有作出规定，卖方依法仍应承担此项义务。现根据《联合国国际货物买卖合同公约》和某些国家的法律规定，对卖方的这一义务分别说明如下。

1. 英国法的有关规定

1979 年《英国货物买卖法》第 12 条(1)规定，卖方对货物的权利应承担下列默示义务：(1)除第 2 款另有规定外，在任何买卖合同中，卖方有一项默示的义务，他有权出售货物，在协议出售(agreement to sell)的情况下，当货物的财产权发生转移时，他享有这样的权利。(2)保证他所出售的货物不存在，且当货物的财产权发生转移时保证不存在任何订约时未曾披露或告知买方的担保权益，而且买方应能安静地占有货物，不受第三人的干扰，除非该第三人是已经披露或告知的，享有上述担保权益的权利人或其他人。按照《英国货物买卖法》第 55 条第 1 款的规定，根据法律产生的任何默示权利、义务或责任，均可由当事人的明示协议，或根据当事人之间的交易过程，或根据对当事人具有约束力的惯例加以免除或改变，但须符合1977年《不公平合同条款法》的规定。

2. 德国法的规定

《德国民法典》规定，卖方负有使第三人对买方不得主张任何权利、从而使买方取得出卖标的物的义务。当事人以协议免除或限制卖方依上述规定对权利瑕疵所应承担的义务者，如卖方故意不告知其瑕疵，则该协议无效。

3.《联合国国际货物买卖合同公约》的有关规定

公约对卖方权利担保义务的规定比各国的法律都更为详细和具体，主要表现在如下几个方面。

(1) 卖方所交付的货物必须是第三方不能提出任何权利或请求的货物。公约第41条规定，卖方所交付的货物必须是第三方不能提出任何权利或请求的货物，除非买方同意在受制于这种权利或请求的条件下，收取这项货物。这项规定实质上就是要求卖方保证对所售货物享有合法权益，如果任何第三人对货物提出权利，主张请求权，卖方应对买方承担责任。

根据公约第41条的规定，卖方不仅要向买方保证他所交付的货物必须是第三方不能提出任何权利的货物，而且必须是第三方不能提出任何请求的货物。这项规定表明即使第三方对货物提出某种请求后，由于法律上的依据不足而败诉了，但卖方仍将被认为是违反了公约第41条规定的义务。因为按照公约的规定，卖方有义务保证第三方不能对货物提出任何请求。所以，尽管第三方的请求不能成立，但他毕竟是提出了请求，使买方受到了干扰或损失，卖方仍须对此负责。

(2) 卖方所交付的货物不得侵犯任何第三方的工业产权或其他知识产权。根据公约第42条规定，卖方所交付的货物，必须是第三方不能根据工业产权或其他知识产权提出任何权利或请求的货物。这一规定同某些国家国内法的规定是差不多的。但国际买卖比国内买卖更为复杂。因为在国内买卖中，一般只涉及侵犯本国所保护的工业产权或其他知识产权，而在国际交易中侵犯工业产权(如商标权、专利权)或其他知识产权(如版权)大都涉及卖方国家以外的其他国家(如进口国或转售国)，因此，公约并不是绝对地要求卖方必须保证他所交付的货物不得侵犯任何第三人的工业产权或其他知识产权，而是有一定的条件限制的，这些限制性的条件如下所述。

一是卖方只有当其在订立合同时已经知道或不可能不知道第三方对其货物会提出工业产权方面的权利或请求时，才对买方承担责任。

二是卖方并不是对第三方依据任何一国的法律所提出的工业产权或知识产权的权利或请求都要向买方承担责任，而只是在下列情况下才须向买方负责：A. 如果买卖双方在订立合同时已知买方打算把该项货物转售到某一个国家，则卖方对于第三方依据该国法律(如专利法、商标法、版权法等)所提出的有关工业产权或知识产权的权利请求，应对买方承担责任。因为卖方在订约时既然已经知道货物将转销往该国，他就应保证其货物在该国销售不会侵犯该国的工业产权或知识产权。B. 在任何其他情况下，卖方对第三方根据买方营业地所在国法律所提出的有关侵犯工业产权或知识产权的请求，应对买方承担责任。

三是如果买方在订立合同时，已经知道或不可能不知道第三方对货物会提出有关侵犯工业产权或知识产权的权利或请求，则卖方对由此而引起的后果不承担责任。

四是如果第三方所提出的有关侵犯工业产权或知识产权的权利或请求，是由于卖方按照买方提供的技术图纸、图案或其他规格为其制造产品而引起的，则应由买方对此负责，卖方对此不承担责任。

此外，公约还规定，卖方在已经知道或理应知道第三方对货物的权利或请求后，应在合理时间内通知买方，否则，买方就会丧失援引上述第 41 条和第 42 条所规定的权利，除非买方对未及时通知卖方能提出合理的理由。

二、买方的义务

买方的义务主要有两项：一是支付货款；二是受领货物。现将各国法律和《公约》的主要规定介绍如下。

（一）支付货款

1. 大陆法国家的有关规定

《法国民法典》第 1 650～1 657 条对买方支付价款的义务作了规定：(1)买方应当按照合同约定的时间和地点支付价款；(2)如果在合同中，对支付价款的时间和地点没有作出规定，买方应在交付标的物的地点和时间支付价款；(3)当买方未按期支付价款而受到催告时，应支付自催告之日起算的价款的利息，直到价款得到清偿之日为止。法典第 2 654 条规定：如果买方不支付价款，卖方得请求解除买卖合同。

《德国民法典》第 433 条规定：如果在签订合同时买卖双方未对价款作出规定，而是依市价来确定价款者，则按清偿时清偿地的市价为标准。如果合同未对清偿地点作出规定，则买方应在卖方的所在地付款。

2. 英美法国家的有关规定

(1)《英国货物买卖法》的有关规定

第 27 条规定："买方有义务按合同的规定收受货物和支付价款。"除合同另有规定外，卖方交付货物和买方支付货款是对流条件，两者应同时进行，即卖方以交换货物为条件换取货款，买方以支付货款为条件换取货物。

第 34 条规定：当卖方提交货物时，除另有约定外，买方有权要求让它有合理的机会检验货物，以便确定其是否与合同的规定相符。凡是未曾检验过货物的买方，都不能被认为是已经接受了货物，因而也没有丧失其拒收货物的权利，直到它有合理的机会检验货物为止。但是，如果买方在有机会检验货物时，却不对货物进行检验，那就是放弃了检验权利，在这种情况下，买方就丧失了拒收货物的权利。

买方收到货物与接受货物是有区别的，收到货物并不等于接受货物。买方如果接受了货物，它就丧失了拒收货物的权利，但如果买方仅仅是收到了货物，则日后如发现与合同不符，则它仍然有权拒收货物。第 35 条规定："只有在下列情况下，买方才被认为是接受了货物。A. 如果买方通知卖方，表示它已接受该项货物；B. 如果货物已交付给买方，而买方对货物作出了任何与卖方的所有权相抵触的行为。例如，买方以货物所有人的身份对货物作了处分，把货物转卖给第三人或已进行实际使用，在这种情况下，买方就将被认为是已经接受了货物。C. 如果买方收到货物后把货物留下来，经过了一段合理时间之后，并没有通知卖方拒收此项货物，则买方也被认为是接受了货物，从而就丧失了拒收货物的权利。”至于何谓“合理时间”，这是事实问题，须视情况而定。

(2)《美国统一商法典》的有关规定

第 2-513 条：除双方当事人另有约定外，买方在支付货款和接受货物之前，有权对货物进行检验。检验的时间、地点和方法应按合同的规定办理。如合同对此没有作出规定，则在卖方负责把货物运到目的地的场合下，应在货物的目的地进行检验。在其他情况下，则应在合理的时间、地点，以合理的方法进行检验。如检验的结果表明货物与合同相符，检验费用应由买方负责；如检验结果证明货物与合同不符，则检验费用应由卖方负担。

3.《联合国国际货物买卖合同公约》的有关规定

(1) 买方必须履行必要的步骤和付款手续

公约第 54 条规定：“买方支付价款的义务包括根据合同或任何有关法律和规章规定的步骤和手续，以便支付价款。”通常需要买方履行的步骤和付款手续包括向银行申请信用证或银行保函；在实行外汇管制的国家，须向政府部门申请进口许可证及所需外汇等。如果买方没有完成这些步骤和手续，导致无法付款，就构成买方违反付款义务，买方应承担责任。

(2) 确定货物的价格

公约第 55 条规定：“如果合同已有效的订立，但没有明示或暗示地规定价格或规定如何确定价格，在没有任何相反表示的情况下，双方当事人应视为已默示地引用订立合同时此种货物在有关贸易的类似情况下销售的通常价格。”根据该项规定，公约按照下列方法确定合同价格：①如果买卖合同已经规定了货物的价格或规定了确定价格的方法，买方应按合同规定的价格付款；②如果合同没有明示或默示地规定货物的价格或规定确定价格的方法，在这种情况下，如合同已有效成立，则应当认为双方当事人已默示引用订立合同的时候这种货物在有关贸易类似情况下出售的通常价格；如果在确定价格时涉及货物的重量，按照公约第 56 条的规定执行：“如果货物的价格是按照货物的重量来确定的话，如有疑问时，应按货物的净重量来确定。”

(3) 付款的地点

公约第 57 条对付款地点进行了规定：“如果合同明确约定买方付款的地点则按照合同的约定办理；如果买方没有义务在任何其他特定地点支付价款，他必须在以下地点向卖方支付价款：A. 卖方的营业地；或者 B. 如凭移交货物或单据支付价款，则为移交货物或单据的地点。卖方必须承担因其营业地在订立合同后发生变动而增加的支付方面的有关费用。”

(4) 付款的时间

公约第 58 条规定：“①如果买方没有义务在任何其他特定时间内支付价款，他必须于卖方按照合同和本公约规定将货物或控制货物处置权的单据交给买方处置时支付价款。卖方可以支付价款作为移交货物或单据的条件。②如果合同涉及货物的运输，卖方可以在支付价款后方可把货物或控制货物处置权的单据移交给买方作为发运货物的条件。③买方在未有机会检验货物前，无义务支付价款，除非这种机会与双方当事人议定的交货或支付程序相抵触。”

如果合同中当事人议定的交货或支付程序与买方对货物的检验相抵触，比如买方根据合同约定有义务在检验货物前支付货款，这样的规定不代表买方没有权利对货物进行检验，在货物到达目的地后，买方仍有权进行检验，如发现货物与合同不符，买方仍有权要求卖方赔偿损失，或采取公约规定的其他补救方法，来维护其正当权益。

公约第 59 条还规定：“买方必须按照合同和本公约规定的日期或从合同和本公约可以确定的日期支付价款，而无须卖方提出任何要求或办理任何手续。”该规定主要是针对大陆法国家如法国和联邦德国要求债权人必须先向债务人发出催告通知，而后才能主张权利的规定作出的对债权人的特别保护。

（二）受领货物

1. 大陆法国家的有关规定

《法国民法典》规定，关于商品及动产的买卖超过协议期限，买受人未受领其买受物，不经催告，买卖即发生解除。

2. 英美法国家的有关规定

《英国货物买卖法》第 34 条规定，当卖方提交货物时除非另有规定，买方就有要求他有合理的机会检验货物以便确定货物是否与合同相悖。《美国统一商法典》对此也有类似的规定。

3.《联合国国际货物买卖合同公约》的有关规定

公约第 60 条规定：“买方收取货物的义务如下：采取一切理应采取的行动，以期卖方能交付货物和接收货物。”按照公约的该规定，买方收取货物的义务包括：(1)买方应采取一切理应采取的行动，以便卖方能交付货物。公约的这项规定实际上是要求买方作好各项接收货物的必要准备，以配合卖方交货。例如，如果买方有义务安排运输，它必须及时租船、订舱，派船接运货物，以便卖方能按期将货物交给承运人，如果卖方负责安排运输，则买方应做好在目的港接货的准备。(2)接收货物。买方有义务在卖方交货时按合同规定的时间、地点接收货物。如果买方不及时提货，卖方可能要对承运人支付滞期及其他费用，对此，买方应承担责任。

第四节　货物所有权与风险的转移

一、国际货物买卖中货物所有权的转移

在国际贸易中，所有权是指所有人依法对自己的财产享有占有、使用、收益和处分的权利。货物买卖的实质是买卖货物的所有权，即实现货物所有权由卖方向买方的转移。在国际货物买卖中，货物所有权的转移是直接关系到买卖双方权利义务的一个重大问题。因此，各国法律都对所有权的转移作出了具体的规定，但这些规定分歧很大。

(一) 各国国内法的规定

1. 大陆法

《法国民法典》原则上是以买卖合同的成立决定货物的所有权的转移的。根据《法国民法典》第 1 583 条的规定,当事人就标的物及其价金相互达成一致时,即使标的物尚未交付或价金尚未支付,买卖即告成立,而标的物的所有权即依法由卖方转移于买方。但是,在审判实践中,法国法院会根据案件的实际情况适用下列原则:(1)如果买卖的标的物是种类物,则必须经过特定化之后,其所有权才能转移于买方,但是无须交付;(2)如果是附条件的买卖,例如,试验买卖则必须待买方表示确认后,所有权才转移于买方;(3)买卖双方可以在合同中规定所有权转移的时间,例如,可以规定所有权必须于货物运到目的地后,或必须于买方支付价金后才转移于买方等。

德国法与法国法的规定不同。德国法认为,所有权的转移属于物权法的范畴,而买卖合同则属于债法的范畴,买卖合同本身并不起到转移所有权的效力。根据德国法的规定,所有权的转移必须符合下列要求:如果是动产,就必须以交付标的物为必要条件。在卖方有义务交付物权凭证(如提单)的场合,卖方可以通过交付物权凭证而将货物的所有权转移于买方。如果是不动产,则其所有权的转移必须以向主管机关登记为条件。

2. 英美法

在英国货物买卖法中,货物的所有权从何时起由卖方转移决定风险的转移,并直接影响到买卖双方在一方违约时可能采取的救济方法以及其他有关权利与义务。具体而言,英国货物买卖法关于货物的所有权转移的问题,主要是区别特定物的买卖与非特定物的买卖这两种不同的情况,分别作出规定。

(1) 特定物的买卖。根据《英国货物买卖法》第 17 条的规定,在特定物或已经特定化的货物买卖中,货物的所有权应在双方当事人意图移转的时候转移于买方,即所有权何时转移于买方完全取决于双方当事人的意旨。如果双方当事人在合同中对此没有作出明确的规定,则法院可以根据合同的条款、双方当事人的行为以及当时的具体情况确定订约双方的意旨。

(2) 非特定物的买卖。非特定的货物通常是指仅凭说明进行交易的货物。根据英国货物买卖法的规定,凡是属于凭说明买卖未经指定或未经特定化的货物,在将货物特定化之前,其所有权不转移于买方。所谓特定化,就是把处于交货状态的货物无条件地划拨于合同项下的行为。一般而言,如果根据买卖合同的规定,卖方以将货物运交给买方为目的而将货物交给了承运人,又没有保留对货物的处分权,则可以认为卖方已经无条件地把货物划拨于合同项下。但是,将货物加以特定化只是转移货物所有权的前提,至于把货物特定化之后,货物的所有权是否转移于买方,还必须视卖方有无保留对货物的处分权而定。

(3) 卖方保留对货物的处置权。无论是在特定物的买卖中,还是在非特定物的买卖中,即使在货物已经特定化之后,卖方都可以保留对货物的处分权(主要是指对所有权的处置权)。在这种情况下,在卖方要求的条件得到满足以前(主要是指在买方支付货款以前),货物的所有权仍不转移于买方。根据《英国货物买卖法》第 19 条的规定,在下列情况下,应认为卖方保留了对货物的处分权。

一是卖方可以在合同条款中作出保留对货物处分权的规定。例如,卖方可以在合同中规定，在买方支付货款之前，所有权不转移于买方。在这种情况下，不论货物是交给买方或交给承运人以便运交买方，货物的所有权都不随之转移于买方，直至合同规定的付款条件已经得到履行为止。

二是卖方可以通过提单抬头的写法表示卖方保留对货物的处分权。如果货物业已装船，而提单的抬头载明该项货物必须凭卖方或卖方的代理人的指示交货时，则在卖方将该项提单背书交给买方或其代理人以前，应推定卖方保留了对货物的处分权。如果卖方在装运货物之后拿到的是以买方的或买方的代理人的名字为抬头的提单，这也不一定意味着卖方有将货物的所有权转移于买方的意思。在这种情况下，一切仍然必须取决于卖方是否将提单交付给买方而定。当卖方将提单交给买方时（通常是在买方付款时），就可以认为卖方有意图把货物的所有权转移于买方。

三是卖方可以通过对装运单据（主要是提单）的处理方法表示卖方保留对货物的处置权。如果卖方已经根据合同规定的货价向买方开出以买方为付款人的汇票，并将汇票与提单一起交给买方，要求买方承兑该汇票或见票付款。在这种情况下，如果买方拒绝承兑或拒绝付款，他就必须将提单退回给卖方，如果买方非法扣下提单，则货物的所有权亦不因此而转移于买方。

美国在采用统一商法典以前，关于货物所有权转移的法律与英国法的规定基本上是一致的。但是，美国法与英国法一样认为所有权转移是一个关键问题，它决定风险的转移、保险利益的归属、买卖双方的救济方法以及其他有关的权利与义务。但是后来美国许多法学界人士认识到，将所有权的概念同与它无直接关系的问题搅在一起，是不符合当代商业发展的要求的。因此，美国在制定统一商法典时就抛弃了这种陈旧的概念，把所有权的转移问题与风险转移问题以及救济办法分离开来，不再以所有权的转移作为风险与救济办法的关键性因素。根据美国统一商法典的规定，在将货物确定（即划拨）在合同项下之前，货物的所有权不转移于买方。这是美国关于所有权转移的一项基本原则。

根据《美国统一商法典》第 2-401 条的规定，除了双方当事人另有特别约定外，货物的所有权应于卖方完成其履行交货义务时转移于买方，而不管卖方是否通过保留货物的所有权的凭证（例如，提单）保留其对货物的权利。因为根据统一商法典的规定，货物的所有权的凭证一般只起到物权担保的作用，即以此作为买方支付货款的担保，但是这并不影响货物的所有权根据该法典的规定转移于买方。

（二）《联合国国际货物买卖合同公约》的有关规定

《联合国国际货物买卖合同公约》第 4 条（B）款明确地规定，该公约不涉及买卖合同对货物的所有权可能产生的影响。因此，《联合国国际货物买卖合同公约》除原则性地规定卖方有义务将货物的所有权转移于买方，并保证他所交付的货物必须是第三人不能提出任何权利或请求权的货物外，对所有权转移给买方的时间、地点与条件，以及买卖合同对第三人的货物的所有权所产生的影响（例如，货主对其货物被非法出售时是否可以向买方进行追夺）等问题，都没有作出任何规定。这主要是因为各国关于所有权转移问题的法律分歧较大，不容易实现统一。所以，在拟订《联合国国际货物买卖合同公约》的过程中，各国的代表都同意将风险转移问题与所有权转移问题分开处理。这样，《联合国国际货物买卖合同公约》对所有权问题没有作出具体的规定，只是对货物风险转移的时间与条件作出了规定。

（三）国际贸易惯例的有关规定

在国际贸易惯例中，只有国际法协会制定的关于 CIF 合同的《华沙—牛津规则》对所有权转移于买方的时间与条件作出了规定，其他国际贸易惯例，包括国际商会制定的《国际贸易术语解释通则》都没有涉及所有权转移的问题。根据《华沙—牛津规则》第 6 条的规定，在 CIF 合同中，货物的所有权转移于买方的时间，应当是卖方将装运单据（例如，提单）交给买方的时候。换言之，货物的所有权既不是在订立合同的时候转移，也不是在装运货物的时候转移，而是在卖方将代表货物的所有权的单据（例如，提单）交给买方的时候才转移于买方。虽然《华沙—牛津规则》是针对 CIF 合同的特点制定的，但是一般认为，这项原则也可以适用于卖方有提供提单义务的其他合同，包括 CFR 合同与卖方有义务提供提单的 FOB 合同。

二、国际货物买卖中货物的风险转移

在国际货物买卖中，货物风险主要是指货物可能遭受的如盗窃、火灾、水灾、破碎、沉船、高温、霉烂变质、查封等非正常情况下发生的短少、变质或灭失等损失。研究风险转移的理论就是要确定货物的这些损失风险何时由卖方转移给买方承担。尽管在货物买卖中，货物往往根据买卖合同投保，把风险转移给保险人，货物的这些损失可通过保险获得补偿，但仍有诸多问题需要解决，即谁有资格向保险人索赔；在不属于保险范围或当事人漏保的情况下的风险承担问题；对受损货物进行保全与救助的责任等，这些问题都需根据风险转移的时间来确定。因此，在国际货物买卖中，风险转移问题对买卖双方当事人是一个十分重要的问题，有必要研究与探讨。

（一）风险转移的含义

风险转移是指货物风险何时由卖方承担转移到买方承担。风险转移的主要问题是时间问题，即货物的毁损、灭失的风险何时由卖方承担转移到买方承担，它直接关系到买卖双方当事人切身的物质利益，也关系到双方的基本权利和义务。因此，确定风险转移的时间对买卖双方当事人具有重大意义。

（二）风险转移的法律后果

正是由于确定货物的风险究竟由买方还是由卖方承担与买卖双方当事人的利益息息相关。因此，无论是《联合国国际货物买卖合同公约》还是各国国内立法，以及国际贸易惯例均对如何确定风险转移的时间和风险转移的法律后果做了明确规定。风险转移之前，货物的风险由卖方承担；风险转移之后，货物的风险由买方承担。

1. 买方承担风险的法律后果

如果货物的风险已由卖方承担转移到买方承担，货物即使遭受毁损、灭失，买方仍有义务按合同规定支付价款，即买方支付价款的义务并不能因此而解除，并且买方亦不能要求卖方重新交付货物或作损害赔偿。当然，风险转移于买方以后，如果货物的毁损、灭失，不是由于风险造成的，而是由于卖方的行为或不行为造成的，则另当别论，这是责任问题，与风险无关。

但需要强调和说明的是：货物的风险承担发生转移必须具备一个前提条件，即卖方在风险转移前应将货物特定化。《联合国国际货物买卖合同公约》第 67 条规定，“在货物以货物加上标记，或以装运单据，或向买方发出通知，或以其他方式清楚地注明有关合同以前，风险不转移。”也就是说，货物在被特定化前，风险不转移。《联合国国际货物买卖合同公约》对货物特定化的规定，实际上是仅对种类物所做的规定，没有提到特定物(这里所指的特定物是不可替代的货物，与种类物被特定化而转变成的特定化的货物不是一个概念)的风险转移问题。其理由：第一，特定物本身就已经是特定化的货物，不存在特定化的问题；第二，国际货物买卖中的货物基本上均为种类物，特定物很少，特定物的风险转移问题不具有普遍性，因而没有涉及。

2. 卖方承担风险的法律后果

如果货物的风险没有转移而仍由卖方承担时，货物因风险发生毁损、灭失，卖方交货的义务并不因此而免除，应照常向买方履行交货的义务，即卖方仍要重新交付与合同等同数量和质量的货物，而且还可能承担不能交货的违约责任。这种观点是当今法学界关于卖方承担风险的法律后果的较为普遍观点。

3. 保险利益的享有

只有风险承担者才享有保险利益，才有权向保险人求偿。

（三）风险转移的主要理论学说

货物的风险承担直接关系到买卖双方当事人的切身利益，也关系到双方的基本权利和义务，为划分风险的承担，国际公约及各国法律均对风险由卖方转移于买方承担的时间作出明确规定。但各国的法律规定并不一致，归纳起来主要有以下三种理论。

1. 风险于合同成立时转移原则

风险于合同成立时转移原则认为：除非当事人双方另有约定，特定物的风险在买卖合同成立时转移。这种观点为罗马法和瑞士债务法所接受。例如，《瑞士债务法》第 185 条规定，除当事人另有约定外，已特定化货物的风险于合同成立时即转移于买方。所以，在瑞士，买受人只要实现标的物作为所有权客体特定化的条件，买受人虽不享有所有权，但却对未来的所有物承担风险，即使他并未能实现控制该物。

2. 物主承担风险原则

“物主承担风险”的原则来源于罗马法，现今以英国法为代表的一些国家的法律对风险转移都适用“物主承担风险”原则，即谁掌握了货物的所有权谁就承担货物的风险。这一原则以所有权为依据，将风险转移同所有权转移联系在一起，以所有权转移的时间决定风险转移的时间。例如，现行的《英国货物买卖法》第 20 条规定：除双方当事人另有约定外，在货物所有权转移于买方之前，货物的风险由卖方承担，但所有权一经转移给买方，则无论货物是否已经交付，其风险即由买方承担。但是，如果由于买卖双方中任何一方的过失，致使交货迟延，则货物的风险应由有过失的一方承担。《法国民法典》第 1 624 条规定，买卖标的物的灭失及毁损的责任应由出卖人或买受人负担的问题，应根据“契约或合意之债的一般规定编”所作的规定判断。而该编第 1 138 条规定：“自物件应交付之日起，即使尚未实际移交，债权人即成为所有人，并承担该物件受损的风险，但如交付人迟延交付，物件受损的风险由交付人承担。”

主张风险随所有权转移的“物主承担风险”原则的观点认为：

(1) 所有权是最完整的物权,只有所有人才对该物享有占有、使用、收益和处分的权利,才是该物的最终受益人。按照权利义务对等的原则,既然享有权利,就应承担相应的义务;

(2) 转移货物所有权是买卖合同的主要特征和法律后果,而风险或利益都是基于所有权而产生的,是所有权的法律后果,是从属于所有权的东西,因此,当货物所有权因买卖合同发生转移时,风险自然也应随之转移;

(3) 风险转移的直接法律后果最终体现在买方是否应按合同规定支付价款。在买卖合同关系中,买方承担支付价款的依据就是卖方是否转移货物所有权,只有当卖方按合同规定将货物所有权转移给买方后,买方才承担风险较为合理。

3. 交付主义原则

"交付主义"原则与"物主承担风险"原则不同,它将货物的所有权转移与货物的风险转移截然分开,以交货的时间决定风险转移的时间,而不管货物的所有权是否已经转移给买方,风险随货物的交付而转移,即交付前的风险由卖方承担,交付后的风险由买方承担。美国、德国、奥地利等大多数国家以及《联合国国际货物买卖合同公约》均采用了这一原则。如《德国民法典》第 446 条明确规定:"自交付买卖标的物之时起,意外灭失或意外毁损的危险责任移转于买受人。"我国《合同法》第 142 条也规定,标的物毁损、灭失的风险,在标的物交付之前由出卖人承担,交付之后由买受人承担,但法律另有规定或者当事人另有约定的除外。《联合国国际货物买卖合同公约》也采用了以交付货物的时间决定风险转移的时间的"交付主义"原则,并且《联合国国际货物买卖合同公约》第 67 条特别规定:"卖方受权保留控制货物处置权的单据,并不影响风险的转移。"应该说,单据就是货物所有权的凭证和代表,《联合国国际货物买卖合同公约》允许单据的转移和风险的转移相分离,就是把货物所有权的转移与风险的转移相分离,以各自不同的原则确定所有权转移和风险转移的时间,认定两者之间没有必然的联系。由此可见,《联合国国际货物买卖合同公约》的这一规定更加明确了风险转移采用"交付主义"原则。

因此,无论是《联合国国际货物买卖合同公约》还是具有国际贸易惯例性质的《国际贸易术语解释通则》及我国《合同法》均采用风险随交货转移的"交付主义"原则。另外,目前大多数国家的国内立法也都采用这一原则。

第五节 国际货物买卖合同的违约与救济

一、关于违约的分类

在国际货物买卖中,买卖双方的义务各不相同,违约行为的表现形式也不一样。如卖方违约有不交货、延迟交货、所交货物与合同不符、货物上存有第三方权利等情形;买方违约有不支付货款、延迟付款、拒收货物、延迟收取货物等情形。各国法律和公约对这些不同的违约情形进行了归纳分类。现分别介绍如下。

(一) 大陆法

《德国民法典》将违约分为给付不能和给付延迟。

1. 给付不能

给付不能是指债务人由于种种原因不可能履行其合同义务。给付不能可分为两种情况。

(1) 自始不能，即在合同成立时该合同就不可能履行。在这种情况下，若违约方无过失，不知不能履行，如在订立合同时，当事人以为合同的标的物是存在的，但实际上该标的物已灭失，则不承担违约责任；若违约方有过失，明知或可得而知不能履行，须负赔偿责任。

(2) 嗣后不能，是指在合同成立时，该合同是有可能履行的，但是在合同成立后，由于出现了阻碍合同履行的情况从而使合同不能履行。若给付不能不是由违约方的过失造成的，例如出现不可抗力，使合同不可能履行，违约方不承担不履行合同的责任；若因违约方的过失造成给付不能，须负赔偿责任。

2. 给付延迟

给付延迟是指合同已届履行期，而且是可能履行的，但合同当事人未按期履行其合同义务，分为无过失的给付延迟与有过失的给付延迟。凡合同履行期届满，经催告违约方仍不履行，则违约方自受催告时起负延迟责任。但非违约方的过失而未按时履行，则不负延迟责任。

由于履行不能和履行迟延不可能包括违约的各种情况，德国法院在司法判决中创立了积极违约的概念。但在德国法中对积极违约未形成统一的定义，可以理解为履行不能和履行迟延之外的其他形式的违约。例如，恶意的违约行为。在适用范围上，积极违约只有在民法典的规定及传统的救济方法不能提供适当的救济时，才会被采用。

《法国民法典》第 1 147 条规定，债务人对于其不履行债务或延迟履行债务，应负损害赔偿责任。据此，法国将违约分为不履行和延迟履行两种。

(二) 英美法系

(1) 英国法根据合同条款的性质不同，将违约形式分为违反条件、违反担保和违反中间性条款。

① 违反条件，即违反了合同中的主要条款。在这种情况下，非违约方有权解除合同，并可要求损害赔偿。

② 违反担保，即违反合同的次要条款或随附条款。它的法律后果与违反条件不同，蒙受损害的一方不能解除合同，只能向违约的一方请求损害赔偿。

③ 违反中间性条款，即违反有别于“条件”与“担保”的条款。当一方违反这类中间性的条款时，对方是否能有权解除合同，必须视此种违约的性质及其后果的严重性而定。

(2) 美国法按照违约后果的严重程度不同，将违约分为轻微违约与重大违约。

① 轻微违约，即尽管债务人在履约中存在一些缺点，但是债权人已经从中得到该项交易的主要利益。当一方有轻微违约时，受损害方可以要求赔偿损失，但是不能解除合同。

② 重大违约，即由于债务人没有履行合同或履行合同有缺陷，致使债权人不能得到该项交易的主要利益。对此，受损害的一方可以解除合同，同时要求赔偿全部损失。

(3) 预期违约。预期违约是指一方当事人在合同规定的履行期到来之前,就表示他届时将不履行合同。这种表示可以用行为表示,也可以用言词或文字表示。当一方当事人预期违约时,对方可以解除自己的合同义务,并可以立即要求给予损害赔偿,不必等到合同规定的履行期来临时才采取行动。但是,受损害的一方也可以拒绝接受对方预期违约的表示,坚持认为合同仍然存在,等到合同规定的履行期届满时,再决定采取何种法律上的救济方法。在这种情况下,他就必须承担在这段时间内情况变化的风险。若在一方当事人宣告不履行合同后,在履行期满之前出现了某种意外事故,使合同因其他原因而告解除,提前违约的一方就可以不承担任何责任。

(4) 履行不可能。英美法系亦有履行不可能的概念。履行不可能有两种情况:一种是在订立合同时,该合同就不可能履行;另一种是在订立合同后,发生了使合同不可能履行的情况。前者相当于大陆法系的"自始给付不能",后者相当于"嗣后给付不能"。

(三)《联合国国际货物买卖合同公约》的规定

《公约》将违约行为分为预期违反合同、根本违反合同和非根本违反合同三种。

1. 预期违反合同

预期违反合同是指在合同规定的履行期到来之前,已有充分根据预示合同的一方当事人将不会履行其合同义务。与英美法的提前违约相比,《公约》所规定的预期违反合同所包括的违约情形要广泛得多,而且其救济方法对未违约方来讲也有利得多。根据《公约》的规定,预期违反合同包括以下两种情况。

(1) 在合同规定的履行日期到来之前,一方当事人声明他将不履行其义务。

(2) 在合同规定的履行日期到来之前,一方当事人由于下列原因显然将不履行其大部分重要义务的。

① 他履行义务的能力或他的信用有严重缺陷。所谓履行义务的能力有严重缺陷,是指该当事人将濒临破产、倒闭,或者负债累累,以至将无力支付价款或不能交付货物,还包括因客观原因而不能履行合同的情况,如爆发战争使得处于战区的当事人的履约能力显然受到影响。所谓信用有严重缺陷是指该当事人最近发生过损害其信誉的事情。如对他人多次不交货或不付款。在考察预期违反合同时,要注意该当事人履约能力和信用有缺陷的程度。《公约》要求必须是"有严重缺陷"。所谓严重缺陷,是指该当事人的履约能力或信用出现严重问题,以至不能履行合同大部分重要义务。也就是说,如果该当事人的履约能力或信用只是出现欠债情况,未达到"严重"的程度,则不能认定该当事人预期违反合同。

② 该当事人在准备履行合同或履行合同中的行为表明他将不履行义务。比如合同订立后,该当事人不做必要的准备,如买方迟迟不开出信用证、来为接运货物租用船只等。

2. 根本违反合同

《公约》第 25 条对根本违反合同作了如下定义:"一方当事人违反合同的结果,如使另一方当事人蒙受损害,以致实际上剥夺了他根据合同有权期待得到的东西,即为根本违反合同,除非违反合同的一方并不预知而且一个同等资格、通情达理的人处于相同情况下也没有理由预知会发生这种结果。"根据《公约》的这一规定,构成根本违反合同须具备以下三个条件：(1)必须存在违反合同的事实；(2)违反合同的行为给对方造成了损害，并且这种损害是严重的，即实际上剥夺了受害方根据合同规定有权期待得到的东西；(3)违反合同的一方已预知或没有理由不可预知会产生这种严重的后果。“预知”，应以在违反合同发生前就能估计到为时间标准，并通过主观、客观标准相结合来认定。主观标准是指违约方在违约发生前就知道若违约就会产生这种严重的后果；客观标准是指不管违约方如何否定这种严重后果的可预知性，只要一个同等资格、通情达理的人处于相同情况下能预见到违约会产生这种严重后果，就应认定违约方也应该能预见到违约可能产生的严重后果。

3. 非根本违反合同

在法律后果上，如果某种违约已经构成根本违反合同，受损害的一方就有权宣告解除合同，并有权要求损害赔偿或采取其他补救措施；如果某种违约属于非根本违反合同，则受损害的一方就无权解除合同，而只能要求损害赔偿或采取其他补救措施。

（四）中国《合同法》对违反买卖合同违约责任的有关规定

中国《合同法》第 107 条对违约责任作了一般性规定：“当事人一方不履行合同义务或者履行合同义务不符合约定的，应当承担继续履行、采取补救措施或者赔偿损失等违约责任。”这一规定当然也适用于违反买卖合同的情况。针对买卖合同中的违约行为，合同法中有一些专门的规定。

关于卖方交货存在质量缺陷，《合同法》第 111 条规定：“质量不符合约定的，应当按照当事人的约定承担违约责任。对违约责任没有约定或者约定不明确的，受害方则可根据货物的性质和损失的大小，合理选择要求违约方承担修理、更换、重作、退货、减价等违约责任。”第 148 条规定：“因标的物质量不符合质量要求，致使不能实现合同目的的，买方可以拒绝接受标的物或解除合同。”2012 年颁布的《最高人民法院关于审理买卖合同纠纷案件适用法律问题的解释》第 22 和 23 条对交货质量缺陷问题的处理进行了进一步规定。其中，第 22 条规定：“买受人在检验期间、质量保证期间、合理期间内提出质量异议，出卖人未按要求予以修理或者因情况紧急，买受人自行或者通过第三人修理标的物后，主张出卖人负担因此发生的合理费用的，人民法院应予支持。”第 23 条规定：“标的物质量不符合约定，买受人依照合同法第 111 条的规定要求减少价款的，人民法院应予支持。当事人主张以符合约定的标的物和实际交付的标的物按交付时的市场价值计算差价的，人民法院应予支持。价款已经支付，买受人主张返还减价后多出部分价款的，人民法院应予支持。”

关于买方不支付价款，《合同法》第 109 条规定：“当事人一方未支付价款或者报酬的，对方可以要求其支付价款或者报酬。”

二、违约救济方法的一般性规定

在国际货物买卖中，区分不同的违约类型，是因为对于不同类型的违约，守约方可以采取的救济方式或者说要求违约方承担违约责任的方式是不同的。现根据各国法律、《公约》和《国际商事合同通则》的规定，对这些买卖双方均可采取的补救措施介绍如下。

(一)损害赔偿

损害赔偿是指一方对其因违约或侵权行为给对方造成的利益上的损害进行金钱上的补偿的救济措施。在国际货物买卖中,损害赔偿涉及很多问题,各国法律、《公约》和《合同通则》对此都分别作了规定。

大陆法认为,损害赔偿的范围应包括积极损害和消极损害两个方面。积极损害也称为"实际损害"。是指现有财产的减损、灭失或费用的支出;消极损害也称为"利润损失",是指本应得到的利益而未得到。法国、德国、瑞士、荷兰等国法律均有此规定。

英美法认为,违约赔偿的基本目标是应当使违约行为的受害人达到如果合同被严格履行时所拥有的经济地位。据此原则,违约方赔偿的范围是受损害方期待利益的损失。所谓期待利益,是指合同当事人在订立合同时期望从该交易中获得的各种利益和好处。例如买方计划将所购货物以高于此合同价格转售出去所能获得的利润,即属于期待利益。期待利益一般就是大陆法的消极损害。显然,英美法的这一赔偿基本目标缺少对现实财产损失的保护。因此,美国《统一商法典》规定,在损害赔偿中,还应包括"附带的损失",这一概念的内涵类同于大陆法的积极损害。英国《货物买卖法》也有类似的规定。

中国《合同法》第113条对损害赔偿的范围作了规定:"当事人一方不履行合同或者履行合同义务不符合约定,给对方造成损失的,损失赔偿额应当相当于违约所造成的损失,包括合同履行后可以获得的利益。"这就规定了损失赔偿的范围,包括赔偿受害人的实际损失和可得利益的损失,与英美法、大陆法的观点大体相仿。

《公约》对确定损害赔偿的范围也作了如下规定:"一方当事人违反合同应负的损害赔偿额,应与另一方当事人因他违反合同而遭受的包括利润在内的损失额相等。"(第74条)。从《公约》的这一规定来看,损害赔偿的范围也包括现实损失和利润损失(即可得利益损失)两个方面。

各国法律和《公约》均要求违约的损害赔偿应包括实际损失和利润损失两个方面。《合同通则》将上述的赔偿称为完全赔偿,通则本身也赞同这个观点。如通则第7.4.2条第(1)款规定:"受损害方当事人对由于不履行而遭受的损害有权得到完全赔偿。此损害既包括该方当事人遭受的任何损失,也包括其被剥夺的任何收益,但应考虑到受损害方当事人由于避免发生的成本或损害而得到的任何收益。"

完全赔偿原则最大限度地规定了违约方的赔偿范围,但在实践中,有时要求违约方承担全部损失的赔偿是不尽合理的。因此,各国和《公约》提出了两个限制标准。

首先,损害赔偿应以违约方在订立合同时可以预见到的损失为限。其理由是,双方当事人在订立合同时,对合同的效力是预知或应当预知的,正是基于这种认识,双方当事人才做出订立合同、承担合同义务的意思表示的。因此,在合同成立后,违约方对其在订立合同时所预知的违约后果自然要承担责任。反之,如果违约所造成的损失超过了违约一方在订立合同时预知或理应预知的范围,他对此就不应承担责任。目前,很多国家和《公约》都倾向于采取"可预见到的损失"来限制违约一方的赔偿范围。法国、中国、英美法系各国都有此规定,如我国《合同法》第113条规定,损害赔偿额"不得超过违反合同一方订立合同时预见到或者应当预见到的因违反合同可能造成的损失"。《公约》第74条也规定,"这种损害赔偿不得超过违反合同一方在订立合同时,依照他当时已知道或理应知道的事实和情况，对违反合同预料或理应预料到的可能损失”。《合同通则》也采纳了“可预见性”原则，其规定与《公约》相似。

其次，损害赔偿应扣除由于受损害方未采取合理措施使有可能减轻而未减轻的损失。根据世界各国法律的规定，当一方当事人违约时，另一方当事人必须及时采取必要的措施减少因违约而造成的损失或防止损失的扩大。否则，他无权就本可避免的损失向违约方进行索赔。这就是所谓的减轻损失原则。《公约》接受了这一原则，第77条作出规定：“声称另一方违反合同的一方，必须按情况采取合理措施，减轻由于另一方违反合同而引起的损失，包括利润方面的损失。如果他不采取这种措施，违反合同一方可以要求从损害赔偿中扣除原可以减轻的损失数额。”中国《合同法》第119条第一款也做出了同样的规定。

（二）中止履行

1. 中止履行的定义

中止履行合同是指合同成立后，一方当事人因某种原因显然将不履行其大部分义务，另一方当事人暂时停止履行其合同义务并立即通知对方的行为。

中止履行合同是针对预期违约而设立的一种补救措施。其意义在于暂时解除自己的合同义务，从而避免在对方预期违约的情况下因履行合同或准备履行合同而给自己带来的不必要的损失。另外，有些预期违约只是一种凭一方主观判断的违约可能性，未必就一定会发生实际上的违约。因此，如果当事人随意中止履行合同，这对预期违约一方来说是一种比较严重的惩罚。

2.《联合国国际货物买卖合同公约》的有关规定

《公约》对适用中止履行合同这一救济措施规定了如下条件：“如果订立合同后，另一方当事人由于下列原因显然将不履行其大部分重要义务，一方当事人可以中止履行合同义务：(1)他履行义务的能力或他的信用有严重缺陷；(2)他在准备履行合同或履行合同中的行为。”

《公约》规定的适用中止履行合同的程序是，中止履行合同义务的一方当事人必须立即通知另一方当事人。特别值得注意的是，如果另一方当事人在接到通知后，对履行合同提供了充分的保证，那么，宣告中止履行合同义务的一方必须继续履行合同义务。但《公约》并没有解释何谓“充分的保证”。根据一些法官、学者的观点，所谓充分保证是指这种保证必须表明，预期违约的一方当事人将实际履行合同，或者表明将补偿宣告中止履行合同义务的一方因继续履行合同而遭受的损失。

《公约》对适用中止履行合同这一补救措施提出了比较全面的条件：首先，中止履行合同是买卖双方都可行使的权利。这与一些国家的法律规定不同。有些国家认为，中止履行合同是一项保护卖方利益的补救措施，因此，只有卖方才可适用这个补救措施。如《法国民法典》第1 613条规定：“如买卖成立后，买受人陷于破产或处于无清偿能力致使出卖人有丧失价金之虑时，即使出卖方曾同意延期支付，出卖人也不负有交付标的物的义务。”英国法律基本上也持这种观点，其《货物买卖法》第41条第(1)款规定，在买方失去偿付能力的情况下，卖方对仍在自己手中的货物有权加以扣押，直至价金被支付或偿还为止。这些国家的法律都没有明确规定买方也有权宣告中止履行合同。其次，《公约》在肯定中止履行合同是买卖双方都可适用的救济办法的同时，仍对卖方的利益给予特别的关注，即卖方享有停运权。根据《公约》的规定，卖方若已发运货物，预期对方将严重违反合同，卖方有权阻止将货物交给买方。即使买方持有提取货物的单据，卖方也可以这样做。但是，卖方的停运权仅对买卖双方适用，而不能对抗第三人。即如果买方已把代表货物所有权的单据转让给第三者，而第三者是依诚信原则支付价金而合法地接受这一单据的，则卖方丧失了命令承运人不交付货物的权利。最后，《公约》肯定了中止履行合同的一方当事人在对方提供了担保后立即继续履行的原则。《公约》的这一规定与许多国家的法律是一致的。如中国《合同法》第 68 条、第 69 条规定，中止履行后，当另一方对履行合同提供了充分的保证时，提出中止履行合同义务的一方应当履行合同。当事人一方没有不能履行合同的确切证据而中止履行合同义务的，应当负违反合同的责任。

（三）迟延履约宽限期

履约宽限期是指一方当事人不按合同规定的时间履行义务，另一方可以规定一段合理的额外时间，让延迟履行义务的一方继续履行其义务。这段合理的额外时间就是履约宽限期。这是针对延迟履约而规定的一种救济措施。

尽管在《公约》对违约救济的一般性规定中没有将迟延履行宽限期作为对违约的救济方式，但无可否认的是，如果合同双方并无不履行合同的意思或行为，仅是因为某些原因导致不能按合同规定的时间履行，那么给迟延履行方一段合理的额外时间使合同得以履行，对双方合同目的的实现和利益的维护都是有好处的。因此根据《公约》第 47 条和 63 条规定，从事国际货物买卖的当事人可以以这种“合理的额外时间”，也就是所谓的“迟延履行宽限期”救济自己的权利。但是，这种类似德国法“催告制度”的“迟延履行宽限期”，并不是守约方采取其他救济措施前的必要程序，这一点是与德国的“催告制度”有根本区别的。“迟延履行宽限期”与其他救济措施一样是由当事人自由选择的，即使守约方不给迟延履行方以履行宽限期，他依旧可以根据迟延履行的违约事实提起其他的权利救济措施。而如果守约方选择了给迟延履行方一段时间以催促其履行合同义务，则根据《公约》的规定在宽限期内不能采取其他的救济方式，必须接受宽限期的约束。但是一旦宽限期届满，则守约方仍然有权视自己利益的损害程度决定是否采取其他的救济方法，并不受宽限期的影响。

（四）解除合同

解除合同是指一方当事人违反合同规定的义务时，另一方当事人依照法律或合同的规定终止合同的效力。解除合同也称合同终止，或撤销合同，而《公约》则使用了“宣告合同无效”一词。依照《公约》的规定，合同解除后，涉及以下几项法律后果：①合同解除后，双方当事人的合同义务终止；②已履行的债务可以恢复原状；③合同解除后，并不免除违反合同一方应负的损害赔偿责任；④合同规定的解决争议的条款，不因合同的解除而失去效力；⑤合同中关于当事人在合同解除后权利和义务的任何其他规定，也不因合同的解除而失去效力。解除合同是一种较为严厉的补救措施，因此，各国法律和《公约》对此补救方法提出了一系列的限制条件。

根据英美法，只有当一方违反条件或一方的违约构成重大违约时，对方才有权解除合同。大陆法也认为，违约非常严重，对方才可以请求解除合同。但如何认定违约是否严重，大陆法并未规定一个统一的标准。

依照《公约》的规定，当事人有权解除合同的情形是：(1)在对方根本违反合同的情况下可以解除合同；(2)在对方预期根本违反合同的情况下可以解除合同；(3)违反合同的一方不在履约宽限期内履行义务或声明他将不在所规定的额外时间内履行义务，另一方可以解除合同；(4)在一方当事人对分批交货合同有根本性违约的情形下可以解除合同。

所谓分批交货合同，是指一个合同项下的货物分成若干批交货。《公约》对在分批交货情况下解除合同规定了三种情形：(1)在分批交货合同中，如果一方当事人不履行对其中任何一批货物的义务，便已对该批货物构成根本违反合同，则对方可以宣告合同对该批货物无效，即解除合同对这一批货物的效力，但不能解除整个合同。(2)如果一方当事人不履行对任何一批货物的义务，使另一方该当事人有充分理由断定对今后各批货物将会发生根本违反合同，则该另一方当事人可以在一段合理时间内宣告合同今后无效，即解除合同对今后各批货物的效力，但在对此之前已经履行义务的各批货物不能行使解除权。(3)当买方宣告合同对某一批交货无效时，如果合同项下的各批货物是互相依存的，不能将任何其中的一批货物单独用于双方当事人在订立合同时所设想的目的，则买方可以同时宣告合同对已经交付或今后将交付的各批货物均为无效，即可以解除整个合同。

中国《合同法》第 94 条规定，有下列情形之一的，当事人一方可以解除合同：(1)因不可抗力知识不能实现合同目的；(2)在履行期届满之前，当事人一方明确表示或者以自己的行为表示不履行主要债务；(3)当事人一方迟延履行主要债务，经催告后在合理期限内仍未履行；(4)当事人一方迟延履行债务或者有其他违约行为致使不能实现合同目的；(5)法律规定的其他情形。

三、卖方违反合同时买方所特有的补救措施

(一) 要求卖方实际履行合同义务

对于实际履行这种救济方式，大陆法和英美法系的态度不同。大陆法系国家特别是德国法认为实际履行是对不履行合同的一种主要的救济方法，当债务人不履行合同时，债权人有权要求债务人实际履行其义务。英美法系认为，对违反合同的主要救济方法是损害赔偿，而不是实际履行。只有当金钱赔偿不足以弥补受损害一方的损失时，衡平法才考虑判令实际履行。所以，根据英美法系的规定，实际履行只是一种在例外情况下才采用的辅助性的救济方法。一般而言，英美等国的法院对于一般的货物买卖合同，原则上不会作出实际履行的判决，而只判决违约一方支付金钱上的损害赔偿，除非买卖的标的物是特定物或特别珍贵稀有，在市场上不容易买到，而且当金钱赔偿不足以弥补受损方的损失时，法院才会考虑判令实际履行。

由于两大法系在实际履行问题上分歧较大，难以完全统一，公约只好让各个法律体系国家的法院按其自身的法律来处理这个问题，遂作出了下述规定：当一方当事人要求另一方履行某项义务时，法院没有义务作出判决要求具体履行此项义务，除非法院依其本身的法律对不属于公约范围的类似销售合同也会这样做。这即意味着，当买方依公约的规定向法院提起实际履行之诉时，法院不一定作出强制卖方交货的判决。法院是否作出强

制执行的判决，要看法院所在国家的法律对其他类似的买卖合同如何处理而定。在大陆法系国家，法院可能作出强制执行的判决；在英美法系国家，法院就可能不作出强制执行的判决。

（二）要求卖方交付替代物

如果卖方交付的货物与合同的规定不符，且这种情形已构成根本违反合同，买方可要求卖方交付替代物。这是因为，要求卖方交付替代物，意味着卖方要承担运费损失、处理与合同不符的货物等，实际上是一种实际履行的要求。

《公约》第 46 条第二款规定，买方只有在货物与合同不符合构成根本违反合同时，才可以要求交付替代货物，而且有关替代货物的要求，必须与说明货物与合同不符的通知同时提出，或者在该项通知发出后一段合理时间内提出。

（三）要求卖方对货物进行修补，使之与合同的规定相符

这适用于货物不符合合同的情形并不严重，尚未构成根本违反合同，只需卖方加以修理即可使之符合合同要求的情形。但是，如果根据当时的具体情况，要求卖方对货物不符合合同之处进行修理的做法是不合理的，买方就不能要求卖方对货物不符合之处进行修理。例如，货物的缺陷轻微，只需略加修理即可符合合同的要求，在这种情况下，买方可以自行修理或请第三人进行修理，所需费用或开支，可以要求卖方予以赔偿。

《公约》第 46 条第三款对修理的补救办法进行了规定，买方请求修补的要求须与发出的货物不符合的通知同时提出，或者在该通知发出后一段合理时间内提出。

（四）给卖方一段合理的额外时间

这是公约针对卖方迟延交货而规定的一种买方可采用的救济方法。这种额外时间的规定意味着买方在这段宽限期内，不能采用其他的救济措施。这种规定的实质是公约鼓励交易原则的一种体现。公约规定只有在这种合理的宽限期之后，卖方仍然不履行合同，或者在这段时间内，卖方申明将不履行合同，买方才享有宣告合同无效的权利。但当迟延履行构成对合同的根本违约的情形下，买方就不需要给卖方以这种额外的宽限期，而可以直接宣告合同无效。

（五）要求减价

公约规定，如果卖方所交货物与合同规定不符，不论货款是否已付，买方可以要求减价。依公约第 50 条规定，减价应按实际交付的货物在交货时的价值，与符合合同的货物在当时的价值两者之间的比例计算。但如果卖方已对货物不符合合同的规定做了补救，或者买方拒绝卖方对此做出补救，则买方无权采用这种救济方法。

（六）撤销合同

根据公约的规定，当卖方违反合同时，买方在下列情况下可以撤销合同。

(1) 卖方不履行其在合同中或公约中规定的任何义务，已构成根本违反合同。

(2) 如果发生不交货的情况，卖方在买方规定的合理的额外时间内仍不交货，或卖方声明将不在买方规定的合理的额外时间内交货。

四、买方违反合同时卖方所特有的补救措施

买方违反合同主要有以下情况：不付款；延迟付款；不收取货物；延迟收取货物。

根据《公约》的规定，卖方所特有的补救措施主要有三种。

（一）转卖货物

这一补救措施适用于买方拒收货物或不付货款构成根本违反合同的情况，关于对转卖货物的要求请参阅损害赔偿计算方法部分。

（二）要求支付利息

如果买方没有支付价款或任何其他拖欠金额，卖方有权对这些款额收取利息，但这并不妨碍卖方根据公约第 74 条规定可以取得的损害赔偿。

（三）自行确定货物具体规格的权利

这项权利是指合同对货物的规格没有明确规定而买方又未在规定的时间内订明规格时，卖方自行决定为买方加工或生产的货物订明规格。按照《公约》的规定，卖方行使这项权利必须具备以下条件：第一，买方没有按照合同规定的日期提供货物规格；第二，卖方知道买方对货物的要求；第三，卖方必须将订明的规格通知买方，而且必须规定一段合理时间，让买方可以在该时间内订出不同的规格。如果买方在收到该通知后没有在该时间内这样做，则卖方所订的规格就具有约束力。

五、免责

如果债务人不履行合同，是因为出现了不可归责于他的、事先未预料到的、事后又无法控制的某种意外事件，则其违约责任应予以免除。对此各国法律、《公约》和《合同通则》都作出了相应的规定。

（一）各国法律中的免责制度

1. 大陆法

《法国民法典》以“不可抗力”作为免责事由。根据该法典第 1 147 条和第 1 148 条，以“不可抗力”为由免除责任必须具备以下几个条件：第一，必须发生了未曾预见到的意外事件；第二，履行义务必须成为绝对不可能做到的事情；第三，意外事件的发生必须非由义务人的过错所致。

与“不可抗力”说比较接近的是“不可能性”说。在大陆法中，“不可能性”原则适用于一切义务人的确不能够履行其合同义务的情形。一些大陆法系国家制定了专门的法律条文，规定义务人在其履行义务成为绝对不可能性的场合得以免除责任。依德国法律，免责的决定性因素是合同的履行是否仍然具有现实的可能性，即在物质上是否仍然做得到，合同中规定的义务若是物质上本来就办不到或后来成为办不到的事情，义务人将得以摆脱合同中特定义务的束缚。

2. 英美法

英美法中的“不可能性”在适用标准方面同法国法“不可抗力”接近，因为它不仅有物质上不可能的要求，而且还有义务人无过错的要求，因此比德国法“不可能性”严格。但在适用范围方面，则比法国法“不可抗力”和德国法的“不可能性”都宽广，因为它不仅覆盖着“绝对不可能性”，而且还覆盖着“履行合同艰巨而引起的不可行性”。实际上，英美法的“不可能性”理论均反映在英国法的“合同受挫”原则和美国法的“商业上不可行性”原则中。

英国法院确立的"合同受挫"原则,既包括合同履行绝对不可能的情形,也包括合同履行受挫和合同目的受挫的情形。所谓合同履行受挫是指履行合同中所遇到的困难如此之大,以致影响合同的正常履行。在这种情况下,尽管合同的履行仍然存在客观上的可能性,但义务人需要付出超常的代价,他所面临的这种超常的阻力便构成对履行合同的挫折,从而使他得以从困难中解脱出来,避免责任。如果意外事件造成的情势使订立合同时所存在的条件有了剧烈的、根本的变化,合同也被认为"受挫",订约双方均得以免责。所谓合同目的受挫则是指合同双方或一方订立合同的目的,无论是明示的,还是默示的,一旦受到意外事件的破坏,合同义务便可不履行,责任也即可免除。即使合同义务仍有可能履行,只要合同目的不复存在,这种履行便失去任何意义。

"商业上不可行性"是美国法的一个独创。在适用范围上,它不仅包括绝对不可能性,而且还包括"极端和不合理的困难、花费、损害或损失",如果意外发生的事件使合同的履行在商业上不现实、不可行,即不可能、极为困难、代价极为昂贵或将引起极大的损害或损失,美国法院就可以免除合同义务人的责任。这种制度在美国《统一商法典》和《法律重述合同卷》第 2 版中得到了充分的体现。如美国《统一商法典》第 2-615 条规定,未能按时交货或不交货的卖方在下列情况下,不负违约责任:(1)如果由于发生了某种意外事件使合同变得实在难以履行,而这种意外事件按照当事人订立合同时的"基本假定"是不会发生的;(2)由于卖方恪守外国政府的规章而使得合同实在难以履行。这里的"实在难以履行",就是强调在商业观点看来实在难以办到,并不一定是事实上不可能办到。

(二)《公约》确立的免责制度

根据《公约》第 79 条第(1)款规定:"当事人对不履行义务,不负责任,如果他能证明此种不履行义务,是由于某种非他所能控制的障碍,而且对于这种障碍,没有理由预期他在订立合同时能考虑到或能避免或克服它或它的后果。"依此规定,不履行义务的一方免除责任须具备以下条件:(1)不履行义务是"由于某种障碍",这种障碍必须同不履行义务之间有着因果关系;(2)这种障碍必须是不履行义务的一方所不可控制的;(3)对于这种障碍,没有理由预期他在订立合同时能考虑到;或没有理由预期他嗣后能够避免这种障碍或者避免其后果;或者没有理由预期他嗣后能够克服这种障碍或克服其后果。

第六节　国际电子商务合同

一、电子商务

(一) 电子商务的概念

电子商务是一个广泛的用语,从字面理解,电子商务就是"商务活动电子化"或"采用电子手段所进行的商务活动"。由于对"电子"和"商务"的理解不同,电子商务又有广义和狭义之分。

(1) 广义的电子商务

联合国贸易法委员会所制定的《电子商务示范法》对"数据电文"一词的解释是"指由

电子手段、光学手段或类似手段生成、储存或传递的信息，这些手段包括但不限于电子商务交换（EDI）、电子邮件、电报、电传或传真。”这表明示范法中“电子”一词，不仅包括利用计算机和网络技术的电子数据交换（EDI）、电子邮件，而且包括了传统的电子手段，如电报、电传、传真等。《电子商务示范法》对“商务”一词也做了广义的解释：“使其包括不论是契约型或非契约型的一切商务性质的关系所引起的种种事项。商务性质的关系包括但不限于下列交易：供应或交换货物或服务的任何贸易；分销协议；商务代表或代理；客账代理；租赁；工厂建造；咨询；工程设计；许可贸易；投资；融资；银行业务；保险；开发协议或特许；合营或其他形式的工业或商务合作；空中、海上、铁路或公路的客、货运输。”上述规定说明“示范法”中的“商务”包括了各种典型的商务活动和与商务有关的活动，即涵盖了所有经营性和非经营性活动、契约性和非契约性活动，如生产、销售、服务和从事这些活动所涉及的活动。这表明《电子商务示范法》所规定的电子商务是指运用各种电子手段所进行的商务及与商务有关的活动，此即广义的电子商务。

《电子商务示范法》采用广义的电子商务：一方面是为了适应电子网络技术迅速发展的需要，以避免因局限于某一技术而对电子商务的发展带来法律上的障碍；另一方面也是为了使该法适应范围更广泛，尽量为世界各国所接受。

（2）狭义的电子商务

狭义的电子商务是指利用计算机及网络技术所进行的商务行为。

这里的“电子”限定在互联网或网络技术上，而排除了传统的电子手段如电报、传真等。网络技术与传统的电子传媒手段的区别在于，它使用可编程序电文——计算机程序制作的电文，并具有互动性、协同性等特征。实质上，网络形成了一个所谓的“虚拟空间”，它已经不仅是简单的传媒，而且营造了一个“虚拟社会”，成为商务运行的新平台、新环境、新手段。商务活动又可以分为交易性活动和非交易性活动。交易性活动以权利义务为核心内容，非交易性商务活动一般不涉及当事人的权利、义务关系。有时为研究的需要（如电子商务合同），又将商务限定在交易活动范畴内。此时，电子商务主要是指不同主体之间通过计算机及网络技术进行的交易活动，也可称为在线交易。例如，在线货物买卖（企业上网直销等）、在线计算机信息交易、在线网络技术服务（ICP、ISP 等）。

（二）电子商务的分类

（1）根据主体划分

按照交易主体不同，电子商务主要可以分为 G2B、B2B、B2C、C2C 四种类型。

① G2B：即政府与企业之间利用互联网开展的电子商务。

② B2B：即企业与企业之间的电子商务。它又可以分两种，一种是非特定企业间的电子商务。它是在开放的网络（如互联网）中对每笔交易寻找最佳伙伴，与伙伴进行从订购到结算的全部交易行为。另一种是特定企业间的电子商务（如 EDI）。

③ B2C：即企业与消费者之间的电子商务，如在互联网上遍布的销售鲜花、书籍、计算机等各种消费品的商业中心。

④ C2C：是消费者与消费者之间通过互联网进行的交易。

（2）根据交易过程划分

从交易过程看，可以分为在线交易和非在线交易，其中主要的是在线交易。两种模式类似于现实生活中这样两种交易,一种是没有中介人的交易,一种是经过中介人的交易。只是在网络环境下,网络服务中介远较现实中介复杂,涉及多方面的权利义务。区别两种模式的主要法律意义在于判断在线交易的主体。在直接模式下,网络公司或网站的经营者(设立者)是在线交易的主体(一般为卖方);而在间接模式下,网络公司只是在线交易辅助商,提供网络平台或交易平台及其他服务,交易的主体则是在网站上设立的独立存在的在线企业或其他企业。

在线交易有以下两种模式。

① 直接模式。直接在线交易是指需求方和供应方直接利用网络形式所开展的买卖活动。特点是企业自己办网站,该站点即是企业在网络环境中的延伸,不需要通过中介性网络公司。但需要第三方认证机构认证,以确认在线经营者的真实身份。

② 间接模式。间接在线交易是指通过在线平台服务提供商,如在线商城、在线交易中心等中介服务网络公司,达成和履行的交易。中介服务网络公司从交易中赚取佣金。另外,网上拍卖交易中心或交换中心也属间接交易模式。

二、调整国际电子商务的法律规范

(一) 各国国内立法

纵观各国电子商务立法的实践,可以发现有三大特征:一是同步性。从1995年世界上第一部电子商务立法即美国犹他州《数字签名法》问世以来,短短六七年时间,世界上有近60个国家和国际组织已经制定或正在研究制定相应的电子商务法,可以说各国基本上是同步进行的。美国又于1999年颁布了《统一电子商务法》,2000年6月通过了《国际国内商务电子签名法》,还有德国《1997年信息与通信服务法》、意大利《1997年意大利数字签名法》、爱尔兰《2000年电子商务法》、法国《2000年信息技术法》、菲律宾的《电子商务法》、1999年加拿大的《统一电子商务法》、韩国的《电子商务基本法》、澳大利亚的《电子交易法》、哥伦比亚的《电子商务法》、我国香港特别行政区的《电子交易法令》和1998年新加坡的《电子商务法》等,我国于2004年8月28日由第十届全国人民代表大会常务委员会第十一次会议通过了《中华人民共和国电子签名法》(以下简称《电子签名法》)。二是协调性。在制定相应的电子商务法时,各国都呼吁注重相互之间的协调与衔接。各国立法的协调与互动,促使电子商务法规范的趋同。三是立、改、废并重。电子商务面临的法律问题主要是传统民商事法律规范造成的障碍。因此,各国在加快电子商务立法的进程中,都注重对不合时宜的现行法律法规进行修改或废止。

(二) 国际立法

联合国国际贸易法委员会(以下简称贸法会)于1985年在该会的第18次会议上,提出了题为“计算机记录的法律价值”的报告。为适应金融业务电子化的需要,促进电子支付方式的规范化,贸法会于1992年制定了《国际货记传输示范法》。1996年,联合国大会通过了贸法会经过5年时间起草的《电子商务示范法》,随后于1997年制定了“电子商务未来工作计划”,重点研究电子签名、认证机构及其相关的法律问题。2000年9月,贸法会电子商务工作组制定了《电子签名统一规则》。上述示范法、规则的制定,对世界各国电子商务法的制定和完善具有十分重要的参考意义。

国际商会于1997年11月发布的《国际数字化安全应用指南》,是由一系列在互联网上进行可靠的数字化交易的方针构成的,其中包括了公开密钥加密的数字签名和可靠第三方的认证等。

欧洲联盟于1997年提出的《欧洲电子商务行动方案》,为规范欧洲电子商务活动制定了框架;1998年通过了《关于建立有关电子签名共同法律框架的指令》;1999年又颁布了《关于信息社会服务的透明度机制的指令》;1999年通过了《关于建立有关电子签名共同法律框架的指令》。

世界知识产权组织(WIPO)早在1996年12月在日内瓦召开的关于版权与邻接权若干问题会议上缔结了《版权条约》及《表演和录音制品条约》草案,其内容涉及在电子商务的环境下对版权等知识产权的保护。

世界贸易组织(WTO)对电子商务早已有了工作计划,内容涉及电子商务的分类、司法管辖权和协议的签署、关税和国民待遇等问题。WTO在1997年达成的《全球基础电信协议》、《信息技术协议》和《开放全球金融服务市场协议》为电子商务和信息技术的发展确立了法律基础。

(三)中国有关电子商务的立法

电子商务在我国出现的时间虽然不长,但其发展速度却非常快,它给社会、经济与法律等方面带来的影响,已经远远超过了以往任何一项新技术的实际应用。人们已经意识到电子商务涉及面广,面对的是整个社会。它不但涉及交易的具体单位与个人,而且涉及全国许多行业甚至整个国民经济的发展。没有法律规范的约束,在电子商务方面将会出现各种争议与纠纷,将会干扰社会经济秩序及其发展。因此,电子商务的立法是亟待解决的重要问题。

合同是交易的核心内容,电子商务中的合同必须采用新的形式,具有新的特点。对于网络合同的法律地位,中国法律已经有了一些初步的规定,但是在具体方面还有待于补充与完善。

《中华人民共和国合同法》首次对数据电文合同的有关问题作出以下规定。

(1)当事人订立合同,有书面形式、口头形式和其他形式(第10条)。书面形式是指合同书、信件和数据电文(包括电报、电传、传真、电子数据交换和电子邮件)等可以有形地表现所载内容的形式(第11条)。

(2)要约到达受要约人时生效。采用数据电文形式订立合同,收件人指定特定系统接收数据电文的,该数据电文进入该特定系统的时间,视为到达时间;未指定特定系统的,该数据电文进入收件人的任何系统的首次时间,视为到达时间(第16条)。

(3)采用数据电文形式订立合同的,承诺到达的时间适用本法第16条第2款的规定(第26条第2款)。

(4)当事人采用信件、数据电文等形式订立合同的,可以在合同成立之前要求签订确认书。签订确认书时合同成立(第33条)。

尽管《中华人民共和国合同法》首次明确了电子合同的合法地位,但是中国目前还没有总体的电子商务立法。另外,有关规定还只是粗线条式的,缺乏详细的具体内容,实际操作起来仍然比较困难。

但令人欣喜的是，随着中国国内电子商务的蓬勃发展，近10年以来，全国人大常委会先后审议通过了电子签名法和关于加强网络信息保护的决定，国务院办公厅出台了关于加快电子商务发展的意见，工信部发布了电子商务"十二五"发展规划等。这些政策法规的出台，为电子商务立法奠定了重要基础。2013年12月27日，全国人大财经委召开电子商务法起草组成立暨第一次全体会议。会议明确了立法的指导思想、原则、框架设想和主要内容，标志着中国电子商务法立法工作正式启动。根据十二届全国人大常委会立法规划，电子商务法由全国人大财经委负责牵头。起草组设领导小组、专家小组和工作小组。全国人大财经委将牵头组织国务院法制办和发展改革委等十多个部门，以及相关专家共同开展起草工作。会议确定了电子商务立法的初步"时间表"。从起草组成立至2014年12月，进行专题调研和课题研究并完成研究报告，形成立法大纲。2015年1月至2016年6月，开展并完成法律草案起草。届时，一部符合时代要求和中国国情的高质量电子商务法草案将完成提交审议。

三、电子商务合同

（一）电子商务合同的概念及特点

电子商务合同是指采用数据电文形式订立的商务合同。从广义上说，电子商务合同包括通过EDI、电子邮件、电报、电传或传真等电子方式订立的合同；从狭义上说，电子商务合同是指通过EDI、电子邮件等方式借助互联网订立的商务合同，一般不包括以电报、传真等方式订立的，传统上视为纸面形式的合同。电子商务法中所讲到的电子商务合同一般仅限于狭义的电子商务合同。

传统的书面形式有其特定的含义，而数据电文具有不同于传统书面的特点，通常并不能简单地说，数据电文合同即是书面合同。与传统书面形式相比，电子商务合同具有以下特点。

(1) 易改动性

传统的书面合同是纸质的，如有改动，容易留下痕迹。而电子数据是用磁性介质保存的，改动、伪造后可以不留痕迹。这样，就无法辨别其内容的完整性和原始性。当需要签字时，由于无法鉴别是何人所签，同样也难以保证这个签字没有被改动过。

(2) 易消失性

数据电文以计算机储存为条件，是无形的。它不仅可能受到物理灾难的威胁，还可能受到计算机病毒等特有的无形灾难的攻击。如果操作不当还可能抹掉所有数据。而传统的书面介质只是受到当事人保护程度和自然侵蚀的限制，相对能"永久"保存。

(3) 易复制性

虽然传统的书面文字也可以复制，但是原件与复制件较易区分，当原件上有答案或盖章时，尤其如此。数据电文可以无限次地复制，并且真正做到拷贝不走样，原件与复制件的区分失去了意义。

（二）电子商务合同的订立

1. 电子合同当事人

(1) 电子合同当事人的确认。由于电子合同与传统合同不同，当事人不是通过面对面的谈判订立合同，也不在书面合同上签名或盖章，因此双方当事人一般都通过约定的电子密码确认数据电文的发件人与实际生成并发送该电文的人是同一主体。

(2) 电子合同主体缔约能力的确定。在电子交易中，由于客户出于对自身隐私的考虑，或者防止他人冒用自己的名义等，可能以化名或代码进入基本商业网站，所登录的身份与真实情况不符，因此一方当事人很难知晓对方是否具有缔约的行为能力。但尽管在电子合同中当事人的行为方式可能有多种变化，存在认定身份的困难，但仍应按照民商法有关当事人行为能力的规定来认定其效力，即完全行为能力人对其行为负责；无行为能力人所为的意思表示无效；限制行为能力人未获得法定代理人的同意，合同行为效力待定。

(3) 电子合同代理人。电子合同代理人是指不需要人的审查或操作，而能用于独立地发出、回应电子记录，以及部分或全部地履行合同的计算机程序、电子或其他的自动化手段。当事人为了扩大交易机会，减少营销成本，预先在电子代理人中设置了常用的商事意思表示的模式，使之能够代替其发出或接受要约。因此，电子代理人并不是传统民商法的独立的主体概念，它只是执行合同主体设定的程序，并能智能化地运作的交易工具，它不具有法律主体资格。电子合同代理人完成的订立合同行为的后果由被代理人(预先设定该程序的人)承担。

2. 要约的撤销

电子要约能否撤销应视采用的电文通信方式而定。在通过电子邮件方式发出要约时，只要在受约方作出承诺之前，在符合合同法规定的前提下，要约人可以撤销其要约。但对采用 EDI 形式的要约，由于通常都是按照事先设定的程序自动迅速完成，无须人员介入，因此一般不存在要约的撤销问题。

3. 电子合同成立的时间和地点

(1) 合同成立的时间。关于合同成立的时间，英美法系实行的是投邮生效原则，又称发送主义，大陆法系则实行的是到达生效原则。在电子合同情况下，由于采用电子数据交换、电子邮件、点击“我同意”键等电子手段或其他类似手段发送承诺，传输速度极快，在“发送”和“到达”之间几乎没有时间差，“发送”的方式也是多样化，因而，无论是“发送主义”还是“到达主义”，在实践中都会遇到不同程度的法律困难。由于计算机和网络等传输媒介的故障或其他原因，会造成发出的数据信息的改变或丢失，难以到达或者难以依其原样到达收件人处，在这个意义上，大陆法系的“到达主义”更为合理，但“到达主义”适于 EDI 的情况，对电子邮件不一定适宜。例如，网络故障可能会阻碍电子邮件的传输，收件人收到电子邮件的时间就不确定，或者根本收不到，如采用“到达主义”，合同成立的时间可能无法确定。

正因如此，《电子商务示范法》无意确立一条法律冲突规则，对此采取了回避的办法，不对承诺生效的时间直接作出规定，而从数据电文这一更广泛的角度分别规定其发出和到达的时间。关于数据电文的发送时间，该法第 15 条第 1 款规定，以它进入发件人或代表发件人发送数据电文的人控制范围以外的某一信息系统的时间为准，可见，该法在发送的问题上，采取的是“发送主义”。关于数据电文的收到时间，该法第 15 条第 2 款规定按以下办法确定：①如收件人指定了接收的某一信息系统：一是以数据电文进入该指定系统的时间为收到时间；二是如发送的是指定系统以外的收件人的一个系统，以收件人检索到该数据电文的时间为收到时间；②如收件人未指定某一系统，则以数据电文进入收件人的任一信息系统的时间为收到时间。

对于数据电文的收到时间，该法第 11 条与我国《合同法》第 16 条规定，采取数据电文形式订立的合同，收件人指定特定系统接收数据电文的，该数据电文进入该特定系统的时间视为到达时间；未指定特定系统的，该数据电文进入收件人的任何系统的首次时间视为到达时间。

(2) 合同成立的地点。在电子合同情况下，订立合同在不同地点的计算机系统间完成，因此如何认定成立时间的完成就和成立地点紧密相连。对电子合同生效地点的确认比对生效时间的确认更加复杂。例如，收件方可能是在跨越太平洋上空的飞机中收到承诺的。《电子商务示范法》虽然没有统一规定确定电子合同成立地点的标准，但它对确认数据电文的发函与收到地点的标准作了规定，即除非发件人与收件人另有协议，数据电文应以发件人设有营业地的地点为其发出地点，而以收件人设有营业地的地点视为其收到地点。如发件人或收件人有一个以上的营业地，应以对基础交易具有最密切关系的营业地为准，如果并无任何基础交易，则以其主要的营业地为准；如发件人或收件人没有营业地则以其惯常居住地为准。可见，该规定采取"营业地"、"最密切关系"及"惯常居住地"等原则来确定数据电文到达地点的标准，是基于使合同等行为与行为地有实质的联系，从而避免以"信息系统"作为发出或收到地所可能造成的不稳定性。

我国《电子签名法》第 12 条采用了与上述《电子商务示范法》相同的规定，而我国《合同法》第 34 条对合同成立地点规定，采取数据电文形式订立合同的，收件人的主营业地为合同成立的地点；没有营业地的，其经常居住地为合同的主营业地。

(三) 电子商务合同的形式问题

许多国家的法律要求某些交易必须有书面合同，或要求以书面作为证据，这是使用电子商务的一个法律障碍。国际贸易法委员会通过长期研究认为，随着计算机和计算机之间单证的发展，可以通过设立计算机记录来同样地实现法律要求备有单证和其他记录的本意，由此奠定了电子商务电文在功能上等同于"书面"的基础。《电子商务示范法》第 6 条对"书面"规定，如果法律要求信息必须采用书面形式，则假如一项数据电文所含信息可以调取以备日后采用，即满足了该项要求；无论前款所述要求是否采取一项义务的形式，也无论法律是不是仅仅规定了信息不采用书面形式的后果，该款均将适用。在拟订《电子商务示范法》的过程中，针对各国法律规定的书面形式的要求，国际贸易法委员会认为没有必要取消各国的这一法律规定，而只要扩大法律对"书面"一词所下的定义，使电子数据能被纳入书面范畴。同时考虑到采用《电子商务示范法》颁布国的特殊情况，例如，根据颁布国的国际条约义务要求的形式以及颁布国无权以法规手段加以改变的其他各种情况和法律领域，颁布国可自行规定某些特定情况排除第 6 条的适用。

我国《电子签名法》第 4 条规定，能够有形地表现所载内容随时调取查用的数据电文，视为符合法律、法规要求的书面形式。

（四）电子签名

电子签名的目的是利用技术手段对签署文件的发件人身份做出确认以及有效保障传送文件内容不被当事人篡改，不能冒名顶替传送虚假资料，以及事后不能否认已发送或已收到资料等网上交易安全性问题。电子签名按其适用范围和功能，可分为广义的电子签名、狭义的电子签名和强化电子签名。

广义的电子签名是指包括各种电子手段在内的电子签名。狭义的电子签名是指通过一种特定的技术方案来鉴别当事人（主要是发件人和收件人）的身份及确保交易资料内容不被篡改的安全保障措施，通常指数字签名，它是以非对称加密方法产生的数字签名。与其他技术相比，数字签名具有安全可靠和成本不高的优点，并能够保证收件人核实发件人对数据电文所含信息的签名，起到使发件人不能抵赖对该信息的签名，同时使收件人不能伪造该签名的作用，因而被许多国家确认为法定的签名技术，并赋予数字签名具有手书签名同样的法律效力。

在广义与狭义的电子签名之间存在一种强化电子签名，也称安全电子签名，它是指经过一定的安全应用程序，能够达到同样效果的电子签名技术。与广义电子签名相比，它更具安全性。与数字签名相比，它不是采用非对称性公钥加密技术，而是强调同样的签名效果，凡是能达到数字签名同样功能的各种签名技术都包括在内。

我国《电子签名法》第 13 条规定，电子签名同时符合下列条件的，视为可靠的电子签名：①电子签名制作数据用于电子签名时，属于电子签名人专有；②签署时电子签名制作数据仅由电子签名人控制；③签署后对电子签名的任何改动都能够被发现。虽然使用数字签名能够帮助确认身份，但是为了确认其签名本身的真实性，往往还须通过认证机构等中介服务的认证。为保证证书来源和内容的真实性，应以数字签名签发证书。数字证书是各类终端实体和最终用户在网上进行信息交流及商务活动的身份证明，它是一段包含用户身份信息、用户公钥信息以及身份验证机构数字签名的数据。证书服务机构的数字签名可以保证证书信息的真实性，用户公钥信息可以保证数字信息传送的完整性，用户的数字签名可以保证数字信息的不可否定性。

小结

国际货物买卖法律关系的核心内容是合同双方当事人权利义务关系。为了保证国际货物买卖合同的顺利履行和合同目的的实现，合同中所涉及的买卖双方的权利义务通常是具体详尽的，它们与违约救济共同构成了买卖法的制度框架。其中，买方的义务主要有：交付货物、转移单证、品质担保、权利担保、转移货物所有权，卖方的权利相应为收取货款；买方的义务主要有支付货款和接受货物，买方的权利为检验货物并获得与所订合同相符的货物。根据《公约》的规定，违约方式主要有实际违约和预期违约、根本违约和非根本违约，对于这些违约形式，《公约》规定了相应的救济方式，并且具体到买卖双方。各国同《公约》均对风险转移的时间划分以及风险转移的后果进行的规定。电子商务是“商务活动的电子化”，电子商务合同是调整电子商务活动或行为的法律规范的总和，主要研究在计算机及网络技术下商务活动所产生的法律问题。

1.《联合国国际货物买卖合同公约》对发盘和接受的定义如何？
2. 在国际货物买卖中，买卖双方的义务主要有哪几项？
3. 简述《联合国国际货物买卖合同公约》关于风险转移的规则。
4. 比较大陆法、英美法及《联合国国际货物买卖合同公约》对违约分类之异同。
5. 什么是狭义的电子商务？
6. 简述中国目前的电子商务立法情况。

第四章　国际产品责任法

本章学习目标

1. 产品责任法概述
2. 主要国家的产品责任立法
3. 关于产品责任的国际公约

本章重要概念：产品责任　产品责任法　缺陷　疏忽责任　严格责任　免责

第一节　产品责任法概述

一、产品责任的概念与特征

产品责任是指产品的生产者或销售者因为产品有缺陷，从而给消费者或使用者造成财产损失甚至人身伤亡时所应当承担的赔偿责任。

根据这个概念，产品责任应具有以下三个特征。

1. 产品责任是由产品的缺陷引起的

所谓产品缺陷，是指产品具有不合理的危险性。产品所存在的缺陷是指在生产者或销售者把该产品投入市场之前就已经存在的缺陷。如果消费者或使用者在购买该产品后，擅自改动产品的性能，因此而造成了财产损失或人身伤害，则不属于产品责任范围，即产品的生产者或销售者对此不承担产品责任。

2. 产品责任是一种侵权责任

从严格的法律意义上说，产品责任是独立于货物买卖法的一种侵权责任。货物买卖法中的违约行为属于民事责任。其违约责任，主要是指没有履行或者没有适当履行合同的义务的一方当事人，必须对其因为违约而给另一方当事人造成的经济损失承担相应的民事责任。违约的民事责任一般以过错责任原则作为基本的依据。而产品责任中的侵权责任不是以过错责任为必要条件，只要有因为产品的缺陷而造成财产损失与人身伤害的事实，侵权责任即告成立。

3. 产品责任是一种损害赔偿责任

既然产品责任是因为产品的缺陷而给消费者或使用者造成财产损失与人身伤害，那么，生产者或销售者就应当承担相应的损害赔偿责任。

就赔偿金额而言，产品责任案件的赔偿金额一般要比货物买卖法的索赔金额大得多。因为在货物买卖索赔案件中，其赔偿金额一般不超过合同的金额。但是，在产品责任案件中,赔偿金额不是根据合同,而是根据产品责任制度确立的赔偿原则,补偿受损失者或受伤害者的全部损失。这种损失不仅包括过去的损失、实际的开支与将来的影响,而且包括其所受痛苦的代价。此外,赔偿金额必须一次性支付,并且不得扣除原告可能从其他途径取得的任何补偿或津贴,例如,保险赔偿或者社会救济金等。

二、产品责任的法律构成要件

(一) 产品存在缺陷

缺陷是承担产品责任的基础。现代产品责任法已经发展到有缺陷即有责任,无缺陷即无责任的阶段,所以产品缺陷是产品责任得以成立的必备要件。

1. 产品缺陷的定义

各国产品责任法及有关国际公约普遍规定产品缺陷是指产品不能提供人们有权合理期待的安全或存在着不合理的危险。如英国 1987 年的《消费者保护法》与德国《产品责任法》规定,如果产品不具有人们有权期待的安全性,该产品即存在缺陷。美国 1965 年《第二次侵权法重述》第 402 条 A 款、《统一产品责任示范法》及美国大多数法院有关产品责任的判例都认为产品缺陷是指产品具有不合理的危险性。原欧共体《关于对有缺陷产品的责任的指令》规定,考虑到下列所有情况,如果产品不能提供人们有权期待的安全性,即属于缺陷产品:①产品的使用说明;②能够投入合理期待的使用;③投入流通的时间。《关于人身伤亡的产品责任公约》规定,考虑包括产品说明在内的所有情况,如果一件产品没有向有权期待安全的人提供安全,即该产品为有缺陷。

虽然根据各国产品责任法及有关国际公约规定,作为产品责任中的产品缺陷是指产品中存在一定的危险性或不安全性,但这并非意味着凡缺乏安全的产品都具有缺陷。当产品存在合理危险即产品具有在其用途范围内的不可避免的危险时,危险的制造者对此不承担责任;当产品存在不合理的危险即产品具有应该避免而且能够避免而未避免的危险时,危险的制造者对此应承担责任。

基于上述认识可以看出,产品缺陷不同于产品瑕疵:产品瑕疵属契约法上的概念,是指产品规格、质量不符合法定或约定标准或不符合通常效用,而致产品价值减少或贬损;产品缺陷则直接侵害使用者或消费者人身权或财产权,足以引起对他人权利或利益的损害。一般而言,瑕疵与缺陷有如下区别。

(1) 含义不同。产品瑕疵是指产品不具备良好的特征和特性,不符合明示采用的产品标准,或者不符合产品说明、实物样品等方式表明的质量状况,但是产品不存在危及人身、财产安全的不合理的危险。产品缺陷指产品中存在的不合理的危险性。

(2) 瑕疵产品明示后可以销售。“明示”即作出说明,否则是欺诈行为,要承担责任。如销售商品时标识出“处理品”、“次品”、“等外品”予以出售,这类商品实际上即瑕疵产品,经过明示是可以销售的。缺陷产品则无论如何不能通过这种方式而投入流通。

(3) 责任性质相同。因瑕疵与合同中的担保责任相对应,所以其追究的是一种基于约定而产生的合同责任,一般实行过错责任原则。缺陷是一种法定的侵权责任,其责任追究实行严格责任原则。

另外,产品缺陷也不同于产品质量不合格。所谓产品质量不合格是指产品质量不符合国家的有关法规、质量标准以及合同规定的对产品适用性、安全性和其他特性的要求。可见产品质量不合格的判断标准是国家的有关法规、质量标准和合同要求，而由于这些标准受诸多因素制约且并非以产品的安全性为唯一标准，所以产品质量不合格的产品并不必然具备危及人身和财产安全的不合理危险，两者内涵、外延均不一致，不能等同。

2. 产品缺陷的类型

各国产品责任法多将产品缺陷分为以下四种类型。

(1) 产品设计缺陷

产品设计缺陷是指产品的设计存在着不合理的危险性。当按照卖方合理预见的方式使用时，一件产品不能提供普通消费者所期望的安全性或该产品的设计作为一个整体产生的利益小于其固有的危险时，这种产品就具有缺陷，它往往是导致产品存在潜在危险的根本因素。一般由配方、处方的错误、原理的错误、结构设计的错误等方面造成。设计缺陷有如下特点。

第一，危害的严重性。设计缺陷是产品的先天不足，其影响所及不仅仅是个别产品，而是整个生产线，将造成依此设计生产出的所有产品存在缺陷，随之而来的是大范围的损害事故。

第二，判断的困难性。设计缺陷是一个难以定义的概念，国际上对此无统一的认识和规定，而且各国在司法实践中也无系统、明确的解释，这使得设计缺陷标准难以把握。此外，在这类诉讼中，原告方往往是大量的用户、消费者，控诉的是整类产品而非个别产品，花费的代价较高，因此对其判断有一定的难度。

第三，设计缺陷往往难以在保险公司投保产品责任险。由于这种缺陷的影响所及不仅仅是单个产品，而是整个生产线，随之而来的是大量的受害用户请求赔偿，其在商业上的牵连是深远的。所以，此类缺陷很难得到保险公司的保险。

(2) 产品制造缺陷

产品制造缺陷主要指产品在制造过程中，因质量管理不善，技术水平差等原因而使产品中存在的不合理危险性。产品制造缺陷可产生于产品制造过程的每一环节，因此产品制造缺陷一般可以分为原材料、零部件方面的缺陷及装配方面的缺陷。由于制造商特定的产品标准可以作为判断缺陷是否存在的客观标准，因此这种缺陷较之设计缺陷更容易判断。此外，制造缺陷一般仅涉及某一产品或某批产品，而不至影响全部一类产品，因此，这种缺陷需要采取补救措施的范围较小。

(3) 产品警示缺陷

产品警示缺陷是指产品提供者对产品的危险性没有作出必要的说明、警告或安全使用方面的指导，从而对使用者构成的不合理危险。这种缺陷往往存在于产品的广告、说明书、标签等中，而且与生产经营者的告知义务直接相联。所谓告知义务，是指生产经营者对其所提供的产品的有关情况，诸如产品的质量、特性、功能、使用方法、注意事项等给予充分的、必要的、确切的说明、介绍的义务。对于法律规定的告知义务，有关生产经营者必须正确、适当地履行。对于有未告知或不告知、告知不实或虚伪、告知不当等违反告知义务的情况，生产经营者应承担相应的法律责任。

(4) 科学上不能发现的缺陷

科学上不能发现的缺陷又称为发展上的缺陷，是指在投入流通时的科技水平无法发现而后又被证明确实存在的那种缺陷。对于带有这种科学上不能发现的缺陷的产品造成他人损害，制造商应否承担责任，各国规定不一。这种规定不一与各国出于不同的政策考虑有关。如果出于促进制造人发明创造积极性发挥的考虑，就将此种缺陷作为开发上的风险抗辩事由而免除制造人的责任，如英国 1987 年《消费者保护法》即明确规定，对因科学发展状况决定商品制造人不能预料的缺陷致害，产品提供人不负责任。如果出于保护消费者的考虑，就不将此种缺陷作为抗辩事由而仍追究制造人的责任，如美国许多州都采取这种做法，即使在产品投入市场时科学技术尚不能发现产品存在缺陷，但若该缺陷产品造成他人损害，产品提供人也应承担责任。德国法律出于平衡各方利益的考虑，规定产品提供人承担部分赔偿责任。

中国的《产品质量法》对产品缺陷也进行了规定，其第 34 条规定："本法所称缺陷，是指产品存在危及人身、他人财产安全的不合理危险；产品有保障人体健康、人身、财产安全的国家标准、行业标准的是指不符合该标准。"由此可见，该法就产品缺陷提出了两个标准：一个是与多数国家产品责任法相同的一般标准，即产品存在不合理的危险；另一个是法定标准，即产品不符合国家强制性标准。另外，法律未对产品缺陷的类型进行规定，但一般在理论及司法实务上认为产品缺陷也包括上述四种类型。

(二) 给产品的消费者或使用者造成人身或财产的损害

损害事实的客观存在是产品责任法律构成的要件之一，在一般情况下，生产经营者对某种在质量上有缺陷的产品应当承担的责任主要是修理、更换或退货等。但是，如果某种产品缺陷造成人身伤害或财产损失，那么这种产品损害就会导致产品责任的出现。缺陷产品造成的损害通常表现为人身方面的损害和财产方面的损害，前者又可分为人体方面的损害(致人死亡、伤残)及精神方面的损害(精神痛苦、疼痛)，后者则指各种财产的毁损或价值明显降低。

1. 人身方面的损害

产品责任法中的人身损害是指因产品存在危及人身、财产安全的不合理危险，造成了消费者、使用者人体和健康的损害，包括人的肢体及器官的损伤、残废、灭失以及人身心的疾病、死亡等。人身损害侵害了消费者、使用者的生命权、健康权，此种损害是对人体的有形损害，遭此损害，受害人及其家属的财产往往受到某种损失，受害人精神方面也会受到程度不同的伤害，所以对人身损害的救济方法以财产赔偿为主要方式，以精神损害赔偿为辅助方式。

2. 精神方面的损害

精神损害通常是指因侵权行为使受害者所感受到的精神的、肉体的痛苦，或者指精神上、情绪上安定的丧失(痛苦、愤怒)而产生的损害。精神损害是由于对他人合法人身权和人格非财产权的侵害而致其心理上的损害。这种损害不直接表现为财产上的增减，而是直接表现为一种"人身无形损害"或"人格无形损害"即"非财产损害"。这种非财产上的损害或精神损害，以精神痛苦为主，也包括肉体上的痛苦。精神痛苦主要表现为忧虑、绝望、怨愤、失意、悲伤等，如因容貌毁损致将来婚姻、就业困难的精神上的痛苦，因后遗症而对将来产生的精神上的痛苦等。关于精神损害是否可以成为应承担产品责任的产品损害，目前各国的产品责任立法和司法实践的做法各不相同。

3. 财产方面的损害

产品责任法中的财产损害是指缺陷产品对受害人财产权利的侵害，也即不法侵害受害人所有或占有的财物，并造成的财产损失。这种损害有以下几个特点：①它是在产品离开生产经营者控制之后在产品的使用、消费过程中给他人造成的。②它通常包括直接损害，间接损害是否包括在内存有争议。直接损害是指现有财产的减少，间接损害是指可得利益的减少。③它与合同责任的损害有别，不包括缺陷产品本身的损害，而仅指缺陷产品以外对其他财产的损害。④它一般指供个人占有、使用或消费类型的财产遭受的损害，非此范围的损害则不属于产品责任法中的财产损害。⑤它在有的国家被作了数额的限定，即财产损害必须是超过了一定价值的损害。

（三）产品缺陷与损害之间的因果关系

产品责任中的因果关系是严格产品责任法律构成的要件之一，只有存在因果关系，生产经营者才承担侵权损害赔偿责任。这充分表明了产品责任中的因果关系所具有的公正性与合理性。产品责任中的因果关系的特殊性在于它是产品缺陷与损害后果之间的相互关系，而不是某种具体行为与损害后果之间的关系。因为产品损害的原因来自“产品的缺陷”，所以产品责任中的因果关系是指产品缺陷与受害人的损害事实之间存在的引起与被引起的相互关系，前者是原因，后者是结果。此外，确定产品责任因果关系往往利用因果关系推定而非因果关系认定来实现。在一般的侵权行为中，确定因果关系一般采用直接认定的方式。在产品责任中，因产品的设计、制造过程十分复杂，消费者很难证明受到损害与产品缺陷之间存在相互关系，因而往往采用推定的方式来进行。在因果关系中，常辅之以“举证责任倒置”的方法。在一般的侵权行为中，采取“谁主张谁举证”原则，受害人负有向法院证明其遭受损害的事实是由加害人的行为所致，但在产品责任中，受害人证明有一定的困难，产品受害人只要能合理地推定因果关系存在即可，生产经营者则负自己无责任的证明。

三、产品责任的免责事由

产品责任的免责事由，又称为产品责任的抗辩事由，是指符合产品责任构成要件情况下义务人不承担责任的事由。免责事由一般由相关法律明确规定。免责事由的举证责任在生产方或销售方。产品责任的免责事由可以分为下面两类。

（一）特有免责事由

1. 未将产品投入流通

这是各国产品责任法普遍规定的免责事由。投入流通包括任何形式的出售、出租、租赁以及抵押、出质、典当等行为。处于生产阶段或者已经生产完毕但没有出厂而是在仓储中，不属于已经投入流通。未投入流通的产品，即使有缺陷并造成了他人损害，生产者不承担责任。例如，工人在生产线或者成品库中夹带出厂的产品，即使有缺陷并造成他人损害，受害人也不得请求生产者基于产品责任承担损害赔偿责任。

2. 产品投入流通时，引起损害的缺陷尚不存在

产品投入流通时引起损害的缺陷不存在，生产者不承担赔偿责任；如果在销售环节也不存在缺陷的，则销售者也不承担赔偿责任。投入流通，是指产品从生产厂家出厂进入流通环节，将产品交付给使用者之前。如果生产者将产品投入流通时，产品无缺陷而在销售中形成缺陷，则不适用该免责事由，生产者与销售者应当承担不真正连带责任。

3. 将产品投入流通时的科学技术水平尚不能发现缺陷的存在

该免责理由，各国法律用语或表述略有不同，名称也有几种，如发展风险抗辩、科技发展水平抗辩、工艺水平抗辩、系统风险抗辩等，但其基本含义大体相同，即制造者无法控制的产品致损风险。这类免责理由针对的产品缺陷包括科学技术水平无法发现的发展缺陷以及已知却无法以现有技术克服的缺陷。各国对此类免责理由的接受程度也不相同。值得注意的是，针对此类缺陷的产品，虽然投入流通时科学技术水平无法发现缺陷的存在，但是生产者有跟踪科学技术观察的义务，很多国家将其规定为强制义务，一旦发现构成产品缺陷，存在危险或损害，必须召回产品，否则将构成跟踪观察缺陷，此时就会承担产品责任，发展风险抗辩就不能成为有效抗辩。

（二）一般免责事由

除了上述特有的免责事由外，实践中，以下事由也可据以抗辩。

(1) 受害人自身的原因引起的损害

例如，受害人在使用产品的时候，没有按照产品所标示的使用说明加以使用而造成的损害，产品的销售者或者制造者不承担损害赔偿责任。此类免责事由实际上质疑了因果关系的成立问题。受害人行为的介入使得产品缺陷与损害之间的直接因果关系无法成立，也就使得产品责任的构成要件不具备。有时，也会根据责任方的过错程度，分担损害。对于生产者或销售者意味着可以减轻责任。

(2) 第三人的原因导致产品缺陷

如果产品造成的使用者或者第三人的损害，是由于第三人的原因而引起的，则应当由该第三人承担责任，不能由产品的制造者或者销售者承担责任。实际上，也是不构成因果关系导致的免责。

(3) 旧产品

对于旧产品或者二手产品，生产商或销售商是否承担产品责任，各国对此态度不一。大多数国家排除了超过产品有效期限的旧产品的产品责任。

(4) 对明显的危险无警告义务

明显的危险性就是指公众普遍认知或意识到的产品危险性。这种危险性本身就能引起消费者、所有者的注意，如果使用者知其危险而不权衡利弊，减少乃至避免此风险，则可将这理解为受害人的“同意”，即受害人甘冒风险，或将其作为重大共同过失。法律要求制造人对于产品的可预见的危险予以警告以避免损害的发生，但不应不合理地要求制造人对产品引起的每一损害承担责任，如刀锋利可以伤人等。

四、产品责任的损害赔偿

产品责任属于侵权责任，最主要的责任承担方式是损害赔偿，各国对产品责任引起的损害赔偿，从范围和数额等方面都存在着较大的差异。由于民事责任主要是补偿目的，因此产品责任的损害赔偿和产品缺陷造成的损害直接相关。产品责任的损害赔偿包括以下几类。

1. 人身伤亡赔偿

指产品缺陷造成的死亡、伤残赔偿费用。其中不包括补偿受害人精神痛苦和不幸遭遇的精神损害赔偿。

2. 精神损害赔偿

指产品缺陷造成受害人死亡、伤残所涉及的相关人员的精神痛苦和不幸遭遇的精神损害赔偿。大多数国家都不允许产品责任损害赔偿中包含精神损害赔偿。

3. 财产损失赔偿

一般只限于直接财产损失的补偿，即受损财产的必要、合理的更换或修理费用；有时也包括间接财产损失的补偿，即受损财产更换或修理期间无法使用而产生的损失。

4. 惩罚性赔偿

有些国家规定了惩罚性赔偿责任，这是对制造者、销售者粗心大意、漠不关心他人安全的一种严重惩罚，它有时在损害赔偿总额中占很大比例。

5. 赔偿限额

有些国家或地区在规定赔偿责任的同时，规定了损害赔偿的最高限额或最低限额。欧洲大多数国家设置了最高损害赔偿的限额。如德国就设定了人身损害赔偿最高不得超过 1.6 亿马克。

五、产品责任法的概念与特征

产品责任法(Product Liability Law)是调整制造者或销售者与消费者、使用者之间因产品缺陷所形成的侵权赔偿关系的法律规范的总称。它首先以判例的形式出现在工业发展比较早的英美国家，第二次世界大战后在欧美国家尤其在美国得到很大发展。随着国际贸易日益频繁与迅速发展，各国产品越来越多的涌入国际市场，进行着广泛的流通，各国之间产品责任的争端随之增加。对产品责任进行国际调整，越来越受到国际社会的重视，加之有关国际条约相继问世，一个新兴的法律分支——国际产品责任法便应运而生。

1. 产品责任法具有公法性质

产品责任法与货物买卖法既有联系，也有区别。其联系是，货物买卖法中有关卖方对货物品质的担保责任的规定，与产品责任法的某些要求具有共同之处。其区别是，就法律性质而言，货物买卖法属于私法性质，其大多数规定是任意与灵活的，只有少数规定具有强制性。因此，买卖双方当事人可以根据具体的情况，对合同的有关规定加以修改、补充或排除。产品责任法属于国家的经济立法，具有公法性质，其绝大多数规定具有强制性，不仅当事人不能通过合同的订立加以修改、补充或排除，而且对于不存在合同关系的任何遭受损害的第三人，也可以根据产品责任法的规定，向法院对生产者或销售者提出侵权的诉讼，要求赔偿适当的损失。

2. 产品责任法实行侵权责任原则

最初，产品责任是建立在传统的契约原则之上的，即生产者或销售者对于产品缺陷给他人造成的财产损失与人身伤害，承担责任与否，承担多少责任，取决于他与对方之间在合同中所规定的担保责任。如果双方之间有合同关系，那么，受害人可以就该损害向对方提起损害赔偿之诉；反之，就不能要求赔偿。但是，随着产品责任事故的不断发生，导致许多超出合同关系的社会问题的出现，例如，因为产品缺陷而导致的伤残、死亡、医疗、保险与社会补助等，这一系列问题当然是传统的契约原则无法解决的。于是，欧洲、美洲各国家的法院对于由产品缺陷而引起的典型案例，逐步作出了突破传统的基于合同关系的归责原则的判决，然后在这些案例的基础上，从货物买卖合同法中分离并且制定出特殊的产品责任法规与国际公约。这些法规与公约对产品责任制度的规定，均超出了传统的“合同所生之权利与义务”的原则，适用侵权原则。

根据合同制度的原则，如果销售者明知货物有瑕疵而不告诉购买者时，则他除了返还已经收取的货款外，还应当赔偿对方所受的全部损失。根据侵权责任的严格规定，不论生产者是否知道产品有缺陷，他都应当对产品缺陷造成的损害承担责任。

3. 产品责任法立法的目的旨在保护消费者的权益

就产品责任法调整的对象而言，它所调整的只是产品缺陷引起的财产损失与人身伤害，并不包括产品本身的损害，这是由货物买卖法加以调整的。在产品责任诉讼中，凡是遭受该产品伤害或涉及的人，都可以向法院起诉。例如，根据欧洲、美洲国家的产品责任法，作为原告的当事人，既可以是直接使用该产品而受伤的消费者或使用者，也可以是其亲属或家中的任何人，甚至还可以扩大到旁观者或过路人。作为承担责任的被告，不仅仅限于该产品的生产者，还包括销售者。而销售者则包括产品的进口商、批发商、经销商、零售商与代理商等。也就是说，凡是因为产品的设计、生产、包装、运输标签以及使用说明等事项中，任何一项具有缺陷而致使消费者或使用者受到财产损失或人身伤害，那么，上述所有与产品生产和销售有关的人员均应承担损害赔偿责任。当然，产品责任的最终承担者是生产者，其他中间人为产品责任所支付的损害赔偿金，可以向生产者要求补偿。产品责任法的这些规定，旨在确立与加强生产者与销售者对其生产与销售的产品应当承担相应的责任，从而最终保护消费者的权益。因此，从这种意义上说，产品责任法相当于消费者权益保护法。

六、国际产品责任的法律适用问题

在涉外产品责任纠纷中，究竟选择哪个国家的法律作为解决纠纷的准据法，对于维护受害人的合法权益，保证案件公平合理解决是非常重要的。现代各国产品责任法理论上倾向于强化生产者的责任，注重对受害者的救济。与实体法对受害者保护的倾向相对应，在冲突法上也要考虑受害者法律选择上的利益。因此，如何解决涉外产品责任的法律适用，便成为各国国际私法领域的一个新问题。

传统的国际私法把涉外产品责任归于一般侵权之列，在法律适用上倾向于侵权行为地法。但是，随着社会的发展，“侵权行为适用侵权行为地法”这一传统的法律适用规则越来越暴露出其缺陷。在当今侵权法律关系复杂化、多样化的形势下，机械的、单一的侵权行为地法已不能适应实际需要。于是，自 20 世纪 60 年代以来，许多国家开始致力于侵权行为法律适用的变革，并产生了许多新的关于侵权行为的法律适用理论。大家普遍认为，应该有一种足够广泛而且足够灵活的冲突规范，以便能够顾及各种例外情况。在确定准据法时，应当根据侵权行为发生时的社会环境加以判断，适用与案件有直接联系和重大利益的地方法律，特别是应该考虑到受害人的利益。许多国家根据产品责任的特殊性，将其从一般侵权行为中分离出来，单独规定其法律适用。在法律选择过程中，更加重视对有关政策、各方利益及处理结果的分析和考虑，力求做到公平。不少国家都主张采用灵活多样的规则和方法来决定产品责任的法律适用。从各国的理论和实践来看，“最密切联系”、“最有利于原告”、“多种连结因素的组合”和“排除被告不可预见的法律的适用”的观念已得到广泛赞同，并被逐渐吸收体现到各国指定的相关法律法规当中。

2010 年 10 月 28 日，中华人民共和国第十一届全国人民代表大会常务委员会第十七次会议通过了《中华人民共和国涉外民事关系法律适用法》，该法自 2011 年 4 月 1 日起施行。其中第 45 条规定，产品责任，适用被侵权人经常居所地法律；被侵权人选择适用侵权人主营业地法律、损害发生地法律的，或者侵权人在被侵权人经常居所地没有从事相关经营活动的，适用侵权人主营业地法律或者损害发生地法律。可见，产品责任的法律适用可能出现三类情形：一是被侵权人单方作出法律选择，选择的范围是侵权人主营业地法或损害发生地法；二是被侵权人和侵权人双方达成合意，协议适用某一法律；三是双方都未作出任何意思表示，此时直接适用被侵权人经常居所地法，但以侵权人在该地进行了相关经营活动为前提，否则将适用侵权人主营业地法或损害发生地法。

第二节　主要国家的产品责任立法

随着社会化大生产、现代科学技术、现代产品制造业及社会广泛复杂的分工和分配系统的发展，社会经济出现了由卖方市场向买方市场的转移，以制造者利益为中心转向以消费者利益为中心的变化，产品责任问题越来越引起人们的重视。美国的产品责任法是发展的比较早的，第二次世界大战之后，西欧一些国家也已经开始重视有关产品责任的问题，并拟订了一些有关产品责任的国际公约。现将各主要国家有关产品责任的法律介绍如下。

一、美国的产品责任法

美国的产品责任法主要是州法，而不是联邦统一立法。各州都有自己的产品责任法，并且有很大差异。为了统一各州的产品责任法，美国商务部在 1979 年 1 月提出了一项《统一产品责任法（草案）》（*Draft Uniform Product Liability Law*），供各州采用，但至今美国各州立法仍不统一。

（一）美国产品责任法的概念

美国《布莱克法律辞典》将产品责任定义为“生产者和销售者对于因其生产和出售有缺陷的产品而使该产品的购买者、使用者及其他第三者遭受人身伤害或财产损失而进行赔偿的法律责任”，将调整这种法律责任而引起的权利义务关系的各种法律规范定义为产品责任法。

按照美国有关法律的解释，产品责任是一种民事侵权责任，产品责任法是侵权行为法中的重要组成部分。然而它又具有不同于一般侵权行为法的特点，如产品责任可以建立在完全独立的严格责任基础之上，即可以完全因产品存在缺陷，并造成侵权性伤害而要求产品的生产者和销售者承担责任。同时这种严格责任又不完全等同于一般侵权法上的无过失责任，这种无过失责任在美国主要是指有关交通工具的事故性伤害的责任。因此，在美国实行严格责任的各州在审理案件中，受害人可以通过证明产品的生产者或销售者有过失；或仅证明其所生产或销售的产品存在缺陷，并且这种缺陷造成了对受害人的损害，而无须证明他们对缺陷的存在是否具有过失，即可请求他们给予损害赔偿。所以，美国的产品责任法又是一种由以疏忽责任为原则、以违反担保为原则，最后发展成为以严格责任为原则的特殊的侵权行为法。

（二）承担产品责任所依据的原则

美国产品责任法以下列几种法学理论作为承担产品责任的依据：(1)疏忽说（theory of negligence）；(2)违反担保说（breach of warranty）；(3)严格责任说（strict liability）。凡原告由于使用有缺陷的产品遭受损害向法院起诉要求赔偿损失时，他必须基于上述三种理由之一，作为要求该产品的生产者或销售者承担责任的依据。目前，绝大多数的州已确立了严格责任原则，有少数州仍适用疏忽原则或违反担保原则。

1. 疏忽原则

所谓疏忽是指产品的生产者或销售者有疏忽之处，致使产品有缺陷，并且由于这种缺陷使消费者的人身或财产遭到损害，该产品的生产者和销售者应承担责任。当原告以疏忽为理由向法院起诉要求被告赔偿其损失时，原告必须提出证据证明：①被告没有做到"合理的注意"(reasonable care)，即被告有疏忽之处；②由于被告的疏忽直接造成了原告的损失。如果由于原告自己的疏忽造成了损失，原告不能要求被告赔偿损失。

疏忽在英美法上是一种侵权行为。在以疏忽为理由提起诉讼时，原告与被告之间不需要有直接的合同关系，因为这不是根据合同提起的诉讼。所以，作为原告的一方就不仅限于买方，而且扩及其他有关的人，如买方的家属、亲友、来访者以至过路的行人或旁观者，只要他们是由于该产品的缺陷而受到损害，都可以对该产品的生产者和销售者提起疏忽之诉。

2. 违反担保原则

所谓违反担保是指产品存在某种缺陷或瑕疵，卖方违反了对货物的明示或默示担保，例如违反了产品应具有商销性的默示担保，或违反了产品必须适合一般用途或特定用途的默示担保等。当原告由于产品的缺陷遭受损害时，他可以以违反担保为理由对被告起诉，要求其赔偿损失。违反担保之诉是根据买卖合同提起的诉讼，根据美国普通法的原则，凡依合同提起的诉讼，原告与被告之间必须要有直接的合同关系。具体到买卖合同来说，只有买卖双方才存在直接的合同关系，因此，这一原则对于买卖合同所引起的一般性的货物品质、规格、数量等问题的诉讼无疑是适宜的，但对于涉及产品责任的诉讼就显得不合适了。因为产品责任法的目的是保护消费者。一种有缺陷的产品，例如，某种含有有害成分的食品，不仅会使直接购买这种食品的买方身受其害，买方的家属、亲友乃至客人都可能因食用这种食品而受害。另外，出售这种产品的卖方往往是一般的零售商，如果只要求零售商对有缺陷的产品负责而不追究生产者的责任，那显然是不合理的。而且，零售商的财力有限，往往无力承担赔偿受害者的损失的责任。所以，如果在产品责任的诉讼中仍然固守双方当事人必须要有直接的合同关系的原则，就不可能达到保护消费者的目的。因此，美国法院在审判实践中，对以违反担保为理由提起的产品责任的诉讼，逐步放宽和取消了对双方当事人要有直接合同关系的要求。一方面，原告不仅可以对卖方起诉，而且可以对生产或销售这种有缺陷的产品的各有关责任方起诉，其中包括零售商、批发商、进口商、出口商，一直到制造厂商。另一方面，有权提起产品责任诉讼的人不仅包括买方，而且包括一切因使用有缺陷的产品而蒙受损失的人，如买方的家属、亲友、客人，甚至包括被伤害的过路行人。但值得注意的是，美国各州的判例和法律对于该问题并不完全一致，有些州放得比较宽，有些州还有一些保留或限制。因此，在遇到具体案件时，还必须注意有关州的法律和判例。

在以违反担保为理由提起诉讼时，原告无须证明被告有疏忽，而只须证明产品确有缺陷，而且只要这种缺陷使他遭受损失，他就可以要求被告赔偿其损失。根据美国的判例，广告也有可能构成卖方的明示担保。因此，当被告在电台、电视、报纸上对其产品做了广告，但广告的内容与实际不符，结果使原告因产品的缺陷遭受损失时，原告也可以以违反担保为理由要求被告赔偿损失。

3. 严格责任原则

严格责任亦被称为称侵权法上的“无过错责任”，按照严格责任的原则，只要产品存在缺陷，对使用者或消费者具有不合理的危险（unreasonable dangerous），并因此而使他们的人身或财产遭受损失，该产品的生产者和销售者就应承担赔偿责任。美国法学会在1965年出版的《侵权行为重述》中确认了这一来自判例法的原则。该重述第402A条和第402B条对此作了规定。其主要内容是：①凡出售任何有缺陷的产品对使用者或消费者或其财产带来不合理危险的人，对于由此而造成使用者或消费者的人身伤害或财产损失应承担责任，只要销售者是从事经营出售此种产品的人，而且当产品到达使用者或消费者手中时，对该产品在出售时的条件并没有重大的改变。②尽管出售者在准备和出售其产品时已经尽一切可能予以注意，而且使用者或消费者并没有从出售者手中购买该产品。即同出售者之间并无任何合同关系，上述原则仍应适用，出售者仍须承担责任。

对原告来说，以严格责任为依据对被告起诉是非常有利的，因为严格责任原则消除了以违反担保或以疏忽为理由提出损害赔偿时所遇到的种种障碍：第一，严格责任是一种侵权行为之诉，它不用于以合同为依据的违反担保之诉，不要求双方当事人之间要有直接的合同关系；第二，在以严格责任为理由起诉时，原告无须承担证明被告有疏忽的举证责任，因为它要求卖方承担无过失责任。

在这种情况下，原告的举证责任仅限于：①证明产品确实存在缺陷或不合理的危险；②正是由于产品的缺陷给使用者或消费者造成了损害；③产品所存在的缺陷是在生产者或销售者把该产品投入市场时就有的。只要原告能证明以上三点，被告就要承担赔偿损失的责任。但是，如果使用者或消费者在拿到产品之后，擅自改变了产品的性能，因而造成了人身伤害或财产上的损失，他就不能要求生产者或销售者赔偿损失。

以严格责任为理由起诉和以疏忽为理由起诉的主要区别在于，疏忽是以卖方有无疏忽，即卖方是否尽到“适当注意”的义务作为确定其应对原告承担损害赔偿责任的依据；

而严格责任则不必考虑买方是否已做到“适当注意”的问题，即使卖方在制造或销售产品时已经做到了一切可能做到的注意，但如果产品有缺陷并且使原告遭到损失，卖方仍须对此负责。这里所说的卖方不仅包括同买方直接订立合同的卖方，还包括生产者、批发商、经销商、零售商以及为制造该项产品提供零部件的供应商。所谓买方也不仅包括直接买主，还包括买方的家属、亲友、客人乃至过路行人。所以，严格责任原则对消费者的保护是最为充分的。

（三）在产品责任诉讼中原告可以请求损害赔偿的范围

按照美国法院的判例，在产品责任诉讼中，原告可以提出的损害赔偿的请求范围相当广泛，判决的金额往往也相当可观，通常都在100万美元以上，有时甚至高达上亿美元。具体来说，原告可以提出的损害赔偿主要包括如下内容。

1. 对人身伤害的损害赔偿

如果原告由于产品的缺陷，遭受人身伤害，他可以向被告要求如下赔偿：①痛苦与疼痛；②精神上的痛苦和苦恼；③收入的减少和挣钱能力的减弱；④合理的医疗费用；⑤身体残废。美国法律不仅允许受害者要求被告赔偿其医疗费用，还允许他索赔肉体上和精神上的痛苦，而且后者的金额在全部赔偿额中占很大的比重，这是美国产品法的一个重要特点。

2. 财产损失的赔偿

财产损失的赔偿通常包括替换受损坏的财产或修复受损财产所支出的合理费用。

3. 商业上的损害赔偿

商业上的损害赔偿通常是指有缺陷的产品的价值与完好、合格的产品的价值（合同价金）之间的差价。

4. 惩罚性的损害赔偿

如果有过错的被告全然置公共政策于不顾，受损害的原告可以要求法院给予惩罚性的损害赔偿。惩罚性损害赔偿的金额一般很高，其目的是对有过错一方的恶意的、不负责任的行为施加惩罚，以遏止其他人重犯类似过错。至于是否判处惩罚性的损害赔偿以及其金额的大小，主要由陪审员根据案情事实酌情决定。

（四）被告可以提出的抗辩

在产品责任诉讼中，被告可以提出某些抗辩，要求减轻或免除其责任。依据原告起诉的诉因之不同，被告的抗辩主要有以下几种。

1. 担保的排除或限制

《美国统一商法典》允许卖方排除其对货物的明示担保和默示担保（如商销性的担保和适合特定用途的担保等）。在产品责任诉讼中，如果原告以被告“违反担保”为理由对其起诉，被告如果已经在合同中排除了各种明示或默示担保，他就可以提出担保已被排除作为抗辩。但是为了保护消费者的利益，按照美国1974年法律（Magnuson-Moss Warranty Act）的规定，在消费交易中，卖方如有书面担保就不得排除各种默示担保。此外，这项抗辩仅能对抗以“违反担保”为理由起诉的原告，而不能用来对抗以“疏忽”为理由起诉的原告，后者是属于侵权之诉，不受合同中关于排除明示或默示担保义务的制约。

2. 承担疏忽或相对疏忽

无论是承担疏忽还是相对疏忽都属于侵权范畴。被告只有在侵权之诉中才能提出这些抗辩，而不能在合同之诉(如违反担保之诉)中提出这种抗辩。承担疏忽是指原告在使用被告所提供的有缺陷的产品时亦有疏忽之处，因此原告受到的伤害是由于双方的疏忽所造成。按照普通法早期所确立的原则，承担疏忽在侵权之诉中是一种充足的抗辩理由，如果一旦确认原告有"承担疏忽"，原告就不能向被告要求任何损害赔偿。但是近年来，美国许多州已通过立法或判例放弃了承担疏忽原则而采用相对疏忽原则。所谓相对疏忽是指尽管原告方面也有一定的疏忽，但法院只是按原告的疏忽在引起损害中所占的比重，相应减少其索赔的金额，而不是像承担疏忽那样使原告不能向被告请求任何损害赔偿。现在，美国许多州都把相对疏忽原则适用于严格责任之诉。

3. 自担风险

所谓自担风险是指：①原告已经知道产品有缺陷或带有危险性；②原告甘愿将自己置于这种危险或风险的境地；③由于原告甘愿冒风险而使自己受到损害。

按照美国法，无论原告是以被告违反担保为由起诉或以疏忽为由起诉或以严格责任为由起诉，被告都可以提出"自担风险"作为抗辩。根据美国《侵权行为重述》第 402A 条的注解，如果使用者或消费者已经发现，产品有缺陷，并且知道有危险，但他仍然不合理地使用该产品，并因此使自己受到损害，他就不能要求被告赔偿损失。但是，在采用"相对疏忽原则"的各州中，有些州已不再把自担风险作为完全阻止原告索取任何赔偿的抗辩，而只是把原告的疏忽作为减少其索赔金额的依据。

4. 非正常使用产品或误用、滥用产品

在产品责任诉讼中，如果原告由于非正常地使用产品或误用、滥用产品，使自己受到损害，被告可以以此为理由提出抗辩，要求免除责任。但当被告提出原告非正常使用产品或误用、滥用产品的抗辩时，法院往往对此加以某种限制，即要求被告证明原告对产品的误用或滥用已超出了被告可能合理预见的范围。如果这种对产品的误用或滥用是在被告可能合理预见的范围之内，被告就必须采取措施予以防范，否则就不能免除责任。

5. 擅自改动产品

如果原告对产品或其中部分零部件擅自加以变动或改装，因而改变了该产品的状态或条件，因而使自己遭受损害，被告就可以以原告擅自改变产品的状态或条件为理由提出抗辩，要求免除责任。

6. 带有不可避免的不安全因素的产品

如果某种产品即使正常使用，也难以完全保证安全，但是权衡利弊，该产品对社会公众是有益的，是利大于弊的，则制造或销售这种产品的被告可以要求免除责任。这当中以药物最为典型，因为有些药物不可避免地含有某种对人体有害的副作用，但它又确能治疗某些疾病。在这种情况下，制造和销售这种产品的卖方只要能证明，该产品是适当加工和销售的，而且他已提醒使用者注意该产品的危险性(如药物的副作用)，他就可以要求免责。即使在严格责任之诉中，被告也可以提出抗辩。

二、英国的产品责任法

长期以来，英国的产品责任法采用的是疏忽责任原则。这项原则是由“1932 年多诺格诉史蒂文森案”(Donoghue v. Stevenson)的判例所创立的。几十年来英国法院对于产品责任案的判决，对此原则的解释可以归纳为以下四项：(1)商品的瑕疵对消费者的生命或财产造成损害；(2)商品的瑕疵，于商品离开制造人的占有时，即已存在；(3)制造商不能合理预料，消费者在损害发生前能够发现并改正商品的瑕疵；(4)商品瑕疵的存在，是由于制造商缺乏合理的注意。

在英国，生产者对消费者或使用者因使用该产品而受到的损失，承担违约责任或承担侵权责任。如果原告是买方，而生产者未能交付符合合同要求的产品并因此而导致某种损害，生产者就要对违约承担责任；如果受损害者是与原告有直接关系或间接关系的人，包括家庭成员、客人或旁观者等，那么生产者的责任就将根据侵权法而产生。在侵权诉讼中，英国采取了“事实本身说明问题的原则”。根据这项原则，一旦原告证明产品有缺陷，并给他造成了损害，就可以从有关证据中推论出生产者存在疏忽，因为生产者有责任关心所有预期会受其产品影响的人。这项原则对消费者是有利的。

由于英国产品责任法采取的是过失责任原则，显然不能很好地保护消费者的利益，为此，自 20 世纪 70 年代以来，英国制定了若干保护消费者的法律，其中包括 1973 年的《货物买卖(默示条款)法令》。英国法制委员会在公众的压力下，于 1975 年提出《瑕疵产品责任第 64 号工作报告》(*Liability for Defective Products, Working Paper No. 64*)，公开征求专家、学者及社会各界人士的意见。1977 年的《不公平合同条款》，特别是 1987 年制定了一项《消费者保护法》，基本体现了严格责任原则。该法规定：(1)任何受有缺陷的产品伤害的消费者，无须证明被告是否疏忽，都可以对责任方起诉；(2)责任主体除生产者外，还包括加工商、提供原材料与零部件的供应商、进口商以及产品牌号的所有人；(3)损害赔偿的范围包括人身伤亡与财产损失，一般不设最高金额的限制；(4)该法对 1988 年 3 月1 日以后提供的产品生效。

1979 年，英国法制委员会在参考了各界人士提出的意见后，正式发表第 82 号报告，提出改进英国产品责任法的建议。其要点为以下八项：(1)在英格兰及苏格兰现行法上，关于产品所导致的损害，被害人的权利及救济方法并不充分；(2)为保护被害人，原则上应使商品制造商在侵权行为上负无过失责任；(3)责任主体除制造商(使商品在营业过程中流通的人)外，还应当包括以自己的商标或名义推销商品的人；(4)所谓瑕疵，是指商品不符合合理安全的标准，并推定其在流通之时，即具有瑕疵；(5)无过失责任所适用的客体，原则上包括所有的动产；(6)制造人及其他责任主体，可以提出被害人自甘冒险及与有过失的抗辩；(7)对人身伤害及死亡的赔偿额，应根据侵权行为法一般原则计算，不宜设最高金额的限制；(8)关于产品制造商无过失责任的建议，对财产或纯经济上的损失不适用。

在确定管辖权问题上，总的说来，英国法是以“实际控制”为原则的。但是此原则显然已经不能适应英国对外贸易发展的需要。因此，英国法院采取了其他理想因素扩大国内法院对涉外案件的管辖权。《英国最高法院规则》第 11 号法令对传统原则作出了一定的修正。该法规定，侵权行为如果发生在英国境内，即使被告不在英国，英国法院也有权管辖，对于在英国缔结或受英国法支配或虽然以外国委托人的名义缔结但是其代理人在英国或在英国办理贸易的合同而产生的诉讼，以及对有关在英国的地产案件的诉讼，即使被告不在英国，英国法院也有权管辖。至于产品责任的法律适用，英国法院一直主张适用侵权行为地法，并且认为侵权行为地应是损害发生地。

三、德国的产品责任法

德国法院主要以德国民法典与商法典作为处理产品责任案件的依据。德国法传统上采用疏忽责任原则，并通过侵权行为法的交易安全及注意义务，合理地运用证据法原则，由此规范产品生产商的责任。在产品责任的诉讼中，受到损害的消费者与该产品的生产商之间，即使无合同关系，也可以根据侵权行为法的有关规定请求损害赔偿。但是在诉讼中，德国法又有一些不利于原告（消费者）的规定，例如，在以违反买卖合同中的担保责任为由起诉时，原告不能直接对产品生产商起诉，除非他与该产品生产商有直接的合同关系，同时产品生产商可以进行抗辩，只要提供该产品的缺陷在生产该产品时在技术上是无法知道的证明，产品生产商就可以免除保证责任；在以侵权为由起诉时，原告对产品生产商的疏忽必须负举证责任的规定显然不利于消费者。但是，1968 年 11 月，联邦德国最高法院在“家禽瘟疫案”（BGHZ 51，91）判决中确立了具有指导性的原则，即原告不对被告产品生产商的过失举证，而是由产品生产商对其该产品是否存在缺陷承担举证责任，原告对销售商起诉时，仍然必须负证明该销售商存在疏忽的责任。这表明德国在某种程度上采取了严格责任原则，从而使产品责任法更能有效地保护消费者的利益。

在确定有关产品责任的管辖权方面，德国法采用被告住所地原则，即依被告住所地决定管辖权的原则。如果明确属于侵权行为的诉讼，根据德国法的规定由侵权行为地法院行使管辖权。

对于国际产品责任案件的法律适用问题，德国一般适用传统的侵权行为地法。如果侵权行为地（加害行为地）与损害发生地不在一处时，则适用有利于受害人的法律，即依加害行为地法或依损害发生地法。

四、法国的产品责任法

法国的产品责任法是由民法上的合同责任与不法行为责任构成的。根据合同关系，关于产品责任诉讼当事人，法院认为制造商对最终买主（消费者或使用者）与对其他直接买主（中间商）负有同样的义务，因此，准许最终买主直接向制造商提起诉讼，但是买主的家属、亲友及客人等得不到任何赔偿，因为他们与卖主没有合同关系。在处理产品责任案件时，法国法院主要以《法国民法典》为依据。《法国民法典》在第 1 382 条至第 1 384 条规定了过失责任原则。关于不法行为责任，《法国民法典》第 1 382 条规定：“任何行为使他人受损害时，因自己的过失而致行为发生的人对该他人负赔偿责任。”法院可以依此对具体的产品责任案件的加害人判处赔偿责任。同时对卖方所负的责任在第 1 645 条中作出了明确的规定：“如果出卖人明知标的物有瑕疵时，除应返还其收取的价金外，并应赔偿买受人的全部损失。”法国产品责任法经历了从“瑕疵担保原则”向“无过失侵权责任原则”的发展过程。

20世纪60年代以后，受到其他国家产品责任法的影响，法国法院在处理涉及产品责任案件时，过失的意义越来越小，而法官对法律的解释则越来越具权威性。法院还可以通过引申解释法国民法典中的有关规定，达到近似于美国严格责任的结果。例如，法国法院在处理产品责任案件时，对于民法典上的过失责任作了引申解释，即如果损害是由于产品的缺陷所致，那么，只要卖方为该缺陷产品的生产商和销售商时，对于这种损害，不论卖方是否疏忽，都应给予买方受到损害的赔偿。这样一来，原告就无须证明被告是否有疏忽，而只须证明产品有缺陷，并造成消费者或使用者人身伤害和财产损害，被告就要对此承担责任。与此同时，法国法院还扩大了担保之诉的范围，一个受损害的买方起诉销售的卖方，如果产品的缺陷并非因其过失所致，被诉卖方可以指控位于他前面的卖方，并可以依此类推，直至生产商。法院还允许与生产商没有合同关系的原告也可以对生产商直接起诉。可见严格责任原则通过法国法院的努力，正在法国逐渐形成，并作为审理产品责任案件中的主要依据。

关于国际产品责任案件的管辖权，法国法采取了根据当事人国籍确定管辖权的原则，但是对本国当事人作了特别有利的规定。根据法国新的民事诉讼法规定，法国法院在管辖权问题上有了新发展。在侵权行为管辖上，除了被告所在地法院的普通管辖权外，还扩大了侵权行为地法院的管辖权，即既可以由损害事件发生地法院管辖，也可以由损害承受地法院管辖。在法律适用方面，法国法采用侵权行为地中的加害行为地法。

五、日本的产品责任法

日本的产品责任法以1995年7月1日生效的《日本产品责任法》(*Japanese Products Liability Law*)为标志划分为两个发展阶段：在此之前产品责任案件由民法典中的“疏忽”理论来规范；在此之后则由基于无过错责任理论的产品责任法来规范。

1. 产品与缺陷

关于产品，《日本民法》第85条规定，是指有体物。解释为物质上占据一定空间而有形的存在。所有固体、气体、液体均为物，均可构成产品。此外，日本在近年的判例中，也倾向于将电、热、声、光等自然力，称为物。在“电气盗窃事件”的审判中体现了这样的思想，因此这些无形物也可归人产品的范畴。对于缺陷，日本《产品责任法》规定，缺陷指“考虑到影响该产品的诸多因素，如产品特性、可预见的通常使用方式及生产者或其他人交货时间等，该产品缺乏一般的安全水平”。主要包括设计缺陷、制造缺陷、指示缺陷和发展缺陷等。

2. 归责基础

日本法对于产品责任的归责基础也建立在合同关系和侵权关系之上。合同关系的产品责任主要依据《日本民法典》第570条的规定，即购买了具有隐蔽瑕疵产品的买方可以向直接卖方提出损害赔偿的请求。将这种产品责任仅局限在具有直接合同关系的相对人之间，除非卖方纯粹为生产者的代理人，否则任何人不得向没有合同关系的生产者提出损害赔偿的要求。但如果合同关系的卖方是中间商，并且无力承担买方的索赔请求，买方可请求该卖方的直接卖方直至产品生产者承担产品责任。

日本对于产品责任的另一个归责基础建立在侵权关系上，《日本民法典》的第 709 条确定了产品责任的过失责任原则，规定产品的生产者和销售者所应承担的产品责任必须以其对产品缺陷的存在具有过失为前提，由受害者对于缺陷、缺陷造成的损害、缺陷与损害之间的因果关系以及生产者或销售者对于缺陷的存在具有过失承担举证责任。但新的产品责任法放弃了过失责任的理论，要求产品生产者或销售者承担严格责任，除非他们能够证明原告赖以胜诉的三个构成要件——产品存在缺陷、原告有损害、缺陷与损害之间有因果关系——不成立，否则就应承担责任。

3. 关于责任主体

日本法对于产品责任主体的规定与美国及欧洲一些国家的认识比较一致，认为产品的制造者(包括零部件的制造者、原材料的提供者以及将自己标识为制造者的人)、中间商(包括进口商、批发商、运转商、零售商)以及其他在产品流转过程中从事过商业行为的人(如修理商、出租人、委托者等)都应对消费者有关产品责任的请求承担责任。但是日本法在一些问题的认识上也具有自身的特点，如对于零售商的责任承担，在著名的“瓦斯容器爆炸引火事件”的判例中，就采取相对宽松的态度，认为零售商除对指示缺陷及未尽必要的检查注意承担责任外，不承担对受害者的损害赔偿责任。

4. 免责

日本法认为在产品责任的承担过程中，生产者可以通过这样的方式进行免责：一是证明原告赖以胜诉的证据不成立；二是证明在交货时，在现有科技知识水平下不足以使生产者了解缺陷的存在。与其他国家不同的是，日本法并不认为基于国家法令而产生的缺陷给消费者造成损害可以成为生产者免责的事由。因为国家法令仅是原则性的规定而已，至于是否达到安全性的确保，仍应委诸于设计、制造者的注意。

六、中国的产品责任法

中国涉及产品责任的法律包括很多，包括《中华人民共和国食品卫生法》、《中华人民共和国药品管理法》以及《化妆品卫生监督条例》、《工业产品质量责任条例》等。但是关于产品责任的主要立法依据是《中华人民共和国民法通则》。《中华人民共和国民法通则》第 122 条规定：“因产品质量不合格造成他人财产、人身损害的，产品制造者、销售者应当依法承担民事责任。运输者、仓储者对此负有责任的，产品制造者、销售者有权要求赔偿损失。”但《中华人民共和国民法通则》的规定过于原则，不具有操作性，而产品质量问题也随着中国产品丰富程度的提高而越发明显，制定一部专门关于产品责任的法律成为我国法制建设的重要任务。因此，1993 年 2 月 22 日全国人大常委会通过了《中华人民共和国产品质量法》，并于同年 9 月 1 日施行，该法曾于 2000 年 7 月 8 日进行了修正。

此外，2009 年 12 月 26 日颁布，并于 2010 年 7 月 1 日起施行的《侵权责任法》在该法第五章中对“产品责任”作了专章规定，这将对“产品责任”的理论和实践产生较大的影响。其主要内容有以下几个方面。

1. 产品责任原则

《侵权责任法》第 41 条、第 42 条分别规定：“因产品存在缺陷造成他人损害的，生产者应当承担侵权责任。”“因销售者的过错使产品存在缺陷，造成他人损害的，销售者应当承担侵权责任。销售者不能指明缺陷产品的生产者也不能指明缺陷产品的供货者的，销售者应当承担侵权责任。”根据以上规定，我国法律制度下产品责任实行的是无过错责任原则。

2. 未规定排除适用“产品责任”的情形

《产品质量法》第 41 条规定了生产者三种排除产品责任的情形，即生产者能够证明未将产品投入流通的；产品投入流通时，引起损害的缺陷尚不存在的；将产品投入流通时的科学技术水平尚不能发现缺陷的存在等情形不承担赔偿责任。然而《侵权责任法》对这三种排除情形未作规定。从《侵权责任法》的立法精神来看，只要产品缺陷确实造成了他人损害，生产者都不能免责。因此，从这一条款来看，无论是否投入流通，生产者必须承担产品缺陷引起的侵权责任，从而加大了企业的责任，促使企业提高产品质量的意识。为了平衡受害人与生产者、销售者的责任，《侵权责任法》第 46 条规定：“产品投入流通后发现存在缺陷的，生产者、销售者应当及时采取警示、召回等补救措施。未及时采取补救措施或者补救措施不力造成损害的，应当承担侵权责任。”据此，产品投入流通后发现存在缺陷，生产者、销售者及时采取警示、召回等有力补救措施的，可以不承担侵权责任。这一条款也是“缺陷产品召回”制度的法律依据。

3. 损害赔偿

《侵权责任法》第 43 条规定了产品责任的损害赔偿问题：“因产品存在缺陷造成损害的，被侵权人可以向产品的生产者请求赔偿，也可以向产品的销售者请求赔偿。”

同时，《侵权责任法》第 22 条规定：“侵害他人人身权益，造成他人严重精神损害的，被侵权人可以请求精神损害赔偿。”产品责任也适用这一精神损害赔偿规定。《侵权责任法》关于精神损害赔偿的规定和比较原则，需要作进一步的具体规定。然而，这一关于精神损害赔偿的明确规定将对追究产品责任产生积极的影响。当人们由于产品缺陷受到精神损害时除通过停止侵害，消除影响，赔礼道歉等获得救济外，受害人也可以请求经济赔偿以获得救济和抚慰。

4. 惩罚性赔偿

惩罚性赔偿，是由法院所做出的赔偿数额超出实际损害数额的赔偿。惩罚性赔偿是严厉性程度最高的一种民事责任形式。惩罚性赔偿是在承担补偿性民事责任基础上承担的增加赔偿责任，即国家通过强制性手段对责任人财产施加损失以达到惩罚的功效。《侵权责任法》新规定了“产品责任”的惩罚性赔偿，在对受害人给予补偿性赔偿之外，还对责任人处以惩罚性赔偿。该法第 47 条规定：“明知产品存在缺陷仍然生产、销售，造成他人死亡或者健康严重损害的，被侵权人有权请求相应的惩罚性赔偿。”

5. 第三人过错造成产品缺陷可追偿

虽然《侵权责任法》没有直接规定运输者、仓储者等第三人的产品责任，但是该法明确规定了产品的生产者、销售者对第三人责任的追偿。《侵权责任法》第 44 条规定：“因运输者、仓储者等第三人的过错使产品存在缺陷，造成他人损害的，产品的生产者、销售者赔偿后，有权向第三人追偿。”这一新的规定明确了造成产品缺陷第三人的过错责任，保护了生产者、销售者的合法权益，也是对“产品缺陷由生产者造成的，销售者赔偿后，有权向生产者追偿”、“因销售者的过错使产品存在缺陷的，生产者赔偿后，有权向销售者追偿”等规定的发展，体现了民事责任归责的新要求，符合当今产品生产制造分工日益复杂多样的实际情况。

6. “产品缺陷危险”可以预先介入

“产品缺陷危险”是指产品缺陷可能产生危害人身、财产安全的后果，但尚未发生损害后果的情形。《产品质量法》仅对产品存在缺陷造成人身、财产损害规定了救济措施。《侵权责任法》除了对已造成损害的情形进行调整，还对产品缺陷危险规定了承担责任的形式。按照《侵权责任法》第 45 条的规定：“因产品缺陷危及他人人身、财产安全的，被侵权人有权请求生产者、销售者承担排除妨碍、消除危险等侵权责任。”通过及时排除、消除缺陷产品损害的危险，防患于未然，能够最大限度保护消费者的人身、财产安全。

第三节　关于产品责任的国际公约

随着国际贸易的急剧增长，各国的产品在国际范围内的流动日益频繁，国家之间的产品责任争端与案件也随之增多。第二次世界大战后，各国越来越重视产品责任的国际调整问题。在统一的产品责任法没有形成以前，目前国际上已经有三个区域性的产品责任公约，全部集中在欧洲：《关于造成人身伤害与死亡的产品责任公约》（简称《斯特拉斯堡公约》）、《关于产品责任的法律适用公约》和《关于对有缺陷产品责任的指令》。

一、《关于造成人身伤害与死亡的产品责任公约》

欧洲各国由于传统上的密切联系，最先感受到产品责任的国际化发展与各国产品责任法律制度巨大差异之间的矛盾，以及所带来的对商品流通和自由竞争的阻碍。为了解决这一问题，20 世纪 70 年代以来，欧洲国家的领导机构，如欧洲理事会、欧洲经济共同体等区域性政治和经济组织，积极致力于统一产品责任国际立法活动，并缔结了专门性的国际公约。《关于造成人身伤害与死亡的产品责任公约》（*Convention on Product Liability in Regard to Personal Injury and Death*）是由欧洲理事会拟定并于 1976 召开的理事会会议上通过的，欧洲理事会各成员国于 1977 年 1 月 27 日在斯特拉斯堡正式签订，并供开放签字参加，故又称《斯特拉斯堡公约》。与该公约相随的，还有解释报告。根据该公约第 13 条第 2 款的规定，公约将于欧洲理事会三个成员国成为公约当事国之日起生效。目前，该公约已生效，成员国有法国、比利时、卢森堡和奥地利等。该公约由正文与附件组成，其中正文共有 17 条，该公约的基本内容如下所述。

1. 适用范围

公约的适用范围仅限于对人的伤害、致死方面的案件，调整由于缺陷产品造成人身伤害和死亡所引起的赔偿责任问题，而不包括缺陷产品对财产造成的损害所引起的产品责任。

2. 归则原则

公约规定了严格责任原则，并且如果数人对同一损害都负有责任时，他们之间承担连带责任。

3. 关于产品的定义

根据公约第 2 条规定,“产品”一词是指所有动产,包括天然动产或工业动产,无论是未加工的还是加工过的,即使是组装在另外的动产内或组装在不动产内。例如,桥梁是不动产,但建筑桥梁用的钢筋水泥仍可作为动产对待,如果桥梁内钢筋水泥等建筑材料有缺陷致使桥梁断裂造成人员伤亡,那么该钢筋、水泥的生产厂商应承担产品责任。

4. 关于缺陷的定义

公约第 2 条 C 款规定:考虑包括产品说明在内的所有情况,如果一件产品没有向有权期待安全的人提供安全,则该产品有缺陷。

5. 关于责任主体

公约将生产者确定为产品责任的承担主体,并进一步解释了生产者的范围:(1)成品或零配件的生产者;(2)任何以将产品投入流通为目的的按商业惯例进口产品的人;(3)任何使自己名字、商标或其他标志特征出现在产品上将其作为自己产品的出示者;(4)产品没有标明生产者时,每一供应者应被视为生产者,除非根据索赔人的要求,供应者将生产者或前供应者的身份在合理的时间内告知索赔人。

6. 赔偿和免责

公约没有对赔偿额进行最高限制,而是相反,确立了最低限制。它规定,对每个死者或伤者的赔偿额不得少于相当于 7 万特别提款权的国内货币;对同类产品的相同缺陷造成的一切损害的赔偿额不得少于相当于 1 000 万特别提款权的国内货币。

但如果存在以下情形,生产者可以不承担责任:(1)生产者未将商品置于市场销售;(2)依据情况判断,在产品投入流通时,造成损害的缺陷尚不存在或缺陷是投入流通后由第三人造成的;(3)该造成损害之缺陷产品不是用于销售、出租或为经济目的的分销,而又非在商业过程中制造或分销;(4)受害人本身的过失。不过在最后一种情况下,应考虑所有情况后决定减少或免除生产者的责任。如果损害既是由产品的缺陷,又由第三方的行为或疏忽造成,则不应该减轻生产者的责任。此外,公约第 8 条还规定,本公约规定的生产者责任,不得以任何免责或解除义务的条款加以排除或限制。

7. 时效

公约规定了诉讼时效为 3 年,自申请人发觉或必须合情合理地发觉损害、缺陷及生产者的身份之日起计算。根据公约的规定,如果诉讼未在自生产者将造成损害的单个产品投入流通之日起 10 年内提出,则受损害者丧失对生产者要求赔偿的权利。

二、《关于产品责任的法律适用公约》

在国际产品责任诉讼中,由于各国的产品责任法不完全相同,法院所采用的法律冲突规则也有所不同,使案件的处理结果带有相当大的不确定性。为了统一各国关于产品责任的法律冲突规则,海牙国际私法会议于 1973 年 10 月 2 日通过了一项《关于产品责任的法律适用公约》(*Convention of the Law Applicable to Product Liability*,以下简称《海牙公约》)。到目前为止,法国、荷兰、卢森堡、挪威、西班牙、芬兰、比利时、意大利和葡萄牙等国家已批准该公约。该公约已于 1978 年 10 月 1 日生效。公约共有 22 条,除对产品责任的法律适用规则作出规定之外,还对“产品”、“损害”和“责任主体”作了明确的规定。《海牙公约》是目前国际上唯一产品责任方面的冲突法公约，其宗旨是在国际范围内解决产品责任法律适用的问题。它主要适用于有关产品的国际性诉讼案件，而且仅适用于无合同关系的当事人之间所发生的纠纷。现将其主要内容简述如下。

（一）《海牙公约》对产品、损害及责任主体的规定

《海牙公约》规定，“产品”一词应包括天然产品和工业产品，无论是未加工的还是经过加工的，也无论是动产还是不动产。《海牙公约》对“损害”也作了广义的解释，按照公约的规定，“损害”是指对人身的伤害或对财产的损害以及经济损失；但是，除非与其他损害有关，产品本身的损害以及由此而引起的经济损失不应包括在内。《海牙公约》规定产品的“责任主体”应当包括：(1)成品或部件的制造商；(2)天然产品的生产者；(3)产品的供应者；(4)在产品储备或销售等整个商业环节中的有关人员，包括修理人和仓库管理员。上述人员的代理人或雇员的责任亦适用该公约。

（二）《海牙公约》对产品责任的法律适用规则的规定

1. 准据法的确定

《海牙公约》在第 4～7 条对于产品责任纠纷的法律适用问题做出了规定。该公约的突出特点是以两个以上的连结点来确定所适用的准据法，以避免单独连结点不能得到满意的结果。此外，公约也允许受损害者在一定范围内自己选择准据法。

《海牙公约》所提供的基本连结点有四个：第一，损害地。是指权益最初被侵害的地方或损害最初发生的地方。第二，直接遭受损害的人的经常居住地。第三，被控负有责任的人的主要营业地。如果直接受损害的人的经常居住地或被控负有责任的人的主要营业地发生变化，则一般认为以损害事实发生时其所处的经常居住地或主要营业地为确定准据法的连结点。第四，直接遭受损害的人取得产品地。这里取得产品地是指事实上占用产品，而并非取得法律上的权限。根据以上四个连结点确定的法律适用规范，《海牙公约》提供了以下规则。

(1) 以损害地所在国的国内法为基本的适用法律时，必须同时满足下列条件之一：①该国又是直接遭受损害的人的经常居住地所在的国家；②该国又是被控负有责任的人的主要营业地所在国；③该国又是直接受损害的人取得产品地的所在国。

(2) 以直接受损害的人的经常居住地所在国的国内法为基本适用的法律时，也必须同时满足下列条件之一：①该国又是被控负有责任的人的主要营业地所在国；②该国又是直接受损害的人取得产品地的所在国。

(3) 如果四个连结点分散在不同的国家，或者虽然被控负有责任的人的主要营业地与直接受损害人取得产品地在同一个国家，但是，损害地和直接遭受损害人的经常居住地分别在其他国家时，通过上述两种方法均不能确定准据法。在此种情况下，《海牙公约》认为可以首先考虑适用被控负有责任人的主要营业地所在国的国内法，但《海牙公约》还是赋予原告在损害地与被控负有责任人的主要营业地之间进行选择的权利。该公约第 6 条规定，凡第 4 条和第 5 条指定的法律都不适用时，则适用的法律应为被控负有责任的人的主要营业地所在国的国内法，除非请求人根据损害发生地所在国的国内法提出请求。《海牙公约》的此项规定尽管可能不会给受损害方带来诉讼上的便利（因为损害发生地也并非受损害人的经常居住地），但至少不会给受损害方带来诉讼上的不便，或者说这种规定毕

竟给了受损害方一个选择的权利,使他可以按照自己的意愿选择救济的途径。

(4)《海牙公约》还规定,即使是按照第 4～7 条规定确定了上述的准据法,也应当考虑产品销售生产所在国通行的行为规则和安全规则。即受理案件的法院有权根据市场国的安全标准作为判断生产者责任的地方性材料,即使市场国的法律不是按照公约规定所确定的准据法,如果根据市场国的安全法律可以认定生产者负有责任的话,法院也可以将这一事实作为判决的参考。

2. 准据法的适用范围

《海牙公约》第 8 条列举了准据法的适用范围:

① 责任的条件和范围; ②免除、限制和划分责任的依据; ③可予赔偿的责任种类; ④赔偿的方法及范围; ⑤损害赔偿的权利可否转让或继承的问题; ⑥可依自己的权利要求损害赔偿的人; 即准据法所能够解决的问题; ⑦委托人对其代理人或雇员行为所承担的责任; ⑧举证责任; ⑨关于时效及起诉期限的规定,包括有关时效或起诉期限的开始、中断和中止的规定。

3. 其他规定

《海牙公约》规定根据其所确定的准据法必须得到适用,只有这种适用明显地与该国的公共政策或公共秩序相抵触或不一致时,才可以拒绝适用。关于准据法,只要依据《海牙公约》所提供的规则是确定的,即使所确定的是非缔约国的法律,也是公约所允许的; 并且这种非缔约国法律的适用不受任何互惠条件的影响,是一种独立的适用。

关于《海牙公约》的适用顺序,在第 15 条这样规定,对于缔约国参加的,或可能参加的其他专门方面的公约中有关产品责任的规定,本公约不应优先适用。如果某国既是《欧洲共同体产品责任指令》的缔约国,又是《海牙公约》的缔约国,则在有关产品责任的确定上,前者优先于后者被适用。根据《海牙公约》的规定,其缔约国在加入该公约时最多享有两项保留,其一为公约关于"时效规则",如果做了此项保留,则意味着该国在运用《海牙公约》确定准据法时,该准据法中关于时效规则的规定将不被审理案件的法院所采用,而有可能适用法院地国关于时效问题的规定。其二是对"本公约不适用于未加工的农产品"的保留。如果某个缔约国法律规定未经加工的农产品所造成的损害不适用于产品责任法(如德国法),那么《海牙公约》允许其做这样的规定。除此之外,《海牙公约》不允许缔约国做其他的或更多的保留。

三、《关于对有缺陷产品的责任的指令》

为了协调原欧洲经济共同体各成员国之间有关产品责任的法律,原欧洲经济共同理事会于 1985 年 7 月 25 日通过了一项《关于对有缺陷产品的责任的指令》(*Directive Concerning Liability for Defective Product*,第 85/374/EEC 指令),要求各成员国在 1988 年 8 月 1 日以前采取相应的国内立法予以实施,但允许各成员国有某些取舍的余地。该指令对原欧洲经济共同体各成员国的产品责任法产生了重大影响,同时又是欧共体及欧盟制定的一系列有关产品责任条约中最重要的一则。《指令》共有 22 条,其主要内容包括如下。

1. 采取无过失责任原则

《指令》对产品责任放弃了欧洲大陆法传统的过失责任原则，而采用无过失责任原则，这是一个很大的变化。作出这种改变的主要出发点是为了使消费者获得更充分的保护。因为当代技术产品纷繁复杂，需要在生产者和消费者之间妥善地分摊风险，而在两者当中，生产者处于更有力的地位，他们能够而且应当通过严格的设计、加工和检验程序尽量减少或避免他们所生产的产品的危险性，而且，他们还可以通过产品责任保险，将保险费加在货价上而使自己获得保障。因此，在立法指导思想上就应当加重生产者的责任，使消费者受到更有力的保护。

基于上述考虑，《指令》明确规定，在产品责任诉讼中，受害的消费者只须证明他受到损害和产品有缺陷的事实，以及二者之间存在着因果关系，即可以使该产品的生产者承担责任，而无须证明生产者有过失。

2. 关于生产者的定义

根据该《指令》第1条的规定，生产者应对有缺陷的产品所引起的损害承担责任。因此，确定谁是“生产者”是一个十分重要的问题。《指令》对生产者所下的定义是较为广泛的，它包括：(1)成品的制造者；(2)任何原材料的生产者；(3)零部件的制造者；(4)任何将其名称、商标或其他识别标志置于产品之上的人；(5)任何进口某种产品在共同体内销售、出租、租赁或在共同体内以任何形式经销该产品的人；(6)如果不能确认谁是生产者，则提供该产品的供应者(supplier)即被视为生产者，除非受损害的消费者在合理时间内获得查出谁是生产者的通知。

3. 关于产品的定义

《指令》的另一项重要内容是确定该指令所指的“产品”的定义。按照《指令》的规定，所谓“产品”是指可以移动的物品，但不包括初级农产品和赌博用品。不过各成员国可以通过国内立法，将上述两种产品包括在“产品”的定义范围之内。至于经过工业加工的农产品则包括在“产品”的范围内。

对于核产品，如果出现核意外事故，则只要该事故已为各成员国批准的国际条约所包括，亦被排除在“产品”的定义范围内。

4. 关于缺陷的定义

《指令》对缺陷的定义采用客观标准。按照这种标准，如果产品不能提供一般消费者有权期望得到的安全，该产品就被认为是有缺陷的产品。在确定产品是否有缺陷时，要考虑到各种情况，其中包括：产品的状况、对产品的合理预期的使用，以及把产品投入流通的时间。不能因为后来有更好的产品投入市场，就认为先前的产品有缺陷。例如，在20世纪60年代，汽车座位上都没有安全带，当时不认为这种汽车是有缺陷的产品，但是，如果80年代生产的汽车没有装设安全带，就将被认为是有缺陷的产品。对产品的操作、使用说明书，也是涉及产品的安全性的因素之一。

5. 关于损害赔偿

按照《指令》的规定，可以请求损害赔偿的范围，主要包括财产损失、人身伤害和死亡。对有缺陷的产品自身的损失，一般不予考虑。对不超过500欧元的损害亦不予考虑，以免引起过多的小金额的诉讼。特别值得指出的是，《指令》对“痛苦”(pain and suffering)的补偿有所保留，它认为这是属于非物质性的损害赔偿，应按有关国家的国内法来处理。这一点与《美国产品责任法》有所不同。

6. 对产品责任的抗辩

依照《指令》的规定，在产品责任诉讼中，被告可以提出以下三种抗辩。

(1) 无罪责

如果生产者能证明他没有罪责，他就可以不承担责任，这主要包括以下几种情况：①该生产者并没有把该产品投入市场；②引起损害的缺陷在生产者把产品投入市场的时候并不存在，或者证明这种缺陷是在后来才出现的，例如，是由于对产品的不适当使用而引起的；③生产者制造该产品并非用于经济目的的销售或经销，亦非在其营业中制造或经销；④该缺陷是由于遵守公共当局发布的有关产品的强制性规章而引起的；⑤按照生产者将产品投入市场时的科技知识水平，该缺陷不可能被发现。这种抗辩又称为"发展的风险"或"现有水平"抗辩。由于各成员国的法律对这一抗辩持不同的态度，因此，《指令》允许各成员国在各自法律中对是否采用这种抗辩自行作出取舍；⑥零件的制造者如能证明该缺陷是由于该产品的设计所致，而不是零件本身的缺陷，亦可不承担责任。

(2) 时效

在产品责任诉讼中，时效已过也是重要的抗辩理由。《指令》对时效作了如下规定：①受损害者的权利自生产者将引起损害的产品投入市场之日起 10 年届满即告消灭，除非受害者已在此期间对生产者起诉；②《指令》要求各成员国必须在其立法中规定提起损害赔偿诉讼的时效，该诉讼时效为 3 年，从原告知道或理应知道受到损害、产品有缺陷及谁是生产者之日开始计算。《指令》对时效的中止和中断没有作出规定，因此有关时效中止和中断的问题，应按适用的国内法来处理。

(3) 赔偿的最高额

生产者的责任原则上应当是没有限制的。但《指令》允许成员国在立法中规定，生产者对由于同一产品同一缺陷所引起的人身伤害或死亡的总赔偿责任不得少于 7 000 万欧元。

此外，《指令》还规定，生产者不得以合同或其他办法来限制或排除其对产品的责任。这表明产品责任是属于强制性的法律规定，不能由当事人以合同任意予以排除或限制。

小结

产品责任法是随着现代工业生产的发展，许多新产品投入市场，造成消费者受到伤害的案件不断增多而形成和发展起来的。产品责任法是调整产品制造者或销售者因所制造或销售的产品具有某种瑕疵或缺陷给产品消费者或其他第三者造成损害而引起的赔偿关系的法律规范的总称。产品责任的构成要件有包括产品存在缺陷、消费者或其他第三者受到损害以及损害与缺陷之间有因果关系。产品责任法的主旨是加强生产者的责任，保护消费者的利益。从这个意义上说，产品责任法是一种保护消费者的法律。本章介绍了各主要国家、国际公约中的产品责任法律制度，包括产品的含义、种类，产品缺陷的种类及判断标准，以及中国的产品责任法律制度的主要内容等。

思考题

1. 产品责任法中产品的范围是什么？
2. 如何认识产品责任法中产品的缺陷？
3. 产品责任的法律构成要件是什么？
4. 产品责任法的主要特征是什么？
5. 产品责任的免责事由分为哪两个类别？
6. 国际产品责任的法律适用呈现出怎样的变化趋势？
7. 美国产品责任法的主要内容及特点是什么？
8. 中国产品责任法的主要内容是什么？
9. 简述《斯特拉斯堡公约》的主要内容。

第五章 代 理 法

本章学习目标

1. 代理法概述
2. 代理权的产生与代理关系的终止
3. 代理的法律关系
4. 承担特别责任的代理人
5.《国际货物销售代理公约》
6. 中国的外贸代理制度

本章重要概念：国际商事代理　法定代理　意定代理　无权代理　表见代理　显名代理　隐名代理　未披露本人身份的代理　承担特别责任的代理人

第一节 代理法概述

一、代理制度历史沿革

代理制度是商品经济高度发展的产物。与其他主要民商事法律制度相比，它的产生和完善要更为依赖商品经济的高度发展。

在罗马法上，代理概念最早出现在查士丁尼时期和后查士丁尼时期，它来源于作为万民法一部分的古罗马执政官法。在古希腊的法律概念的影响下，罗马法不得不承认代理人和店员的行动。此外，在罗马后期，法律上出现了所谓“海商诉”、“企业诉”、“特有产和所得利益诉”等法律形式，实际生活中也出现了奴隶主、平民委托他人代理取得财物所有权、占有权的行为，这些形式类似于后世的委托代理，是代理的雏形。商事代理业务在西方国家至迟于 11～12 世纪已经出现，当时西欧城市产生了脱离农、工业，而以商品贸易为业的商人阶层，他们不仅自蓄买卖，同时也应手工业者之托，从事代购代销等商事代理业务。12～13 世纪的欧洲海上贸易的发达，则对商事代理的发展起到了较大的促进作用。最初是地中海沿岸航运便利的意大利城邦，以后扩展到西欧其他国家。不同的商品所有者通过各种契约关系联合成专门经营海上运输的组织，一些人委托出航的商人出售自己的产品，后来委托人与船长逐渐成立合伙。由于海上贸易的特点，商人并不亲自出海，而将货物或业务委托于代理人经营。这样，有关商事代理的习惯法随之发展起来，为西欧各地商人所采用并为法院所认可，近代意义上的代理制度逐渐形成。

关于商事代理制度的发展情况，我们可以通过对普通法国家和大陆法国家的考察而获知。从普通法国家来看，英国学者弗莱德曼(Firdman)教授在其《代理法》一书中指出，中世纪初期，代理制度少有发展，代理人的概念在17世纪以前还没有在英国普通法中得到使用。18世纪上半叶，英国代理法只承认明示授权和追认代理权的代理。到18世纪下半叶和19世纪上半叶，"不可否认原则"得到确立，关于隐名代理的法律规定也出现了。在整个19世纪，英国代理法律制度经历了一个发展完善的过程，以适应迅速发展的商品经济的需要，英美代理法中很少涉及法定代理，这是因为英美法中的家庭法律制度及信托制度在很大程度上代替了大陆法中法定代理的职能。由于英美法并无严格意义上的"民法"概念，故在英美代理法中也无"民事代理"之说，其代理主要是委托代理，且多为商事方面的代理，而商事代理基本上是委托代理，并且都是有偿的。

再从大陆法国家来看，在中世纪后期，法兰西和德意志的普鲁士出现了许多调整商人之间的贸易关系的商习惯法，后来这些商习惯法发展成为成文的商法典。在这些法律中，就有一些是关于商事代理的规定。到了18世纪，大陆法又通过吸收英国法中的一些原则，形成了近代的商事代理法律制度。有观点认为，商事代理是因民商法分立而从一般民事代理中分离出来的。其实这是一种误解，事实恰恰相反。代理制度起源于中世纪早期有关商事代理的习惯法，中世纪后期这些习惯法日趋完备，并成为商法典的一部分，直到出现《德国民法典》才开始将具有普遍意义的代理制度从旧的商法中抽出，编入民法典，从而建立了大陆法中堪称完善的民事代理制度，同时，在新商法典中仍然保留了有关商事代理的特别规定。大陆法国家存在民事代理与商事代理之区别，这是大陆法与普通法在代理制度方面的不同之处。

随着商品经济的高度发展，商事代理的作用更加突出，国际商事代理出现了一些新的发展趋势：第一，商事代理业务趋于专业化，代理人的分工越来越细，由于现代科技的迅速发展，社会分工越来越细，各种专业代理人应运而生，而且往往以专业代理公司的形式出现，并成为专门的职业，如销售代理人、不动产代理人、运输代理人等。第二，为了适应现代商品经济的发展，一些新的代理形式和代理法原则逐步确立，如出现了代理人与被代理人共同对第三人负责的新的代理形式，英美法中还确立了"优势责任原则"等。第三，有关专业代理的立法日臻完备，并且呈现专门化趋势。即使在奉行判例法的英美国家，有关专业的代理的制定法也越来越多，如1979年的英国《不动产代理人法》等。第四，经济贸易的发展和市场的国际化使得代理突破了国界，成为国际经济贸易领域的基本制度之一。

二、代理的概念

所谓代理，是指一方（代理人）按照另一方（被代理人）的授权(authorization)或法律的规定，代表本人同第三人订立合同或作其他的法律行为，由此而产生的权利与义务直接对本人发生效力。按照西方国家有关代理法律的规定，如果代理人是在本人的授权范围内行事，他的行为就对本人具有拘束力，即本人既可取得由此而产生的权利，又必须承担由此而产生的义务，而代理人则一般不对此承担个人责任。因此只要代理人的行为没有越出授权的范围，本人就要对此负责。

大陆法国家的代理概念可以简单地概括为，一人为他人进行的法律行为。大陆法上的代理制度建立在区别论的基础上，即把委任(mandate)与授权(authority)严格区别开来。委任是本人(又称委托人或被代理人)与代理人之间的契约,调整本人与代理人之间的内部关系。授权则指代理人代表本人与第三人签订合同的权利,它调整的是本人和代理人与第三人之间的外部关系。本人对代理人在其授权范围内实施的代理行为,承担责任,这就是大陆法上的代理制度赖以存在的基本理论——“区别论”(the theory of separation)。

普通法中的代理是建立在本人与代理人等同论(the theory of identity)的基础上的。这个理论上的代理概念指当代理人根据委托人(被代理人)授权而与第三人订立合同时,该代理人与委托人之间发生的法律关系,代理人所订立的合同对委托人和该第三人发生法律效力。该理论可简单地概括为“通过他人去做的行为视同本人亲自所为的行为”。

三、国际商事代理的概念

国际商事代理的法律基础一般是委托合同,代理人根据委托合同的授权,取得代理权。所谓国际商事代理,是指代理人为取得佣金,依本人的授权,为本人的利益与第三人为商行为,由此在具有国际因素的本人、代理人及第三人之间产生权利义务关系的法律制度。这里的商行为指一切营利性的营业行为,如货物买卖、货物运输、仓储保管、代理、保险、金融、出版等。

国际商事代理有狭义和广义之分。狭义的国际商事代理仅指代理人以本人(被代理人)名义实施代理行为的情况,即代理人依本人授权,以本人名义与第三人为商行为,所生之权利义务直接归属于本人。广义的国际商事代理还应包括代理人在代理权限内,以其自己的名义与第三人为商行为的情况。在现代社会,由于经济的发达和社会关系的日益复杂,代理人以本人名义所实施的代理逐渐难以适应现实生活的需要,而代理人以其自己名义所实施的代理却越来越广泛地被适用。有越来越多的国家和国际公约也倾向于认同广泛意义上的国际商事代理。如 1983 年 2 月正式通过的《国际货物销售代理公约》第 1 条第 4 款规定:“不论代理人以自己名义,抑或以委托人名义之行为,均适用本公约。”因此,对于国际商事代理概念应从广义上去理解。

要全面了解国际商事代理的概念,还须注意国际商事代理与国内商事代理的区别。国际商事代理区别于国内商事代理的显著特征在于它具有国际因素:国内商事代理的三方当事人不仅国籍相同,而且营业地也处于该国之内。而国际商事代理则不同,其主体带有国际因素。国际因素,从某一具体国家而言,也就是涉外因素。目前,各国和国际代理公约对国际因素的衡量标准并不完全一致。概括地讲,主要有两种标准,一是国籍标准,二是地域标准。所谓国籍标准,是指商事代理所涉及的三方当事人中至少有两方的国籍不同,至于三方当事人的营业地则不予考虑。所谓地域标准,就是指商事代理所涉及的三方当事人中至少有两方的营业地不同或代理行为地与营业地不同,至于当事人的国籍则不予考虑。国际代理公约采纳的均是地域标准。笔者认为,国际商事代理的国际因素,应该理解为代理人、本人或第三人当中有两方或两方以上的营业地位于不同的国家,至于他们的国籍是否相同,则不予考虑。

第二节 代理权的产生与代理关系的终止

一、代理权的产生

对于代理权形成的原因。大陆法，英美法和有关代理法规在规定上有所不同，下面就大陆法和英美法中有关代理产生的规定分别介绍如下。

（一）大陆法系

大陆法把代理权产生的原因分为两种，一种是由于本人的意思表示而产生的，称为意定代理；另一种是非由本人的意思表示而产生的，称为法定代理。

1. 法定代理

法定代理（statutory）是指被代理人于法律上或事实上不能为法律行为时，按照法律直接规定由他人代为进行法律行为的代理。凡不是由于本人的意思表示而产生的代理权称为法定代理权。法定代理权的产生主要有以下几种情况：(1)根据法律的规定而享有代理权，例如根据民法典的规定，父母对于未成年的子女有代理权；(2)根据法院的选任而取得代理权，例如法院指定的法人清算人；(3)因私人的选任而取得代理权，例如亲属所选任的监护人及遗产管理人等。

此外，公司法人本身是不能进行活动的，它必须通过代理人来处理各种业务公司法人的代理人就是公司的董事。公司的董事一般被认为是公司法人的第一位的代理人（primary agent），因为董事之外还有公司另外的代理人。按照德国法，法人的第一位代理人的权利是由法律规定的。

大陆法各国确立法定代理的目的，主要是保护无民事行为能力或限制民事行为能力的未成年人或精神病患者，以及其他不能表示意思人的利益的。因此，法定代理原则上都是无偿的。

2. 意定代理

意定代理（voluntary）是指代理人根据被代理人的授权而产生的代理。由于这种代理是基于被代理人的意思表示而产生，所以称它为意定代理。从意定代理的授权对象来看，大陆法一些国家的法律规定，代理权的授予既可以向代理人为意思表示，也可以向第三人为意思表示。如《德国民法典》第167条规定："代理权的授予应向代理人或向代理人对其为代理行为的第三人的意思表示为之。"与被代理人的授权相对应，大陆法的许多国家的法律均规定，被代理人授予代理人代理权，需要代理人或代理关系中的第三人对被代理人的授权作出意思表示。

（二）英美法系

英美法系上的代理主要是契约代理，亦称委托代理。因此一般被代理人与代理人之间的代理关系可以通过协议产生，但在某些情况下，即使被代理人事实上并未授权给代理人，被代理人也受其代理人行为的约束，另外代理关系还可以因事后追认而产生。

1. 实际授权

实际授权是指被代理人和代理人之间通过协议或合同而在实际上给予代理人的代理

权。它包括明示授权、默示授权两种。

(1) 明示授权

明示授权是指被代理人和代理人之间以明确的意思表示达成建立代理关系的协议，代理人通过被代理人的明示指定或委任而实际享有的代理权。这是普通法上产生代理权最基本的途径。在明示授权方式下，代理人所享有代理权的范围一般依本人指定或委任言词的真实含义确定。如果言词含糊或模棱两可，而代理人又善意地作了与被代理人的初衷不符的解释，被代理人仍然可能受到代理人行为的约束。

(2) 默示授权

根据英美等国的判例法规则，代理人在明示代理权之外，还享有一定程度的默示代理权，这主要包括三种情况：①由默示而存在的代理权。这是指从当事人在某一特定场合的行为或从当事人之间的某种关系中，可以推定当事人之间存在真实有效的代理关系。其中比较典型的是配偶间的默示代理和合伙人之间的默示代理。②附带授权。由于被代理人的明示委任并不一定能详尽地说明代理人在实际行动中所应具有的一切权利，因此受托从事某种特殊任务的代理人，可以享有合理地附属于其履行明示代理权所必不可少的默示行为的权利。③习惯授权。在代理人被授权为被代理人在某一特殊市场进行活动的情况下，他享有按该市场的相关习惯进行活动的默示代理权，无论被代理人是否知晓该习惯，被代理人均受其约束。

2. 表见授权

表见授权也称不容否认的代理权，是指被代理人虽没有对代理人加以明示委托，但如果他出于故意或疏忽，通过其言行使第三人有理由相信某人是其代理人而采取行动时，他便不能否认其言行，而必须视为已向该代理人授权，并不得否认该代理人为其设定的与第三人的权利义务关系。表见授权与明示授权的区别在于，后者是被代理人明确(口头或书面)委任代理人实施某一行为，而前者则是使第三人明显感觉到表面上存在代理关系。另外，表见授权说在英国法上也确认了这样一条原则，即除非某人以自己的言行向特定人或公众作出已向某代理人授权的一般表示，否则不能被视为被代理人。因此，如果代理人确无代理权时，被代理人便可诉请损害赔偿，并否认其取得报酬与费用的资格；如果第三人明知该代理人无权代理或越权行为，则被代理人对该代理人的行为不负责任。

3. 职业或惯常授权

职业或惯常授权即以某种代理行为为职业的人，如拍卖商、不动产代理人、代理商、律师、合伙人、公司总经理或公司秘书等所享有的代理权可以扩大到这类代理人的职业通常所享有的权利范围。

但是根据英国判例法原则，职业授权规则的适用范围是有限制的。如果代理人所为行为不属其职业惯常权利范围之内，或者代理人所为行为非为被代理人利益或根本不属被代理人业务范围，则不适用职业授权规则。此外，尽管在被代理人明示收回代理人之惯常代理权之后，第三人依代理人之惯常代理权仍可与被代理人缔结合同，但被代理人可对代理人违反合同的行为起诉，并否认其取得报酬或费用的资格。

4. 必要的授权

必要的授权亦称客观必要的代理权，是指在特定紧急情况下，某人依法律推定取得一种代理别人进行活动的代理权，他所实施的处分行为的结果及于被代理人。换言之，某人虽没有得到别人关于采取某种行为的明示授权，但由于客观情况的需要得视为具有此种授权。必要代理不同于默示推定代理的特征在于，它对于代理双方当事人均具有强制性或不可选择性。由于国际贸易经常会遇到各种不测因素，如战争、动乱、市场行情突变以及各种自然灾害等，代理人往往不得不采取一些紧急措施以维护被代理人的利益，因此，英美法系各国法律都承认因客观必需而产生的代理关系。必须指出的是，由于必要代理权有可能使某人失去其财产，或者使他承担某种未经其同意的责任，因此英美法院一般不愿不适当地扩大这种代理权的适用范围。按英美法院的判例，行使这种必要代理权必须同时具备以下四个条件：①代理产生的事由必须是实际的、确定的、具有商业必需性质的紧急情况。如果监管的财物没有灭失的危险，而仅仅因为管理不便，则不能成为享有必要代理权作紧急处理的理由。②代理事由发生时，代理人必须处于根本无法与被代理人联系，以取得被代理人指示或虽能与被代理人联系但被代理人却不作指示的境况之中。但随着现代通信事业的发展，代理人与被代理人的联系已变得极为方便，基于无法联系而产生的必要代理权的必要性正趋于减小。③代理人采取必要代理行为必须是出于善意并考虑到了所有相关当事人的利益。代理人的欺诈行为或非为维护当事人利益的行为或根据当事人利益不必要采取的行为均不构成必要代理。④代理人必须是合理而谨慎地为代理行为。

5. 追认授权

追认授权是指代理人未经被代理人明示或默示授权或超越代理权而以被代理人的名义实施代理行为，被代理人事后对此予以追认或不明示否认，代理人由此获得了追认的代理权。换言之，无论当事人之间有无事实上的代理关系，只要被代理人事后接受或认可了代理人所代订的合同，则该代订人即被法律视为经过代理授权，其所订合同对被代理人发生效力。按照英美判例规则，追认既可以以明示的口头或书面方式作出，也可以依被代理人的作为或不作为默示形式形成。追认的效果是使该无权或越权代理行为与有权代理行为一样对被代理人具有拘束力。追认具有溯及力，即自该合同成立时起就对被代理人生效。追认可以在第三人不知道或不同意的情况下进行，但追认不得破坏或损害第三人在追认时的既得权利。

按照英美判例规则，要使被代理人能给予追认授权，必须具备若干条件。

(1) 无权代理人只有在以代表的身份，即代表公开姓名的或不公开姓名的被代理人实施代理行为时，才有可能得到追认。如果他的行为仅是代表某一未公开身份的被代理人，则其行为应视为代表其自己，该未公开身份的被代理人对此不能追认。

(2) 无权代理人在实施代理行为时，其意欲代理的被代理人必须存在。

(3) 无权代理人的被代理人必须具有实施该未经授权行为的能力。

(4) 无法律效力的行为不能追认。

(5) 伪造签名不得追认，但被伪造人知悉别人伪签其名，并以其行为使第三人相信该签名为其所签而接受了文书，则根据不容否认原则，其必须承担签署文书的责任。

(6) 追认必须建立在对基本事实完全了解或虽不了解事实但仍表示出无条件追认的。

二、无权代理

无权代理是指欠缺代理权的人所作的代理行为。无权代理的产生主要有以下四种情形：(1)不具备默示授权条件的代理；(2)授权行为无效的代理；(3)越出授权范围行事的代理；(4)代理权消灭后的代理。

根据各国法律的规定，无权代理所做的代理行为，如与第三人订立合同或处分财产等，非经本人的追认，对本人是没有拘束力的。如果善意的第三人由于无权代理人的行为而遭受损失，该无权代理人应对善意的第三人负责。这里所谓"善意"是指第三人不知道该代理人是无权代理而言。如果第三人明知代理人没有代理权而与之订立合同，法律上不予以保护。

1. 大陆法

关于无权代理的问题，大陆法各国大都在民法典中加以规定。如德国、日本民法典都规定，无代理权人以他人名义订立合同者，非经本人追认不发生效力。在本人追认以前，无权代理人所作的代理行为处于效力不确定的状态。在这种情况下，大陆法有两种处理办法：一是由第三人向本人发出催告，要求本人在一定时间内答复是否予以追认；二是允许第三人在本人追认以前，撤回他与无权代理人所订立的合同。如《德国民法典》第177条、第178条规定，在发生无权代理的情况时，第三人得催告本人表示是否追认。追认的表示应在收到催告后两周之内作出；如在此期间不表示追认时，则视为拒绝追认，并且规定，无权代理人所订立的合同，在未经本人追认之前，第三人有权予以撤回；但如第三人在订立合同时明知其为无权代理人者，不得撤回。

关于无权代理人的责任，大陆法各国法律的规定并不完全相同。从原则上来说，无权代理人对第三人是否须承担责任，主要取决于第三者是否知道该代理人有没有代理权。如果第三人不知道该代理人没有代理权而与之订立了合同，无权代理人就要对第三人承担责任；反之，如果第三人明知该代理人没有代理权而与之订立了合同，无权代理人就不负责任。在这一点上，大陆法各国的法律规定是一致的，但在无权代理人的责任内容上，则有不同的规定。根据《法国民法典》和《瑞士债务法典》的规定，无权代理人应对善意的第三人负损害赔偿的责任。但根据《德国民法典》第179条的规定，无权代理人以他人的名义订立合同时，如本人拒绝追认，无权代理人应按照第三人的选择履行合同或赔偿损失的义务。换言之，第三人既可以要求无权代理人赔偿损失，也可以要求其履行合同，由第三人在两者当中选择其一。

2. 英美法

英美法把大陆法上的无权代理称为违反有代理权的默示担保(breach of implied warranty of authority)。按照英美法的解释，当代理人同第三人订立合同时，代理人对第三人有一项默示的担保，即保证他是有代理权的。因此，如果某人冒充是别人的代理人，但实际上并没有得到本人的授权，或者是越出了他的授权范围行事，则与其订立合同的第三人就可以以其违反有代理权的默示担保对他提起诉讼，该冒牌的代理人或越权的代理人就须对第三人承担责任。对于这种情况，需要注意以下几点：

(1) 这种诉讼只能由第三人提起，不能由本人提起；

(2) 无权代理人的行为不论是出于恶意或者是出于不知情，他都要对此负责；即使他不知道他的代理权已因本人的死亡或精神错乱而告终止，他亦须负责；

(3) 如果第三者知道代理人欠缺代理权，或者知道代理人并没有提供有代理权的担保，或者合同中已经排除了代理人的责任，则代理人可以不承担责任；

(4) 如果本人对代理人所作的指示含糊不清，而代理人出于善意并以合理的方式执行了这一指示，则代理人对此不承担责任，即使代理人对本人的此项指示曾作了错误的解释，他也不负责任；

(5) 代理人对违反有代理权的默示担保所承担的损害赔偿金额，一般应按第三人所遭受的实际损失计算。

三、代理关系的终止

在代理关系中，大陆法与英美法对代理关系的终止规定不同，现分别予以介绍。

(一) 大陆法中的有关规定

大陆法系有关代理关系终止的法律规定对法定代理、委托代理、表见代理主要有以下三种情况。

1. 法定代理关系的终止

大陆法各国的民法典或债务法典都将无法律行为能力或限制法律行为能力的人取得或恢复了民事行为能力和被代理人或代理人的死亡(包括宣告死亡)等列为法定代理终止的原因。具体地说，有以下几种情况：

(1) 被代理人取得或者恢复民事行为能力；

(2) 被代理人死亡、破产或丧失行为能力。但是，根据某些大陆法国家民商法的规定，上述情况只适用于民法上的代理关系，至于商法上的代理关系，则应适用商法典的特别规定，代理关系不能因被代理人的死亡或丧失行为能力而终止；

(3) 代理人的死亡、破产或丧失行为能力；

(4) 其他原因引起的被代理人与代理人之间的特定关系的解除。

2. 委托代理关系的终止

纵观大陆法系各国的规定，委托代理关系终止的原因主要分为：依据当事人的行为和依据法律原因而终止。

(1) 委托代理关系因被代理人或代理人的行为而终止。

委托代理关系都是基于被代理人要完成某项任务而设立的。如果被代理人所请求的代理事项业已完成，或者他已经撤销了该代理请求，或某该请求的代理事项无法履行，或者法人已解散等，在这种情况下，代理关系就可以依被代理人或代理人的行为而终止。根据大陆法各国的法律规定，原则上都允许被代理人在代理关系存续期间单方面撤回代理权，或者代理人单方面辞去代理权，由此而使代理关系终止。

(2) 委托代理关系因委托人或受托人死亡或丧失行为能力而终止。

根据一些大陆法国家的法律规定，如《法国民法典》第 2 003 条第 3 款规定，委托终止的事由包括"因委托人或受托人的自然死亡或民事上死亡、成年人受监护或破产"。可见，委托人或受托人死亡或丧失行为能力是代理关系终止的一项重要原因。然而，对于委托人死亡或丧失行为能力而终止委托代理关系的问题，根据德国法的规定，如果委托人授予委托代理权后死亡，或者丧失法律行为能力代理人所享有的代理权并不一定因此而归于消灭。在这种情况下，代理关系是否存续关键取决于代理的内部关系是否存续。如果委托代理的内部关系同委托人的死亡，或者丧失法律行为能力而终止，那么委托代理关系就得终止、委托代理权依其授予代理权的法律关系决定，也就相应地归于消灭。相反，如果代理的内部关系在委托人死亡后因继承而继续存在，那么只要这种内部关系并不具有"绝对的属人性"，则委托代理关系就不得终止，委托代理权也就依然存在。

(3) 委托代理关系因条件成就或期限届满而终止。

在附条件或附期限的委托代理中，如果双方当事人在代理合同中规定有代理任务或代理期限，则代理关系因代理任务完成等条件的成就或期限的届满而使代理关系终止。如果代理合同中没有规定期限，当事人也可以通过双方的意思表示终止他们的代理关系。

3. 表见代理关系的终止

表见代理是指尽管代理人是在不享有代理权的情况下实施的代理行为，但却是由于被代理人的原因使第三人相信代理人享有委托代理权的理由，从而使被代理人应对第三人承担代理行为后果的无权代理。表见代理虽然属于无权代理，但大陆法各国一般又都认为这种代理是有效的代理，因而表见代理关系的终止也具有特殊性。

(1) 被代理人以意思表示通知了第三人，他将授予代理人委托代理权。在这种情况下第三人并不能确定被代理人是否真正授予了代理人委托代理权，以及代理权的确切期限。如果委托代理权已经消灭，则这种代理关系不以委托代理权消灭的时间来确定代理关系终止的时间，而是以委托人通知第三人的时间来确定代理关系终止的时间。如《德国民法典》第 170 条规定："代理权系以意思表示通知第二人者，在授权人向第三人通知代理权消灭之前其代理权对第三人仍为有效。"

(2) 被代理人以特别通知或公告通知第三人他授予代理人委托代理权。但实际上被代理人并未有效地授予代理人以委托代理权。在这种情况下，对于第三人而言。只有在被代理人以相同于授予代理权的方式，通知撤回代理权时，代理关系才归于终止。

(3) 代理人将被代理人给他的委托代理书展示给第三人形成的表见代理。在这种情况下，对于第三人而言，委托代理关系只有在被代理人收回其委托代理书，或者宣告该委托代理书无效时才归于终止。

(二) 英美法中的有关规定

英美法系将代理关系的终止分为基于法律程序而终止和基于当事人行为而终止两种。

1. 基于法律程序而终止

根据英美法规定，在发生下列法定事由时，代理人的代理权依法律程序自动消灭，代理关系自动终止：(1)本人死亡；(2)本人破产；(3)本人精神失常；(4)本人成为本国的敌对国臣民。

2. 基于当事人行为而终止

根据英美法规定，对基于代理合同形成的代理关系，在代理合同终止条件成就之前或代理合同期届满之前，当事人之间可以通过协议终止代理关系，委托人也可以通过单方行为随时撤销代理人的代理权。如果委托人撤销代理权的行为违反了代理合同，他应当赔偿代理人的佣金损失和其他费用损失，不过委托人撤销行为的效力原则不受影响。

但是英美法规定，委托人撤销代理权行为的效力不是绝对的，应受以下两种特殊限制：一是对表见代理权的撤销。当代理人具有表见代理权或者委托人曾认可其假想代理权的情况下，委托人撤销其代理权的行为只有在通知送达订约第三人之后才对该第三人发生效力。从英美法国家实践来看，委托人撤销代理权的行为不可能具有公示力，因此任何善意第三人在不知道委托人撤销行为时，基于代理人表见代理权而与之订立的合同仍对该委托人具有约束力；二是对附条件代理权的撤销。当委托人已经授予代理人某种与其利益相联系的代理权的情况下，该代理权不能基于委托人单方行为而撤销。

第三节 代理的法律关系

在代理关系中，本人与代理人之间的关系称为内部关系，本人与代理人对第三人的关系称为外部关系。在代理法中，如何处理内部与外部这两种关系是一个十分重要的问题。现将这两种法律关系分别介绍如下。

一、代理的内部关系

（一）代理人的义务

根据各国的法例，代理关系一旦成立，代理人对被代理人就要承担各种义务。代理人的义务主要分为以下几个方面。

1. 亲自履行的义务

代理关系是一种信任关系，代理人不得转授其代理权的基础是委托人对代理人的信任。因此，在一般情况下，代理人与其委托人之间的关系具有特定身份性质，代理人除可依正常商业方式雇佣职员和助手外，原则上不得雇佣他人替其从事代理活动，不得转授其代理权，而应亲自履行代理事务。

然而，假使代理人不得转授代理权的基础是委托人对代理人的信任，那么，如果委托人的授权明显地不是基于他对代理人的信任，或者不是因为代理人必须显示的特殊技能而授予的代理权，或者事情可以由任何具有同样能力的人处理时，代理人则并非不得转代理权。根据英国 1878 年布斯科诉阿特案判例规则，只有在客观情况需要的条件下，惯例允许的条件下或委托人明示或默示授权许可的条件下，代理人才能转授代理权。但是凡被授予“独占代理权”的房地产代理人在任何条件下均不得转授代理权或雇佣“准代理人”。就各国代理法例关于要求代理人亲自履行义务的适用范围来看，亲自履行代理义务的规则既适用于有偿代理，也适用于无偿代理。无偿代理人有权拒绝委托代理，但无权将委托人的授权转授他人。

2. 按委托人意志或利益履行的义务

代理人的这项义务适用于合同代理人和无偿代理人。代理人履行代理任务必须符合委托人的授权范围。如果委托代理协议中规定有明确的授权范围并且该委托授权范围合法，代理人就必须遵守，他没有酌情权。即使委托人的授权不够恰当，只要代理人不存在劝告的义务，他就必须遵照执行而不必为后果负责。

代理人通常有义务明确确定授权内容，在默示授权的情况下，代理人的代理行为必须与他从事业务的一般性质相一致，必须与交易或其他习惯，惯例相结合。但是，如果既没有明确的授权又没有惯例指导，在这种情况下代理人应在尽可能符合委托人的最大利益的原则下独立地从事代理活动。

对于专业代理人，他有义务劝告或警告委托人谨慎授权，然后再履行遵守授权的义务，如果委托人并不考虑代理人意见，代理人必须按代理合同从事代理活动，否则他必须向委托人负责违约的责任。

3. 勤勉谨慎地履行代理职责的义务

代理人应当勤勉谨慎地履行代理职责。无论是有偿的代理人还是无偿的代理人，如果他未勤勉谨慎地履行代理义务，或者在替被代理人处理事务时有过失，致使被代理人遭受损失，代理人应对被代理人负赔偿的责任。当然，有偿代理人与无偿代理人遵守谨慎尽职的义务的程度不同。《法国民法典》第 1 992 条规定："受托人，不仅对于诈欺负责，并对其处理事务中发生的过失负责。关于过失责任的处理，无偿的受托人应较接受报酬的受托人为轻。"关于无偿代理人应履行的义务。一般来看，无偿代理人可以不履行代理事务，但如果他履行了代理事务就必须达到勤勉谨慎的标准，否则要对此负责。

从有偿代理的勤勉谨慎程度和无偿代理的勤勉谨慎程度比较来看，似乎无偿代理的勤勉谨慎程度要比有偿代理的勤勉谨慎程度低一些。然而，目前普通法国家的一些学者认为，从事代理活动无论是否有偿，只要代理人同意为他人无偿代理，就应与有偿代理一样勤勉谨慎地进行。

4. 代理人对本人应诚信、忠实

(1) 代理人必须向本人公开他所掌握的有关客户的一切必要的情况，以供本人考虑决定是否同该客户订立合同。

(2) 代理人不得以本人的名义同代理人自己订立合同，除非事先征得本人的同意。例如，本人委托代理人替其推销货物时，除非事先征得本人同意，代理人自己不能利用代理关系的便利同本人订立买卖合同买进本人的货物。代理人非经本人的特别许可，也不能同时兼为第三人的代理人以从两边收取佣金。如《德国民法典》规定："代理人除经特别许可的情形外，不得以本人名义与自己为法律行为"；也不得作为第三人的代理人而为法律行为。这种行为是对代理权的滥用，是违反代理人义务的行为。因此，当发生上述情形时，本人有权随时撤销代理合同或撤回代理权，并有权请求损害赔偿。

(3) 代理人不得受贿或密谋私利，或与第三人串通损害本人的利益。代理人不得谋取超出其本人除给他的佣金或酬金以外的任何私利。如果代理人接受了贿赂，本人有权向代理人索还，并有权不经过事先通知而解除代理关系，或撤销该代理人同第三人订立的合同，或拒绝支付代理人在受贿交易上的佣金，本人还可以对受贿的代理人和行贿的第三人起诉，要求他们赔偿由于行贿受贿订立合同而使他遭受的损失。即使代理人在接受贿赂或图谋私利时，并未因此而影响他所作的判断，也没有使本人遭受损失，但本人仍然可以行使上述权利。根据《英国 1906 年反贪污法》(*Prevention of Corruption Act 1906*)的规定，受贿的代理人和行贿的第三人都是刑法上的犯罪行为，情节严重者可追究刑事责任。

代理人在代理协议有效期间或在代理协议终止之后，都不得把代理过程中所得到的保密情报或资料向第三者泄露，也不得由他自己利用这些资料同本人进行不正当的业务竞争。但另外，在代理合同终止后，除经双方同意的合理的贸易上的限制外，本人也不得不适当地限制代理人使用他在代理期间所获得的技术、经验和资料。因为根据某些国家关于限制性商业做法的法律，这种限制是无效的。

5. 代理人须向本人汇报账目

代理人应当清楚地记录账目并把有关内容通知委托人。如果代理人不能提供清楚的账目，他不但要失去报酬，而且代理事务中的任何其他损失也要由他承担。如果代理人不交出账目，他就有将委托人的财产转变为自己的财产之嫌，并可以被禁止处分自己的财产。除此之外，代理人还应正确地核算代理权范围内属于委托人的财产或金钱，并应明确区分属于委托人的财产和代理人自己的财产。

代理人必须按委托人的要求，准确地向委托人申报所有的收入和支出。账目申报时间一般都在代理合同中加以规定。代理人还要按要求向委托人交出所有涉及履行代理事务的记录。这些代理记录被视为委托人财产的组成部分。

（二）被代理人的义务

1. 支付佣金的义务

（1）大陆法系

按照大陆法国家的法律规定，凡是在指定地区享有独家代理权的独家代理人，对于本人同指定地区的第三者所达成的一切交易，不论该代理人是否参与其事，该代理人都有权要求佣金。《德国商法典》第 87 条还有一项强制性规定，即商业代理人一经设定，他就有权取得佣金，即使本人不履行订单，或者履行的方式同约定有所不同，代理人都有权取得佣金。但是如果由于不可归咎于本人的原因出现了履约不可能的情况，则不能适用上述规定。有些大陆法国家为了保护商业代理人的利益，在法律中还规定在本人终止商业代理时，商业代理人对其在代理期间为本人建立的商业信誉，有权请求给予赔偿。

（2）英美法系

根据普通法判例，如果本人与第三者达成的交易是代理人努力的结果，代理人就有权取得佣金。如果经过代理人与买方谈判，最后由买方向本人直接订货，或代理人向本人推荐了买方，买方所出的价钱虽与标价相比较偏低，代理人都可以要求佣金。但如果本人没有经过代理人的介绍而直接同代理地区的买方达成交易，代理人一般就无权要求佣金。但这些法律规则往往可以通过双方当事人的协议或行业惯例而改变，特别是在指定地区的独家代理协议中，有时会规定代理人对所有来自代理地区的订货单都可以获取佣金。

关于代理人所介绍的买方再次向本人订货时，代理人是否有权要求付给佣金的问题，主要取决于具体代理合同的规定。特别是在代理合同终止后，买方再次向本人订货是否应付给代理人佣金的问题，如代理合同没有明确规定，往往会在本人与代理人之间引起争执。因为在代理合同终止后，本人仍然可以利用代理人为他建立的商誉和工作的成果。根据英美法院判例，如果代理合同没有规定期限，只要本人在合同终止后接到买方的再次订货，仍须向代理人支付佣金：如果代理合同规定了一定期限，则在期限届满合同终止后，代理人对买方向本人再次订货就不能要求本人给予佣金。但即使是在代理人对再次订货有权要求佣金的情况下，代理人也只能要求对再次订货的佣金损失给予金钱补偿，而不能要求取得未来每次订货的佣金。

2. 履行代理合同条款

如果代理合同规定了代理关系的存续时间，在合同没有载明委托人可以提前终止合同时，委托人应根据代理合同的规定允许代理人履行代理职责。如果委托人授予代理人进行某项行为的特殊权利，委托人不能将这种特殊的代理权再授予其他任何人，并且委托人也不能亲自取代这种已经授予代理人的特殊代理权。

3. 委托人对代理人的补偿义务

(1) 各国代理法例中均包括委托人对于代理人在正常代理活动中所支出的合理费用和遭受的损失有义务给予补偿，这其中既包括对有偿代理人的补偿，也包括对无偿代理人的补偿。

各国法律一般规定，补偿的程度应达到完全的补偿，不仅包括代理人为了委托人的利益在法律上必须支付的款项，还包括非强制代理人为委托人的利益应履行代理义务所支出的费用。但是，如果所遭受的损失是由于代理人自己的过失或者疏忽造成的，而委托人对此并无过失，代理人则无权得到补偿。

对无偿代理人的补偿分为以下两种情况：一是即使没有代理合同，也能够构成一个独立的默示补偿合同，在这种情况下，补偿是完全的补偿；二是如果这种默示补偿合同不能构成，代理人要求补偿的性质是偿还这个诉讼原因。因此补偿仅限于：委托人有法律义务支付的、委托人已从无偿代理中得到利益的，并且属于代理人受法律所强迫支付的费用。但是，如果无偿代理人的代理行为违法或超越代理权限从事无权代理或在履行代理义务的过程中有过失，委托人将不负责补偿，无偿代理人也无权诉请赔偿。

(2) 在代理人进行正常的代理活动中，有时由于无法预料的原因，致使代理人从事的代理事务遭受损失，如不可抗力等；而代理人对代理事务所遭受的损失并无过错，在这种情况下代理人对所遭受的损失不承担责任，应当由委托人对代理人由此而受到的损失给予补偿。

4. 委托人让代理人核查其账册的义务

对委托人这项义务的规定主要是大陆法国家的规定。有些大陆法国家在法律中明确规定，代理人有权检查核对委托人的账册，以便核对委托人付给代理人的佣金是否准确无误，并且将其作为一项强制性的法律规定。代理合同当事人双方均不得在代理合同中作出相反的规定。

二、代理的外部关系

代理关系是一种三角关系，其中既有代理人同第三人的关系，也有本人同第三人的关系，因此，从第三人的角度看来，最重要的问题是弄清楚他究竟是同代理人还是同本人订立了合同，即与他订立合同的另一方当事人究竟是代理人还是本人。对于这个问题，大陆法和英美法有不同的处理方法。

（一）大陆法系

大陆法在确定第三人究竟是同代理人还是同本人订立了合同这一问题时，所采取的标准是看代理人是以代表的身份同第三人订立合同，还是以他自己个人的身份同第三人订立合同。当代理人是以代表身份同第三人订立合同时，这个合同就是第三人同本人之间的合同，合同的双方当事人是第三人与本人，合同的权利义务直接归属于本人，由本人直接对第三人负责。在这种情况下，代理人在同第三人订立合同的时候，可以指明其本人的姓名，也可以不指出本人的姓名，而仅声明他是受他人的委托进行交易，但无论如何，代理人必须表示作为代理人身份订约的意思，或依订约时的环境情况可以表明这一点，否则就将认为是代理人自己同第三人订立合同，代理人就应对该合同负责。如果代理人是以他个人的身份同第三人订立合同，则无论代理人事先是否得到本人的授权，这个合同都将认为是代理人与第三人之间的合同，代理人必须对合同负责。在这种情况下，本人原则上同第三人没有直接的法律上的联系。

基于这种标准，大陆法把代理分为直接代理和间接代理两种。如果代理人在代理权限内以代表的身份，即以本人的名义同第三人订立合同，其效力直接及于本人的，称为直接代理；如果代理人以他自己的名义，但是为了本人的利益而与第三人订立合同，日后再将其权利义务通过另外一个合同移转于本人的，则称为间接代理。

在大陆法国家，直接代理称为商业代理人，间接代理称为行纪人。行纪人虽然是受本人的委托并为本人的计算而与第三人订立合同的，但在订约时不是以本人的名义同第三人订约，而是以代理人自己的名义订约，因此，这个合同的双方当事人是代理人与第三人，而不是本人与第三人，本人不能仅凭这个合同直接对第三人主张权利。只有当代理人把他从这个合同中所取得的权利转让给本人之后，本人才能对第三人主张权利。

在间接代理的情况下，本人需要经过两道合同手续才能对第三人主张权利，一是间接代理人与第三人订立的合同；二是代理人把有关权利转让于本人的合同。根据德国、瑞士、日本等国的法律，行纪人的业务仅以从事动产或有价证券的买卖为限，但法国法则没有这个限制，行纪人可以订立各种类型的合同。

（二）英美法系

与大陆法相比，英美法不存在直接代理与间接代理的概念。对于第三人究竟是同代理人还是同本人订立合同的问题，英美法采取了义务标准，即将该问题区分为以下三种不同的情况。

1. 显名代理(agent for a named principal)

如果代理人在同第三人订约时已经表明他是代表指名的本人订约的，在这种情况下，这个合同就是本人与第三人之间的合同，本人应对合同负责，代理人不承担个人责任。代理人在订立合同后，即退居合同之外，他既不能从合同中取得权利，也不对该合同承担义务。但下列情况除外：①如代理人以他自己的名字在签字蜡封式的合同上签了名，他就要对此负责；②如代理人以他自己的名字在汇票上签了名，他就要对该汇票负责。

英国过去的法律认为，英国的代理人代表外国的本人从事代理业务时，英国代理人须承担个人责任。但现在这项法律原则已经改变，英国代理人在为外国的本人在授权范围内从事代理活动时，已不再承担个人责任。

2. 隐名代理(agent for an unnamed principal)

如果代理人在同第三人订立合同时表明他是代理人,但没有指出他为之代理的本人的姓名,在这种情况下,这个合同仍认为是本人与第三人之间的合同,应由本人对合同负责,代理人对该合同不承担个人责任。按照英国的判例,代理人在同第三人订立合同时,如仅在信封抬头或在签名之后加列"经纪人"(broker)或"经理人"的字样是不足以排除其个人责任的,而必须以清楚的方式表明他是代理人,如写明"买方代理人"或"卖方代理人"等。至于他所代理的买方或卖方的姓名或公司的名称则可不在合同中载明。

3. 未披露本人身份的代理(agency for an undisclosed principal)

如果代理人虽然得到本人的授权,但他在同第三人订立合同时根本不披露有代理关系一事,即不披露有本人的存在,更不指出本人是谁,这在英美法上称为未被披露的本人的代理人。在这种情况下情况相对比较复杂。在这种情况下,代理人在同第三人订约时没有披露有代理关系的存在,相当于把自己置于本人的地位同第三人订立合同,所以他应当对合同承担法律上的责任。在这种情况下,未被披露的本人直接依据这个合同取得权利并承担义务是否是恰当呢?对于这个问题,英美法的答案是肯定的,即未被披露的本人原则上可以直接取得这个合同的权利并承担其义务。具体来说有以下两种方式:一是未被披露的本人有权介入合同并直接对第三人行使请求权或在必要时对第三人起诉,如果他行使了介入权,他就使自己对第三人承担个人的义务;二是第三人在发现了本人之后,就享有选择权,他可以要求本人或代理人承担合同义务,也可以向本人或代理人起诉。但第三人一旦选定了要求本人或代理人承担义务之后,他就不能改变主意对他们当中的另一个人起诉。第三人对他们中的任何一个人提起诉讼程序就是他作出抉择的初步证据;这种证据可以被推翻,如果被推翻,则第三人仍可对他们中的另一个人起诉。但一旦法院作出了判决,便成为第三人作出抉择的决定性的证据,如果第三人对判决不满意,他也不能对他们当中的另一个人再行起诉。英国法律规定,未被披露的本人在行使介入权时有两项限制:①如果未被披露的本人行使介入权会与合同的明示或默示的条款相抵触,则就不能介入合同;②如果第三人是基于信赖代理人的才能或清偿能力而与其订立合同,则未被披露的本人也不能介入该合同。

英美法中代理人不披露本人的存在的情况,虽然在表面上与大陆法上的间接代理有相似之处,但在英美法中未被披露的本人的法律地位同大陆法上的间接代理的委托人(本人)的法律地位是截然不同的。按照大陆法,间接代理关系中的委托人不能直接凭代理人与第三人订立的合同而对第三人主张权利,而必须由代理人同他在订立合同中把前一个合同的权利移转给他,他才能对第三人主张权利,即需要经过两个合同关系,才能使间接代理关系中的委托人同第三人发生直接的法律关系;但按照英美法,未被披露的本人有介入权,他无须经过代理人把权利移转给他,就可以直接对第三人主张权利。而第三人一经发现了未被披露的本人,也可以直接对本人起诉,即只需要有代理人同第三人间的一个合同就可以使未被披露的本人直接同第三人发生法律关系,不需要再有另一个合同。这是英美法同大陆法的一个重要区别。

第四节　承担特别责任的代理人

作为代理制度的一般原则，代理人在被代理人授权的范围内与第三人订立合同后，由被代理人享有权利、承担义务，代理人对第三人不负个人责任。只要代理人尽到了勤勉、服从和诚信等一般代理人的义务后，如果第三人不履行合同，代理人对被代理人也不承担个人责任。但是在某些情况下，代理人和被代理人或者第三人约定或者按照行业惯例，对被代理人或第三人承担个人责任，这种代理人就被称为承担特别责任的代理人（the agent with special responsibility）。这主要是因为在国际经济贸易活动中，第三人与被代理人对于彼此的资信并不十分了解，代理人因长期从事国际商事业务对有关交易当事人比较熟悉，同时具有良好的信誉。因此，有时会被要求对他们承担某种特殊的个人责任，以保护交易当事人的利益和交易的安全。根据代理人承担特别责任的对象不同，可以分为对被代理人承担特别责任的代理人和对第三人承担特别责任的代理人。

一、对被代理人承担特别责任的代理人

在一般情况下，代理人代替被代理人与第三人订立合同后，即退居合同之外，由被代理人与第三人承担合同的权利义务。对被代理人承担特别责任代理人主要是信用担保代理人。

信用担保代理人的责任是：如果他所介绍的买方（即第三人）不付货款时，由他本人赔偿被代理人因此而遭受的损失。因此，从法律上来看，在信用担保代理中，在代理人与被代理人之间除有一个普通的代理合同之外，还存在另外一个合同，即信用担保合同，代理人根据信用担保合同还要对被代理人承担个人责任。在国际贸易中，卖方由于对代理人所在地区的买方了解不多，往往会要求自己所熟悉的代理人充当信用担保代理人，以转移风险。对于信用担保代理人，大陆法系和英美法系的规定有一些差异。

(1) 在大陆法系国家，一般对信用担保代理人有专门的规定。例如，要求信用担保代理合同或信用担保代理条款以书面形式确立等。

(2) 英国判例认为，信用担保代理人对被代理人的信用担保责任属于第二位责任，只有第三人无力支付货款时，才对被代理人承担责任，负赔偿义务。且信用担保代理人的责任仅限于担保第三人的清偿能力，即在买方无力支付货款时承担责任，如果是因为合同的履行，如由于被代理人未履约，而使第三人拒绝付款，代理人不负责任。同时，根据英国判例，这种信用担保代理合同不需要以书面形式作成。

信用担保代理人产生的原因是卖方希望在国际货物买卖中转移由于对买方不了解所产生的风险。随着国际贸易的发展，许多国家设立了由政府经营的出口信用保险机构，专门为国内出口商办理和承担国外买方无清偿能力情形时的保险业务，信用担保代理人的作用也已经逐步由这种保险结构所取代。

二、对第三人承担特别责任的代理人

1. 保付代理人(confirming agent)

在国际贸易中起着重要作用的保付代理人是承担特别责任的代理人的范例,通常由出口商担任。保付代理人的业务通常是代理国外的被代理人(买方)向本国的第三人(卖方)订货,并在订单上加上保付代理人的保证,担保被代理人将履行合同,如果国外的被代理人不履行合同或者拒绝支付货款,将由保付代理人向本国的卖方,即第三人支付货款。

保付代理的经济目的是减少国际货物买卖中供货人在出口货物中的潜在风险,本国卖方不必顾虑外国买方的资信能力而接受订单。保付代理人通过将国际贸易转换为国内贸易,可以确保本国卖方在国际贸易中不会因为国外买方的信用缺陷而蒙受损失,有利于促进本国的出口。如A国的甲希望向B国的乙订购一批电子产品,乙接受了订单但他做出承诺的前提条件是得到B国保付商行的保付。于是,甲请求B国的保付代理人丙保付向乙发出的订单,丙同意保付。这时保付的典型特征是丙与乙的营业地位于同一国家,保付代理把国际交易转化为国内交易,使交易在乙所在国支付货款和履行,解除了乙对于甲的资信财政状况要进行的调查。

在保付代理中通常存在两方面的法律关系:一方面是保付代理人与买方之间的普通代理关系,如上例即是甲与丙之间的普通代理关系,其中,甲是被代理人,丙是代甲付款的代理人;另一方面的法律关系是保付代理人与卖方之间的担保关系,即上例中乙与丙的关系,乙是第三人,丙是买方的保付代理人,如买方即被代理人不付款或无力支付,由保付代理人承担支付货款的义务。如果在合同履行前,买方无故取消订单,保付代理人仍要对第三人即卖方支付货款。在这种情况下,保付代理人在付清货款后,有权要求被代理人偿还其所付的货款,并可以要求赔偿损失。

2. 保兑银行(confirming bank)

在当今国际贸易中,使用跟单信用证(letter of credit)已成为支付货款的主要方式之一,对商业跟单信用证进行保兑的保兑银行也是一种对第三人承担特别责任的代理人。在国际贸易中,卖方对不熟悉的客户往往要求其在约定的时间内通过开证行开立以卖方为受益人的、有银行保兑的不可撤销信用证并送达卖方,一般的程序是:国外的买方通过银行开立保兑的、以卖方为受益人的不可撤销信用证,委托卖方所在地的代理行对此信用证加以保兑,即在信用证上加上“保兑”字样,然后通知卖方,卖方一旦提交符合信用证要求的单据,就可以要求所在地的保兑银行支付货款。根据国际商会《跟单信用证统一惯例》第10条的规定,当开证银行授权另一银行对其开出的不可撤销信用证加以保兑,而后者根据开证银行的授权予以保兑时,此项保兑就构成保兑银行的一项确定的担保,即他对该信用证的受益人承担按信用证规定的条件付款或承兑信用证项下的汇票并于到期时付款的义务。在这种保兑关系中,开证行是被代理人,保兑银行是代理人,卖方是第三人,保兑银行根据开证行的授权在信用证上保兑时,此项保兑就构成了保兑银行的一项确定付款的担保,只要卖方提交的单据符合信用证上的规定,保兑银行就承担付款的责任,且这一责任是第一位的。

3. 运输代理人(forwarding agent)

运输代理人是接受客户委托,代客户向运输公司预订航位的代理人。运输代理人在国际贸易中起着重要的作用,这些代理人精通海、陆、空运输的复杂知识,特别是了解经常变化的国内外海关手续,运费和运费回扣,海港和机场的习惯、惯例和业务做法,海空货物集装箱运输的组织以及出口货物的包装和装卸等。在这种代理关系中,客户是被代理人,运输公司为第三人。如果届时客户未能装运货物,使船舶空舱航行,运输代理人要向运输公司支付空舱费,即短装货物的运费。在这种情况下,代理人可要求客户进行赔偿。如果客户拖欠代理人佣金、手续费或其他费用,运输代理人可以对其占有该客户货物进行留置,直到客户付清各项费用。

4. 保险代理人(insurance broker)

保险代理人,有时也称保险经纪人,是指基于投保人的利益,为投保人和保险人提供中介服务,并依法收取佣金的人。保险经纪人的具体业务是代投保人向保险人洽定保险合同,办理投保手续,代交保险费或者代为索赔。

在国际贸易中,进出口商在为货物投保运输保险时,一般不能直接与保险人订立合同,而必须委托保险经纪人代为办理。例如,根据英国海上保险法的规定,凡海上保险合同由保险经纪人替被保险人订立时,经纪人就保险费须对保险人直接负责。如果被保险人不缴纳保险费,保险经纪人应向保险人缴纳保险费。保险标的物在承保的风险范围内发生损失的,由保险人直接赔付被保险人。与其他行业的代理人不同,保险经纪人的报酬通常由保险人支付,而不是由他们的委托人,即被代理人支付。

第五节 《国际货物销售代理公约》

随着国际贸易的发展,代理制度被更为广泛地使用。由于各国法律规定的差异,国际贸易代理也引起了十分复杂的法律冲突。在这种情况下,就必须致力于寻求一种解决冲突的可行途径,而最有效的方法是制定 1961 年国际代理统一法,以使这些冲突降低到最低限度。目前有关的国际公约有 1961 年《代理统一法公约》、《代理合同统一法公约》、1967 年《运输代理人公约》、1988 年渥太华外交会议上通过的《国际保付代理公约》及 1960 年国际商会制定的《商务代理合同起草指南》、1983 年《国际货物销售代理公约》、1977 年《代理法律适用公约》等。本章我们将着重介绍《国际货物销售代理公约》。

为了协调各国代理制度的冲突,促进国际代理业务的发展,国际统一私法协会(UNIDROIT)于 1983 年 1 月 31 日至 2 月 17 日为通过“国际货物销售代理公约(草案)”在瑞士日内瓦举行了外交会议,参加会议的有 49 个国家的代表,我国也派了正式代表,9 个国家和 7 个国际组织派观察员出席了会议,最后决议文本于 1983 年 2 月 15 日经会议通过,该文本即《国际货物销售代理公约》(*Convention on Agency in the International Sale of Goods*),公约的正式文本由瑞士政府保管,公约也尚未生效。

一、《公约》对代理概念的规定

《公约》在界定代理的概念时更多地采纳了英美法系的观点,它规定代理是“当某人

(代理人)有权或意欲有权代表另一人(被代理人)与第三人订立货物销售合同时”的代理。因此,无论代理人实施代理行为时是以自己的名义还是以被代理人的名义,是在被代理人授予的权限范围内还是超越了代理权限或者完全为无权代理或者是代理行为建立在表见授权的基础上,均构成国际货物销售代理。其第1条第2款明确规定:“本公约不仅调整代理人订立货物销售合同的行为,也调整代理人旨在订约或有关履行该合同的任何行为。”这意味着《公约》将代理行为由法律行为扩大到虽非法律行为但却具有法律意义的行为,从而更符合实践的要求。根据《公约》第1条第3款的规定,其代理规则只涉及以被代理人或代理人为一方与第三人为另一方之间的关系,不适用于代理人与被代理人之间的内部关系。《公约》还将几项特殊性质的代理排除在国际货物销售代理之外:①证券交易所、商品交易所或其他交易所之交易商的代理;②拍卖商的代理;③因法律实施而创设的代理。

《公约》适用的货物销售代理具有国际性的特点,主要表现在以下三个方面。

(1) 被代理人和第三人的营业所必须分处不同的国家,并且代理人须在某一缔约国内设有营业所,或者依国际私法规则导致某一缔约国法律的适用。依此规定,须具有国际性的,并不是指代理合同(因为被代理人和代理人可能在同一国家有营业所),而是指销售合同,这反映了《公约》欲将其作为联合国《国际货物买卖合同公约》的补充。

(2) 第三人在订立合同时如果不知道也无从知道代理人是以代理人身份行事,则只有在代理人和第三人营业所分处不同国家并符合前述规定的情况下,才构成《公约》所规定的国际货物销售代理。

(3) 当事人的国籍和当事人或销售合同的民事或商事性质并不影响《公约》所规定的货物销售代理的国际性质(即不影响《公约》的地域适用范围)。

二、代理权的设定与终止

虽然《公约》只涉及代理的外部关系,但其对本应属于被代理人与代理人之间内部关系的代理权的设定和终止作了规定。其理由有二:一是代理内部关系是外部关系的基础;二是代理权的终止会对第三人产生效力,为维护第三人的利益,第三人有必要了解引起代理权终止的事实。

(一) 代理权的设定

在代理权的设定问题上,《公约》较多地采纳了英美法系上尽可能避免形式主义的观点,规定被代理人对代理人的授权可以明示(口头或书面),亦可以默示,并且无需用书面形式或书面证明,也不受其他任何形式要求的限制,授权为口头或默示形式时,也可以用任何方式(包括人证)予以证明。委托人或代理人营业地的缔约国在批准该公约时,如果要求必须以书面形式授予代理权的,可以对上述规定作出保留。

(二) 代理权的终止

《公约》第4章所规定的代理权的终止原因有两个方面。

1. 根据当事人的行为终止。它包括:依被代理人与代理人之间的协议而终止;由于为之授权的一笔或数笔交易已经完成而终止;无论是否符合被代理人与代理人的协议条款,代理权因被代理人撤回或代理人放弃而终止。

2. 代理权可依其所适用法律的规定而终止。《公约》采用了概括性的规定方法，而没有详细列出诸如死亡、丧失行为能力、破产或履行不可能或代理行为变为非法等原因。这主要是考虑到其中有些原因并不被所有国家看作终止的理由。

关于代理权终止对第三人的效力，《公约》规定除非第三人知道或理应知道代理权的终止或造成终止的事实，代理权的终止不影响第三人。这符合进一步保护第三人利益的要求，即没有采用依代理权所适用的法律规定的做法，而是创设了一条适用于所有终止情形的一般规则。

三、代理行为的法律效力

根据《公约》第3章的规定，对于代理行为的法律效力，《公约》采用了两个不同的标准来确定：其一是以有无代理权为标准，包括代理人在代理权范围内活动、越权代理和无权代理三种情况规定代理行为的法律效力；其二是以代理本身的性质为标准，包括比大陆法系上的直接代理范围稍广的代理、佣金代理和不公开被代理人的代理三种情况。

（一）代理行为只约束被代理人与第三人

《公约》规定，如果是授权范围内代表被代理人所做出的行为，并且第三人已经知道或理应知道代理人的代理身份与范围，在这种情况下，被代理人与第三人均要受代理人与第三人签订的合同的约束，除非有这样一个限制，即代理人在其与被代理人签订的佣金合同中规定，代理人的行为约束代理人自己。

（二）代理行为只约束代理人与第三人

《公约》规定，如果代理人代表被代理人在授权范围内行事，对此第三人不知道或不可能知道，由此而签订的合同就只约束代理人与第三人，不约束被代理人。

（三）不公开被代理人的代理

《公约》关于代理人和第三人同意代理人仅约束其自己，则代理行为仅对代理人和第三人发生效力的规定，是对大陆法系上关于间接代理的一般方法的承认。这与英美法系中关于被代理人或第三人在一定条件下可以相互直接主张权利的原则有一定的矛盾。因此，《公约》第13条第2款及以下款项对英美法系中“不公开被代理人的代理”情况下的法律效力也作了规定，而且更为详细。

1. 代理人因第三人不履行义务或其他原因未履行或无法履行其对被代理人的义务时，被代理人可以行使代理人从第三人那里取得的权利，同时他要相应地承担第三人可能对代理人提出的任何抗辩。

2. 当代理人没有履行或无法履行其对第三人的义务时，第三人发现了不公开的被代理人后，可以直接对被代理人行使其从代理人那里取得的权利，但该第三人同时承担代理人可能对第三人提出的任何抗辩以及被代理人对代理人提出的任何抗辩的双重限制。

3. 按公约的规定，上述各项权利只有在意欲行使这些权利的通知视情况送达代理人和第三人或被代理人时方可行使。一旦被代理人或第三人收到该通知，就不得再与代理人进行交涉而解除自己的义务。如果代理人是在第三人不知道被代理人的情况下以自己的名义与第三人订立合同的，则当被代理人不履行义务致使代理人未履行或无法履行其对第三人的义务，从而出现代理外部关系中的单方违约情况时，代理人负有将被代理人的姓名通知给第三人,以使第三人能进行责任追究的义务。

4. 如果第三人因竞争、国际禁运、特殊商业政策等原因而只愿与代理人订立合同并提出过声明,这说明第三人若知道被代理人的身份就不会订立合同,被代理人不得对第三人要求代理人代表被代理人所取得的权利。

公约的这些规定与英美法系上的规定大致相同,但它对被代理人的介入权和第三人的选择权多加了一些限制,规定只有在代理人未履行其对被代理人的义务或对第三人的义务时方能行使。

(四) 代理人无权代理或越权代理的法律效力

《公约》对无权代理或越权代理行为法律效力的规定主要表现为以下几种形式。

1. 作为一般原则

《公约》第 14 条第 1 款规定:"当代理人未经授权或超越代理权限范围行事时,其行为对被代理人和第三人没有拘束力。"为保护善意第三人的利益,《公约》第 14 条第 2 款同时也对表见代理情况下代理行为的法律效力作了明确规定,即如果被代理人的行为使第三人合理地并善意地相信代理人有权代表被代理人为某种行为,并且相信代理人是在该项授权范围内行事,则被代理人不得以代理人无代理权为由对抗第三人。

2. 对无权代理或越权代理追认问题的规定

《公约》第 15 条第 1 款规定,代理人未经授权或超越代理权限范围的行为,可以由被代理人予以追认。追认后,该行为即发生如同自始即经授权同样的效力。但是追认的直接后果并非在所有情况下都是一样的。如在《公约》第 12 条所规定的情况下,追认在被代理人和第三人之间会产生直接的拘束力,但在第 13 条所规定的情况下,追认的结果仅仅是允许被代理人或第三人有视情况行使直接诉讼权的不确定的权利,而且还必须满足下述条件:①如果第三人在代理人为代理行为时,不知道也无从知道该代理人未经授权,并且在追认前发出通知表示拒绝受追认的拘束,则该第三人对被代理人不负责任。而且即使被代理人已经追认,但他未在合理时间内追认,第三人只要立即通知被代理人,也可拒绝受追认的拘束。②如果第三人知道或理应知道该代理人未经授权,则在约定的追认期间届满前,若无此约定,则在第三人确定的合理期间届满前,第三人不得拒绝受追认的约束。

3. 有关无权代理人或越权代理人对第三人的责任的规定

《公约》第 16 条第 2 款规定:"如果第三人知道或理应知道代理人未经授权或超越代理权限范围行事,则代理人对第三人不承担责任。但是,如果未经授权或超越代理权限范围行事的代理人的行为未得到被代理人追认,则该代理人应承担对第三人的赔偿责任,以使第三人处于如同代理人有权并在其授权范围内行事时同样的地位。"

第六节　中国的外贸代理制度

一、我国的代理法律制度

《中华人民共和国民法通则》第四章第二节对代理制度作了规定。按照《民法通则》第 63 条的规定:公民、法人都可以通过代理人实施民事法律行为。代理人在代理权限内,以被代理人的名义实施民事法律行为，被代理人对其代理人的代理行为应承担民事责任。即如果被代理人委托代理人代其签订合同，只要代理人是在代理权限内，以被代理人的名义同第三人签订了该项合同，该合同的权利与义务均应归属于被代理人，应由被代理人对该合同承担责任，代理人对该合同可不承担责任。这种代理制度是属于直接代理，其特点是代理人必须以被代理人的名义行事，从而才能使代理行为所产生的效力直接归属于被代理人。这是我国现行法律中关于代理制度的唯一的一种规定。至于间接代理制度，我国《民法通则》中尚无明文规定。

《民法通则》对代理权的产生、无权代理、代理人与第三人的责任以及代理的终止等，都作了规定。根据《民法通则》第 66 条规定，没有代理权、超越代理权或者代理权终止后的行为，只有经过被代理人的追认，被代理人才承担民事责任；未经追认的行为，由行为人承担民事责任。但本人知道他人以本人名义实施民事行为而不作否认表示的，视为同意。代理人不履行职责，给被代理人造成损害的，应由代理人承担民事责任。如代理人与第三人串通，损害被代理人的利益的，应由代理人和第三人负连带责任，如果第三人知道行为人没有代理权、超越代理权或者代理权已终止还与行为人实施民事行为给他人造成损害的，第三人和行为人负连带责任。第 65 条规定，民事法律行为的委托代理，可以用书面形式，也可以用口头形式。但法律规定用书面形式的，应当用书面形式。第 67 条规定，代理人知道被委托代理的事项违法而仍然进行代理活动的，或者被代理人知道代理人的代理行为违法而不表示反对的，由被代理人与代理人负连带责任。这些规定，确立了我国处理代理关系的基本原则。

二、我国的外贸代理制度

外贸代理是指由中国的外贸公司充当国内厂商的代理人，代其签订进出口合同，收取一定的佣金或手续费的做法。1984 年，我国推行外贸代理制，这项改革的主要好处在于：它有利于国内供货部门了解国际市场对产品的要求，促使他们提高出口产品的质量；增强其竞争能力和出口创汇能力；增强国内生产供货部门对履行出口合同的责任感，促使其改善经营管理，提高经济效益；同时还可以减轻外贸公司在收购出口货源方面的财务负担，并使外贸公司的经营方式更加灵活多样，对于工贸双方都十分有利。

中国的外贸代理制从 1991 年国家外经贸部《关于对外贸易代理制的暂行规定》(以下简称《暂行规定》)，以及 1994 年 5 月 12 日通过的《中华人民共和国对外贸易法》开始，走上法律规制道路。根据《暂行规定》，外贸代理指代理人以被代理人名义对外签订合同，合同权利和义务直接由被代理人承担，适用于双方都有外贸经营权的企业；间接代理指代理人以自己的名义对外签订合同，合同权利和义务由代理人对外承担，代理人与被代理人之间权利和义务由委托代理合同确定，适用于双方都有外贸经营权的企业，也适用于无外贸经营权的委托人与外贸企业之间的关系。一般情况下，人们所说的外贸代理制即指间接代理及其有关制度。外贸代理制中代理人首先应具备企业法人的一般权利能力和行为能力且应当在核准登记经营范围内从事经营；其次，外贸代理人必须具有特殊的权利能力和行为能力——外贸经营权，没有外贸经营权的公司、企业必须委托有外贸经营权的公司代理进出口，且必须以外贸公司的名义对外签订合同；最后，外贸代理人还必须具有其所代理的商品的外贸经营权，无某类商品进出口经营权而为他人代理进出口的，应属主体资格不合格的无效行为。这种情况下，代理人对外仍需履行其所签订的合同，对内应承担相应的责任。由此可见，外贸代理制包括二个合同关系：即委托人和受托人之间的委托合同关系，受托人与外商之间买卖合同关系。因买卖合同产生的纠纷一般根据合同中的仲裁条款予以解决，因委托合同产生的纠纷则由国内有管辖权的法院处理。

但是，外贸代理制与《民法通则》中的代理制度不同，实践中产生了法律冲突，长期无法解决。一方面推行外贸代理制是国际贸易的需要，一方面又与法律上的直接代理不相符。为了解决这一冲突，1999 年 10 月 1 日颁布实施了《合同法》，专章规定了委托代理制度，引入了间接代理，试图从法律上理顺外贸代理涉及的各种问题。《暂行规定》是在外贸经营权实行审批制度的背景和基础上制定的，该规定的立法意图在于保护有外贸经营权的公司或其他企业(以下简称“外贸企业”)，从而巩固外贸企业的专营地位。但是，中国加入 WTO 时承诺放开对外贸易经营权，2004 年重新修订了《对外贸易法》，从法律主体、法律的适用范围到具体的法律规范，对原《对外贸易法》进行了重大修改：《对外贸易法》在第 8 条和第 9 条扩大了对外贸易交易主体的范围，放开了对外贸易经营权，准许个人作为对外贸易交易主体取得外贸经营权，同时将对外贸易经营实行的许可制改为备案登记制。这一规定使建立在对外贸易经营者审批基础上的对外贸易代理制失去了原有法律基础，但《对外贸易法》在第 12 条继续保留了对外贸易代理制，规定对外贸易经营者可以接受他人的委托，在经营范围内代为办理对外贸易业务。实践中，随着对外贸易的逐步自由化，中国越来越多的从事进出口业务的企业或个人(以下简称“委托方”)以自己的名义与外商进行商务谈判并签订进出口合同。因此，《暂行规定》中关于委托方不得自行进行商务谈判以及不得擅自与外商达成补充或修改进出口合同等条款与现实操作不符。《暂行规定》失去了原有的现实基础。于是，2008 年 1 月 29 日，商务部明令废止了原对外贸易经济部发布的《暂行规定》。

虽然《暂行规定》被废止了，《暂行规定》下的外贸代理制不复存在了，但是，《对外贸易法》第 12 条明确规定了“对外贸易经营者可以接受他人的委托，在经营范围内代为办理对外贸易业务”，因此，《对外贸易法》下的外贸代理制依然存在。目前的商业实践中，对外贸易代理主要有以下两种模式：一是外贸企业接受委托，以自己的名义对外签约，并办理进出口合同所需的全部或部分手续；二是委托方以自己的名义对外签约，但是委托外贸企业办理进出口合同所需的全部或部分手续。在上述第二种交易模式中，委托方即便没有对外贸易经营权，也可以以自己的名义对外签约，只需委托外贸企业办理后续的进出口手续即可，而且这种交易模式在实践中比较常见。

目前，外贸代理制只能适用《民法通则》关于直接代理的规定和《合同法》关于委托代理和间接代理的规定，尤其是《合同法》第 402 条关于隐名代理的规定和 403 条关于不公开本人身份的代理的规定。《合同法》第 402 条规定：“受托人以自己的名义，在委托人的授权范围内与第三人订立的合同，第三人在订立合同时知道受托人与委托人之间的代理关系的，则该合同直接约束委托人和第三人，但有确切证据证明该合同只约束受托人和第三人的除外。”该条款适用于，外贸企业接受委托后必须以自己的名义而不能以委托人的名义与外商(即第三人)签订进出口合同；虽然委托人与第三人之间无直接合同关系，但因委托人与外贸企业之间存在法律上的特殊代理关系，即外贸企业与第三人签约是由于委托人的委托而发生的，且完全是为了委托人的利益，故进出口合同中外贸企业的权利，义务及责任最终由委托人享有和承担；第三人本来就知道或是在订立合同时知道受托人与委托人之间的代理关系。受托人为自己的利益与第三人签订合同，即自营进出口情况，不适用本条规定。

《合同法》第 403 条主要是针对不公开本人身份的代理设定的。该条第 1 款规定："委托人以自己的名义与第三人订立合同时，第三人不知道受托人与委托人之间的代理关系的，受托人因第三人的原因对委托人不履行义务，受托人应当向委托人披露第三人。委托人因此得以行使受托人对第三人的权利。但第三人与受托人订立合同时，如果知道该委托人就不会订立合同的除外。"在外贸代理实践中，常常会遇到这样的情况，国内由外贸企业联系外商，并以自己的名义与外商签订进出口的合同，而外商并不知道该企业为代理商。如果因为外商履行合同过程中存在瑕疵，造成外贸企业不能与国内委托人如期履约，则外贸企业将外商的情况告知国内企业。委托人可直接介入进出口合同，直接向第三人主张权利，但委托人行使介入权是有条件限制的，即在第三人与受托人订立合同时，如果第三人知道该委托人就不会订立合同的话，则委托人不得直接对第三人行使权利。

该条第 2 款规定："受托人因委找人的原因时对第三人不履行义务。受托人应当向第三人披露委托人，第三人因此可以选择受托人或者委托人作为相对人主张其权利，但第三人不得变更选定的相对人。"此款规定采纳了英美法中关于第三人选择权的规则，在实践中，如国内委托人委托外贸公司为其寻找外商做出口业务。外贸企业以自己的名义为其寻找了客户并以自己的名义与外商签订合同。在合同履行中，因国内委托人出现交货瑕疵，造成外贸企业不能按时与外商履行合同时，外贸公司可将国内委托人的情况告知外商。这时外商可依据第 403 条第 2 款之规定行使选择权，既可以请求委托人承担违约责任，也可以请求由受托人的承担违约责任，但外商只能选择其一，并且选定后不能变更。

该条第 3 款规定："委托人行使受托人对第三人的权利的，第三人可以向委托人主张其对受托人的抗辩；第三人选定委托人作为其相对人的，委托人可以向第三人主张其对受托人的抗辩以及受托人对第三人的抗辩。所谓抗辩权，是指根据法律规定，对抗对方要求的权利。"即委托人和外商直接向对方主张权利时，双方均不得将原本用于对外贸企业的抗辩事由直接用来对另一方提出抗辩。而在外商直接向委托人主张权利的情况下，委托人除可以其对抗外贸企业的理由用以抗辩外，还可以将外贸企业对外商的抗辩理由用作自己的抗辩理由。

小结

在现代各国经济交往中，代理已经成为最普遍的法律形式之一，无论是在国内经济贸易活动中或者是在国际经济贸易活动中，代理制度都得到了广泛应用。本章根据各主要国家代理法发展的现状，着重介绍、研究了国际上两大法系，即大陆法和英美法系国家代理的概念与特征，代理制度的产生与发展，代理关系的产生，代理行为的法律效果，代理关系的终止；代理的内部法律关系与外部法律关系；承担特别责任的代理人；《国际货物销售代理公约》和我国的外贸代理制度等，以求促进我国国际经济贸易的发展和我国代理制度的逐步完善。

思考题

1. 两大法系代理的概念有何区别？
2. 评述两大法系代理行为的法律效果。
3. 什么是无权代理？
4. 代理人对本人负有哪些义务？
5. 什么是未披露本人身份的代理？
6. 评述我国的外贸代理制。

第六章　商事组织法

本章学习目标

1. 商事组织概述
2. 个人独资企业法与合伙企业法
3. 公司法概述
4. 公司的设立
5. 公司的组织机构
6. 公司的资金
7. 公司的合并、分立、解散和清算
8. 中国的外商投资企业法

本章重要概念：个人独资企业　合伙企业　公司　股份与股票　股东会　董事会　监事会　合并　解散　清算　外商投资企业

第一节　商事组织概述

企业是国民经济运行的基本单位，是人们进行生产、流通与交换等经济活动的一种主要组织形式。国际商事的各种交易，都是建立在各种企业的经营活动基础之上的。

商事组织即企业制度，亦称为“商事企业”，是指能够以自己的名义从事经营活动，以营利为目的并具有一定规模的经济组织。商事组织的主要特征是：(1)商事组织是独立的经济组织；(2)商事组织是以营利为目的的组织；(3)商事组织是商人的组织表现。

在西方国家，商事组织有各种各样的组织形式，不同类型的商事组织在法律地位、设立程序、投资者的利润与责任、资金的筹措、管理权的分配与税收等方面均有很大的不同。因此，选择适当的法律形式，对于企业的发展以及投资者期望的实现具有非常重要的意义。一般而言，西方国家的商事组织主要有三种基本的法律形式，即：个人企业、合伙与公司。其中，公司是最重要的商事组织形式。

一、个人企业

个人企业(individual proprietorship)，也称“一人公司”(one-man company)或独资经营企业(sole-owned or operated enterprise)，是指由一名出资者单独出资并从事经营管理的企业。从法律性质而言，个人企业不是法人，不具有独立的法律人格，其财产与出资人的个人财产没有区别，出资人就是企业的所有人，他以个人的全部财产对企业的债务负责。出资人对企业的经营管理拥有控制权与指挥权。尽管个人企业有时聘用经理或其他职员，但是其经营的重大决策权仍然属于出资人。出资人有权决定企业的扩大、停业或关闭等事项。个人企业是世界各国中数量最多的企业形式。个人企业大多属于中小型企业。在日本，个人企业不得从事银行、保险等金融事业。

二、合伙

合伙(partnership)是两个或两个以上的合伙人为经营共同事业、共同投资与共享利润而组成的企业。合伙人与合伙企业关系密切，合伙人的死亡、退出或破产等都将导致合伙企业的解散。合伙人对合伙的债务负无限责任。很多国家的法律规定，合伙企业原则上不具有独立的法律人格。但是，法国与荷兰等大陆法国家以及苏格兰的法律规定，合伙企业也是法人。合伙企业在许多国家中也是一种数量较多的企业形式。不过，由于其规模、组织以及资金来源等方面的限制，合伙企业基本上属于中、小型企业，特别是家族企业。

三、公司

公司(corporation)是依法定程序设立，并且以营利为目的的法人组织。各国法律均规定，公司具有独立的法人资格，有权以自己的名义拥有财产，享受权利与承担义务。公司是一种“资本的组合”。股东与公司之间是相互分离的，股东的死亡与退出一般不影响公司的存续，股东对公司的债务通常只负有限责任。公司的经营主要由专门的经营管理人员负责。在现代市场经济社会中，以股份有限公司为代表的公司企业已成为国民经济的主要支柱，对社会经济生活具有举足轻重的影响。

第二节　个人独资企业法与合伙企业法

一、个人独资企业法

(一) 个人独资企业的概念和特征

个人独资企业，指由一个自然人投资，财产为投资人个人所有，投资人以个人财产对企业债务承担无限责任的一种不具有法人资格的商事主体。

个人独资企业具有以下特点。

1. 个人独资企业由一名自然人组成

各国独资企业立法都规定设立独资企业的投资者只能是一人，并且仅限于自然人，该自然人应当具有完全民事行为能力并且不能是法律、行政法规禁止从事营利性活动的人。《布莱克法律词典》规定：“独资企业，是一种与合伙和公司相对立的个人(person)拥有企业财产的组织形式。”因此，两人以上合作投资设立企业均不能成为独资企业的形式。个人独资企业的这一特点是其与合伙企业和公司的最大区别。

2. 个人独资企业不具有法人资格

从本质上讲，个人独资企业是某个自然人从事商事活动的一种组织形式，但这种组织形式并没有自己独立的法律人格。独资企业的法律地位与该投资自然人的个人人格密不可分，企业没有独立的财产，企业的全部财产来源于投资者，投资者可随意处分企业财产，企业的财产和投资者的其他个人财产在所有权上合为一体。独资企业不能独立承担民事责任，独资企业的债务由投资者以自己的全部个人财产承担无限清偿责任。

3. 个人独资企业的税务负担较轻

根据国际上有关国家对个人独资企业的税收政策，企业主一般只需缴纳一次个人所得税，企业无须第二次纳税。这一点不像公司的股东，在公司缴纳了企业所得税后，公司的股东还须缴纳个人所得税，即所谓的“双重纳税”。

（二）个人独资企业和一人公司的比较研究

个人独资企业从投资者人数上看，与西方资本主义国家的一人公司是相同的，都是由一个投资者投资组成，但二者属于两种不同的商事主体。

1. 一人公司的概念和分类

一人公司，又称独资公司，即公司全部出资或股份为一个股东所持有的公司。一人公司既不同于一般意义上的公司，也不同于个人独资企业，其特征表现为以下内容。

(1) 一人公司的投资者只有一个股东，该股东既可以是自然人，也可以是法人、国家或其他组织，公司内部可以具有公司的组织机构（如董事会、监事会）；但个人独资企业的投资者只能是一个自然人，一般不具有公司的组织机构。

(2) 一人公司具有独立的法人资格，公司与股东的人格是相互独立的：公司以自己独立的财产对公司的债务承担责任，一人公司的投资者对公司的债务以其投资额为限承担有限责任；而个人独资企业不具有独立的法人资格，企业的法律地位与投资者的人格混为一体，密不可分，企业不能独立承担责任，个人独资企业的投资者对企业的债务以自己的个人全部财产承担无限清偿责任。

(3) 一人公司在性质上属于公司的范畴，受公司法的调整，应当按照公司法规定的组织机构进行运作，采用董事会、监事会和经理的现代管理模式；而个人独资企业则因其结构的特殊性和投资者的性质由一般的民商事法律规范调整，其组织机构的设立相对比较自由，一般仅有以经理为首的管理模式。

区分一人公司与个人独资企业的实践意义在于：一人公司可以成为个人独资企业的发展方向，与个人独资企业相比，一人公司更能够适应现代市场经济发展的需要。因为一人公司所具有的诸多优越性，如独立的法人资格、投资者责任的有限性等，更能满足个人投资者降低投资风险、追求利润最大化的需求。实践表明，自 20 世纪以来，一人公司在全球发展迅速，已得到很多国家立法的认可。

2. 我国的立法现状

(1) 我国关于一人公司的设立

依照我国公司法和有关法律，一人公司的设立主要有以下几种。

① 允许设立一人外资有限责任公司。根据我国《外资企业法》规定，法律允许一个外国投资者在中国设立外资企业，且外资企业大多采用有限责任公司形态。国内投资者则

无此权利。

② 允许设立一人国有独资有限责任公司。根据 2013 年新修订的《中华人民共和国公司法》(以下简称"公司法")规定,国家授权投资的机构或部门可以单独投资设立国有独资的有限责任公司。国务院确定的生产特殊产品的公司或属于特定行业的公司,应采取国有独资公司形式。

③ 允许设立一人有限责任公司。根据《公司法》的规定,一人有限责任公司是指只有一个自然人股东或者一个法人股东的有限责任公司。

(2) 关于一人公司的存续

根据我国法律,一人公司的存续有以下几种。

① 允许一人外资有限责任公司的存在。《外资企业法》对设立后的一人外资有限责任公司未设禁止性规定,故可认为允许其存在。

② 允许中外合资经营有限责任公司在存续中变为一人公司而存在。根据《中外合资经营企业法实施条例》规定,当仅有两人出资设立的中外合营公司,一方将全部出资转让给他方后,只剩一个股东的有限责任公司可继续存在。

③ 允许存续中的一人有限责任公司和一人股份有限公司的存在。根据《公司法》规定的公司解散事由,其并未规定公司只剩一个股东时应立即解散。

(3) 关于一人公司的组织形式

旧的《公司法》除国有独资公司外,不允许设立一人有限责任公司。但从实际情况看,一个股东的出资额占公司资本的绝大多数而其他股东只占象征性的极少数,或者一个股东拉上自己的亲朋好友作挂名股东的有限责任公司,即实质上的一人公司,已是客观存在,也很难禁止。从国际上看,许多国家也都从过去不允许设立一人公司,发展到现在允许设立,如法国、德国、韩国等。考虑到一人公司设立比较便捷、管理成本比较低、实际需要比较迫切。同时,允许设立一人有限责任公司,有利于社会资金投向经济领域,有利于鼓励投资创业,有利于经济发展和促进就业。目前,我国《公司法》已经允许设立一人有限责任公司。此外,为了更好地保护交易相对人的利益,降低交易风险,防止一人公司可能产生的问题,应当对一人有限责任公司作特别的限制性规定,建立严密的风险防范制度,特别是要将公司财产与本人财产严格分离。考虑到股份有限公司更多地涉及公众利益,目前各方面的认识还不太一致,各国做法也不统一,我国修订后的《公司法》没有放开对一人股份有限公司的限制。

二、合伙企业法

(一) 合伙的概念及其法律特征

按照美国《统一合伙法》的定义,"合伙是两个或两个以上的人作为共同所有人从事营利事业(A Business for Profit)的联合体或团体(association)"。美国不论是普通合伙,还是有限合伙,均不承认合伙具有法人地位,但规定合伙企业可以以自己的名义进行经营、转让活动。在英国,合伙法律制度主要为 1890 年的《合伙法》。根据该合伙法的规定,合伙是指"基于营利目的而共同从事某项经营的人们之间结成的关系"。英国不仅为合伙确立了企业的地位,而且将它限定为商事合伙,说明英国的合伙制度更为注重合伙的主体性。

《德国民法典》第 705 条将民事合伙规定为“根据合伙契约，合伙人彼此间有义务，实现由契约方式而确立的共同目的，特别负履行约定出资义务”。另外，《德国商法典》中分别规定了三种商事合伙的形式——无限公司、两合公司及隐示公司（即隐名合伙）。这种合伙的分类与同属大陆法系的法国是相同的，二者也都属于传统的民商分立的国家，因而都分别规定了民事合伙与商事合伙。对于前者多强调其契约性，对于后者则更注重其团体性，特别是在法国，甚至规定除隐名合伙以外的合伙自登记之日起享有法人资格。这一点与上述国家的规定是相当不同的，可以说是强调合伙团体性的。同时，在这一点上，《日本商法典》也承认无限公司（即英美法上的合伙）与两合公司（即有限合伙）均具有独立的法人人格，性质为营利团体。

从上述比较可以看出，现代各国无论是英美法系国家，还是大陆法系国家；无论是采取民商合一体例，还是采取民商分立体例，总的趋势都是注重提高合伙的商事主体的地位，强调合伙的主体性资格，而合伙的契约性则更倾向于被限制在民事合伙的范畴之中。就我国而言，有关合伙的规定集中在《中华人民共和国民法通则》（以下简称“民法通则”）和 2006 年新修订的《中华人民共和国合伙企业法》（以下简称“合伙企业法”）中。《民法通则》第 30 条规定：“个人合伙是指两个以上公民按照协议，各自提供资金、实物、技术等，合伙经营、共同劳动。”修订后的《合伙企业法》第 2 条则规定：“本法所称合伙企业，是指自然人、法人和其他组织依照本法在中国境内设立的普通合伙企业和有限合伙企业。”值得注意的，我国《合同法》确定的 15 种有名合同中并未有合伙合同，并不强调合伙的契约性，充分体现了我国在合伙企业法律制度的设计中所遵循的主体性原则。

合伙企业的法律特征如下。

（1）合伙协议是合伙企业赖以成立的法律基础。合伙协议规定各合伙人在合伙中的权利与义务，是处理合伙人相互之间权利义务关系的内部法律文件。合伙协议仅具有对内的效力，即只约束合伙人，合伙人之外的人如想入伙，须经全体合伙人同意，并在合伙协议上签字。合伙强调的是“人的组合”，从法理上说，合伙人的死亡、破产、退出等都影响合伙企业的存续。

（2）合伙须由全体合伙人共同出资。出资是合伙人的基本义务，也是其取得合伙人资格的前提。合伙人可以以现金、实物、土地使用权和知识产权、劳务、技术、管理经验、商誉等方式出资，需要其他合伙人认可。

（3）合伙人共负盈亏、共担风险。合伙企业包括普通合伙与有限合伙。普通合伙企业由普通合伙人构成，普通合伙人对外承担无限连带责任（joint and several liability），合伙人以个人的全部财产作为合伙债务的担保。一旦合伙企业的财产不足以清偿其债务，债权人有权向任何一位合伙人请求履行全部债务。有限合伙企业由普通合伙人和有限合伙人组成，普通合伙人对合伙企业债务承担无限连带责任，有限合伙人以其认缴的出资额为限对合伙企业债务承担责任。

（4）合伙企业一般不具有法人资格，原则上不能以合伙企业的名义拥有财产，享受权利和承担义务。但法国、荷兰、比利时等国法律则规定合伙企业具有法人资格。英美国家虽不承认合伙企业的法人资格，但在某些特定场合也把合伙视为一个实体，如美国法律规定，合伙企业是独立于合伙人的一个组织体(a partnership is an entity distinct from its partners)，它可以以合伙的名义起诉、应诉。

(二) 合伙企业的设立

合伙企业一般基于合伙人之间订立的合伙合同而成立。合伙合同是规定合伙人之间权利义务的法律文件，是确定合伙人在出资、利润的分配、风险及责任的分担、合伙的经营等方面权利义务的基本依据，对每一合伙人均具有拘束力。根据我国修订后的《合伙企业法》规定，合伙合同应采用书面形式。合伙协议的主要条款包括以下内容。

(1) 合伙的名称及各合伙人的姓名。在西方国家，很多合伙企业的名称多以合伙人的姓氏命名，在合伙人的姓氏之后可加上“商行”(firm)，或“企业”(company or enterprise)的字样。

(2) 合伙企业所经营业务的性质和经营范围。

(3) 合伙的期限。一些国家对合伙的期限加以限制，如法国法律规定，合伙的期限最多不得超过99年，但合伙人可以在此期限到期后请求延长。我国的《合伙企业法》在2006年的修订中删除了关于经营期限的规定。

(4) 每一合伙人出资的种类及金额。

(5) 合伙人之间利润的分配和损失的分担办法。

(6) 合伙企业的经营管理方式。

(7) 合伙人死亡或退出时，对企业财产及合伙人利益的处理方法以及合伙企业继续存续的途径。

(8) 合伙人认为必须约定的内容。

《合伙企业法》第5条还规定：“订立合伙协议、设立合伙企业，应当遵循自愿、平等、公平、诚实信用原则。”此外，我国《合伙企业法》规定，申请设立合伙企业，应当向企业登记机关提交登记申请书、合伙协议书、合伙人身份证明等文件。合伙企业的经营范围中有属于法律、行政法规规定在登记前须经批准的项目的，该项经营业务应当依法经过批准，并在登记时提交批准文件。申请人提交的登记申请材料齐全、符合法定形式、企业登记机关能够当场登记的，应予当场登记，发给营业执照。除当场发给营业执照的情形外，企业登记机关应当自受理申请之日起20日内，作出是否登记的决定。予以登记的，发给营业执照；不予登记的，应当给予书面答复，并说明理由。合伙企业的营业执照签发日期，为合伙企业成立日期。

(三) 合伙企业的财产

合伙企业的财产包括合伙人出资形成的财产、合伙经营创造和积累的财产。

1. 合伙人出资财产部分的性质

以现金或明确以财产所有权出资的，出资人不再享有出资财产的所有权，而由全体合伙人共同享有。以土地使用权、房屋使用权、商标使用权、专利使用权等权利出资的，合伙企业对这些财产只享有使用权和管理权，合伙人退伙或者合伙企业解散时，合伙人有权要求返还原物。如果出资的所有权转移，而形成合伙人之间的共有关系，合伙人退伙或者合伙企业解散时，只能以分配共有财产的方式收回出资的价值量。

2. 积累财产的性质

我国《民法通则》第 32 条规定，合伙积累的财产归合伙人共有，这种共有是按份共有，但是在合伙企业存续期间，合伙人不得以份额比例要求分割财产，也不得以份额大小来决定合伙人对合伙财产的使用和管理方面的权利以及合伙事务执行方面的权利。只有在分配合伙企业利润和退伙以及合伙企业解散时，合伙人才可以按照份额进行分配。

3. 合伙企业财产的管理和使用

合伙人向合伙人以外的人转让其在合伙企业中的全部或部分财产份额时，须经其他合伙人一致同意，且其他合伙人在同等条件下有优先受让的权利。作为合伙人以外的人依法受让合伙财产的份额后，经修改合伙协议即成为合伙企业的合伙人。新的合伙人依照修改后的合伙协议享有权利，承担责任。

合伙人之间可以转让在合伙企业中的全部或部分财产份额。合伙人以其在合伙企业中的财产份额出资的，须经其他合伙人一致同意。否则，出资行为无效，或者作为退伙处理。由此给其他合伙人造成损失的，应依法承担赔偿责任。除依法退伙等法律有特别规定的，合伙人不得请求分割合伙企业财产，也不得私自转移或处分合伙企业财产。为保护善意第三人利益，如果合伙人私自转移或者处分合伙企业财产，合伙企业不得以此对抗不知情的善意第三人。

（四）合伙事务的执行

合伙企业事务可以由全体合伙人共同执行，也可以分别单独执行；可以由一名合伙人执行，也可以由数名合伙人共同执行。无论采取何种模式，对合伙组织外部而言，执行合伙事务的合伙人对外代表合伙组织，其执行合伙事务所产生的收益归全体合伙人，所产生的亏损或者民事责任，由全体合伙人共同承担。

合伙企业事务的决定须由合伙人依法作出。一般情况下，合伙事务的决定需要全体合伙人一致同意。根据我国《合伙企业法》规定，需要经全体合伙人一致同意的合伙事务有：处分合伙企业的不动产；改变合伙企业名称；转让或处分合伙企业的知识产权和其他权利；改变合伙企业的经营范围、主要经营场所的地点；以合伙企业名义为他人提供担保；聘任合伙人以外的人担任合伙企业的经营管理人员。

但是，如果某个合伙人或者某些合伙人未经合伙组织的授权，或者虽然获得授权，但是行使职权时超越了授权范围，以合伙的名义与合伙以外的人或组织进行了事务往来，此时，合伙组织不能以该合伙人未获得授权或者超越授权为由请求免除合伙组织的责任。从法律责任的优先性上，合伙组织必须先行对外承担责任，然后再对该合伙人进行追索。在合伙企业存续期间，合伙人不得从事对合伙企业不利的活动，即合伙人需要承担竞业禁止的义务。

（五）合伙人的权利

1. 分享利润的权利

每一合伙人均有根据合伙协议规定的比例取得利润的权利。如果协议中没有规定，则应根据各国合伙法的规定分配利润。英、美、德等国合伙法规定，合伙人应平均地分配利润，而不考虑合伙人出资的多少。法国合伙法则规定应按合伙人的出资比例分享利润。我国《合伙企业法》规定：“合伙企业的利润分配、亏损分担，按照合伙协议的约定办理；

合伙协议未约定或者约定不明确的，由合伙人协商决定；协商不成的，由合伙人按照实缴出资比例分配、分担；无法确定出资比例的，由合伙人平均分配、分担。”

2. 参与经营管理的权利

除非合伙协议有相关规定，每一合伙人均有平等地参与合伙管理、对外以合伙的名义进行业务活动的权利。在实际生活中，合伙协议常常规定由某一位或几位合伙人负责合伙的日常管理。如果每一合伙人都参与管理，企业的经营决策必须经每一合伙人的同意。

3. 监督和检查账目的权利

每一合伙人都有权了解、查询有关合伙经营状况的各种情况，负责日常业务的合伙人不得拒绝合伙人随时查阅合伙企业的账目并提出质询的要求。一些国家对合伙人的这项权利加以限制，以保证合伙企业的经营管理能够顺利进行，如法国法律规定，不参与日常管理的合伙人一年内查阅合伙账目一般不得超过两次。

4. 获得补偿的权利

合伙人为处理企业的正常业务或维持企业的正常经营，维护企业的财产利益而垫付的个人费用或因此遭受的个人财产损失，合伙企业和其他合伙人应予以补偿。不过，原则上合伙人不得向合伙企业请求支付报酬，也不领取工资。

（六）合伙人的义务

1. 缴纳出资的义务

合伙人在签订合伙合同之后，有义务按照合同规定的时间、数额、方式缴纳出资。如合伙人到期拒不缴纳出资而使合伙无法成立或给其他合伙人造成损失的，其他合伙人有权要求其赔偿。合伙人一般可以以金钱、实物、技术或已完成的劳务出资。

合伙人应当按照合伙协议的约定实际缴付出资，不得随意抽回出资。为了保证合伙企业的相对稳定性，各国法律都对合伙人转让其在合伙企业的财产份额作了限定，如“合伙人对其内部人员转让出资时，须通知其他合伙人；合伙人对合伙人外部的人员转让其出资时，应当经其他合伙人一致同意”。

2. 忠实的义务

合伙人对合伙企业及其他合伙人负有忠实的义务。合伙人必须为合伙企业的最大利益服务；不得擅自利用合伙企业的财产为自己牟取私利；不得经营与合伙企业相竞争的事业；应及时向其他合伙人报告有关企业的各种情况和信息。合伙人违反忠实义务所获得的利益，必须全部转交给合伙企业。

3. 谨慎和注意的义务

参与经营管理的合伙人在执行合伙业务时，必须履行谨慎和小心义务。如因其失职而给合伙企业造成损失，其他合伙人有权请求赔偿。

4. 不得随意转让出资的义务

由于合伙人之间存在着“相互信任”的关系，合伙人未经其他合伙人同意，不得将其在合伙中的出资及各项权利转让给第三人，也不得介绍第三人人伙。不过，大多数国家均允许合伙人在一定条件下将请求分配利润的权利转让或馈赠给他人。除合伙协议另有规定外，合伙人的死亡或退出，即引起合伙的解散。不过，一般合伙协议都订有企业存续条款(continuation agreement)，即如果某合伙人死亡或退出，合伙企业继续经营的条件。

（七）合伙企业与第三人的关系

由于合伙企业本身没有独立的法律地位，基于合伙企业的性质，每个合伙人在合伙企业中仍拥有独立的法律主体地位，都有权对外代表合伙企业。因此，各国一般规定，每个合伙人在企业所从事的业务范围内，都有权作为合伙企业与其他合伙人的代理人。这种合伙人之间的相互代理规则决定了合伙企业与第三人的关系有以下特点。

1. 每个合伙人在执行合伙企业通常业务中所作的行为，对合伙企业和其他合伙人都具有拘束力。除非该合伙人无权处理该项事务，且与之进行交易的第三人也知道该合伙人没有得到授权。

2. 合伙人之间约定的对某个合伙人的权利限制，不得用以对抗不知情的第三人。若第三人在交易时，已经知道该合伙人无权处理该项业务，则合伙企业和其他合伙人就不受该合伙人行为的约束。

3. 合伙人在从事正常业务中的侵权行为，应先由合伙企业承担责任，但合伙企业有权要求有关合伙人赔偿企业由此遭受的损失。

4. 新合伙人对于入伙之后合伙企业所负担的债务，应与其他合伙人一样承担连带责任。不过，新合伙人对于其入伙前合伙企业已存在的债务如何承担责任，各国规定不同，主要有三种立法例：(1)新合伙人与其他原合伙人一样承担连带责任，如法国、日本；(2)新合伙人对于合伙原有债务不承担责任，如英国；(3)新合伙人对入伙前发生的债务承担责任，但如果这种债务仅以合伙财产清偿时除外，如美国。我国《合伙企业法》采取的是第一种做法，即新合伙人对入伙前合伙企业的债务承担无限连带责任。其立法根据在于：第一，新合伙人在入伙前必然要对合伙企业进行必要的考察，所以新合伙人是在明知合伙企业债务存在的情况下同意加入合伙企业的，这就意味着其对原合伙企业债务的默认和接受；第二，从合伙企业财产是合伙人的共有财产出发，新合伙人既然成为共有人而享有权利，自然也应对原合伙企业债务承担连带责任；第三，由新合伙人对原合伙企业债权债务享有权利并承担责任，有利于操作管理，也有利于在合伙人之间形成一种平等的法律地位。

对已退出合伙企业的原合伙人而言，若日后发生的债务是在其退伙之前的交易结果，则其仍需对债权人负责。其目的是最大限度地保护合伙企业债权人的利益，防止合伙人借退伙逃避债务，这也是由合伙责任的连带特点决定的。不过，如该债务与其退伙之前的交易无关，且使第三人知道其已不是合伙人，则其对退伙后第三人的债务不承担任何责任。

（八）合伙企业的解散

合伙企业的解散是指由于法律规定的原因或者当事人约定的原因而使全体合伙人之间的合伙协议终止、合伙企业的事业终止，全体合伙人的合伙关系归于消灭。总结归纳多数国家合伙立法的有关规定，引起合伙解散的原因有协议解散和依法解散。

1. 协议解散

协议解散指合伙人各方达成协议解散合伙企业。这种解散，不论合伙企业是否约订有存续期限，均可适用。当合伙协议订有期限时，合伙企业即于该期限届满时宣告解散；如果合伙协议没有规定期限，合伙人之间也可在事后达成协议，宣告合伙企业的解散。如果一部分合伙人同意解散，另一部分人不同意解散，则应由同意解散的合伙人退伙，合伙关系在其他合伙人中继续存在。因为虽然某合伙人可以作出退伙的声明，但其不能作出解散的请求。

2. 依法解散

依法解散指合伙企业依照合伙法的有关规定而宣告解散。这种类型的解散大体有以下几种情况：(1)合伙人低于法定人数；(2)如合伙合同中没有企业存续条款，则合伙人之一死亡或退出，合伙企业即解散；(3)当合伙企业或合伙人之一破产时，合伙企业即告解散；(4)如因发生某种情况，致使合伙企业所从事的业务成为非法，该合伙企业即自动解散；(5)如因爆发战争，合伙人之一系敌国公民时，合伙企业亦应解散；(6)如在合伙人中有人精神失常，长期不能履行其职责，或因行为失常使企业遭到重大损失，或因企业经营失败难以继续维持时，任何合伙人均有权向法院提出申请，要求法院下令解散合伙企业。

引起合伙企业解散的原因发生后，即进入清算阶段，清算即清理合伙企业尚未了结的事务，如清理资产、收取债权、清偿债务、退还出资及分配剩余财产等，最终结束合伙企业所有法律关系，使合伙企业归于消灭。合伙企业至清算结束、注销登记后为完全消灭。

第三节　公司法概述

一、公司与公司法

(一) 公司的概念

不同国家对于公司的概念有着不同的认识，概括起来主要有以下两种。

1. 大陆法系国家关于公司的概念

大陆法系国家一般认为，公司是指依法设立的以营利为目的的社团法人。这体现了大陆法系国家强调公司具有依法设立的法定性、营业活动的营利性和社团法人结构的团体性。《日本商法》第 52 条规定：“本法所称公司，是以实施商行为为目的而设立的社团。依本编规定设立的以营利为目的的社团，虽不以实施商行为为业，也视为公司。”《法国商事公司法》第 34 条第 1 款规定：“有限责任公司是由 1 人或若干人仅以其出资额为限承担责任的损失而设立的公司。”我国台湾地区的《公司法》规定，公司是“以营利为目的的，依照本法组织、登记、成立的社团法人”。

2. 英美法系国家关于公司的概念

在英美法系国家，一般不设专门的定义性概念，如英国《公司法》并没有直接对公司下一个定义，而是将公司视同为法人组织。因此，在英国认为公司是一个法人。英国《1985 年公司法》第 1 条规定：“任何两人或两人以上为了合法目的均可依照本法规定组成有限责任或无限责任的公司法人。”

美国《示范公司法》规定商事公司是“指公司以营利为目的，而又非境外公司，且以本法之规定组织设立者”。美国最高法院曾对公司下过一个定义：“公司是个人为了某种共同目的的在法律允许下的一种会社，使用共同的名称，可改变其成员而无须解散该会社；是由政府行为而产生的法人；从法律上看它是独立于和不同于其所有主的人。”这个定义概括了公司基本的形式特征和运行特征。美国《布莱克法律词典》给公司下的定义是：“根据州的法律创造出来的虚构的个人或法律团体……法律将公司当作个人对待。作为个人，公司既可以充当原告，也可以成为被告。公司与组成公司的个人（股东）有区别，因为股票通常可以转让，股东去世后公司仍可以继续存在。该团体好像一个具有特殊名称的政治团体。从法律角度来看，该团体以与其成员不同的人格存在。无论其成员发生何种变化，法律允许该团体继续存在。公司的寿命可以是有限的或是永久的。在法律允许的范围内，公司以单一个人的身份为团体的共同目的行动。”

我国《公司法》在借鉴两大法系立法经验的基础上，规定“本法所称公司是指依照本法在中国境内设立的有限责任公司和股份有限公司”，并且规定有限责任公司和股份有限公司是企业法人。

（二）公司的法律特征

作为企业法人，公司具有以下基本法律特征。

1. 公司股东对公司承担有限责任

公司的股东以出资额为限对公司承担有限责任，这是各国公司法为区别公司于其他企业形式的关键，如《美国标准公司法》第6.22条规定，公司股东就其购买的股份，除了支付发行股份的对价外，或支付其认缴协议中规定的对价外，对公司及其债权人不承担额外的责任。各国公司法把股东对公司的风险只限于其允诺承担的责任（即认缴的出资额）之内。

2. 公司拥有自己独立的财产

公司的初始财产来源于股东的投资，但一旦股东将投资的财产移交给公司，这些财产从法律上便属于公司所有，股东则丧失了直接支配、使用这些财产的权利。股东按照出资比例享受一系列的权利，如参与股东大会并投票的权利，分取红利的权利等。公司对因股东出资而形成的公司财产以及在以后经营中增加的财产具有独立的所有权，具有直接的使用权和处置权。

3. 公司独立地享有民事权利和承担民事责任，包括起诉和应诉权

当公司与他人发生商业纠纷时，公司有权以自己的名义在法院提出起诉，或进行应诉以行使其诉讼权利，他人也只能对公司进行起诉。

4. 公司实行统一的集中管理制

公司的管理体制应由公司章程具体规定，但必须与公司法的原则规定相一致，即应采取股东大会、董事会与监事会及经理三位一体的统一的集中管理体制，而不能采用合伙企业的合伙人分别管理的管理方式。股东一般不直接参与公司的日常经营管理，在股份有限公司中更是如此。

5. 公司的存续一般不受股东变化的影响

相对合伙企业，公司强调的是资本的联合，因此股东股份的转让、股东的死亡或破产都不影响公司企业的存续。

（三）公司法的概念

公司法是规定公司的设立、组织、经营、解散、清算以及调整公司对内对外关系的法律规范的总称。无论在内容，还是在体例方面，公司法都有着与其他法律不同的特点，这主要体现在下述几个方面。

(1) 从公司法的内容上看，公司法是一种组织法与活动法相结合的法律。公司法调整的对象是公司内外部的组织关系。其作为组织法，具体包括公司的设立、变更和清算、公司的组织机构、股东权利和义务等内容。由于公司是以营利为目的的经营组织体，它要从事各种管理活动、交易活动，公司法除须对公司组织机构的管理活动进行规范外，还须对股票债券的发行、转让等行为进行规范。

(2) 从公司法的体例上看，公司法是一种实体法和程序法相结合的法律。公司法侧重于对股东及公司机关权利义务的规定，以及股东与公司财产责任的划分，因此公司法主要是实体法。在侧重实体性规定的同时，公司法还对取得实体权利所必须履行的程序作出了规定，因而又具有程序法的特点。

(3) 从公司法的规范性质上看，公司法是一种强制性规范与任意性规范相结合的法律。为了维护社会交易的安全和经济秩序的稳定，公司法具有鲜明的管理性，故多为强制性规范。公司法在突出强制性规范的同时，为了体现股东和公司的意愿，也有一定的任意性规范。

二、公司的分类

关于公司的种类，各国在立法上和学说上所依据的标准不同，因此分类亦不相同。

(一) 按股东对公司债务所负责任划分

大陆法系国家依据股东对公司债务所负责任的不同，将公司分为无限公司、两合公司、有限责任公司、股份有限公司和股份两合公司。

1. 无限公司

无限公司，又称为“无限责任公司”，法国称为“合名公司”，德国称为“开名公司”，日本称为“合名会社”。由于一些国家要求无限公司应将股东姓名列于公司名称之中，因此称为“合名”(开名)公司。无限公司是指由一定数量以上的股东所组成的，对公司债务负无限连带清偿责任的公司。所谓连带责任，是指各股东不论其出资或盈亏分配比例，对公司债权人所负共同或单独清偿全部债务的责任。因此，从公司内部来说，股东之间事实上是一种合伙关系。无限公司的股东可以是自然人，也可以是法人，还可以是无限公司或两合公司。各国法律一般均认为无限公司不具有法人资格(但法国和日本承认无限公司为独立法人)。不过，在法律交往中其可以凭自己的商号享有一定的独立性，独立地享有权利、承担义务及参加诉讼活动。

2. 两合公司

两合公司，是指由承担无限责任的股东与承担有限责任的股东所组成的公司。无限责任股东对公司债务负连带无限清偿责任，有限责任股东以其出资额为限对公司债务负责。与无限公司一样，各国法律一般认为两合公司不具有法人资格。不过，在法律交往中，其作为一个商事主体的资格是得到认可的。两合公司可以在法律上享有很大的独立性，在自己的商号下独立享有权利、承担义务，独立参与法律诉讼活动。两合公司与无限公司又存在着一定的区别，这种区别最主要的表现是：在无限公司中，所有股东对公司债务承担无限连带清偿责任；而在两合公司中，公司债务的清偿可分为有限股东债务的清偿和无限股东债务的清偿，其中只有无限股东才承担债务清偿的无限责任。这种公司是大陆法系国家特有的，其法律特点与英美法中的“有限合伙”相似。

两合公司历史久远，是公司制度的早期形态，曾为各发达国家普遍推行。至20世纪60年代，由于世界经济一体化及各要素市场的日趋繁荣，也由于两合公司本身存在着很大的局限性，因此其在各国的存在数量也越来越少，许多发达国家在公司法修改时对两合公司已经不再规定，两合公司在发达国家逐渐衰落。不过，在发展中国家，两合公司制度非但未因其在发达国家的衰落而衰落，而且还出现了一些民族本土形态，如资金劳务混合公司。这是因为与发达国家相比，绝大多数发展中国家不仅在其他公司形态方面不如发达国家完善，而且经济要素市场，特别是资本市场还比较脆弱，两合公司恰好能弥补其公司形态和资本市场的不足。

3. 有限责任公司

有限责任公司，也称有限公司，是指由一定数额的股东通过出资而组成的公司。有限公司是由股东对公司债务以其向公司的投资额为限承担有限责任，公司以其全部财产对外承担责任的一种具有法人资格的商事主体。有限公司在各种公司类型中是最晚出现的一种，其于1892年起源于德国，目的在于融合合伙企业和股份有限公司的优点，以适应中小企业发展的需要。这种公司形式在其产生一百多年来，为许多国家所接受，即使在今天的德国，它仍有着蓬勃发展的趋势。这主要是有限公司一方面继承了无限公司和股份公司的优点；另一方面还在一定程度上克服了它们的缺点。此外，有限公司这种法律形式特别适合中小企业这类不具有很大规模的经济组织。英国的私人公司和美国的封闭公司(Close-held Company)近似于此类公司。有限公司不向公众筹集资金、不得发行股票、股东自己出资，对股东的人数法律有所限制，对股份的转让法律也有较多的限制，股东仅以其出资额为限承担有限责任。

4. 股份有限公司

股份有限公司，也称股份公司，是指公司资本被分成若干等额的股份，由一定人数以上的股东组成，股东以其认购持有的股份为限对公司债务承担有限责任的公司。股份公司是现代市场经济国家中最主要的、最基本的公司类型，它对于加速资本的集中和社会化，促进社会经济的发展有着十分重要的作用。对现代企业的经营者来说，股份公司是一种高级的企业组织形式，特别适合于大型企业。股份公司是最重要的公司类型，它主要有以下几个特点：(1)公司的资本被分成等额股份，股东根据所持股份的比例对公司享有权利；(2)股份以股票的形式公开发行并可以流通；(3)股票一般可以随意转让，公司的所有权与经营权相分离；(4)公司必须将财务账目及年度报告向政府主管机关、股东及公众公开。

5. 股份两合公司

股份两合公司是指公司资本被划分为等额股份，由一个或一个以上的无限责任股东以其全部个人财产对公司债务承担无限责任和一个或一个以上的有限责任股东以其所持股份为限对公司债务承担有限责任的股东联合组成的一种公司类型。股份两合公司是两合公司的特殊形式，它兼容了股份公司与两合公司的成分。股份两合公司与股份公司之间的最大差别是：在股份两合公司中存在着两种类型的股东，即承担有限责任的股东和承担无限责任的股东。这两类股东在法律地位上不完全一样：无限责任股东常常是公司法律责任的直接承担者，并对公司债务承担无限责任；而有限责任股东对公司的债务并不直接承担责任。与股份公司相比，股份两合公司的优点并不多。因此，在各国受到的重视程度及发挥的作用都是极小的，公司的数量也很有限。多数国家未规定此种公司形式。

（二）按股权分布程度及股权转让方式划分

英美法系国家根据股权分布程度及股权转让方式的不同，将公司分为封闭公司和公开公司。

1. 封闭公司

封闭公司，在英国被称为“Private Corporation”，在美国被称为“Close Corporation”或“Close-held Company”，又译为私公司、私人公司等，它是指公司股东人数较少（有最低和最高人数的限制），公司股份不得公开募集并上市流通的公司。

2. 公开公司

公开公司（Public Corporation 或 Public-held Corporation），是指公司股东人数较多（无最高人数的限制），股权极为分散、公司股份可以公开募集并可以上市流通的公司。

一般而言，封闭公司的股东人数较少，如美国加州公司法规定，股东人数超过 35 人即为公开公司，否则为封闭公司。不过，1980 年英国公司法案废止了对股东人数的限制。两者在具体的法律适用上存在着一些差别，如在美国，公开公司在适用各州公司法的同时，一般还要符合 1933 年《证券法》和 1934 年《证券交易法》的有关规定，如资产超过 500 万美元，且公司的普通股为 500 名以上股东持有的公司，须遵从 1934 年《证券交易法》的有关规定，包括对其股份进行注册并提交定期财产报告等。英国则规定公开公司必须有 5 万英镑以上的发行资本且应缴清一定比例以上的股金。

（三）依公司的控制关系为标准划分

西方国家依公司的控制关系为标准，将公司分为母公司和子公司。

1. 母公司

母公司是指一个公司持有另一个公司一定比例的股份并直接掌握其经营的公司。母公司有时也被称为控股公司，但是严格意义上讲，母公司包括控股公司，但不等于控股公司。从逻辑学角度来说，它们之间是种属关系。因为母公司对子公司的控制既有资本控制关系，又有协议控制关系。当母公司与子公司之间是一种资本控制关系时，母公司为控股公司，子公司为被控股公司，而当母公司与子公司之间是一种协议控制关系时，则母公司不能被称为控股公司。目前，在公司立法上只对母公司与子公司之间的资本控制关系作出了规定，而对协议等方式的控制关系仅在税法上规定为“关联企业”（资本控制关系的企业也属“关联企业”），以防止“关联企业”之间以人为的“划拨价格”的方式，将费用成本转移到税率高的国家或地区，将收益（利润）转移到税率低的国家或地区，达到逃税的目的。目前，关于非资本控制关系的“关联企业”在我国公司立法上尚属空白。有些公司法教材、著作把母公司称为控股公司，而称子公司为被控股公司。控股公司包括纯粹控股公司和混合控股公司：以持有他公司股份为目的的，为纯粹控股公司；同时附带经营各项业务的，为混合控股公司。西方国家的母公司主要指混合控股公司，母公司与子公司之间的关系是以股权的占有为基础的，母公司是通过行使股权，而不是直接依靠行政权力控制子公司。

2. 子公司

子公司是指由母公司投资并受母公司控制的公司。母公司和子公司在法律上互相独立，各为独立法人，但在经济上实为一体。因此，实践中关于母子公司的责任出现了这样一种现象：各实体的法律责任与它们的经济联系相分离。尽管母公司控制和管理子公司，根据其经营战略指示子公司为了整个集团的利益进行活动，把子公司作为推行其商业政策的工具，有时甚至损害某个子公司的利益。但是，根据法人的有限责任原则，只能由各子公司对其产生的债务负责任，母公司对子公司的债务，即使是由自己的指示或行为造成的，也不负任何责任。显然，这会给子公司的股东和债权人，乃至于公司本身的利益带来严重的损害。

德国公司法规定，母公司与子公司之间或支配企业与从属企业间的责任，依情况不同，各有区别，如下所述。

(1) 在母公司与子公司之间是以公司控制合同或利润转移合同相连的情况下，母公司有义务弥补子公司的年度亏损。因此，接受母公司的指示对子公司是否有利没有什么关系。母公司对子公司的债务没有直接责任，但子公司的债权人可以间接地得到保护。

(2) 对于事实公司集团(即母公司与子公司不是通过企业合同相联系，但两者都是由母公司管理的)，允许母公司干涉子公司的事务，但必须对个别确定的损害予以补偿。

(3) 对于结合(接近于合并，但两个公司并成一体，相当于母公司对子公司全部持股的情况)，母公司须对子公司的全部债务负直接责任。

(四) 按公司的内部管辖系统划分

根据公司的内部管辖系统，可以将公司划分为本公司或分公司。

1. 本公司

本公司，也称总公司，是管辖其全部组织的总机构。总公司在法律上具有独立的法人资格。关于分公司业务的经营、资金的配置、财产的调度、人事的安排，均由本公司统一指挥决定。

2. 分公司

分公司，是指本公司所管辖的分支机构。分公司一般设立于总公司成立之时或成立之后。我国《公司法》第 14 条第 1 款规定：“公司可以设立分公司，分公司不具有企业法人资格，其民事责任由公司承担。”因此，分公司不是独立的公司，它不具有公司的组织形式，也无须按公司设立的要求条件去设立。分公司没有自己的股东会、董事会、监事会，也没有自己的法定代表人，只有本公司任命的经理作为分公司的负责人。不过，分公司虽然不具有法人资格，但它仍具有经营资格，需要向公司登记机关依法办理登记，领取营业执照。分公司可以自己的名义独立订立合同，也可以自己的名义独立参加诉讼。但是，分公司不能独立承担财产责任。当它的财产不足以清偿债务时，应由本公司来清偿。

三、各国公司法概况

当今世界，公司已成为现代企业最重要的组织形式，各国为了维护商品经济秩序，规范企业的行为，都十分重视公司立法。有些国家除了在商法典中对公司作规定外，还陆续颁布了一些单行法规，以单行法来弥补商法的不足，如法国、德国、日本等。没有商法典的国家，大多制定了单行的《公司法》，如英国、美国等。随着经济全球化的发展和公司制度的日益健全，大陆法国家的公司法逐步从商法典中分离出来，向单行法方向发展。

1. 法国公司法

法国属于民商分立的国家，公司法属于商法范畴。法国有关公司立法的历史比较长，早在 1673 年制定的《陆上商事条例》中，就列有关于公司的规定。1807 年，拿破仑颁布的《法国商法典》中有 29 条是关于公司的规定。此后，法国对商法典中有关公司的规定作了数次修改。1925 年，法国制定单行的公司条例，即《有限公司法》，正式承认了有限公司的法律制度。1966 年，法国于戴高乐执政时制定了一部全面规定各种形式公司的公司法，共 509 条，这就是法国现行的公司法。

2. 德国公司法

德国公司法最早包括在 1861 年的旧商法之中。1897 年德国制定了新商法，该法将无限公司、两合公司、股份公司、股份两合公司等分章加以规定。1892 年，德国制定了有限责任公司法，这是世界上第一个关于有限责任公司的专门立法。1937 年，德国制定股份法，同时废止了商法典中关于股份公司和股份两合公司的规定。1965 年通过新的股份法，该法共有 410 条。

3. 英国公司法

英国的公司组织形式早在 17 世纪初就已产生，但在 1844 年以前，英国政府不允许私人组织公司，只有国会法令特许才可设立公司。1844 年，英国国会通过一项法律允许私人设立公司，并采取完全公开原则，以保护投资公众的利益，但尚不容许私人组织的公司实行有限责任。1855 年，通过激烈争论，英国通过了一项有限责任的议案，并于次年制定了第一个现代的公司法。该公司法沿用至今，但经过多次重大的修改。英国加入欧洲经济共同体后，根据欧洲公司法指令及欧盟理事会新的《关于欧洲公司法规范》要求，公司法势必还要作出进一步的修改。

4. 美国公司法

根据美国的法律体系，美国联邦议会没有公司法方面的立法权，有关公司的立法权属于各州政府，因此美国仅有各州的公司法。1807 年，纽约州最早颁布有关公司的法律，允许组织私人公司。美国各州的公司法虽然受到英国公司法的影响，但基本上是在法院判例的基础上产生的。美国各州公司法有较大的差别，为了减少州际法律冲突，美国统一州法律委员会和美国法学会分别在 1928 年和 1950 年制定了《统一公司法》和《示范公司法》，尤其是美国法学会制定的《示范公司法》，对各州的公司立法影响较大。其经过 6 次修改，1984 年的新版本《示范公司法修正本》在短时间内得到了许多州的采用。

5. 日本公司法

日本在 1890 年颁布商法典，其中有专门章节规定公司的组织与活动。1899 年，日本对商法中有关公司的规定作了修订，构成日本现代公司法的基础。1938 年，日本颁布了有限责任公司法。此后，其又对商法典中关于股份有限公司的法律规定作多次修改。日本的公司法早期很大程度上受到了德国法影响，第二次世界大战后，其也广泛采用英美国家公司法中的新原则。

6. 中国公司法

我国最早的公司立法是1903年清政府颁布的《公司律》。1914年，北洋政府公布了《公司条例》。1929年，国民党政府颁布《公司法》，这是一部较完整的现代中国公司法。目前，中国台湾仍实施这部公司法(已经多次修订)。

解放初，中央人民政府曾颁布《私营企业暂行条例》，规定有五种公司形式，其中包括：无限公司、有限责任公司、两合公司、股份有限公司及股份两合公司。1956年，我国完成私营企业社会主义改造后，这些公司形式不复存在。同时，由于当时实行高度中央集权的计划经济体制，我国没有创办现代意义上的公司，所以也不可能制定现代意义的公司法。1979年改革开放后，我国逐步认识到公司立法的重大意义，经过多年的起草酝酿，于1993年12月29日制定了《中华人民共和国公司法》，并于1994年7月1日起施行。

2005年10月27日，第十届全国人民代表大会常务委员会第十八次会议高票表决通过了修订后的《公司法》，其于2006年1月1日起施行。这是《公司法》自1993年12月29日由第八届全国人民代表大会常务委员会第五次会议通过后，我国立法机关第三次对这部法律作出的修改，也是修改幅度最大的一次。2013年12月28日，《公司法》由第十二届全国人民代表大会常务委员会第六次会议进行了第四次修正，修正后的《公司法》已予以施行。

众所周知，公司是市场经济条件下最主要的企业形式。公司制企业在所有类型的企业中所占的比例不是最多，但是聚集的资本和对整个社会经济的贡献却远远超过其他类型的企业。同时，公司又是现代企业制度的一个重要载体。因此，修订公司法，进一步健全我国的公司法律制度，为我国建立和完善社会主义市场经济体制，促进经济发展，提供了更加强有力的制度支持。

第四节 公司的设立

一、公司设立的概念与原则

(一) 公司设立的概念

公司的设立，是指发起人为组建公司，使其取得法人资格，必须采取和完成的多种连续的准备行为，即促成公司成立的一系列法律行为的总称。

由于公司的种类不同，设立的基础不同，设立行为也不尽相同。一般而言，与无限责任公司、有限责任公司和两合公司的设立相比，有限责任公司无论在设立程序还是在设立行为的内容上均较复杂。这是因为股份有限公司的股东人数较多，其资本的筹集需经过特定的招股程序，其机关成员往往需要召开创立会选任，而其他类型的公司的股东、出资等内容在公司设立之初即可在章程中确定，无需履行复杂的招股程序。但就各类公司设立行为而言，均包括发起人为筹建公司所进行的协商，订立公司的章程，决定公司种类、名称，确定经营范围及公司资本的总额，召开公司的创立会议，推选公司的组织机构，以及做好公司登记所需的其他工作等。

相对于公司的设立而言，公司的成立则是指公司发起人在完成一系列的公司设立行为之后，由国家登记机关依法核准注册并予以颁发营业执照取得法人资格的行为，是国家登记机关对所设立公司的一种法律上的认可。

(二) 公司设立的原则

公司设立的原则是指公司设立的基本依据。概括而言，目前多数国家遵循以下主要原则。

1. 核准设立主义

核准设立主义，也称许可设立主义，是指公司设立除了必须具备法律所规定的条件外，还必须经过行政主管机关核准，否则不得成立。1673 年法国路易十四颁布的《商事敕令》首创此制度，法国、德国等国在 18 世纪也曾采用过这种制度。由于核准设立主义是赋予行政机关的一种特权，一般认为由国家行政部门干预公司设立，不仅不利于公司的普遍发展，而且容易滋生腐败，所以核准设立主义原则现在除了适用于设立银行等与国计民生有密切联系行业的公司外，在多数情形下已不再被广泛采用。

2. 单纯准则设立主义

由于在核准设立主义原则下，公司的设立必须经漫长的行政主管机关的批准，不足以适应实际生活的需要，于是单纯准则设立主义应运而生。所谓单纯准则设立主义，是指公司的设立，凡符合国家法律规定要件即可，不需经行政机关核准。1862 年的英国公司法首先采用这一设立原则，并在 19 世纪为不少国家所采用。该做法适应了公司大量出现的形势，有利于公司的普遍发展。

3. 严格准则设立主义

为了克服滥设公司和利用公司欺诈等弊端，国家有必要对公司进行适当管理，当今大多数国家的公司法即在单纯准则设立主义的基础上，采用了严格准则设立主义，即以法律进一步严格规定公司设立的要件并加重发起人的责任，同时规定公司设立必须经过国家主管机关登记才可成立及取得独立主体资格。值得注意的是，在严格准则设立主义原则下，公司设立程序的最后步骤是必须在登记机关办理注册登记手续。登记机关有权审查公司设立是否合乎法律所规定的条件，如果符合法律规定的条件和程序性规定，登记机关就应核准登记，而不能以政策上或其他理由拒绝登记，这是严格准则设立主义和核准设立主义的区别所在。

我国《公司法》第 6 条规定："设立有限责任公司、股份有限公司，必须符合本法规定的条件。符合本法规定的条件的，登记为有限责任公司或者股份有限公司；不符合本法规定的条件的，不得登记为有限责任公司或者股份有限公司。法律、行政法规规定设立公司必须报经批准的，应当在公司登记前依法办理批准手续。"此外，《公司法》还对公司设立时注册资本缴纳方式以及公司股东和发起人的责任等做了比较严格的规定。

由上述规定可以看出，我国《公司法》规定的公司设立原则是严格准则设立主义和核准设立主义的结合，即有限责任公司的设立原则上采用严格准则设立主义，股份有限公司的设立采用核准设立主义。具体而言，设立一般的有限责任公司，符合法律规定条件的，原则上适用严格准则设立主义，直接办理登记注册手续，但对于涉及国家安全、公共利益和关系国计民生等特定行业和项目的，法律、行政法规规定需要审批的，则应当履行审批手续，适用核准设立主义。对于股份有限公司，考虑到其股份发行涉及社会资金流向和众多投资者的合法权益，加之目前其他有关法律还不配套，为避免引起混乱，《公司法》明确规定一律适用核准设立主义。同时，对于银行、保险、证券等行业，相关法律还规定有专门的审批程序。

二、公司设立的条件

公司设立的条件是公司成立和活动的基本要素。公司类型不同，设立的具体条件不尽相同。

1. 主体条件

(1) 股东人数要求。除了有限公司外，各国公司法一般都不规定股东人数的上限。不过，对于有限公司的股东人数，不仅有最低限额规定，还有最高限额规定。例如，1948年英国的《公司法》规定，担保的有限责任公司不得超过50人；韩国《商法典》规定，设立有限责任公司不得超过50人。但也有些国家未作此规定，如德国、意大利、奥地利等国家。不过，在实践中其人数一般少于股份有限公司。我国《公司法》规定，有限责任公司由50个以下股东共同出资设立。国家授权投资的机构或者国家授权的部门可以单独投资设立国有独资的有限责任公司。

(2) 发起人人数要求。发起人是指订立创办公司的协议、提出设立公司的申请，向公司出资或认购股份，并对公司设立承担责任的人。对于股份有限公司发起人的人数，很多国家和地区规定了最低限额，如法国、韩国、英国、比利时、日本等国及中国香港、台湾地区均规定发起人应为7人以上，德国规定应为5人以上。大多数国家的公司法对股份有限公司发起人的国籍不作限制，如法国、德国、奥地利等国均规定，不论是本国人还是外国人，均可发起设立股份有限公司。不过，一些国家对此设有一定限制，如意大利规定当某外国人将拥有本国公司股份35%以上，只有经意大利财政部批准，才能充当本国的发起人。我国《公司法》规定设立股份有限公司应当有二人以上二百人以下的发起人，并规定须有过半数的发起人在我国境内有住所。因为发起人在设立股份有限公司过程中以及在股份有限公司成立之初均负有较重的责任，他们在境内有住所才更加有利于国家对发起人进行管理，以防止发起人利用设立股份有限公司来损害社会公众的利益。

(3) 股东资格要求。各国或地区的公司立法一般多认可自然人和法人均可成为公司的股东，但对自然人或法人作为股东的具体资格限制，各国规定不尽一致，一般表现为：对继受股东的资格限制较少，而对发起人股东的资格要求较严。这些限制主要为：①自然人作为发起人应具备完全行为能力；②发起人应是法律上不受限制的法人，如我国法律、法规禁止党政机关、军队等经商办企业，所以党政机关、军队就不能作为公司的发起人；③公司不得自为股东，其目的在于防止将公司与股东的法律地位合二为一，混淆公司与股东的法律关系。

2. 最低注册资本要求

为了保护股东和债权人的合法权益，防止滥设公司，保障公司的偿债能力和社会交易安全，许多国家的公司立法对公司的资本总额规定最低限额，如德国规定，有限责任公司基本资本不得少于5万马克，股份有限公司不得少于10万马克；英美公司法对公司的注册资本采取比较宽容的态度，甚至不要求公司成立时就具备最低资本额。我国2013年新修订的《公司法》规定取消了对公司注册资本的限制，对于有限责任公司和股份有限公司的注册资本要求作以不同规定。其中，根据《公司法》第26条规定："有限责任公司的注册资本为在公司登记机关登记的全体股东认缴的出资额。"同时，根据《公司法》第80条规定："股份有限公司采取发起设立方式设立的，注册资本为在公司登记机关登记的全体发起人认购的股本总额。在发起人认购的股份缴足前，不得向他人募集股份。股份有限公司采取募集方式设立的，注册资本为在公司登记机关登记的实收股本总额。"不过，《公司法》对于上述两种公司注册资本配备都明确规定："法律、行政法规以及国务院决定对股份有限公司注册资本实缴、注册资本最低限额另有规定的，从其规定。"因此，《商业银行法》、《保险法》、《证券法》对不同行业公司注册资本有特殊要求的，应当依法遵从上述法律规定。

关于公司设立的出资期限，一般采用全额缴纳主义和分期缴纳主义两种做法。日本法律规定，股东要把应缴的股金或实物作一次全额缴纳；德国、意大利等国则规定，允许采用分期缴纳，但对第一次缴纳数额作了最低限制。我国2013年修订的《公司法》取消了原关于公司注册资本两年内缴足的规定，现仅要求有限责任公司股东应当按期足额缴纳公司章程中规定的各自所认缴的出资额，否则除应向公司足额缴纳外，还应当向已按期足额缴纳出资的股东承担违约责任。同时，对于股份有限公司的注册资本缴纳期限仅规定："以发起设立方式设立股份有限公司的，发起人应当书面认足公司章程规定其认购的股份，并按照公司章程规定缴纳出资。以非货币财产出资的，应当依法办理其财产权的转移手续。发起人不依照前款规定缴纳出资的，应当按照发起人协议承担违约责任。"由此可见，我国现在将注册资本缴纳期限问题规定于公司章程中，仅通过法律对违法后果作以规定。

比较各国公司法关于公司最低资本额的规定，大陆法系国家一般都有明文规定，并且一般对有限责任公司最低资本额的要求不高，而对股份公司的要求则较高；英美法系国家则要求不严，甚至法律无明文规定。英美公司法从表面上看，似乎是完全为便利投资人考虑，而置债权保障与公司经营能力于不顾，不作公司最低资本额的限定，但实际上对公司投资人的行为却有着另一种微妙的否定措施，即"撩开公司面纱"或"公司人格否认"原则。当法院判定投资人（发起人）的行为是在滥用公司形式时，即可适用公司人格否认原则，责令公司发起人对公司债务承担无限的连带责任，这无疑也是一种行之有效的债权保障措施。因此，我国在公司注册资本缴纳相关问题上逐步借鉴英美模式。

3. 公司章程和内部细则

公司章程是公司设立过程中必须向公司注册机构提交的关于公司宗旨、组织、经营规模、活动等方面基本原则的最为重要的文件。公司的初始章程都是由发起人或其受托人起草的，经发起人一致同意并签字盖章后交主管部门审核，对外公开。按照各国规定，公司章程一般应包括以下内容：公司名称；公司的存续期限；注册地址；公司的经营范围；公司的具体形式；资本总额及各类股份的权限；公司组织的构成及权限；公司章程的修改规则等。

关于公司章程的形式，大陆法系采用单一形式，即公司章程；英美法系规定由两个文件组成，即组织大纲和内部细则。其中，组织大纲是规定公司对外关系的法律文件，其目的是使公司的投资者及与公司进行交易的第三人知晓公司的基本情况，如公司名称、资本、经营范围等。发起人必须将组织大纲报请有关政府部门批准并登记注册，组织大纲一般只能经股东大会决议才能修改或废除。内部细则是在组织大纲的基础上订立的，处理公司内部各部门的设置及其关系，各自的权限及责任，以及业务的执行等关于公司内部事务准则的基本文件。内部细则的内容不得与组织大纲相冲突，且内部细则一般只能在公司内部有效，不能对抗善意第三人。内部细则一般由董事会制定、修改或废除。英美公司法中的这两个文件结合起来，相当于大陆法系国家公司法上的公司章程。

公司在具备了上述设立要件外，还需向国家登记机关提出申请，经登记机关核准注册后取得营业执照，才能够成立。

三、公司设立的方式

从大陆法系各国或地区的公司立法来看，公司设立的方式有发起设立和募集设立两种，大多数国家或地区的公司立法均认可这两种设立方式。在法国、意大利、瑞士和荷兰等国采取发起设立方式较普遍，而日本等国采取募集设立方式较普遍，我国《公司法》对发起设立和募集设立方式均有规定。就某个股份有限公司而言，是采取发起设立方式还是募集设立方式，可以由发起人根据情况自由选择。当设立规模较大而本身资金不足，需要向社会广泛筹集资金，或者发起人出于其他，如经营管理等方面的考虑时，可采取募集设立方式。

在英美法系国家或地区，其公司立法中没有发起设立和募集设立的概念，但其非开放性公司的设立也可以有发起人，并可以与公司设立时的股东不一致，法律上对其注册资本也没有最低数额限制，股东每人认购一股股份，即可登记成立公司，成立后可以再发行股份，只是不得公开募股。实际上，这是一种募集设立方式，类似于中国在《公司法》颁布前试行的《股份有限公司规范意见》中规定的“定向募集方式”。

1．发起设立

发起设立是指由发起人认购应发行的全部股份而设立公司。因无限公司、两合公司、有限公司的人合性强，资本具有封闭性，所以其设立方式均为发起设立。股份有限公司属于开放性公司，可以向社会发行股份，因而股份有限公司的设立可以采取发起方式，也可以采取募集方式。发起设立可以缩短公司设立的周期，减少公司的设立费用，降低公司的设立成本。发起设立仅适合规模不大的公司，如果所需股本较大，发起人又难以认购全部股份，则不宜采取这种设立方式。

依我国《公司法》规定：“股份有限公司采取发起设立方式设立的，注册资本为在公司登记机关登记的全体发起人认购的股本总额。在发起人认购的股份缴足前，不得向他人募集股份。”有的国家虽规定设立时股份须全部认购，但不一定要求全部缴足，如法国《商事法》第 75 条规定，资本必须被全部认购；货币股份在认购时应至少缴纳面值 1/4 的股款；剩余股款根据董事会或经理室的决定，自商业注册簿注册之日起不超过 5 年的期限内，根据情况分一次或若干次缴纳；实物股份应自发行之日起全部予以缴付。在有的国家的公司立法中，则允许分期、分批发行股份，如日本《公司法》就规定公司设立之际发行的股份总数，不得低于发行股份总数的1/4。

2. 募集设立

募集设立是指发起人认购公司应发行股份的一部分，其余部分向社会公开募集而设立公司。股份有限公司在设立阶段可对外募集股份采取此种设立方式。在广泛募集社会资金方面，募集设立具有发起设立无可比拟的优越性，但采取这种设立方式亦有弊端：其一，这种设立方式必须对外募集股份，还需召开创立大会，在审批程序上也较发起设立复杂，且可能受到国家金融政策等方面的制约；其二，由于股权的高度分散，不利于实现发起人对公司的控制权；其三，募集设立还可能被少数不法分子作为欺诈手段加以利用。有鉴于此，各国公司立法多采取一定措施予以限制，如对发起人认购的股份应占发行资本总数的比例进行限制，以防发起人完全利用他人的资本开办公司。我国《公司法》第80条对此也有规定："以募集设立方式设立股份有限公司的，注册资本为在公司登记机关登记的实收股本总额。"

四、公司设立的程序

公司设立的程序，是指设立公司必须完成的一系列具体设立行为的步骤与过程。公司类型和公司设立方式不同，设立的具体程序也有区别，设立公司通常要经过以下几个程序。

1. 发起人发起

发起人要先对设立公司进行可行性分析，确定设立公司的意向，并签订发起人协议。该协议是明确在公司设立中发起人各自权利义务的书面文件，在法律性质上被视为合伙协议。西方国家公司法规定，公司的创办人不一定是自然人，法人也可以充当发起人，如《美国标准公司法》规定一人或数人，本州或外州(国)公司，一经签署并向州务卿递交公司章程都可以充当发起人。

2. 订立章程

公司章程的内容包括公司的宗旨、业务范围、资本状况、经营管理以及公司与外部关系的准则。设立任何公司都须制定章程，无限责任公司、有限责任公司及两合公司的章程由公司最初的全体股东制定，股份有限公司的制定人是全体发起人，并需经创立会通过，此后还需将其提交登记主管机关，以示公司保证将按章程所定的准则从事组织和经营活动。一旦政府主管机关核准其章程，即等于接受了公司所做的保证。公司若违反章程，就应承担相应的责任和接受处罚。依各国规定，公司章程记载的事项可分为以下几点。

(1) 绝对必要记载事项。它是公司章程必不可少的事项，缺少其中任何一项或任何一项记载不合法，整个章程均无效。例如，有限责任公司应载明：公司的名称和住所、经营范围、注册资本、股东的姓名或名称、股东的权利和义务、股东的出资方式和出资额、公司机构及其产生办法、职权和议事规则、公司的法定代表人、公司的解散事由与清算方法。股份有限公司还须载明：公司的设立方式、公司股份总数、每股金额和注册资本、发起人的姓名或名称、认购的股份数、公司利润的分配办法。

(2) 相对必要记载事项。它是可由当事人自行决定是否记载的事项，如予以记载则发生效力，如不予记载也不影响整个章程的效力。这类事项主要有：发起人所得的特别利益、分公司的设立、公司年限及董事和监事的报酬等。

(3) 任意记载事项。它是除绝对和相对必要记载事项外，在不违反法律和公共秩序、善良风俗的前提下，发起人认为有必要记入章程，作为共同遵守的行为规则的事项。这些事项一旦载入核准的章程即发生效力，不能任意变更。

在某些西方国家，公司除必备章程外，还须制定公司的内部细则，又称“公司内部章程”，一般主要规定公司的办事处所；股款的付足、资本的增减；董事的资格、人数、任期、权限与报酬；职员的选任、头衔、职责、权限及薪金；股息的分配和储备；账目记录与审核等涉及公司本身事务的专门性问题。

3. 确定股东

无限公司、有限公司及两合公司的股东，一般在订立章程时予以确定，即在章程中明确记载股东的姓名。股份有限公司的股东，一部分可在章程中确定，这主要是公司发起人；另一部分股东需要募集，通过募股程序来确定。

4. 认购股份

在发起设立的方式中，发起人需一次认足公司的全部股额，待公司设立后可再按法定手续将之转售给其他投资者。各国一般允许以现金、实物、技术等形式认购股份，其中现金是最常用的手段。在以实物、技术做股款的场合，很多国家规定须由法院指定专家对这些实物、技术等作出估价。在募集设立的方式下，认购股份的程序要复杂些：第一，发起人要拟定符合法定必要真实事项的招股说明书，并由发起人缴足招股说明书中注明的最低认购额，一般要达到计划发行股本总额的1/4～1/3；第二，报送公司注册机构注册，并公布于众。此外，发起人还要准备认股书，供大众投资者填写认购的股份与金额。除非发起人购进所有未被认购的股份，否则，只有等大众投资者将其余所有股份认购完毕后，公司才能申请注册。

5. 申请登记

各国公司法皆规定，只有经登记注册后公司才告设立。发起人在申请注册登记时除缴纳法定的手续费和捐税外，还须提交若干法定的文件，其中最主要的就是符合法律规定的章程。发起人履行了各种法定手续，经主管官员查完备合法的即予注册，并发给登记证书和营业执照。至此，公司便告成立。

我国2014年新修订的《公司登记管理条例》规定：“设立公司应当申请名称预先核准。法律、行政法规或者国务院决定规定设立公司必须报经批准，或者公司经营范围中属于法律、行政法规或者国务院决定规定在登记前须经批准的项目的，应当在报送批准前办理公司名称预先核准，并以公司登记机关核准的公司名称报送批准。”就申请设立登记的内容而言，设立有限责任公司或股份有限公司都应提交下列事项：(1)公司法定代表人签署的设立登记申请书；(2)公司章程；(3)股东的主体资格证明或者自然人身份证明；(4)载明公司董事、监事、经理的姓名、住所的文件以及有关委派、选举或者聘用的证明；(5)公司法定代表人任职文件和身份证明；(6)企业名称预先核准通知书；(7)公司住所证明；(8)国家工商行政管理总局规定要求提交的其他文件。同时，设立有限责任公司的，还需要再提交全体股东指定代表或者共同委托代理人的证明；设立股份有限公司的，则需再提交董事会指定代表或者共同委托代理人的证明。此外，以募集方式设立股份有限公司的，还应当提交创立大会的会议记录以及依法设立的验资机构出具的验资证明；以募集方式设立股份有限公司公开发行股票的，则还应当提交国务院证券监督管理机构的核准文件。

五、公司设立的效力

公司设立的效力即公司设立行为的法律后果。设立行为的后果有三种：一是，经过设立程序，符合法定条件，被核准登记，公司取得法人资格；二是，经过设立程序，不符合法定条件，未被核准登记，公司设立失败或公司被确认设立无效或被撤销；三是，无论公司成立还是不成立，发起人对其设立行为都要承担相应的法律责任，这也是设立行为效力的重要表现。

1. 公司设立完成

(1) 设立完成的一般效力。公司设立完成，意味着公司自此取得法人资格，可依注册登记的经营范围和经营方式开展生产经营活动。公司设立完成后，对其名称取得专用权，其他企业或个人不得盗用其名称从事经营活动，而公司则可依法许可他人有偿使用其名称。

(2) 设立中公司的法律地位。从发起人设立公司到公司正式成立，需要经过一段时间。这一时期的公司称为设立中的公司。由于设立中的公司并不以发起人之间产生债权债务关系为目的，而是要设立一个有独立主体资格的法人，即设立中的公司与其后成立的公司具有不可分割的联系。因此，设立中的公司所形成的权利义务关系原则上应由成立后的公司继受，但发起人的权限范围应该以与公司设立有关的行为为限，以设立中的公司的名义所进行的与设立无关的行为，对设立中的公司和其后成立的公司均无约束力，原则上应由发起人自己承担。

(3) 发起人的责任。发起人的设立行为对于认股人、因设立行为而成立的公司都有直接的影响。为增强发起人的责任感，防止滥设公司以及以公司名义进行欺诈活动，各国公司法均对发起人规定了较为严格的责任。

第一，资本充实责任。发起人的资本充实责任又称为“差额填补责任”，是指为了资本的充实和可靠，保证法律人格健全，由发起人共同承担的相互担保出资义务履行，从而确保实收资本与公司章程所规定的资本相一致的民事责任。资本充实责任是由德国公司法所确立的发起人的一项重要义务。对此，不少国家公司法都有这方面的规定，如日本公司法规定以金钱以外的财产出资时，如果出资标的财产在公司成立时的实际价额明显低于公司章程所定的价额，则公司成立时的股东对公司负连带填补其差额的义务。

我国《公司法》也规定了发起人的资本充实责任，即：有限公司成立后，发现作为出资的实物、工业产权、非专利技术、土地使用权的实际价额明显低于公司章程所定价额的，应当由交付出资的股东补交其差额，公司设立时的其他股东对其承担连带责任。

第二，损害赔偿责任。为了防止发起人借设立公司之名侵害公司及第三人利益，各国公司立法多要求发起人须就自己的设立行为对公司负责。我国《公司法》明确规定，在公司设立过程中，由于发起人的过失致使公司利益受到损害的，发起人应当对公司承担赔偿责任。

在实践中，公司有权向发起人请求损害赔偿的情形主要有：发起人对公司所负担的设立费用因滥用而致使公司受损失；发起人因设立公司而得到特别利益或报酬，使公司利益减少；发起人用以抵作股款的财产估价过高而令公司受损等。

2. 公司设立失败

公司设立失败是指公司未能够完成设立行为的情形。公司未完成设立行为的原因很多，如因投资环境发生变化，发起人在申请公司注册登记前决定停止公司设立活动；或者发起人未能够就出资方式、组织人员选任等内容达成一致，于是终止合作，不再继续公司设立活动等。最为普遍的原因是公司设立在条件上不符合法律规定或在程序上有瑕疵，公司登记机关以合法理由不予登记，拒绝核发营业执照，进而使得公司设立行为未能全部完成。各国公司法一般规定在公司设立失败时发起人应承担如下责任。

(1) 连带赔偿责任。设立费用及债务原则上由成立后的公司承担，但当公司不能成立时，先前发生的与设立公司相关的费用及债务就失去了公司这一拟定的承担主体，只能改由实施设立行为的主体(发起人)承担。由于发起人之间的关系近似于合伙关系，因此各国公司法规定对此准用合伙的有关规定，即由发起人对设立行为所产生的费用和债务负连带赔偿责任。

(2) 对已收股款的返还责任。在采取募集设立公司的情况下，发起人对认股人已缴纳的股款负有返还并加算银行同期存款利息的连带责任。至于发起人相互之间的责任承担，应按其约定或投资比例进行划分。

3. 公司设立无效

公司设立无效是指公司设立虽然在形式上已经完成甚至公司已获得营业执照，但实质上却存有条件或程序方面的缺陷，或者说设立有瑕疵，故公司应当撤销，设立应被认定为无效。在实行公司设立无效制度的国家或地区，即使公司已经登记成立，但如果发现公司设立行为违反强制性规定或存在民法上所规定的其他无效或可撤销条件，在设立登记后的法定期间内，利害关系人可以向法院提起宣告设立无效或设立撤销之诉。

公司法上的设立无效与撤销与民法上的设立无效与撤销不同。公司法中的设立撤销判决和设立无效判决，其效力虽可及于第三人，但均无溯及力，不影响判决确定前股东、第三人之间产生的权利和义务。

(1) 设立无效的原因。设立无效的原因大致可以归结为以下三方面。

第一，设立公司的发起人违反主体资格的要求，主要包括：发起人或股东中有无行为能力人或限制行为能力人；某发起人或股东所实施的设立行为并非是其真实的意思表示，而相对人已知或可知其真意的。

第二，设立行为本身有瑕疵，主要包括：发起设立的发起人没有认足公司应发行的全部股份或者募集设立所发行的股份超过招股说明书规定的截止期限尚未募足；发起人不足法定人数；没有公司名称或者住所；所建立的组织机构不符合公司法的要求；公司章程绝对必要记载事项欠缺或记载违法、公司发行股份存在重大缺陷或者没有召开创立大会等。

(2) 设立无效的法律后果。从各国公司法来看，公司设立无效的法律后果因设立无效的原因不同而有所差别。

第一，如果公司设立无效是因设立程序违反强制性规定等客观瑕疵导致的，则公司进入清算程序，清算完结，公司即告消灭。

第二，如果设立无效是因设立人的主观瑕疵造成的，且该无效原因只存在于某股东，则经由其他股东协议一致，可以保留该公司，对于存有无效原因的股东视为其退出公司。

第三，对于公司设立无效的诉讼，如果经法院判决原告败诉，在原告有恶意或重大过失的情形时，应对公司负连带的损害赔偿责任。

六、公司设立后信息披露

公司信息披露是广义的企业信息管理系统的产物，其披露信息一般都需经过生成、记录、处理、汇总、审计到最终发布的过程。目前，各国对于公司信息披露都有较为全面的规定，由其针对上市公司信息披露问题更予以严格规范，如美国颁布了《S-X 条例》来规范财务信息披露内容，并由美国公认会计原则（US GAAP）规范如何披露；同时，美国实施《S-K 条例》来规范非财务信息的披露事项。2014 年 10 月 1 日起，我国《企业信息公示暂行条例》开始正式施行。该条例在规定了我国企业信息披露监管机关的同时，明确了我国企业设立后信息披露的具体内容与方式。

1. 公司信息披露内容

根据《企业信息公示暂行条例》规定，目前我国公司信息披露内容主要包括：(1)企业年度报告；(2)有限责任公司股东或者股份有限公司发起人认缴和实缴的出资额、出资时间、出资方式等信息；(3)有限责任公司股东股权转让等股权变更信息；(4)行政许可取得、变更、延续信息；(5)知识产权出资登记信息；(6)受到行政处罚的信息等企业应当依法进行公示的信息。

其中，企业年度报告内容包括：(1)企业通信地址、邮政编码、联系电话、电子邮箱等信息；(2)企业开业、歇业、清算等存续状态信息；(3)企业投资设立企业、购买股权信息；(4)企业为有限责任公司或者股份有限公司的，其股东或者发起人认缴和实缴的出资额、出资时间、出资方式等信息；(5)有限责任公司股东股权转让等股权变更信息；(6)企业网站以及从事网络经营的网店的名称、网址等信息；(7)企业从业人数、资产总额、负债总额、对外提供保证担保、所有者权益合计、营业总收入、主营业务收入、利润总额、净利润、纳税总额信息。

2. 公司信息披露方式

目前，我国企业信息披露需要在工商行政管理部门设立的企业信用信息公示系统上进行。根据企业披露信息性质不同，我国采取强制信息披露与自愿信息披露相结合的方式，如对于上述企业年度报告信息披露内容，我国要求企业必须向社会公示年度报告中的第一项至第六项信息，允许企业自愿选择是否向社会公示年度报告的第七项信息。

在企业信息披露时间方面，我国《企业信息公示暂行条例》第八条规定："企业应当于每年 1 月 1 日至 6 月 30 日，通过企业信用信息公示系统向工商行政管理部门报送上一年度年度报告，并向社会公示。当年设立登记的企业，自下一年起报送并公示年度报告。"

第五节　公司的组织机构

公司的经营管理活动十分复杂，涉及决策、执行、代表、监督等不同职能，各国公司法都较为详尽地规定了公司应设的组织机构以及各机构的职权、职责的分工和对公司应负的责任，以规范股东与公司、股东与经营者之间的各种关系。根据各国立法及司法实践，公司的主要组织机构为股东大会和董事会。但在某些国家，如德国和中国等，公司法还要求股份有限公司须设立监事会。此外，规模大的公司在董事会之下还设有执行委员会。

一、股东(大)会

股东(大)会是全体股东的组织，是公司的最高权力机关，是股东表现其意志、利益和要求的主要场所。股东会对公司拥有领导权和管理权，但对内并不直接经营管理公司业务，对外也不代表公司，而是由它选举和控制董事会，通过董事会来间接地行使管理和领导权。它只是个非常设的意向决定机构。

1. 股东(大)会的权限

股东(大)会为公司最高权力机构，股东会行使的职权一般是针对公司的重大事项，各国对股东(大)会权限范围的规定不完全相同。理论上讲，股东(大)会是股份有限公司的最高权力机关，一般规定重大问题由其决定，如：决定公司董事的任免及其报酬；审查和批准公司的年度报告、资产负债表、损益表及其他会计报表；决定公司股息和红利的分配方案；决定公司章程的修改和公司股本的增减；决定公司的合并和解散等。实际上，根据某些国家公司法的规定，选任与解任董事的权力不属于股东大会，而是属于监事会，如德国《股份有限公司法》规定，股份有限公司设有监察会与董事会，监察会的成员由股东大会选任与解任，而董事会的成员则由监察会选任与解任，股东大会不能直接干预。按照法国 1966 年公司法规定，股份有限公司可以采取董事制，也可以采取监事会与执行会制。若采取董事会制，则由股东大会选任与解任董事会成员；若采取监察会与执行会制，则股东大会只能任命和解任监察会的成员，而不能参与执行会成员的任命，执行会的成员由监察会任命，但执行会成员的解任权属于股东大会，股东大会有权根据监察会的建议解任执行会的成员。

2. 股东(大)会会议的种类

股东(大)会通过定期或临时举行由全体股东出席的会议来进行工作，以行使对公司联合控制的最高权力。

(1) 定期会议

定期会议，是指依据法律和公司章程的规定，在一定时间内必须召开的股东会议。定期会议主要决定股东(大)会职权范围内的例行重大事项。

对于股东(大)会定期会议每两次会议之间的最长间隔期限，各国规定有所不同：我国《公司法》规定每年召开一次；英国公司法规定两次会议之间的间隔自上一年度大会举行之日起不得超过 15 个月；美国许多州公司法规定的间隔为不超过 13 个月。

定期会议具体召开时间由公司章程作出规定。在我国，一般有限责任公司股东年会每个会计年度结束之后即行召开；股份有限公司的股东(大)会年会一般于会计年度终了后6个月内召开。

(2) 临时会议

临时会议,也称"特别会议",是指定期会议以外的必要时候,由于发生法定事由或者根据法定人员、机构的提议而召开的股东会议。各国公司法一般规定以下情况下可以召开临时会议。

第一,持有一定比例股份的股东申请时。我国《公司法》规定,有限责任公司代表1/10以上表决权的股东可以提议召开股东会临时会议；股份有限公司当单独或者合计持有公司股份10%以上的股东请求时,应在2个月内召开临时股东大会。

第二,根据董事提议或在董事会认为必要时。我国《公司法》规定,有限责任公司代表1/10以上表决权的股东,1/3以上的董事可以提议召开股东会临时会议；股份有限公司董事会认为必要时,应当在2个月内召开临时股东大会。

第三,根据监事提议或在监事会认为必要时。我国《公司法》规定,有限责任公司监事会或者不设监事会的公司监事可以提议召开股东会临时会议；股份有限公司当监事会提议召开时,应当在2个月内召开临时股东大会。

第四,发生法定事由时。对于法定事由各国公司法规定内容不一,如英国1967年《公司法》规定,凡需要临时撤换一个董事,或任命一位年逾70岁的董事,或任命一位新的审计员时,均需召开临时会议。我国《公司法》第100条规定,股份有限公司当董事人数不足该法规定的人数或者公司章程所定人数的2/3时,或者当公司未弥补的亏损达股本总额的1/3时,应当在2个月内召开临时股东大会。

第五,其他规定。例如,英国公司法规定,法院可以责令当事人以适当方式和时间召集会议。

3. 股东出席股东(大)会会议的法定人数

由于股东(大)会是行使公司重要权力的组织机构,若参加股东会议的股东很少,既不利于公司集思广益作出决策,还可能出现少数股东操纵股东会甚至损害其他股东利益的情况。因此,国外大多数国家公司法规定了参加股东会会议的最低法定人数,只有达到法定人数,股东会会议才能合法召开,通过的决议才能有效。例如,美国大多数州的公司法规定股东定期会必须以全体股东50%的人数出席,法国规定只有代表股本总值25%的股东出席,股东会才能合法召开。

4. 投票方式

股东在股东会会议上是通过行使表决权来对公司的重大事项作出决策的。表决权是公司股东权力的中心内容,是股东对公司进行有效控制的关键。因此,各国公司法对股东在股东会议上的投票方式都作出了规定。

(1) 本人投票制与委托投票制

本人投票制是指股东亲自出席股东会议并进行投票；委托投票制是指公司股东委托代理人出席股东会议并进行投票。因为股份公司特别是上市公司的股权高度分散,多数股东居住地也高度分散,不少小股东不愿为出席股东会议而支出高额的交通食宿费用及行使表决权所花费的时间,更有不少股东由于各种主客观原因不能亲自参加股东会议,所以各国纷纷设置了委托投票制，如美国《特拉华州公司法》规定可采用代理形式表决，代理表决时应签署代理委托书，除非委托书另有规定，代理有效期为3年。我国《公司法》也规定了股东可以委托代理人出席股东会议的表决权代理行使制度，要求代理人出具股东授权委托书，并在授权范围内行使表决权。另外，当股东不愿或不能出席股东会议，又不愿放弃表决权，同时担心委托的代理人不按本人的意思行使表决权时，公司制度比较成熟的国家有表决权书面行使制度，即书面投票制度。不出席股东会议的股东在书面投票用纸上就股东会议决议中的有关事项表明其赞成、否定或弃权的意思，将该书面投票用纸在股东会议召开之前提交公司以产生表决权行使效果。

(2) 直接投票制与累积投票制

在直接投票中，每股对公司的每项决议有一个投票权。它代表了公司法在公司决策的过程和结果上奉行的传统的多数决策原则，贯彻了由大股东控制公司的权利义务对等的理念。在采取此种投票方式时，掌握股东会多数股票的股东一般有权决定公司的重大事项，往往造成明显的多数股压少数股的现象，无法保护少数股权者的利益，特别是在选择董事时，只拥有少数股权的股东将无法选出一个董事代表其权益。所以，必须设计出能保护少数股权者利益的其他表决方法。累积投票制就是在这种情况下应运而生的。累积投票制的设计完全是为了保护少数股权者的利益，一般适用于在股东会上任免董事，从而使小股东有机会把其代言人选入董事会。它的具体做法是股东在决定董事人选时，允许股东可以将其在选举每位董事上的表决票数累加，即：股东在选举董事时的总票数为其持有股份决定的表决票数乘以须选举的董事人数，股东可以选举将总票数集中投在一个董事候选人名下，也可以选择分散投在数人名下。如此便提高了中小股东投票的力度和影响效果。在西方国家，关于如何评价累积投票法的问题，褒贬双方时有争议。因为如果投票总数发生变化，亦会造成少数股东的被动。

我国《公司法》规定股东大会选举董事或者监事，可以依照公司章程的规定或者股东大会的决议，实行累积投票制。

5. 股东(大)会决议的原则

股东会的决议均采用多数原则，即决议必须由出席股东会的代表表决权多数的股东通过方为有效。不过，对于不同的决议事项，各国公司法规定了不同的多数标准。

(1) 普通决议。股东(大)会会议合法召集，经出席会议的代表1/2以上表决权的股东通过即为有效的决议为普通决议。除特别决议事项外，股东会决议均适用简单多数原则。

(2) 特别决议。股东(大)会会议合法召集，必须经出席会议代表的绝对多数表决权的股东通过方为有效的决议为特别决议。在我国该绝对多数为2/3以上。我国《公司法》规定适用特别决议的事项主要有：修改公司章程；增加或减少注册资本；公司的分立、合并或者变更公司形式；公司的解散。

二、董事会

如上所述，公司的最高权力机关是股东大会。股东是公司资产的拥有者，在大型股份有限公司中，股东人数都在万人以上，他们需要有能力、有责任心的人代表其利益对公司行使管理。因此，董事会的产生就成为现代经济发展的一个必然产物。目前，西方国家公司法一般明文规定，董事会是公司的最重要的决策和领导机构，是公司对外进行业务活动的全权代表。也就是说，公司的所有内外事务和业务都在董事会的领导下进行。规模较小、股东不多的公司可以不设董事会，由股东选举执行董事，由董事来执行公司业务管理，对外代表公司。各国公司法都独辟一章，专门对董事和董事会的基本问题作出规定，这些规定通常包括但不限于如下内容：董事的资格，董事的产生(选举)及数量，董事的任期、解任，董事的报酬，董事的行为标准，董事的责任，以及董事会的职权、董事会会议、董事会的会议通知、董事会分组和董事会的专门委员会等。以下就董事及董事会中的某些重点问题分别予以介绍。

1. 董事会的组成

董事是由股东在股东(大)会上选举产生的，对公司的业务活动进行决策和领导的专门人才。他们可以是自然人，也可以是法人。西方国家公司法规定，法人可以担任董事，但须指定一名有行为能力的自然人作为代理人。

(1) 董事的资格

董事与股东不同，任何人只要拥有公司股份即为股东，便有权参加股东大会。董事是由股东会选举进入董事会，负责对公司的经营管理事务进行决策、集体或单独代表公司执行业务的人。因此，各国均对董事任职资格作出限制。

各国公司法规定的限制条件不尽相同：有积极条件，即只有满足某些条件才能成为公司董事；也有消极条件，即董事不得具备某些条件。这些条件一般包括：①国籍限制。个别国家规定董事或多数董事必须具备本国国籍。②年龄限制。一般未成年人不能担任董事，以及政府控股的公司中的董事有退休年龄的限制。③持股限制。有的国家规定董事必须是公司股东。④兼职限制。有的国家规定董事不得兼任其他公司的董事或实际管理人，或规定董事在公司外其他机构兼职的数量上限以避免与任职公司经营业务的冲突。⑤能力、品行限制。多数国家规定破产企业的董事、未清偿债务的人、被追究刑事责任的人员不得担任公司董事。⑥其他限制。有的国家规定政府官员等不得兼任公司董事。

我国《公司法》规定有下列情形之一的，不得担任公司的董事：①无民事行为能力或者限制民事行为能力；②因犯有贪污、贿赂、侵占财产、挪用财产罪或者破坏社会主义市场经济秩序，被判处刑罚，执行期满未逾 5 年，或者因犯罪被剥夺政治权利，执行期满未逾 5 年；③担任破产清算的公司、企业的董事或者厂长、经理，并对该公司、企业的破产负有个人责任的，自该公司、企业破产清算完结之日起未逾 3 年；④担任因违法被吊销营业执照的公司、责令关闭的公司、企业的法定代表人，并负有个人责任的，自该公司、企业被吊销营业执照之日起未逾 3 年；⑤个人所负数额较大的债务到期未清偿。

(2) 董事的人数

虽然各国公司法对董事人数的规定不同，同一国家的不同类型的公司对该问题的规定亦不相同，但多是基于如何使董事会更有效地领导公司业务来确定的。因董事会人数少，易出现独裁，危害股东利益；董事会人数多，又可能导致效率低下。所以，各国公司法对此都作出了弹性较大的规定，一般是只规定最高和最低人数，具体人数由各公司章程或内部细则自行决定。例如，德国规定，董事会必须至少由 3 人组成；股本金额在 120 万马克以下者，不得超过 9 人；股本金额在 800 万马克以下者，不得超过 15 人，但是无论如何董事会的人数最多不得超过 21 人。法国规定，凡资本额在 25 万法郎以下的有限责任公司，其董事会只需 1 人即可，但不得超过 5 人；超出 25 万法郎的公司，董事会必须 3 人以上，但不得超过 13 人。我国《公司法》规定，有限责任公司的董事会由 3～13 人组成；规模较小的有限责任公司可选择不设董事会，但设 1 人担任执行董事；股份有限公司的董事会由 5～19 人组成。

不仅如此，西方国家公司法在规定董事会人数限额上，特别是在公司章程和内部细则规定具体人数时还有一个共性，即董事人数往往是奇数，其目的是减少董事会内出现僵局的机会。

2. 董事会的职权

董事会作为公司的最重要的管理机构，具有十分广泛的权限。许多国家的公司法都规定，除公司法或公司章程规定应由股东(大)会决议的事项之外，公司的全部业务均可由董事会执行。其职权通常包括：决定公司的产品和服务价格、工资与人事安排；选任、监督或免除公司的高级职员和其他专门委员会；批准行政人员的报酬、抚恤金、退休金等计划；决定股息、公司财务原则和资金的周转；批准公司非一般性交易活动和特殊重大的公司事务；批准公司签订的重大业务合同；通过、修改和撤销公司的内部细则；监督和提高整个公司的福利待遇；召集股东大会。

不过，英美国家的公司法均规定董事会的权限受以下限制：第一，董事会作为公司的代理人，不得从事整个公司业务活动范围以外的活动，否则无效；第二，董事会在权限之内行使职权时，不得超出公司授予他们的具体权限范围。如果公司要授予他们具体权限，必须获得股东大会的批准或认可，否则，此类活动所造成的损失由董事会集体负责；第三，如果股东大会的决议和董事会的决议有冲突，一般以前者为准，股东大会可以否决董事会的决议直至解散董事会。

3. 独立董事

独立董事，是“独立的非执行董事”的简称，指除董事职务外不在公司担任其他任何职务，并与其所受聘的上市公司及其主要股东不存在可能妨碍其进行独立客观判断的一切关系的特定董事。独立董事机制起源于英美法系国家，且主要在这些国家盛行。原因在于，这些国家实行单一的董事会制度，公司不设专司监督高层管理人员之职责的独立的监督机关——监事会，董事会集经营上的指挥权和监督权于一体。然而，由于董事会受到高层管理人员的控制，它根本不可能对高层管理人员实行有效的监控。为了实现董事会对于高层管理人员的独立，从而达到董事会对高层管理人员有效监控的目的，董事会必须由非管理层的、独立的外来人占主导地位。

作为独立董事具有如下特点：(1)独立董事是上市公司董事会中保护广大股东利益的外部人员；(2)独立董事必须独立于公司的管理层；(3)独立董事应当具有丰富的商业经验。独立董事除享有公司法赋予公司董事的一切职权外，还享有以下特别职权：提案权、聘任权、征集权、决策建议权与组织领导权，而且与其他董事一样，对上市公司及全体股东负有忠实、竞业禁止、诚信勤勉、禁止滥用权力的义务。对于对立的法律标准问题，根据美国公布的最新规则解释，主要包括以下三个标准：第一，与公司无商业关系；第二，非公司雇员或公司行政管理人员的直系亲属；第三，与公司的任何管理人员之间不存在交叉性报酬的联系。

独立董事应当具有丰富的商业经验，在美国大多数公司的独立董事都是现任的或已退职的其他公司的高层管理人员。他们经验丰富，与公司的经营决策没有直接的利害冲突，处理问题比较客观，确实对内部董事能起到一定的监督和平衡作用。

我国《公司法》规定，上市公司设独立董事，具体办法由国务院规定。

三、监事会

监事会是依法产生，对董事和经理的经营管理行为及公司财务进行监督的常设机构。它代表全体股东对公司经营管理进行监督，行使监督职能，是公司的监督机构。

1. 监事会的设置

虽然各国在公司治理中均设立了行使监督职能的公司机构，但关于监事会的规定存在着很大差异。

(1) 美国模式。如前所述，美国是单轨制，即只设董事会而不设监事会。不过，美国公司治理结构中并不缺少监督机构。美国董事会中的独立董事实际上承担了监督职能，特别是上市公司董事会下设的内部审计委员会，其成员全部由独立董事组成，是专职的监督部门。

(2) 德国模式。德国为“双层委员会”制度，由股东大会和工会机构选举产生监督委员会，简称“监事会”。同时，由监督委员会公开招聘管理委员会，简称“理事会”。监事会代表股东监督理事会，理事会负责企业日常经营管理活动。因此，德国的监事会并非如其他国家的监事会，而是更像美国的董事会，兼具决策和监督的强大职能。

(3) 日本模式。日本在公司组织机构中设立了监察人作为监督机构，其公司组织机构由股东会、董事会、监察人三者构成。中国的公司监督体制基本类似于日本模式，监事会为公司的必设机构，是公司的监督机构。

(4) 法国模式。法国对监事会的设置采取灵活态度，监事会不是法定必设机构。公司章程可以选择设立监事会，也可以选择不设立监事会。

2. 监事会的组成

监事会由监事组成。监事会成员一般由股东会在有行为能力的股东中选任。此外，有的国家规定达到一定规模的公司，其监事会除有股东代表外，还要有一定比例的雇员和工会代表。为了使监事会能正常行使监督职能，各国皆规定负责公司业务的董事、经理和财务负责人及他们的直系配偶不得担任监事。

我国《公司法》规定，监事会是公司必设机构，股东人数较少或规模较小的有限责任公司，可以不设监事会，只设1～2名监事。监事每届任期3年，任期届满，可以连选连任。

3. 监事会的职权

综观各国各类公司监事会的职权，主要是对公司董事会和经理的业务活动实行监督，具体包括：(1)监督董事会的活动，如：有权代表列席董事会会议，定期和随时听取董事会的报告；(2)监督检查公司的经营状况与财务状况；(3)审核公司的结算表册和清算表册；(4)认为有必要时，有权召集股东会；(5)法律与章程赋予的其他权利。

四、经理

经理是由董事会聘任的，负责组织日常经营管理活动的公司常设业务执行机关。它一般由公司章程任意设定，设置后即为公司常设的辅助业务执行机关。公司经理不同于公司董事、监事，其并非选举产生，而是由董事会聘任产生。各国公司法大多规定聘任经理为董事会的职权，董事会通过投票决定公司经理的人选。我国《公司法》规定公司董事会可以决定由董事会成员兼任经理，经理与公司的关系属于雇佣关系。

西方国家的公司法规定，经理的职权大体上包括：执行董事会确定的经营方针，任免公司的职员，对外代表公司签订合同，负责管理公司的日常事务等。其义务主要有：对公司诚信、勤勉，不得从事与本公司有竞争或损害公司利益的活动，严格遵守公司股东会和董事会的决议。

五、董事、监事、经理的义务

董事、监事、经理拥有公司的决策权、监督权、执行权，他们实际控制着公司的运营。虽然他们与公司及股东的利益有一致性，但他们又有各自独立的利益，甚至有可能与公司、股东利益相冲突。因此，为体现激励与约束共存的原则，各国公司法对董事、监事、经理的义务均进行了规定。

1. 忠实义务

忠实义务，是指董事、监事、经理管理经营公司业务时，应全心全意为公司最大利益努力工作，当自身利益与公司整体利益发生冲突时，应以公司利益为先。董事、监事、经理违反忠实义务主要有以下两种情形：(1)董事、监事、经理与公司签订商业合同。因为商业合同签约双方的经济利益是冲突的，所以传统公司法一般对此持绝对禁止态度，但现代各国公司法普遍对董事、经理与公司间的交易持有条件的许可态度，即在通过某种程序批准后，有的国家规定董事须及时披露其在该交易中的利益性质；有的国家则规定经过公司有权机关的批准，董事、经理与公司之间的交易方为有效。(2)董事、监事、经理利用在公司的机会牟取个人利益。

2. 善管义务

善管义务，也称“注意义务”，即董事、监事、经理应忠诚地履行对公司的职责，尽到普通人在类似情况和地位下谨慎的合理注意义务，为实现公司最大利益努力工作。

3. 竞业禁止义务

竞业禁止义务是指董事、监事、经理不得经营与其所任职公司具有竞争性质的业务。因为董事、监事、经理一般掌握公司经营中的重大信息，当其从事与公司相同或相似的业务时，很容易泄露公司的商业秘密，与公司进行不公平竞争。因此，各国公司法均对此予以禁止或限制。如果董事、经理违反竞业禁止义务，则公司可以依法行使归入权，即将董事、经理的违法收益收归公司所有。

我国《公司法》对竞业禁止采取绝对禁止的态度，规定董事、高级管理人员未经股东会或者股东大会同意，不得利用职务便利为自己或者他人谋取属于公司的商业机会，自营或者为他人经营与所任职公司同类的业务；不得违反公司章程规定或者未经规定股东会或者股东大会同意，与本公司订立合同或者进行交易；不得擅自披露公司秘密。

4. 不得越权义务

不得越权义务，是指要求董事遵循严格依据法律、章程、股东大会和董事会的决议行事，在法律规定或者公司授权的范围内履行职责，不得越权的义务。对董事越权行为的后果，仍由公司承担，以保护善意第三人的权益，但董事会要对公司承担赔偿责任。

第六节　公司的资金

在西方国家的公司法上，资金这一概念，是指以货币形式表现出来的公司企业资产的价值，而资产则成为公司资金的存在形式。在企业再生产过程中的资金，不论其具体形态如何，最初都有着一定的来源。资金来源，是指资金进入企业的原始点，它表示公司企业的资金是从哪些方面和通过什么合法渠道进入公司企业的。

在西方国家，设立公司和经营公司业务的必要资金，主要地或者至少在开始阶段，是从投资者那儿获得的，也就是公司通过投资者认购公司股份或购买公司债券来获得的。按西方国家公司法规定，公司企业资金的来源主要是两个方面：一方面就是股本，这属于公司的自有资本；另一方面就是债，也可称为债款。这两者的结合就构成了公司资金的主要来源。所谓股本，是公司的股东（企业主）对该企业的永久性的投资，并由此构成了公司企业的股本。股本额等于其资产总额减去其负债总额和各种盈余后的余额。在公司法中，公司股东在公司企业中所投入的自有资金通常称“股本”。从这个意义上说，自有资金又叫股本。股本中不包括债款。人们习惯上把公司股本称为公司的资本。

与资金来源相对称的就是资金的运用。资金的运用，是指公司企业的资金存在的具体形式，说明企业的资金投放在何处，或者说是它在企业的分布状况。因此，在资产负债表中，资金的运用都列在表的资产方。从这个意义上来说，资金的运用也就是资产的同义词。

一、公司的资本

（一）公司资本的含义

如前所述，广义的公司资本，是指公司用以从事经营、开展业务的所有资金和财产，包括公司自有资本（亦称“衡平资本”）和借贷资本两部分。狭义的公司资本则仅指公司自有资本。本书所用公司资本一般是指狭义资本。

公司的资本，从经济上来说，是公司开展业务的物质基础；从法律上来说，是公司对第三人的最低财产担保。股份有限公司是法人，可以拥有自己的财产，并以自己的全部财产对债权人承担责任。公司的财产独立于股东的财产而存在，股东对公司的责任仅以出资额为限。因此，股份有限公司的资本对股东和债权人以及公司自身的发展均有十分重要的意义。为了保护公司股东及债权人的利益，各国公司法对公司资本都作了具体的规定，主要是：第一，公司设立必须拥有一定数量的资本，任何股份有限公司的资本都不得低于法定最低资本额；第二，公司的资本额必须在公司章程中予以载明，未经股东大会同意修改章程，公司资本不得随意增减；第三，公司必须经常维持与公司资本额相当的实际财产，不得以公司的资本进行分红。

（二）公司资本的原则

为了保护债权人的合法权益，维护社会交易的安全，各国公司法确认了公司资本的三项基本原则，即资本确定原则、资本维持原则和资本不变原则，并称之为“资本三原则”。

1. 资本确定原则

资本确定原则，是指公司在设立时，须在章程中对公司的资本总额作出明确的规定，并须由股东全部认足或募足，否则公司将不能成立。公司成立后如发行股份，必须履行增资程序，经股东会决议并修改公司章程。其目的在于保证公司的资本真实、可靠，防止公司设立中的欺诈、投机行为，但其不足是大大限制了公司的设立，公司资本如果数额很大，不易尽快认足；如果数额较少，又会遇到其后增加资本时的烦琐法律程序。同时，公司成立之初，业务活动少，即使认足了资本，也会造成资金在公司中的闲置和浪费。

资本确定原则为传统大陆法系国家所采用，其早期的公司立法都体现和坚持了这一原则。虽然多数大陆法系国家现已吸收了授权资本制的规则，改为折中资本制，但资本确定原则的基本精神并未被放弃，折中资本制依然保留和体现了资本确定原则的基本要求。同时，即使在实行授权资本制的国家，资本确定原则也有一定程度的体现，也要求公司章程对资本额予以明确规定。

我国《公司法》实行的是资本确定原则，虽然我国已经取消了关于有限责任公司和股份有限公司最低注册资本额的规定，但是我国目前仍然要求在公司章程中应载明公司注册资本，一定程度上体现了资本确定原则的要求。

2. 资本维持原则

资本维持原则，又称为资本充实原则，是指公司在其存续过程中应经常保持与其资本额相当的财产。公司在经营活动中，由于盈利或亏损，以及财产的无形损耗都将使公司的实有财产的价值高于或低于公司的资本，使公司的资本成为一个变数。所以，当公司的实际财产价值低于其资本时，就会使公司无法按其资本数额来承担责任。为防止因公司资本的减少而危害债权人的利益，同时也为防止股东对盈利分配的过高要求，确保公司本身业务活动的正常开展，各国公司法都确认了资本维持原则。资本维持原则主要体现在以下几个方面。

(1) 股东退股禁止。公司成立后，股东不得抽回出资。

(2) 不得折价发行股份。公司股份可以按面额平价发行或溢价发行，但不允许折价发行。

(3) 限制非货币出资。由于非货币出资在价值评估和权利转移方面的特殊性，容易造成资本的虚假，因此公司法通常限制工业产权等无形财产的出资，禁止劳务、信用等经营要素的出资。

(4) 发起人和股东对出资承担连带认缴责任。其中，包括股份未被全部认购时的认购担保责任、股款未被全部缴纳时的缴纳担保责任和实物出资过高估价时的差额填补责任。

(5) 按规定提取和使用公积金。公司公积金的作用除扩大再生产外，主要用于充实公司资本和弥补公司经营的亏损。

(6) 没有盈利,不得分配。"无盈不分"是公司股利分配的基本规则,公司的盈利首先应用于弥补亏损,只有在公司盈利的状态下才能向股东分配股利。否则,等于以公司资本向股东分配。

(7) 禁止收购本公司的股份。公司收购自己的股份等于股东退股,收回的股份等于未能发行,从而导致资本虚假。因此,除特殊情况外,原则上不允许公司收购自己的股份。

(8) 不得接受以本公司股份提供的担保。此种担保的实现会导致公司取得自己的股份,与公司不得收购自己股份的规则相悖。

我国《公司法》对资本维持原则也有充分的体现:有限责任公司初始股东对实物出资价值担保和差额填补责任的规定、除因与持有本公司股份的其他公司合并或减少注册资本等情况跟外,公司不得收购本公司股票的规定、公司在弥补亏损、提取法定公积金之前,不得向公司股东分配利润的规定等都体现了资本维持原则的要求。

3. 资本不变原则

资本不变原则,是指公司的资本一经确定,即不得随意改变;如需增加或减少资本,须严格按法定程序进行。公司在经营过程中,因各种原因都可能导致公司资本的增加或减少,这不仅为法律所允许,且并未与资本不变原则相悖,因资本不变并非绝对不能改变,只是指不得随意改变,应保持相对稳定,未经法定程序,不能随意增减。它与资本维持原则一样,都是为了防止因公司资本总额的减少而导致公司责任能力的缩小,从而强化对债权人利益和交易安全的保护。它只是对资本维持原则内容的延伸和细化。如果没有这一限制,资本维持原则就失去了其维持的依据;如公司可随意增减资本,资本维持原则也就没有了实际的意义。

我国《公司法》的资本不变原则主要体现在对公司增减资本的严格规定上,其对公司增减资本规定了严格的条件和程序,要求必须经股东会议决议通过,并依法办理变更登记。同时,对于减少资本特别规定了债权人保护程序,即在公司减少资本时,必须编制资产负债表和财产清单,其应当自作出减少注册资本决议之日起十日内通知债权人,并于三十日内在报纸上公告。债权人自接到通知书之日起三十日内,未接到通知书的自公告之日起四十五日内,有权要求公司清偿债务或者提供相应的担保。

(三) 公司资本的构成

1. 货币

公司从事经营活动,必须有一定数量的货币,因此货币出资是公司设立实务中最为公司所需、最受股东欢迎的出资形式。为了保证公司资本中有足够的现金,多数国家公司法对货币出资规定有最低的比例,如德国、法国规定股份有限公司货币出资应占公司总资本的25%以上,意大利规定货币出资应占公司资本的30%以上,瑞士、卢森堡规定为20%以上。目前,我国《公司法》取消了原来规定的全体股东的货币出资金额不得低于有限责任公司注册资本的百分之三十的限制。

货币资本的一个特别法律问题是能否以借贷资金作为公司注册资本,包括两种情况:一是以公司为借款人对外借贷,并由公司承担还款责任。因其形成公司对外负债,公司并未获得构成资本的净资产,股东也实际上未承担出资责任,违反了公司资本的基本原则和制度，所以这种借贷出资应为法律所禁止；二是以股东为借款人对外借贷，并由股东承担还款责任。这虽对股东来说是借贷资金，但对公司却不是借贷资金，与股东以自有资金出资一样，都构成公司的自有财产，而不同时形成公司负债，股东则完全履行了出资义务，只不过这种履行的条件是通过对外负债而获得的。

2. 实物

实物属于有形资产，主要包括：房屋、车辆、设备、原材料、成品或半成品等。各国公司法无一例外都允许以实物出资，但要求一次付清，并办理实物出资的转移手续。由于实物的价值直接涉及投资人及其他股东的利益，为此应由中立的专业资产评估机构进行评估作价。

3. 无形资产

无形资产包括工业产权、非专利技术和土地使用权等，其通常也需由中立的专业资产评估机构进行评估作价。另外，由于技术价值上的不稳定性和变现上的不确定性，过高比例的无形资产可能会削弱公司的债务清偿能力，危及社会交易的安全，因而有的国家对其出资比例进行限制。

我国《公司法》第 27 条规定，股东可以用货币出资，也可以用实物、知识产权、土地使用权等可以用货币估价并可以依法转让的非货币财产作价出资；但是，法律、行政法规规定不得作为出资的财产除外。对作为出资的非货币财产应当评估作价，核实财产，不得高估或者低估作价。法律、行政法规对评估作价有规定的，从其规定。

（四）公司资本的制度

1. 授权资本制

这是被英美法系国家所广泛采用的一种公司资本制度，是指公司须在公司章程中载明授权资本的数额，但在公司设立时，不必按授权资本的数额全部发行股份，而可以先发行一部分股份，其余待日后根据公司业务发展的需要由董事会决定是否发行。其主要特点是资本或股份分期发行，各认股人就其在公司设立时认购的部分，必须一次性缴纳全部股款，不得分期缴纳。

我国《公司法》第 26 条规定，有限责任公司的注册资本为在公司登记机关登记的全体股东认缴的出资额。法律、行政法规以及国务院决定对有限责任公司注册资本实缴、注册资本最低限额另有规定的，从其规定。

授权资本制具有如下优势：一是公司不必一次发行全部资本或股份，减轻了公司设立的难度；二是授权董事会自行决定发行资本而不需经股东会决议变更了公司章程，简化了公司增资程序；三是董事会根据具体情况发行资本，既适应了公司经营活动的需要，又避免了大量资金在公司中的冻结和闲置，能充分发挥财产的效益。

当然，授权资本制也有其弊端：由于公司章程中的资本仅是一种名义上的数额，同时又未对公司首次发行资本的最低限额及其发行期限作出规定，因而极易造成公司实缴资本与其实际经营规模和资产实力的严重脱节，发生欺诈性的商业行为，并对债权人的利益构成风险。

2. 法定资本制

这是德国、法国等多数大陆法系国家所采用的公司资本制度，是指公司设立时的股份必须全部由股东认购完毕，否则公司不能成立。公司如果增加注册资本，必须经股东大会作出决议，变更公司章程中的资本数额，并办理相应的变更登记手续。其主要特点是资本或股份的一次发行，分期缴纳。我国公司法实行的也是典型的法定资本制，其规定："以发起设立方式设立股份有限公司的，发起人应当书面认足公司章程规定其认购的股份，并按照公司章程规定缴纳出资。"

法定资本制的优势在于能够保证公司拥有充实的资本，有效地防止公司设立中的欺诈、投机行为的发生，但由于其对资本充足的要求过严，限制了公司的尽快成立，而且公司设立之初全部资本即须认足或募足，会导致某些公司资本的闲置，公司增资时，又须履行繁杂的程序，给公司增加额外负担。因此，大陆法系不少国家公司法逐渐放弃了以往严格的法定资本制，吸收了英美法系公司法的做法，而改为采用折中资本制，如德国、法国等。

3. 折中资本制

折中资本制是在法定资本制和授权资本制基础上演变而成的资本形成制度，具体又分为许可资本制和折中授权资本制两种类型。

(1) 许可资本制

许可资本制，是指在公司设立时，必须在章程中明确规定公司资本总额，并一次性发行、全部认足或募足。同时，公司章程可以授权董事会在公司成立后一定期限内，在授权公司资本的一定比例范围内发行新股，增加资本，而无须股东会的特别决议。原实行法定资本制的大陆法系国家，包括：德国、法国、奥地利等，基本上都实行了许可资本制。许可资本制是在法定资本制基础上通过对董事会发行股份的授权、放宽限制、简化公司增资程序而形成的。这种授权和放宽适用于公司成立后的增资行为，而对公司设立时的资本发行仍适用于法定资本制的要求。这种制度既坚持了法定资本制的基本原则，又吸收了授权资本制的灵活性，而其核心仍是法定资本制。

(2) 折中授权资本制

折中授权资本制，是指公司设立时也要在章程中载明资本总额，并只需发行和认足部分资本或股份，公司即可成立。未发行部分授权董事会根据需要发行，但授权发行的部分不得超过公司资本的一定比例。原实行法定资本制的一些大陆法系国家，如日本实行的就是这种折中授权资本制。

折中授权资本制是在授权资本制基础上，通过对董事会股份发行授权的限制、规定其发行股份的比例和期限形成的。这种限制适用于公司自设立时起到成立后所有股份的发行行为。它既坚持了授权资本制的基本精神，又体现了法定资本制的要求，而其核心则是授权资本制。

二、股份与股票

股份，是指在有限责任公司中，均分公司全部股本的最基本的计量单位，股份是股本的成分，而代表股份的证书叫做股份证书。股票则是股份有限公司的股份证书。股份和股票的实质和内容是相同的，都是股东进行投资的一种凭证。股票是可以公开发行并自由转让的，但有限责任公司的内部细则一般都有限制转让股份的规定，即当一名股东欲转让其股份时，须经其他股东同意，且其他的股东具有优先购买权。

1. 股份有限公司股份的概念及分类

股份有限公司的自有资本来自股东的投资，股东以资金和实物等形式缴给公司。公司将这些资金和实物等分成相等的单位，每一份代表一定金额，每份金额相同，这就是股份，亦即股份有限公司资本构成的基本单位，而全部股份金额的总和即为公司资本的总额。同时，股份也是划分股东权利义务的基本构成单位，股东权利义务的大小取决于其拥有股份数额的多少。根据不同的标准，股份可分成不同的类别。

(1) 根据股东承担的风险和享有的权益不同，可分为普通股和特别股

普通股是公司资本构成中最基本的股份，也是发行量最大的股份。它有以下三个特点：第一，其股息不固定，视公司有无利润及利润多少而定，且须在公司支付了债息和优先股的股息后才能获得股息；第二，在公司清算时，普通股股东分配剩余财产，亦须排在公司的债权人和优先股股东之后；第三，普通股股东一般都享有表决权，有权参与公司重大问题的决策。

特别股，是指有某种特别权利或某种特别义务的股份，包括优先股与后配股两类。优先股，是指对公司资产、利润享有更优越权利的股份。与普通股相比，它可优先获得固定的股息，不受公司经营状况好坏的影响；公司进行清算时，它可从剩余财产中优先于普通股受偿，但它们对公司重大事项无表决权。然而，后配股则逊于普通股。

(2) 根据股东是否被记名，可分为记名股和无记名股

记名股，是指将股东的姓名或名称记载于股票的股份。在转让这种股票时，要把受让人的姓名或法人的名称记载于股票上，并通知发行公司记载股东名册之上，否则不产生转让的效力。此类股票的股金一般不必一次付清，只有记名股的股东才有资格行使其股权。记名股的优点在于有利于公司对股东状况的掌握，便于公司对股份流通情况的了解，可以有效防止股票投机行为。

无记名股，是指股票上不记载有股东姓名或名称的股份。在转让这种股份时，只要把股票交予受让人即可发生效力。因此，对于这种股票而言，持有股票即取得了股东资格，其最显著的优点是便于股份的流通。

依我国《公司法》规定，向发起人、法人发行的股票，应当为记名股票；向社会公众发行的股票可以为记名股票，也可以为不记名股票。

(3) 根据股票上有无标明金额，可分为有票面值股和无票面值股

有票面值股，是指在股票票面上标明一定金额的股份。许多国家公司法对公司股票的最低票面值均作了规定，如法国公司法规定，股份有限公司的股票票面值的最低额为100法郎。我国对股票的面值没有最低限额的规定。为防止公司变相减少股本，造成公司资本的空虚，各国一般都禁止公司以低于票面值的价格发行股票，但允许以高于票面值的价格发行股票即溢价发行。

无票面值股，是指股票票面不表示一定金额，只表示其占公司全部资本总额的一定比例的股份。因此，它的价值随着公司财产的变化而变化。这种股份的好处在于当公司增资时，无须再发行或增加新的股份，只要实际上增加每股所代表的资本额即可。不过，其弊端主要在于股份所代表的金额经常处于不确定的状态中，增加了股份转让和交易的难

度。到目前为止只有美国、加拿大、卢森堡等少数国家允许发行无票面值股。

(4) 根据股东有无表决权,可分为表决权股和无表决权股

表决权股,是指持有该种股份的股东有权无条件地参与公司重大问题表决的股份,其通常为普通股。无表决权股,是指持有该种股份股东的表决权在公司章程中被予以剥夺或限制的股份,其通常为优先股。

2. 股份有限公司股份的发行

公司自设立到成立后的运营,一般都不止一次地发行股份。在设立时,要通过发行股份筹集组建公司所需的资本,称为设立发行;设立后增资时,也要发行股份,称为新股发行。股票发行人既包括已成立的股份有限公司,也包括经批准拟成立的股份有限公司。除此以外,任何其他类型的公司都无权发行。

由于股份的发行事关社会经济秩序的稳定及投资人的利益,因此各国对股份发行的条件和程序都有具体的规定,如以美国为代表的一些国家采取"公开原则",要求发行人须将一切有关资料公开,不得有虚假、误导或遗漏;大陆法系国家一般采取"实质管理原则",要求公开股份发行的真相,且要符合法定的实质条件,并赋予主管机关以广泛的裁量权,以防止不良股份的公开发行。

不同类型或不同形式的股份发行,其发行程序有所不同,新股发行的程序即不同于设立发行。在法定资本制之下,发行新股就是增加资本,属于公司的重大事项,其决定权在公司的股东大会,需由股东大会做出决议。董事会的权利是制定发行新股或增加资本的方案。我国《公司法》即规定了股东大会行使对公司增加或者减少注册资本做出决议的职权,董事会行使制定公司增加或者减少注册资本的方案以及发行公司债券的方案的职权。在授权资本制或折中资本制之下,将原有资本范围内发行新股的权力授予给了公司董事会,此种新股发行只需董事会做出决议。但如果授权资本已发行完毕,在原有资本范围外增加资本,则应由股东大会做出决议。另外,在西方国家,由于实行股份发行的自由主义和注册制,股份的发行无须获得政府的特别许可。我国《公司法》实行公司设立的核准主义和股份发行的审批制度,赋予政府机关和证券管理机关对股份发行进行审批与复审的法定职责。

3. 股份有限公司股份的转让

股份转让以自由为原则是各国公司立法的通例。不过,由于股份的转让可能影响公司财产的稳定,某部分股东对股份的处分也有可能损害另一部分股东的利益。此外,股份转让还可能会带来股票投机。因此,许多国家的公司法、证券法多对股份转让作出一些必要限制,以便将股份转让可能产生的弊端限制在尽可能小的范围内,如英国限制将股份转让给外国人,规定"非经国家财政部同意,不得将英国公司的股份转让给非居住于爱尔兰、联合王国、马恩岛、英法海峡各岛和直布罗陀的居民"。我国《公司法》对股份转让场所限制在依法设立的证券交易场所;为防止发起人利用设立公司进行投机活动,保证公司成立后一段时期能够顺利经营,发起人持有的股份,自公司成立之日起 1 年内不得转让;为了防止公司高级管理人员利用内幕信息从事股票交易,非法牟利,也为了将公司经营与其利益相连以促使其兢兢业业工作,公司董事、监事、高级管理人员在任职期间每年转让的股份不得超过其所持有本公司股份总数的百分之二十五;所持本公司股份自公司股票上

市交易之日起一年内不得转让。上述人员离职后半年内，不得转让其所持有的本公司股份。此外，我国《公司法》允许公司章程对公司董事、监事、高级管理人员转让其所持有的本公司股份作出其他限制性规定。

英国和美国对不上市公司的股份转让也有所限制。这种公司的股份不能在股票交易所进行买卖，因为这种公司通常是互相比较熟悉、信任的人组织起来的。所以，为了防止由于该种股份转让而使一些与股东关系不融洽、联系不紧密的人成为股东，公司法对其进行限制。通常的限制是要求先将股份转让给其他股东，在本公司的股东不愿意接受转让时，才能转让给股东以外的人。

三、股利与公积金

（一）股利

股利，又称股息，是董事会正式宣布从公司净利润中分配给股东、作为其对公司投资的一种报酬。董事会一旦宣布分配股利，股利的支付就构成了公司应承担的一项法律责任。股利一般都是按股分配的，时间可以按月、按季、按半年或一年分配一次。普通股的股利是浮动的，它是按公司营利情况而灵活决定的，而优先股的股息一般是固定的。

西方国家公司法对公司能否分配股利，一般都有较为严格的限制，综合起来，主要的限制如下所述。

(1) 在公司无力偿付到期应付债务，或者支付股利后会引起公司无力偿付债务时，不得分配股利。即使一个公司的总资产超过了其负债部分，而当时公司的流动资产不足以抵偿到期应付债务时，公司也不得分配股利。

(2) 公司董事会分配股利的决定不得与公司章程包含的任何限制相抵触。

(3) 必须留足储备金。德国、法国和意大利等国公司法都规定：在宣布分配股利前，每年至少要有5%的净利润纳入法定的储备金，一直到该基金达到公司总资产的10%才停止将5%的净利润投入基金。

(4) 公司董事会分配股利的决定，不得违反该公司签订的有关自动约束分配股利的合同的规定。

(5) 分配股利必须不影响公司资产的构成以及对公司来年的发展。

按照西方国家公司法的规定，分配股利首先必须由董事会通过决议，并提交股东大会审议通过，然后生效股利的形式除现金外，还可以用公司的财产或该公司的有价证券进行支付。这三者分别被称作：现金股利、财产股利和股利股(又称“红利股”)。其中，现金股利最普遍也最简单，只须从公司的净利润中拨出一部分现款进行直接分配即可。

（二）公积金

公积金，是指公司为了增强自身财力，扩大业务范围和预防亏损，依照法律及章程规定从公司利润中提取的，不作为股利分配、保留在公司内部备用的基金。根据各国公司法的规定，公积金主要分为法定公积金、任意公积金两类。

1. 法定公积金

法定公积金，是指依法律规定必须提取的公积金。根据其来源不同，法定公积金又可分为法定盈余公积金和法定资本公积金。法定盈余公积金，是指公司在弥补亏损后、股利分配前，按法定比例从纯利润中提取的公积金。有关提取的比例，各国规定有所不同：我国公司法规定为10%；德国、法国公司法规定为5%。此外，各国法律还规定当法定公积金达到一定比例时可不再提取：我国《公司法》规定为50%；德国、法国公司法规定为10%。法定资本公积金，是指直接由资本或其他原因形成的公积金，其主要来源于公司接受赠予财产的所得、处分公司财产的溢价收入、股票超面额发行所得的净溢价额等。

法定公积金有专门用途：(1)弥补亏损。公司的生产经营活动难以一帆风顺，公司经营一旦出现亏损，则应当采取弥补措施，即以公积金弥补；(2)扩大公司生产经营。公司扩大经营需要增加投资，而除了通过借贷、发行新股和债券来增加投资外，用公积金追加投资也是一条重要途径；(3)增加公司注册资本。增加注册资本就是增加股东的投资。用法定公积金增加注册资本，无须股东个人再投资，而是公司将法定盈余公积金分派到每个股东名下，以增加其投资额。具体办法有二：一是，增加公司的股份数，即按股东原股份比例派送新股；二是，不增加公司的股份数，在股东原有股份比例的基础上增加每股面值。不过，我国《公司法》规定以法定公积金转增资本时，所留存的该项公积金不得少于注册资本的25%。

2. 任意公积金

任意公积金，是指按章程或股东大会决议在法定公积金以外所提取的公积金，其提取与否或数额多少法律不作强制性规定，由公司自己决定。此外，任意公积金用途比法定公积金广泛，但具体用于哪些方面，应当由公司章程或股东会决议作出明确规定。

四、公司债

公司债并非公司资本，但却是公司可利用的重要资金。公司债，是指公司企业通过发行债券或签订贷款合同的方式与特定人或非特定人之间所成立的一种金钱债务关系。就投资者而言，购买公司债具有安全感，风险相对小，是一种较好的投资手段。公司债是公司企业必不可少的资金来源之一，它可以提高公司股本的创值能力，主要包括银行贷款和公司债券。

(一) 银行贷款

各国一般都赋予公司借款之权，公司可为每笔贷款提供担保，包括以其固定或流动资产作抵押。

公司的借款权一般由董事会行使，但公司可在其章程或内部细则中对董事会的权力加以限制，包括对借款数量的限制。此外，为了维护债权人的利益，多数国家规定除少数例外情形，公司的董事会不得借入超过公司股本和公积金总额的债款。这一原则也适用于公司发行公司债券的场合。

(二) 公司债券

1. 公司债券的概念

从公司法意义上讲，公司企业的债券是指由公司发行的并保证支付债券持有人定期利息并在债券到期日归还本金的一种债券证书。从债券持有人的角度分析，债券是一种有价证券，债券持有人可以以此凭证定期从债券发行者获得固定利息，并在债券到期日赎回债券本金。债券与股票一样，都是公司筹集资金的重要手段，可以由公司发行并在市场上流通，皆属有价证券，但二者又有着明显的区别：

（1）法律关系的性质不同

基于公司债券产生的是债权债务关系。发行债券是一种债权融资行为，融入资金属于公司的负债，不是资本金。投资者购买了公司债券之后，成为公司债权人；股票是公司签发的证明股东所持股份的凭证，基于股票发行产生的是股权法律关系。通过发行新股所筹集的资金将成为公司资本金的一部分，投资者在认缴了新股之后，就取得了公司股东的身份，享有公司其他同类股东所享有的权利。

（2）投资者的收益不同

债券持有人不论公司是否盈利，都有权获取利息，而且利息固定；股票持有人的收益则随公司的盈利情况变动而变动：盈利多就多得，盈利少就少得，无盈利则不得。

（3）投资者对公司经营管理享有的权利不同

债券持有人无权参与公司的经营管理活动；股东按投入公司的出资额享有所有者的资产收益、重大决策和选择管理者等直接或者间接参与公司经营管理的权利。

（4）投资者承担的风险不同

债券持有人承担的风险比股东小：在公司亏损时，到期债券持有人可请求偿还，而股票持有人则无收益；当公司破产或解散时，公司债券优先于股票得到清偿，但股票持有人只有在公司清偿了债权后，才能从剩余财产中得到归还。

2. 公司债券的特征

一般来说，债券规定有固定利率及还本办法，偿还期限都在一年以上。我们这里研究的公司企业的债券，系英国于19世纪发明，最初是一种借据，是指债权人在其他流动债券之前，具有优先获得偿还债务的权利；如果公司债务状况不佳，公司债券持有人即可请求法院清理而不必顾及其他债权人的意见。公司债券属于风险较少的投资方式。从公司法意义上讲，公司企业的债券是指由公司发行的并保证支付债券持有人定期利息并在债券到期日归还本金的一种债权证书。凡债券持有人都是公司的债权人。根据有关法律规定，公司企业的债券有以下几个基本特征。

（1）有固定利率。公司定期一般为一年，也有公司每半年或每季度发放一次利息，这里发放的利息也被称作债息（coupon）。债息率是指债息与债券本金的比率。比率是固定的，因此债息也是固定的。

（2）公司必须到期向债券持有人归还本金。所谓本金，在这里只是指债券的票面金额。公司债券持有人有权要求公司在一定期限内归还本金。应归还本金的日子叫做债券的到期日（maturity date）。

（3）债券可以以其票面值出售，也可以溢价（premium）出售，即以高出其票面值的价格出售，但更多的是以减价方式出售。

（4）在债券到期之前，公司视情况可以提前回收其债券，从这个意义上说，债券相当于一个长期的应付票据。

3. 公司债券的种类

依据不同的标准进行划分，公司债有许多不同的种类。

(1) 以是否记名为标准,分为记名公司债券和无记名公司债券

记名公司债券,是指债券票面载有持有人姓名或者名称的公司债券。这类债券的本息要付给记名持券人或其指定的人,其转让必须采用经背书或签署转让文件并通知发行公司注册的方式进行。

无记名公司债券,是指债券票面不载明持有人姓名或者名称的公司债券。这类债券的本息只付给债券持有人,其转让仅凭交付债券即可。目前,世界各国公司发行的债券大多是无记名债券。我国《公司法》也将公司债券分为记名债券和无记名债券。

(2) 以公司对其发行的公司债券是否提供担保为标准,分为无担保公司债券和担保公司债券

无担保公司债券,是指公司仅以其自身信用为担保,并无其他财产或财产权利作为担保所发行的公司债券。担保公司债券有广义与狭义之分:广义的担保公司债券是指发行公司以其全部或部分资产,或者由发行公司之外的第三人对偿还公司债券本息提供保证而发行的公司债券;狭义的担保公司债券是指附有物上担保的公司债券,即发行公司以其资产的全部或部分对偿还公司债券的本息提供担保而发行的公司债券。

担保公司债券的担保行为,根据多数国家的惯例通常发生在母子公司之间,即由母公司对子公司所发行的公司债券予以担保;例外的情形是由国家对公司债券予以担保。在有些国家和地区,公司法允许股份有限公司发行有担保的公司债券或无担保的公司债券,但是两者所适用的条件有较大的差异,即对发行无担保公司债券所要求的条件比有担保公司债券的发行严格。

(3) 以是否可以转换为发行公司的股票为标准,公司债券分为可转换公司债券和不可转换公司债券

可转换公司债券,是指债券持有人有权依照约定的条件将所持有的公司债券转换为发行公司股份的公司债券。这类债券在一定条件下可以转换成股票。因此,它把债券所具有的收益稳定和本金安全的优点与股票可以获得投机性收入结合了起来,有利于减轻公司的债务负担。不可转换公司债券是相对于可转换公司债券而言的。凡在发行债券时未约定可转换的,均为不可转换公司债券。

4. 公司债券的发行

(1) 公司债券的发行主体

无论大陆法系国家还是英美法系国家都允许股份有限公司发行公司债券,但关于有限责任公司能否发行公司债券,各国的法律规定不一致,在立法体例上可分为禁止型的和限制型的两大类。

(2) 公司债券发行的条件

为了防止不具备偿债能力的公司滥发债券,维护社会公众的利益,有必要对公司债券的发行进行限制。各国对债券发行的限制主要有以下几种体例。

第一,将公司债券发行限额与公司净资产数额相联系。我国就是采用这种立法体例的国家,而且只以公司的净资产额作为确定公司债券发行限额的依据。

第二,将公司债券发行的限额主要与公司的实收资本数额相联系。针对可转换公司债券的发行,丹麦公司法专门规定了发行的限额,股份有限公司可以发行可转换为股份的

债券，这种债券不得超过股份资本的50%。在日本，公司债券的发行总额，不得超过实收资本及法定准备金的合计数额。

第三，在确定公司债券的发行限额时，兼顾公司的实收资本数额和净资产数额。意大利就是这种立法体例的国家。在意大利，公司可以发行记名债券或者无记名债券，但是发行额不得超过公司实收资本以及根据股东大会通过的最近一次财务报告实际盈余的总和。此外，在有的国家或地区，对于公司债券的发行限额因公司债有无担保而有所不同，如我国台湾地区法律规定，公司发行有担保公司债的，其发行总额不得超过公司现有全部资产减去全部负债及无形资产后的余额；发行无担保公司债时，其总额不得超过上述余额的1/2。

(3) 公司债券发行的程序

公司债券发行的程序可以概括为：首先，一般各国规定应先由公司的有权机关作出决议，只是有的国家将有权机关定为股东会，有的国家定为董事会；其次，要经政府机关批准，也有个别国家采取准则主义，无须政府机关许可或核准；再次，公布债券发行章程；最后，募集债款。

第七节　公司的合并、分立、解散和清算

一、公司的合并

（一）合并的一般概念

“改组”(reorganization)、“合并”(consolidation)、“兼并”(merger)，这三个术语在外国公司法里经常交替使用，而并没有确切的含义。以美国为例，商业公司示范法修订本(§11.01)，特拉华州公司法(§254-§258)，纽约州公司法(§912)，都有关于“兼并”、“合并”的条款，但都避免对这些术语下任何定义。因为，抽象地区分“兼并”和“合并”，似乎与现实需要关系不大，反而会使法律条文显得模糊而复杂。法国公司法第371条第1款较为简明地描述了“兼并”的一般情况：“即使是一个已经进入清算的公司，也可通过兼并途径而为另一公司所吸收或者参与设立一个新的公司。”在莫里斯诉人寿保险投资公司(Morris v. Investment Life Ins. Co.)一案中，美地方法院法官曾试图对“兼并”作以下定义：“兼并是一个公司的人格为另一个公司所吸收，存续公司(Surviving Company)承受被兼并公司(Absorbed Company)的财产、责任、特权与权力，被兼并公司不再作为独立的法律实体而存在。”但该案判决只是涉及被兼并公司投保人对存续公司主张保险利益的问题。合并，则是参加合并的各方均在合并过程中消失，而一个新的法律实体从合并中产生。

根据我国《公司法》第172条，合并分为新设合并和吸收合并两种：凡两个以上公司合并，其中一个公司存续，其他公司终止的，谓之吸收合并；凡两个以上公司合并而产生一个新的公司，合并各方随新的公司产生而终止的，谓之新设合并。

公司合并的程序，一般是由合并各方在自愿平等的基础上通过协商，达成合并协议后，由各公司召开股东会作出合并的决议。公司还应即时向各债权人分别通知或公告，债

权人提出异议的,公司应当清偿债务或提供偿债的担保。各国法律还规定,反对合并的股东有权要求公司以公平的价格收购其所持有的股份。公司合并后,应在法律规定的期限内向公司登记机关办理登记手续,并进行公告。此外,中国公司法对股份有限公司的合并控制较严,要求必须经国务院授权的部门或者省级人民政府批准,对有限责任公司则没有这一要求。

(二) 公司兼并的方式

在西方国家,常见的兼并方式主要有以下六种。

1. 经典式兼并

被兼并公司的股份全部转换为存续公司的股份,被兼并公司的债务亦由存续公司承担,被兼并公司随股份转换而终止。

2. 股份对股份的兼并

兼并公司直接对被兼并公司的股东发行股份,被兼并公司的股东以原先持有的股份作为交换。当兼并公司取得被兼并公司的多数股权,从而被兼并公司成为自己的子公司之后,以子公司股东会的名义作出解散子公司或子公司与母公司合并的决议。这种兼并方式往往可以撇开被兼并公司的董事、经理人员,而直接由股东作出决定。即使兼并失败,兼并方亦已成为被兼并方的控股公司。

3. 股份对财产的兼并

兼并方对被兼并方(而不是被兼并方的股东)发行股份,用以交换被兼并方的全部或大部分企业资产——厂房、机器设备、专利技术等,并承诺承担被兼并方的债务。被兼并方则承诺将兼并方的股份按原有持股比例分配于本公司股东,用以换回、注销本公司股份。这种兼并方式的成本低于经典式兼并和股份对股份的兼并,但需要被兼并方董事、经理人员的合作。因此,被兼并方董事、经理人员通常得到保证,兼并完成之后,他们将保留原有的职位、薪金。

值得注意的是,一个公司以自己的全部或主要财产交换另一个公司的股份,只是转投资的形式之一,并不必定导致前者的终止和后者承担前者的债务,除非有下列情形之一:(1)法律对转投资的数额有所限制;(2)财产与股份的交换是为了逃避债务而具有欺诈性;(3)财产的受让方明示或暗示同意承担转让方的债务;(4)转让方在事实上已失去独立的人格,而成为受让方任意支配的工具,这种支配的目的在于规避法律。

4. 现金对财产兼并

兼并方以现金购买被兼并方的企业资产。在这种情况下,无论被兼并方是否继续存在都已无法和兼并方进行竞争,其股份亦失去交易的价值。

5. 现金对股份的兼并

兼并方以现金收购被兼并方已发行在外的股份,通过拥有多数股权来控制被兼并方,进而解散被兼并方。如果被兼并方是一个上市公司,以这种方式来实施兼并的成本将是高昂的。

6. 三角式兼并

甲为兼并丙而成立乙——甲的全资子公司。乙对丙发行股份,用以交换丙自身的股份。当乙拥有丙的大部或全部股份之后,解散丙并承担丙的全部债务。甲和乙各为独立的法人，故甲对乙的债务并不负直接责任，从而甲既在事实上兼并了丙，又避免了承担丙的债务。

二、公司的分立

公司分立，是指一个公司通过签订协议，不经过清算程序而分为两个或两个以上的公司的法律行为。公司分立主要有派生分立和新设分立两种形式。派生分立，是指一个公司分离成两个以上公司，本公司继续存在并设立一个以上新的公司。新设分立，是指本公司解散，将其全部资产分割后设立两个以上新的公司。

公司分立带来的法律后果主要表现为以下几个方面。

1. 公司的变更、设立和解散

在派生分立中，原公司的登记事项发生变化，并产生新的公司人格——分立出来的公司；在新设分立中，原公司解散，人格消灭，但产生两个或两个以上的新公司。

2. 股东和股权的变动

公司的分立不仅导致公司资产的分立，而且导致股东和股权的变动。在派生分立中，原公司的股东可以从原公司中分立出来，成为新公司的股东，也可以减少对原公司的股权，而相应地获得对新公司的股权；在新设分立中，股东对原公司的股权因原公司消灭而消灭，但相应地获得对新公司的股权。

3. 债权、债务的承受

分立后的公司按照分立协议的约定和法律规定，承受原公司的债权和债务。

公司分立时，应由各方签订分立协议，分立协议中应明确划分各方的财产、营业范围、债权债务等。根据我国《公司法》第 175 条规定，公司分立时，应当编制资产负债表及财产清单。公司应当自作出分立决议之日起十日内通知债权人并于三十日内在报纸上公告。

三、公司的解散

（一）公司解散的概念

公司的解散(dissolution)，在公司法中是指公司法人资格的消失。随着公司的解散，公司就丧失了进行业务活动的能力，故公司解散时应终止一切业务经营活动。不过，公司法人资格的消失并不意味着公司已经解散，而是只有当公司终止了业务活动，结束了对内对外的法律关系，清算了其全部资产以后，才能真正地解散。公司的解散涉及多方面的问题，比如，清理债权债务，变卖公司资产，支付各类费用，纳清税款，满足债权人的要求以及分配剩余资产等。

（二）公司解散的原因

各国公司法对公司解散的原因都作了具体的规定，概括来讲主要包括以下几方面。

(1) 公司存续期已经届满。许多西方国家公司法都明确规定了公司存在的最高期限，或者要求公司章程具体确定该公司的存续时间，如果存续期满，公司应予解散(到期申请延长者除外)。根据法国公司法的规定，一个公司最长的存续时间为 99 年，如需要延长，须经特殊股东大会通过决议，并经政府部门批准；比利时公司法规定，比利时股份有限公司的存续限期为 30 年；意大利公司法规定，股份有限公司的章程必须声明其存续期限(虽然这个国家法律上没有规定最长的期限)。在实践中，意大利公司的存在期限一般是通过公司章程规定，将远期的具体日期作为公司的解散时间，如有的公司章程就规定："本公司将于 2100 年 12 月 31 日期满解散。"

(2) 公司据以设立的宗旨业已完成，或根本无法实现其宗旨，这是构成公司解散的一个重要原因。

(3) 公司合并。由于公司与其他公司合并，尤其是新设合并，合并双方的法人资格都归于消失。

(4) 公司宣告破产。因公司破产而必须解散公司，是西方国家公司法的一条共同规定。但因破产而解散公司的程序应受破产法管辖。在这里还要特别指出，公司无偿付能力同样会导致公司解散。所谓无偿付能力，是指公司对到期债务没有足够的现金来偿还，即公司的流动资产少于流动债务所致。但法国、德国、意大利等西欧国家公司法规定，公司无力偿付自身债务而造成解散公司，也得受该国破产法管辖。

(5) 经法院命令解散。对于这一条的解释，《日本商法典》公司篇第 58 条的规定："法院在下列情形下，为维护公共利益，认为这种公司不允许存在时，因法务大臣或股东、债权人及其他利害关系人的请求，可以命令解散公司：①以进行违法活动为目的而设立公司；②公司无正当理由，在其成立后一年之内，没有或停止营业一年以上；③执行业务的股东或董事，虽经法务大臣以书面给予警告，但仍有超越法令或章程所规定的公司权限或滥用职权的行为，或者继续触犯刑律。"另外，《日本商法典》公司篇第 406 条还规定："当公司在执行公司业务上遇到显著的困难局面，公司发生不能恢复的损害或公司有发生损害之虞时，或当公司在管理或处分公司的财产，明显失当，危及公司的存续时，该公司相当于已发行股份总额 1/10 以上股份的股东有权请求法院解散公司。"

(三) 公司解散的形式

西方国家公司法把由各种原因引起的解散公司的形式集中成自愿解散和法院强制解散两种。

1. 自愿解散(voluntary dissolution)

公司自愿解散，在公司法上一般分为由创办人自愿解散公司、由公司提出解散公司以及由股东自愿解散公司三类。

(1) 创办人自愿解散公司

当公司已经设立尚未正式开始营业并尚未公开向社会上发行任何股票的时候，其创办人可随时以自愿方式解散公司。其解散程序是由创办人向政府机构提交载有公司名称、公司设立证书的颁发日期、公司尚未公开发行任何股票和公司尚未开始营业的事实、公司的债务已全部清偿、多数创办人同意解散公司等内容的解散申请书，有关政府部门(在美国为州务卿)批准后，一经颁布该公司的解散证书，公司即刻停止存在。

(2) 公司提出的解散

公司提出的解散，主要是因为章程上规定的解散条件已经具备或者是公司的营业目标已经实现或根本无法达到而提出来的。这种解散的程序是：

首先，由董事会通过一项决议，提议解散公司；

其次，将解散决议提交股东大会予以表决，经在该问题上有表决权的多数股份持有者的赞成后，解散决议应被视为已获股东大会批准；

再次，股东大会通过解散决议后，一般由公司总经理或副总经理代表公司签署两份解散公司的意向声明书，声明书中应载明公司名称，公司各位董事和各位高级职员的姓名和地址，由董事会提出而由股东大会通过的解散决议的副本，公司发行在外的股票数额，赞成和反对公司解散决议的股份的各自票数；

又次，把解散公司的意向书提交有关政府机构请求批准；

最后，经政府机构批准后，公司除进行必要的结束工作之外，应终止其经营业务，但公司的法人资格应继续有效直至政府正式颁发解散证书时止。

(3) 股东自愿解散

公司的股东自愿解散公司，必须由股东大会通过决议，并向政府部门申请批准。不过，股东大会以多少百分比通过决议，各国的法律规定是不同的，如德国公司法规定，在股份有限公司的股东年会上，必须有 3/4 多数股权股东的同意才能通过解散公司的决议。在法国的有限责任公司中，只要代表总股本 3/4 多数股权同意即可，而在股份有限公司中，则仅需要总的表决股的 2/3 多数同意就能通过自愿解散公司的决议。意大利公司法规定，无论是股份有限公司还是有限责任公司，都要由代表整个股本一半以上股权的同意，方能通过股东自愿解散公司的决议。比利时公司法就规定：若有限责任公司损失了一半资产，经理必须召集股东会，由股东会以简单多数决定是否进行清算。若公司损失了其 3/4 资产，代表总股本 1/4 股东就可决定对公司进行清算；当公司资产降至 20 万比利时法郎以下时，当转让股份遭公司拒绝而公司又不能提出同等条件下的股份新买主时，有关当事人亦可请求法院进行强制清算。

2. *法院强制解散*(compulsory dissolution)

公司的强制解散，是指在某些情况下，主要是在公司违反公司法或其他的法律规定时，由法院发布命令强行解散公司的一种法律行为。具体包括以下几种情况：破产、政府主管部门命令解散和法院裁定解散。

西方国家公司法都规定了强制解散公司的条件。一般都规定，如遇下述情况，公司得被迫解散：公司无力偿付债务；公司破产；股份有限公司的股东低于 7 人长达一年，如瑞典公司法规定，股东人数少于 3 人的公司必须解散；公司的违法营业危及公共利益的也必须解散。《美国标准公司法》第 94 条的规定在这方面具有一定的代表性，现摘引如下：“一俟在州首席检察官提起的诉讼中证实如下事宜，公司得依某法院的裁定被迫解散：(1)公司没有在本法令所规定的时间内提交其年度报告，或在 8 月 1 日前没有支付该年度的到期应付的特种税；(2)公司通过欺诈手段实现其公司章程；(3)公司继续超越或滥用法律授予该公司的权利；(4)公司未能在 30 天期间内任命或保持在本州的注册代理人；(5)公司未能在更换其注册办事处或注册代理人后 30 天期间内将此变更声明呈递州务卿办公室。”

四、公司的清算

(一) 公司清算的概念

所谓公司的清算(liquidation),就是指公司在解散过程中了结公司债务,并在股东间分配公司剩余资产,最终结束公司的所有法律关系的一种法律行为。公司一旦进入清算阶段,虽然公司存续,仍具有商事主体资格,但权利能力受到一定的限制,如不得开展与清算无关的经营活动。

清算的一般做法是:首先,确定清算人,由其负责清理公司债权债务;其次,根据债权人的先后次序偿还债务;最后,再在优先股和普通股之间根据发行时各类别股票所规定的条件,分配剩余资产。除了因其他原因解散的公司,都应进行清算。通过清算,公司才能消灭法人资格。

(二) 清算人

清算人(receiver),就是指公司解散过程中从事清理公司债权、债务和公司财产事宜者。西方国家公司法对任命清算人的规定虽然不尽相同,但归纳起来主要有下述3类做法。

1. 由公司董事会一名董事担任清算人,如《日本商法典》第417条规定,公司解散时,除合并和破产的情形外,董事为公司的清算人。

2. 根据公司章程的具体规定,由股东大会选任清算人。

3. 由法院指派清算人。只有在一定条件下,并根据股东或债权人的要求,法院才有权指定清算人,如《美国标准公司法》第97条规定:“在下述情况下,法院有权负责清算公司的资产和业务:(1)经调查股东起诉的下述事项属实:在管理公司事务中,董事陷入僵局,股东又无法打破此僵局,公司因此正遭受或势必遭受不能挽回的损失;董事或控制该公司的管理人员的行为是非带压迫性的或具有欺骗性的;股东在表决时处于僵局,而且至少在包括连续两次年度会议的期间内,没有选出继任者,以代替已满期或在选出其继任者后即将期满的董事;公司资产正被滥用或被糟蹋。(2)在由债权人提起的诉讼中:当债权人的诉讼请求业已判决,其执行回证表示没有获得满足,同时证实公司无力偿付时;当公司以书面形式承认债权人的诉讼请求是到期应付的,同时证实公司无力偿付。(3)已呈递解散意向声明的公司,按本法令的规定,提请在法院的监督下继续其清算。(4)当州首席检察官已提出解散公司的诉讼而已证实应于裁定解散前清算公司的业务或事务。”

清算人在履行清算职务时,有代表公司的全权。其主要职责如下。

1. 立即调查公司资产的现状,制作财产目录和资产负债表,提交股东大会审查认可。上述财务报表经股东大会认可后,立即呈递法院。在这期间,凡公司内部对清算人的上述业务活动进行阻挠或清算人玩忽职守,一般都要给以经济制裁。

2. 清算人应向公众发布公告,限定期限催报债权和债务;超过期限者,不得列入清算范围。

3. 催告债权人报告债权的期限。日本商法规定不得少于2个月,而且在此期间内债权人应当至少公告3次。在美国,这个期限一般规定在4个月内。公司对于在册的债权人,应当分别发出专门通知,催告申报其债权。

4. 终结公司的营业活动，收回公司的债权，变卖公司资产。

5. 清偿公司债务，把公司剩余资产分配给各类股东。

6. 制作清算报告书，经股东大会追认后，清算人任务即告完成。

清算人在执行清算过程中，有权代表公司在法院起诉和应诉。公司对清算人权限所作出的限制，不得对抗善意第三人。清算人必须在一定的期限内完成公司的清算工作，清算人的报酬以及业务工作中的一切费用，应优先从公司的剩余资产中取得。

第八节　中国的外商投资企业法

中国的外商投资企业，又称三资企业，包括中外合资经营企业、中外合作经营企业、外商独资企业。由于我国特殊的历史情况，现实的外商中还包括我国的港澳及台湾同胞。我国的外商投资企业法，是指规定外商投资企业的设立、经营、终止和解散，以及解决中外双方争议的各类法律规则的总称，它以三部企业法（《中外合资经营企业法》、《中外合作经营企业法》和《外资企业法》）为核心，还包括我国与外国政府或 WTO 成员签订的协议中有关外商投资企业的一系列规定。

1979 年，我国颁布了《中华人民共和国中外合资经营企业法》，1990 年 4 月 4 日和 2001 年 3 月 15 日两次修订。我国《中外合作经营企业法》于 1988 年 4 月 13 日通过并生效，经 2000 年 10 月 31 日一次修订。我国《外资企业法》于 1986 年 4 月 12 日通过并生效，经 2000 年 10 月 31 日一次修订。经过 20 多年的实践和努力，关于三资企业的法律制度已经配套，并正在不断地健全和完善。与外商投资企业相关的税法、外汇管理条例、劳动法、海关法以及工商行政管理条例都已相继颁布。作为完整的外商投资企业法，除了国内专门的涉及外商投资企业的特别立法之外，还应包括与此有密切关系的其他法规和国际条约，尤其如《公司法》、《合同法》等国内立法及 WTO 中的《与贸易有关的投资措施协议》，以及我国与其他国家之间签订的相互鼓励和保护投资协定等。

外商投资企业作为我国利用外商直接投资的主要形式，经过 20 多年的实践，已经积累了丰富的经验。目前，我国的外商直接投资数额日益扩大，三资企业不断发展，全国外商直接投资协议金额已超过 6 600 亿美元，实际投入金额已超过 3 500 亿美元，全国累计批准的外商投资项目约为 42 万个，在三资企业工作的人员已超过 2 200 万人。世界上 500 家最大的跨国公司中，有 400 家已在中国投资。目前，全国 50％以上的进出口额是由三资企业完成的。显然，外商投资企业在中国 20 多年间所形成的上述规模是与我国的法制建设成就密不可分的。

一、中外合资经营企业法

（一）中外合资经营企业的概念及形式

1. 中外合资经营企业的概念

中外合资经营企业（以下简称“合营企业”），是依照《中外合资经营企业法》及《中外合资经营企业法实施条例》的规定而设立的。它是由外国的公司、企业或其他经济组织或个人，按照平等互利的原则，经我国政府批准，在中华人民共和国境内，同一个或几个中国的公司、企业或其他经济组织共同举办、共同经营和共负盈亏的企业。经中国政府批准并经注册登记的合营企业是中国的法人，应遵守中国的法律，受中国法律的管辖与保护。

合营企业属于股权式的合营企业。根据国际惯例，所有合营企业大体上可以划分成股权式的合营企业和契约式的合营企业两类。股权式的合营企业，是指对合营各方的所有投资以货币形式进行估价，然后以此折合成股份，并计算出其在整个注册资本中所占的比例(称为股权比例)，再按此股权比例分担企业的收益和风险、盈利和亏损。股权式的合营企业通常是一个具有法人资格的公司企业，实际上就是以公司形式进行的一种直接投资方式。中外合营企业属于股权式的合营企业，这是其区别中外合作企业的主要法律特征。

2. 中外合资经营企业的形式

《中外合资经营企业法》第 4 条第 1 款规定："合营企业的形式为有限责任公司。"合营企业作为有限责任公司，拥有自己独立的财产，属于独立的企业法人，即中外合营各方对合营企业所承担的责任仅以其认缴的出资额为限，合营企业对其债务所负的责任以合营企业的全部资产为限。合营各方的财产与合营企业的财产是相分离的，合营各方对合营企业的债务不承担责任，更不承担连带责任。合营企业作为有限责任公司，不得向社会公开发行股票(少量上市公司除外)。中外合营各方的出资额不得自由转让，其转让须受严格的限制。合营企业的股东(投资者)人数较少，不设立股东大会，直接实行董事会领导下的经理负责制。

(二) 中外合资经营企业的资金

1. 中外合营企业的投资总额

根据《中外合资经营企业法》及其实施条例的规定，合营企业的投资总额，由中外投资各方各自的投资额和以合营企业的名义的借款这两部分组成，它等于合营企业的自有资金及该企业的借贷资金之和。从合营企业所需要的资金总额分析，所谓合营企业投资总额，是指按照合营企业合同、章程规定的生产规模需要投入的基本建设资金和生产流动资金的总和。换言之，投资总额是指该合资各方所商定的投资项目所需要的全部资金的总额。

2. 合营企业的注册资本

根据《中外合资经营企业法实施条例》第 21 条第 1 款的规定，合营企业的注册资本，是指为设立合营企业在登记管理机构登记的资本总额，应为合资各方在合营企业合同中认缴的出资额之和。按照该条例的规定，如果要增加、转让或以其他方式处置注册资本，必须由董事会通过决议，并报原审批机构批准，向原登记管理机构办理变更登记手续。

允许减少注册资本是西方国家公司法的一种普遍性规定，它在鼓励投资者的积极性方面起了重要的作用。不过，我国实施细则中有"不得减少注册资本"的规定，随着国内改革开放步伐的加快，原第 22 条(现为第 19 条)又修改为"合营企业在合营期内不得减少其注册资本。因投资总额和生产经营规模等发生变化，确需减少的，须经审批机构批准"。

3. 合营企业的注册资本与借款比例

投资总额从资金来源角度分析，是由合营企业的注册资本与借款所构成。因此，我国合营企业的注册资本与借款之比，相当于国际上通行的公司法中的股与债之比。不少国家通过银行法、证券交易法，有的直接通过公司法，对此比例作了限制性规定。我国经过近 9 年的实践之后，由国家工商行政管理总局制定，国务院于 1987 年 3 月 1 日颁布了《关于中外合资经营企业注册资本与投资总额比例的暂行规定》。它以法规的形式明确了中外合资经营企业注册资本与投资总额的比例，实际上也确立了合营企业借款额与注册资本的比例。这个条例的主要规定如下：(1)合营企业的投资总额在 300 万美元以下(含 300 万美元)的，其注册资本至少应占投资总额的 7/10，即股与债之比为 7∶3；(2)合营企业的投资总额在 300 万美元以上到 1 000 万美元的，其注册资本至少应占投资总额的 1/2，即股与债之比为 1∶1；但投资总额在 420 万美元以下的，注册资本不得少于 210 万美元；(3)合营企业的投资总额在 1 000 万美元以上到 3 000 万美元的，其注册资本至少应占投资总额的 2/5，即股与债之比为 2∶3；但投资总额在 1 250 万美元以下的，注册资本不得低于 500 万美元；(4)合营企业的投资总额在 3 000 万美元以上的，其注册资本至少应占投资总额的 1/3，即股与债之比为 1∶2(债可为股的 2 倍)；但投资总额在 3 600 万美元以下的，注册资本不得低于 1 200 万美元。此外，《中外合资经营企业法实施条例》还规定："凡合营企业增加投资的，其追加的注册资本与增加的投资比例，即股与债之比须按上述所规定的比例执行。"

4. 合营企业内合资各方的投资比例

合营企业的投资比例，是指中外合营各方投入的出资额在注册资本中所占的各自份额，以表示其在合营企业中拥有股本的份额。合营者在合营企业中的持股比例意义重大，它直接关系到合营者对企业利润的分配和企业结束时对剩余资产的分配，关系到合营各方对企业的管理权等重大问题。《中外合资经营企业法》第 4 条规定："在合营企业的注册资本中，外国合营者的投资比例一般不低于 25%"，即：我国的法律只规定了外国合营方投资的最低限额，没有规定外资所占比例的最高限额。

（三）中外经营企业的设立

1. 设立的条件

在中国境内设立的合营企业，应当能够促进中国经济的发展和科学技术水平的提高，有利于社会主义现代化建设。国家鼓励、允许、限制或者禁止设立合营企业的行业，按照国家指导外商投资方向的规定及外商投资产业指导目录执行，但有以下情况的不予批准：(1)有损中国主权的；(2)违反中国法律的；(3)不符合中国国民经济发展要求的；(4)造成环境污染的；(5)签订的协议、合同、章程明显属不公平，损害合营一方权益的。

2. 设立的审批

(1) 审批机构

在中国境内设立合营企业，必须经中华人民共和国商务部审查批准。批准后，由商务部发给批准证书。凡具备下列条件的，国务院授权省、自治区、直辖市人民政府或者国务院有关部门审批：投资总额在国务院规定的投资审批权限以内，小国合营者的资金来源已经落实的；不需要国家增拨原材料，不影响燃料、动力、交通运输、外贸出口配额等方面的全国平衡的。经批准设立的合营企业，应当报商务部备案。

(2) 申请程序

首先是申请。申请设立合营企业,由中外合营者共同向审批机构报送相关文件。文件必须用中文。

其次是审批。审批机构自接到全部文件之日起 3 个月内决定批准或者不批准。

最后是登记。申请者应当自收到批准证书之日起 1 个月内,按照国家有关规定,向工商行政管理机关办理登记手续。

合营企业的营业执照签发日期,即为按合营企业的成立日期。

(四) 中外合资经营企业的管理制度

1. 合营企业的董事会制度

合营企业设立董事会,实行董事会领导下的经理负责制,是合营企业管理体制的核心内容。在中外合营企业中不设立股东大会,董事会集企业最高权力机构、决策机构及领导监督机构的三种重大职责于一身,具有特殊重要的地位和作用。

《中外合资经营企业法》及其实施条例规定了董事及董事长、副董事长的产生、董事的人数和任期以及董事会的议事规则。其中,董事会的议事规则主要包括:董事会会议的类别,董事会会议的法定人数以及董事会会议对重大问题及一般性问题的不同表决程序。值得注意的,《中外合资经营企业法》及其实施条例对董事会的上述规定,有的是强制性的,如董事的任期、董事会会议的法定人数;有的是可选择性的,如董事的人数,董事长、副董事长的产生。此外,在对重大问题和一般性问题的确定及其不同表决方式的问题上,《中外合资经营企业法》及其实施条例则既有强制性规定,又有可选择性规定。

2. 合营企业的经营管理机构

根据《中外合资经营企业法》及其实施条例的规定,合营企业应在董事会的领导下,建立常设经营管理机构,负责日常的经营管理工作。合营企业应设立正、副总经理,全面主持企业的日常管理工作。正、副总经理的聘请、解聘、职权和待遇都由董事会决定。《中外合资经营企业法实施条例》规定,正、副总经理可以由中国公民担任,也可以由外国公民担任。实践证明,采取何种方式,必须从各个企业的实际情况出发。总经理的主要职责是执行董事会会议的各项决议,组织领导日常的经营管理工作。在董事会授权范围内,总经理对外代表合营企业,对内任免下属人员,行使董事会授予的其他职权。副总经理应协助总经理工作。总经理处理重要问题时,应同副总经理协商。

总经理或副总经理不得兼任其他经济组织的总经理或副总经理,不得参与其他经济组织对本企业的商业竞争。如果总经理、副总经理及其他管理人员有营私舞弊或严重失职行为的,经董事会通过决议可随时将其解聘。

3. 合营企业内中方管理人员和职工的管理制度

关于合营企业内中方管理人员和职工的管理制度,包括中方董事、高级管理人员、专业技术人员以及职工的聘任和解聘等重要事项的规定,是合营企业行政管理制度的重要组成部分。《中外合资经营企业法》及其实施条例和其他有关条例,对这个问题都作了较为完整的原则性的规定。值得注意的,劳动人事部根据上述原则,也制定了关于中外合资经营企业内中方干部的具体管理办法,进一步落实了上述法律原则。

二、中外合作经营企业法

（一）中外合作经营企业的概念与特征

1. 中外合作经营企业的概念

中外合作经营企业(以下简称“合作企业”)，是外国企业和其他经济组织或者个人同中国的企业或者其他经济组织，按照平等互利的原则，根据 1988 年 4 月由全国人大七届一次会议通过的《中华人民共和国中外合作经营企业法》(以下简称“中外合作经营企业法”)、1995 年 8 月由国务院批准，9 月由对外经济贸易合作部发布的《中外合作经营企业法实施细则》及中国其他有关法规，用书面合同约定合作条件，并经国家批准的在中国境内共同设立的经济组织。

2. 中外合作经营企业的特征

(1) 合作企业属于契约式的合营企业。合作企业与股权式的合营企业是有明显区别的：在合作企业中，中外双方的投资一般允许不以货物单位进行计算，也可以不按股份比例分享利润和承担风险。它们各自的权利和义务是由他们自愿协商，用书面合同规定的；而在合营企业中，合营各方的投资必须以货币形式作价，折算成股份，并以此股份比例来分享利润和承担风险。《中外合作经营企业法》规定，中外合作者依法在合作企业合同中约定投资或者合作条件、收益或者产品的分配、风险和亏损的分担、经营管理方式和合作企业终止时的财产归属等事项。

(2) 合作企业可以办成企业法人，也可以办成不具备法人条件的联营式企业。

(3) 合作各方可以在合作企业合同中约定，外国合作者可以在合作期限内先行回收投资。同时在合同中约定合作期满时合作企业的全部资产归中国合作者所有。

(4) 合作企业的组织机构可以采用董事会的形式，也可以采用联合机构的形式。一般来说，合作企业具备法人资格的，成立董事会；不具备法人资格的，则成立联合管理机构。

（二）中外合作经营企业的出资方式及利润分配

《中外合作经营企业法》规定，中外合作者的投资或者提供的合作条件可以是现金、实物、场地使用权、工业产权、非专利技术和其他财产权利。所谓其他财产权利，是指经审批机构批准的公司的股份(票)、债券或公司的其他收益，还包括对金钱的请求权，以及法律允许的经营特许权。这个规定，总结了合作企业实践的具体做法，使中外合作者的投资方式更加广泛和多样化。

《中外合作经营企业法》第 22 条规定了合作各方分配利润的原则，即：“合作各方按照合作企业合同的约定，分配收益或者产品，承担风险和亏损。”这一规定说明合作企业的利润分配可以具有其自身的灵活性，由合作各方在合同中约定和订明。由于合作企业合同必须遵循“平等互利”的原则，也必须遵守其他法律，如税法、外汇管理条例及海关法等。因此，互相协商并不等于可以随意或任意地决定分配方案，它必须在我国法律允许的范围内进行，并且必须经我国政府批准方能生效。

根据《中外合作经营企业法》第 21 条的规定以及实施细则第 44 条规定，“凡中外合作者在合作企业合同中约定合作期限届满时，合作企业的全部固定资产无偿归中国合作者所有的，外国合作者在合作期限内可以申请先行回收其投资，但中外合作者应当依照有关法律的规定和合作企业合同的约定，对合作企业的债务承担责任”。经财政机关和审批机关批准，允许外国投资者以分取合作企业固定资产折旧费的方式使外国合作者在合作期限内先行收回其投资。事先经国家税务总局批准，合作企业也可以采取加速折旧其固定资产以使外国合作者先行收回投资。这与合营企业终止时进行清算后，必须按各方的投资比例再次分配剩余资产是不一样的。在合作企业中，外国合作者在合作期内基本上已回收了其投资的本金，而且获得了利润分成。其投资本金实际上是从我方让出的部分收益中获得的，其利润往往要高于其投资额的贷款利息。因此，合作企业结业时如有剩余资产，实践中往往都归中国合作者所有，这是符合平等互利原则的。

（三）中外合作经营企业的管理方式

合作企业的管理机构及其管理方式同样具有其自身的灵活性。合作企业可以采取董事会负责制，也可以采取联合管理制。这与合营企业只采取董事会管理制是不同的。《中外合作经营企业法》及其实施细则规定，合作企业应当设立董事会或者联合管理机构，按照合同和章程的规定，决定企业的一切重大问题，并可以任命总经理负责企业的日常经营管理工作。

1. 董事会管理制

采取董事会管理制的合作企业，一般属于具有独立法人资格的经济实体，基本上是参照《中外合资经营企业法》关于董事会制度的规定来组建董事会，实行董事会领导下的总经理负责制。不过，合作企业董事的产生、董事长的选定，都是由合作双方协商决定。合作企业采取一切都由双方约定的方式予以决定，充分体现了其特有的灵活性。

2. 联合管理制

没有组成法人形式的合作企业，一般采取的是联合管理的领导体制，即由合作各方选派代表组成统一的联合管理机构，作为企业的最高领导和决策机构，决定企业的重大问题，任命或选派总经理对项目进行管理。这类合作企业的各方都把其参加合作项目的财产交付给联合管理机构管理和使用，但是它们仍分别对这些财产具有所有权。

除了上述两种管理方式外，在实践中，还有一种委托管理制。它是指合作企业委托合作一方或中外合作方以外的第三方进行管理。这种制度一般是指合作企业的中外合作方共同同意，由合作企业与第三方订立委托管理合同；由第三方独立行使企业管理权，合作各方则不加入经营管理，而只收取投资利润。第三方一般是外国合作方介绍的外方。

《中外合作经营企业法》第 12 条第 2 款充分肯定了这一管理方式，并规定了实行这种管理方式的条件，即必须经董事会或者联合管理机构一致同意，报审查批准机关批准，并向工商行政管理机关办理变更登记手续。这样规定的主要原因，是由于委托管理制属于合作企业合同的重大变更，应当报审查批准机关批准。

三、外资企业法

（一）外资企业的概念与特征

1. 外资企业的概念

外资企业（wholly foreign-owned enterprise）的历史较为悠久，是国际上广泛采用的一种直接投资方式。它又被称为“外商独资企业”，是由外商拥有全部资本并独立经营的企业。这类企业是按照东道国的法律注册登记而成立的，属于投资东道国的法人或经济实体。

《中华人民共和国外资企业法》(以下简称“外资企业法”)第 2 条指出，中国的外资企业，是指依照中国有关法律在中国境内设立的全部资本由外国投资者投资的企业，不包括外国的企业和其他经济组织在中国境内的分支机构。同时第 8 条规定：“外资企业符合中国法律关于法人条件的规定，依法取得中国法人资格。”所谓“符合中国法律关于法人条件的规定”，主要是指符合我国《民法通则》第 37 条关于法人资格的 4 个基本条件：即依法设立；有必要的财产和经费；有自己的名称、组织机构和场所；能够独立承担民事责任。不符合规定的，只能是中国的非法人企业。概括来讲，外资企业是一个独立的经济实体，自主经营、自负盈亏、独立核算、独立承担法律责任。

外资企业是外国投资者按照《外资企业法》、《外资企业法实施细则》及与之有关的配套法律，经批准在中国境内注册成立的企业，因此具有中国的国籍，其合法权益受到中国法律的保护。凡符合我国法人资格的法定条件，均能取得中国法人的地位。外资企业作为中国的法人企业或非法人企业，它们与中国的其他公司、企业或经济组织之间在经济交往中处于平等的法律地位，因此它们所发生的各种经济关系只能适用中国的法律。外国企业是在外国根据外国法律组建的，只能具有外国国籍。尽管外国企业可以在我国设立分支机构，如办事处、分公司等，但这些分支机构本身在法律上和经济上都没有独立性，只是外国企业的一个组成部分，不具备成为独立企业的必备条件。例如，其不具备独立的公司章程、独立的财产，对生产经营没有决策权等。因此，外国企业在中国的分支机构在中国境内进行的经营活动而引起的民事责任，应由设立的外国公司承担，且外国公司的解散将直接导致其国外分支机构的解散。我国《外资企业法》也正是基于此原因而规定外资企业不包括外国的企业和其他经济组织在中国境内的分支机构。

2. 外资企业的特征

(1) 外资企业的全部资本均来自外国投资者。外国投资者可以是外国的公司、合伙，也可以是其他经济组织或者外国个人。

(2) 外资企业的组织形式为有限责任公司，经批准也可以是其他责任形式。外资企业为有限责任的公司的，外国投资者对企业的责任以其认缴的出资为限；外资企业为其他责任形式的，外国投资者对企业的责任适用中国法律、法规的有关规定。

(3) 外资企业可以是法人，也可以不是法人。外资企业符合中国法律关于法人条件的规定的，依法取得中国法人资格。外资企业一般都可依法取得中国法人资格。

（二）我国法律对外资企业的管理及保护

加强对外资企业的监督管理，使其在中国境内的经营活动纳入我国国民经济发展的轨道，这是《外资企业法》及《外资企业法实施细则》的另一项重要内容。其规定的对外资企业依法进行监督管理的具体措施如下所述。

1. 外资企业的设立，必须经过我国对外经贸部门的审查批准，并到工商行政管理机关注册登记，领取营业执照。营业执照的签发日期为该企业成立的日期。若经批准后

30天内不向工商行政管理机关申请登记，则外资企业的批准证书自动失效。此外，外资企业还应在企业成立之日起30天内办理税务登记。

2. 外资企业的分立、合并或者终止，以及其他重要事项变更，必须报审批机关批准，并经行政管理机关办理变更登记手续。

3. 我国财政税务机关有权监督外资企业的财务情况。外资企业必须在中国境内设置会计账簿，进行独立核算，并按照规定报送会计报表。外资企业拒绝在中国境内设置会计账簿的，财政税务机关可以处以罚款，工商行政管理机关可以责令其停止营业或者吊销其营业执照。

4. 工商行政管理机关有权对外资企业的投资情况进行检查和监督，即外资企业应在审查批准机关核准的期限内在中国境内投资，逾期不投资且不办理注销登记手续的，工商行政管理机关有权吊销其营业执照。外资企业的出资也必须聘请中国的注册会计师验证并出具验资报告，报审批机关和行政管理机关备案。

5. 外资企业的各项保险应当向中国境内的保险公司投保。外资企业应当在中国银行或者外汇管理机关规定的银行开户。外资企业的外汇事宜，依照我国外汇管理规定办理，这是因为我国目前仍属于外汇短缺的发展中国家，必须对外汇实行管理所致。

6. 外资企业应当缴纳税款。外资企业的技术人员以及职工，应当缴纳个人所得税。

《外资企业法》规定，外国投资者从外资企业获得的合法利润、其他合法收入和清算后的资金，可以汇往国外；外资企业的外籍职工的工资收入和其他正常收入，依法缴纳所得税后可以汇往国外。此外，外资企业的独立生产经营权、人事权、物资采购权、产品出口权等都受到中国法律的保护；外资企业在经营活动中的民事权利也受中国法律的保护。我国《外资企业法》规定，国家对外资企业不实行国有化和征收，即使在特殊情况下，出于社会公共利益的需要依法对外资企业实行征收，也应给予相应的补偿，这是我国法律对外资企业实现其资产所有权的另一项具体保护措施。此外，我国还先后同美国、加拿大、德国、法国等20多个国家签订了双边或多边投资保护协定，保证了外国投资者的投资安全。

小结

商事组织是指依法成立，具有一定规模，能以自己的名义从事营利活动的经济组织。商事组织主要有个人企业、合伙企业和公司。公司是根据法定程序成立，以营利为目的的法人组织。公司种类中股份有限公司的影响和作用尤为突出。20世纪90年代以来，各种大型跨国公司在国际贸易、投资、金融等领域占有举足轻重的地位，如何对其进行有效的控制和监督已经提上国际经济贸易组织的议事日程。中国有关公司法等的出台完善了商事组织法，使得各种商事组织的运行有法可依。本章重点内容是了解和掌握各种商事组织的概念、设立、资本结构以及经营管理体制，同时介绍了中国商事组织法的有关规定。

思考题

1. 个人独资企业的主要特点是什么？
2. 合伙企业的概念及其法律特征是什么？
3. 与合伙企业相比，公司有哪些特征？
4. 试简述公司按照不同的标准所作的分类。
5. 试简述公司的组织机构。
6. 外商投资企业法的分类是什么？
7. 中国的《外资企业法》有何特点？

第七章　票　据　法

本章学习目标

1. 票据法概述
2. 汇票
3. 本票与支票
4. 与票据有关的国际公约和国际商事惯例

本章重要概念：票据　保证　汇票　背书　提示　承兑　本票　支票

第一节　票据法概述

票据是一种可代替现金流通的有价证券。最早起源于古希腊罗马时代的“自笔证书”(sydgraphe chirographun)，一般由债权人在要求债务人还债时提示证书。到了近现代，随经济的发展，从12世纪意大利使用的作为隔地付款证券的票据，到现在国际贸易中普遍使用汇票或本票进行结算，票据的使用更加广泛。

一、票据法的概念和特征

票据，是指某些可以通过交付或背书转让，以实现非现金化流通的书面有价证券。票据法上所指的票据一般包括：汇票、本票和支票，而邮政汇票、股权证书、提单和仓单等则不属于票据法调整的范围。

票据法是规范票据行为，调整票据关系的法律规范的总称，属于商法范畴。具有如下的特征。

1. 强制性

票据法的大部分规定具有强制性，属于强制性规范。这是由票据的流通性决定的。票据作为商人之间支付货币的信用工具，必须以强制性的规范约束票据行为，而不能由当事人任意实行，从而保障票据使用与流通的方便与安全。

2. 技术性

票据作为一种支付结算工具，其实际操作具有很强的技术性。无论是出票、承兑、背书、保证、付款等行为，还是票据的格式、转让、追索等方面，都有很严格的专业技术要求。反映在票据法上，就体现出了票据行为的严格性、规范性，如果不熟悉其内容，靠一般常识是很难理解和运用的。

3. 国际性

在国际贸易中，大量使用票据进行结算，票据是一种国际性的支付工具。世界上已有一系列调整票据关系的国际公约，如《日内瓦公约》、《联合国国际汇票和国际本票公约》等。一国在制定本国的票据法时，也要考虑到票据在国际上的流通性，借鉴、采纳公约的立法经验，或优先适用国际公约、国际惯例。

4. 流通性

票据与其他有价证券不同，它可以背书流通，票据的流通性来源于票据替代纸币的功能。纸币取代金属铸币是商品流通的一大进步，使商品交易的安全性和方便性大大提升，票据取代纸币是商品流通的又一大进步。票据的流通性是票据的根本属性。

票据的流通性体现在我国《票据法》第 27 条，即："持票人可以将汇票权利转让给他人或者将一定的汇票权利授予他人行使。"从这一条我们可以看出《票据法》对票据的背书转让是没有限制的。正是这种极大的流通性决定了票据的生命力，也决定了票据的一切特性。

5. 无因性

所谓票据的无因性，是指持票人可以不明示其原因而主张享有证券上的权利。票据只要具备法定要件其权利即行成立，作为其基础原因的法律关系是否有效在所不问。票据的产生是商品经济的一种宿命，票据必须替代纸币出现无论它具体称为什么，票据的这种代替纸币作为流通工具的宿命决定了票据的无因性。如果票据是一种有因证券，也就是权利人在行使权利时必须证明其权利来源的合法性，那么对票据的流通就会造成非常重大的影响，票据的流通就不可能实现。

我国《票据法》中没有明确规定票据的无因性。我国《票据法》第 10 条规定，票据的签发、取得和转让，应当遵循诚实信用的原则，具有真实的交易关系和债权债务关系。票据的取得，必须给付对价，即应当给付票据双方当事人认可的相对应的代价。但实践中一般是不要求持票人证明权利的。当然，票据的无因性也有例外。我国《票据法》第 12 条规定，以欺诈、偷盗或者胁迫等手段取得票据的，或者明知有前列情形，出于恶意取得票据的，不得享有票据权利。持票人因重大过失取得不符合本法规定的票据的，也不得享有票据权利。

6. 文义性

基于票据的无因性要求，票据上的权利内容、行使方式、权利人和义务人等内容均以票据上的文字确定，这就是票据的文义性。这与民法中的依行为人的真实意思确定行为的效力不同，它不论行为人在签发票据时有何种意图，只要票据上有所记载就要按照票据记载处理。我国《票据法》第 8 条规定，票据金额以中文大写和数码同时记载，二者必须一致，二者不一致的，票据无效。

7. 完全有价性

基于票据是一种文义证券，产生了票据的第七个特征，即票据是一种完全有价证券。所谓有价证券，是指表彰财产权的证券。有价证券可分为两种：一为完全有价证券；二为不完全有价证券。完全有价证券，是指证券上的权利的发生、转移、行使均须依证券进行。而像无记名股票、提单等所承载的权利非必须依靠证券进行，他们就是不完全有价证券。因此,票据丢失票据权利随之丧失,票据权利附在票据上,必须经过除权判决使附在票据上的权利与原票据相脱离,才能重新产生票据权利。

8. 设权性

与民法上的仓单、提单、股票这类证券不同,票据是创设权利的证券,票据和票据所创设的票据权利同时产生同时消亡,而仓单、提单这类证券叫作证权证券,即这类证券只是证实权利存在的证券。也就是说,这类证券不是与权利同时产生的,而是权利产生后用证券来记载和证明的,也不与权利同时消亡,仓单灭失后只要能证明是权利人仍可以行使权利。

二、票据的经济作用和票据使用基本原则

(一) 票据的经济作用

1. 汇兑的作用

在商业交易中,交易双方往往分处两地或异国,一旦成交,就要向外地或外国输送款项供清偿之用。在这种情况下,输送现金不仅麻烦而且风险很大。使用票据来代替现金流通,就能克服现金结算在空间上的障碍。

票据的汇兑作用集中体现在汇票上。在国际贸易中无论是汇付、托收,还是信用证,一般当事人均应开立一张汇票,代替现金汇兑,以减少风险。

2. 信用工具的作用

票据的信用工具的作用,主要体现在汇票和本票上。这一作用克服了现金结算在时间上的障碍,如:在国际贸易中,卖方向买方开立一张出票后60天付款的远期汇票,由买方承兑后于到期日支付;或由买方向卖方开出60天后付款的汇票,这就给予买方相当于60天的信贷期,可以达到短期信贷和延期付款的目的。同样,若卖方急需款项,也可将汇票背书转让或向银行贴现,取得所需资金。这就为交易双方资金的流通提供了便利。

诚然,票据信用功能的完全实现,取决于票据当事人严格遵守票据法律,完全履行票据债务人的法定义务。

3. 支付工具的作用

由于票据有汇兑功能,可异地兑换现金,是一种金钱给付的债权凭证,因而它逐渐发展为具有支付功能,即可以通过法定流通转让程序,代替现金在交易中进行支付。在市场经济中,货币作为交换媒介和一般等价物,会经常发生大量收付货币的现象。用票据代替现金作为支付工具,如使用支票方式支付,具有便携、快捷、安全等优点。因此,在现代经济中,票据支付在货币支付中占有越来越大的比重。

不过,虽然票据可以代替现金流通,但本身并不是货币,二者之间仍有区别:票据属于私人、商业信用,其支付转让取决于债权人的同意;而货币是国家信用,作为强制通用的支付工具,债权人无权拒绝。

4. 结算工具的作用

票据的结算作用,是指票据作为货币给付的手段,可以用它在同城或异地的经济往来中,抵销不同当事人之间相互的收款、欠款或相互的支付关系,即通过票据交换,使各方收付相抵,相互债务冲减。这种票据结算的方式,同使用现金相比,更加便捷、安全和经济。

因而，票据结算成为现代经济中银行结算的主要方式。

（二）票据的基本原则

为了保障、促进票据的流通使用，维护票据交易的安全，各国都规定了票据的基本原则。

1. 票据应以迅速、简便的方式转让

为使票据能够迅速、简便地转让，各国票据法采取两种规定方式：(1)规定票据为要式证券。票据的格式是法定的，这样易于辨认并在接受上节省时间；(2)票据仅凭交付或适当背书后交付即可转让，而无须通知票据上的债务人。

票据的转让与民法上的债权转让是不同的。后者的转让以通知债务人为转让生效和对抗第三人的条件，如果转让时没有通知债务人，债务人仍对原债权人清偿，而不向受让人清偿。票据的转让要简单、方便得多，一张票据，经多次转让后，最后的持票人有权要求票据上的债务人向其清偿而不必通知债务人。

2. 票据关系与基础关系相脱离

票据是一种无因证券，票据关系与基础关系相脱离。

票据关系，是指基于票据行为而产生的债权债务关系。票据行为包括出票、承兑、背书、保证、付款、追索等行为；不同的票据行为有不同的票据上的债权人和债务人，他们之间会因票据种类和票据的流通转让而转化或混同。

按照票据法的一般原则，票据债务人是在票据上签字的人，包括：出票人、承兑人、背书人、付款人等。付款人是主债务人；其他人是从债务人；票据债权人是指票据关系中的受款人。

为了保证票据的流通，票据关系必须与基础关系相脱离，以使票据不因债权人债务人的变化而引起基础关系的变化，影响到票据关系，并对票据的流通性造成障碍。

基础关系，是指虽然与票据有某种关联，但却处于票据之外的关系，包括：原因关系和资金关系。

(1) 原因关系

票据的原因关系，是指当事人之间发行票据或转让票据的依据或缘由。这种依据一般是当事人之间的债权债务关系。

各国票据法一般都规定票据关系一经成立，便与原因关系相分离，不论原因关系是否有效，都不影响票据的效力。不过，有一个例外，即原因关系与票据关系相牵连。这在票据的直接当事人之间表现得更为明显，如买卖双方订立一个买卖合同，买方为支付货款开立一张本票给卖方；卖方在不交货的情况下提示付款时，买方可以未交货为由拒不付款，提出抗辩。这是为了维护公平与诚信原则。不过，若卖方将本票转让给第三人，买方就不能对抗支付了对价的善意第三人，不能以原因关系存在缺陷影响票据关系。

(2) 资金关系

资金关系，是票据出票人与付款人之间的资金补偿关系。

多数国家票据法认为，票据关系应与资金关系相分离，无论出票人是否向付款人提供了资金，出票都是有效的。但我国和法国则强调二者的不可分离，强调票据的签发、取得和转让必须具有真实的交易关系和债权债务关系，出票人必须与付款人具有真实的委托付款关系，并且具有支付票据金额的可靠资金来源，资金关系对票据的效力将产生重大影响。

3. 强调保护善意第三人

善意并支付了对价的第三人，可以取得优于其前手的权利，不受其前手的权利瑕疵的影响。这是票据的流通转让与民法上的债权让与的重大区别。

按照民法上的债权让与，让与人与受让人的地位是一样的，如果让与人的权利有瑕疵，受让人的权利也有瑕疵。例如，依民法，如果甲从乙处窃取或拾到物品，转让给丙，乙有权向丙索取物品。因为甲对物品的权利有瑕疵，受让人丙的权利不得优于甲的权利。这在英美法中被称为“债权让与”。

依票据法，如果甲从乙处窃取或拾到汇票，转让给丙，丙享有优于甲的权利，乙无权向丙索取。这在英美法中称为“票据的流通”。依英美法中对转让(Transfer)的定义，转让是指物权凭证的转让。如果甲从乙处窃取或拾到提单，转让给丙，丙不能享有优于甲的权利，乙有权索回提单。提单可以凭交付或背书转让，但却不是流通票据，因此又可称之为“准流通证券”。

三、票据法体系

票据法是规范票据行为、调整票据法律关系的法律规范的总称，属于商法范畴。由于票据的流通性，票据法具有国际化、统一化的趋势。但是各国票据产生的历史不同，各国的实际情况也不同，因此各国票据法还存在着一定的差别。在1930年《日内瓦统一票据法》制定以前，世界各国的票据法存在三个体系。

(一) 法国票据法体系

法国的票据法历史最为悠久，早在1673年法国《路上商事条例》(也称“商事敕令”)中的第五章和第六章就有关于票据的规定，其被视为近代票据法的开端。后修订编入1807年《法国商法典》第一编第八章，但票据只包括汇票和本票。1865年，法国又专门颁布了《支票法》作为特别法以规范本国支票的使用。

法国票据法的特点是：(1)票据是代替现金输送的工具，即法国票据法仅偏重于票据的支付作用和汇兑作用，而不强调信用和流通融资作用。不过，1935年法国受《日内瓦统一汇票本票法》的影响，修改票据法废弃了旧有立法中输金主义的立场；(2)票据关系与基础关系不分离，强调资金关系。值得注意的，随着票据法的国际统一化发展趋势，1935年法国对其商法中的票据法进行修改，废弃了旧票据主义立场。该法于1936年公布施行并使用至今；(3)票据法与支票法分立设立，即法国在立法体例上将汇票和本票相关法律规定于商法典中，而对支票立法采取单行主义，即另设单行支票法加以规制。

法国法主要体现票据的汇兑作用，解决支付在空间上的障碍，较少考虑票据的流通、信用功能。

法国票据法对欧洲各国及拉丁美洲诸国的票据法发展影响深远。在票据立法上，法国及仿效法国票据立法模式立法的国家被共同称为“法国法系”。目前，属于法国法系的国家有：荷兰、比利时、西班牙、葡萄牙及拉丁美洲诸国。不过，有些国家后期舍弃法国旧制度而采取德国法例。

(二) 德国票据法体系

德国票据法体系，又称日耳曼法系。自 17 世纪起，德国各邦既已相继制定各自的票据法。1846 年，德国各邦参加革布狄希关税同盟会议，商议制定统一票据法。1847 年，普鲁士邦以埃赫里特为首的 22 名法学家和 10 名实业界人士起草了普通票据条例，共 100 条。这一条例，在同年的莱比锡会议上被同盟各邦所采用。其后，该条例几经修正，于 1871 年 4 月 16 日正式颁布，名为《票据法》，包括汇票和本票。支票法则于 1908 年另行制定。

德国票据法的特点是：(1)新票据主义，即强调票据关系与基础关系相分离，且采取严格的形式主义，创造了票据的“无因性”和“独立性”两大原则；(2)分立主义，即与《法国票据法》相同，在立法体例上采取民商法分立主义，票据与支票也采分立主义，支票法为单行立法。但在票据法与商法的关系上，德国仍采分立主义，规定汇票、本票的票据法律是单行法律，而不在商法中，这是不同于法国票据立法的地方；(3)输金主义与流通主义并重，即《德国票据法》在票据功能上不仅强调其支付和汇兑功能(这被称为“输金主义”)，而且还十分注重票据作为信用和流通融资工具的功能。20 世纪 30 年代德国加入了《日内瓦统一票据法公约》，并依此制定了新的票据法和支票法，沿用至今。至此，法国票据法系与德国票据法系之间的差异逐渐消失，形成了现在的日内瓦统一票据法系。

德国与仿效其票据法体系的大陆法系国家，被统一称为“德国票据法系”。目前，属于德国法系的国家主要有：奥地利、瑞士、意大利、匈牙利、斯堪的那维亚半岛诸国及日本等。

(三) 英国票据法体系

英国虽然为判例法国家，但其早在 1883 年就制定了成文票据法，名为《汇票法》(*Bill of Exchange Act*)。《汇票法》调整对象的包括了汇票、本票，同时支票也被视为“见票即付汇票”加以规定。1957 年，英国又制定了新的《支票法》以取代 1882 年《汇票法》的第 82 条。不过，该法实际上为《汇票法》的补充，并不具有独立的支票立法意义。1970 年，英国《财政法》修改了《汇票法》第 20 条第 1 项，次年又对其第 51 条第 4 项进行了修订。

英国票据法的特点是：(1)票据关系与基础关系相分离，强调票据的信用作用、流通作用和融资作用；(2)不以在票据上载有对价文句为票据有效条件；(3)采成文法形式立法，并用包括主义原则，即将汇票、本票和支票统一立法；(4)英国票据法虽为单行立法，却有“票据”的总概念，这与大陆法系各国票据立法形成鲜明对比。

英国票据法在立法精神上与德国法系相近，形式上都较为简单，有关票据的形式也较缓和。目前，属于英国法系的国家有：美国、加拿大、印度、澳洲及南非等。

比较三种票据法体系我们得出结论：法国票据法体系和德国票据法体系虽然在形式上大体相同但是却存在着实质的不同，是古票据法体系和现代票据法体系的区别；而德国票据法体系与英美票据法体系虽然在形式上存在着不同，但是在实质上却没有很大的区别，是现代票据法体系之间的细微不同。

四、票据法统一运动

随着经济全球化的发展趋势，各国经济交往密切、票据往来频繁，不统一的票据法体系增加了交易成本、减少了缔约机会。为统一国际票据法，国际组织进行了多样尝试，国际票据法统一运动先后经历了海牙统一票据法、日内瓦统一票据法和联合国统一票据法三个发展阶段。

（一）海牙统一票据法阶段

1910 年，经德国、意大利两国提议由荷兰政府主持，在海牙召开了第一次国际统一票据法会议，共有 31 个国家与会。这次会议通过了一系列票据相关的公约和规则，上述公约和规则被称为“海牙统一票据法”。海牙会议结束后，由于英美等四国未在公约上签字，且公约签订后还未等到各国批准手续完成，第一次世界大战即爆发，所以海牙统一票据法遂告中止。

（二）日内瓦统一票据法阶段

第一次世界大战后，国际联盟于 1920 年在比利时首都布鲁塞尔召开国际财政会议时，重提统一票据法的问题。国际联盟经济委员会组成的专家委员会提出报告：“在当时若要形成包括英美在内的统一票据法，时机尚不成熟，建议先在大陆法系国家寻求统一。”1927 年，国际联盟经济委员会设立了法律专家委员会，负责起草统一票据法以及公约草案。该草案形成以后，34 个政府主张召开国际会议予以讨论。基于上述情况，再加上第一次世界大战结束以后，世界经济开始恢复，国际贸易日益频繁，国际联盟理事会在日内瓦召开了国际统一票据法会议，有 32 个国家参加，即第一次日内瓦会议。会议拟订了统一汇票本票法，共计 78 条，形成了三个公约：《关于统一汇票和本票的日内瓦公约》、《关于解决汇票和本票若干法律冲突公约》以及《关于汇票和本票印花税公约》。1931 年，各国又于日内瓦召开了第二次国际票据法统一会议，讨论统一支票问题。此次会议通过了《日内瓦统一支票法》、《解决支票的若干法律冲突公约》和《支票印花税公约》。

与海牙规则相比，日内瓦统一票据法体系兼采三大法系之长，受到了许多国家的重视。德国法系和法国法系的对立基本消失，逐渐融合为日内瓦统一票据法法系。但遗憾的是，由于英美拒绝参加此公约而仍保持着原有的规则体系，所以日内瓦统一票据法并没有解决世界性的票据统一问题。就国际范围来说，在票据立法上形成了日内瓦公约法系与英美法系并存的局面。

（三）联合国统一票据法阶段

随着第二次世界大战后国际贸易的进一步发展，票据的运用与流通也日渐频繁，因此解决国际票据的法律冲突、实现国际票据立法统一的问题已迫在眉睫。在此背景下，联合国国际贸易法委员会于 1972 年第四次大会上决定进行统一票据法立法工作，并于 1973 年第五次大会上设立了国际流通证券工作小组草拟国际票据法统一草案。该小组在同年年底草拟出了以调和日内瓦法系与英美法系的冲突为原则的《国际汇票和国际本票公约草案》。《草案》经过长时间的讨论、修改，于 1982 年由联合国国际贸易法委员会第十五次大会初步通过，并由联合国秘书长分送各国政府征求意见。1984 年 6 月 25 日至 7 月 10 日联合国贸易法委员会在纽约召开第十七次大会，决定委托国际流通证券工作小组修订《国际汇票和国际本票公约草案》。工作小组分别于 1985 年 1 月 7 日至 18 日在联合国总部、1985 年 12 月 9 日至 20 日在维也纳举行第十三次和第十四次会议专门审查《国际汇票和国际本票公约草案》。几经修订，于 1986 年向同年 6 月 16 日至 7 月 11 日在纽约召开的联合国国际贸易法委员会第十九次大会提交草案稿,并获通过。

《国际汇票和国际本票公约草案》本身是日内瓦票据法体系与英美票据法体系相调和的产物,但其内容并不在于消除两者之间的制度上的差异,而仅力图创造票据在国际贸易中使用与流通的方便。因而,其适用范围狭窄,并不触及一国国内法,而仅适用于"国际票据"。在其具体制度的构成中,既采用英美法系上的概念与规定,同时又考虑日内瓦法系中存在的相异点。票据形式的要求倾向于日内瓦法系的严格性,但在受保护的持票人制度中采用了英美法系的"正当持票人"的解释,只是不以日内瓦法系中不存在的"对价"为条件。《草案》是国际票据法统一化演进中的一个重要里程碑,不过,该公约至今尚未生效。

五、中国票据立法的沿革和《中华人民共和国票据法》的诞生

(一) 中国票据立法沿革

我国的票据法起源很早,唐代的飞钱和帖子就是汇票和支票的萌芽;南宋时使用的交子就是本票的雏形。但是,清末以前一切票据关系都依习惯处理。清末,随外来资本渗透和中西方贸易的发展,我国开始着手制定成文票据法。

1. 光绪三十三年(1907 年),由日本法学家志田早太郎帮助起草了"前清票据法草案"(亦称志田案),分总则、汇票、本票三编,十三章,共 94 条,未列入支票。1912 年完成,但未及颁布。

2. 1922 年北京政府草拟新的票据法(亦称共同案),分总则、汇票、本票、支票四编,共 109 条,后又出现第三、四、五次草案,但一直未能公布。

3. 1928 年国民党南京政府草拟国民党政府的第一部票据法草案,共四章,十一节,共 124 条。此草案经修订于 1929 年颁布,这是中国历史上第一部正式的票据法。1930 年又公布了票据法实行法共 20 条。1986 年经我国台湾地区当局修正,即现行的台湾票据法。

4. 新中国成立以后,废除国民党所有法律,包括票据法。对票据管理采用行政方法,国家严格控制现金流通,信用集中到银行,票据制度已无重大价值,票据使用受到很大限制。十一届三中全会以后,随着对内搞活、对外开放政策的实行,票据作为流通信用支付工具的作用才逐渐恢复。1988 年,上海市政府发布了《上海市票据暂行规定》,规定了汇票、本票、支票三种票据,是一个较完善的地方性票据法规。1988 年,中国人民银行颁布了《银行结算办法》,全面推行票据制度。

在票据业务不断发展的情况下,迫切需要制定一部《票据法》来全面规范票据行为,保障票据当事人的合法权益。1995 年 5 月 10 日,第八届全国人民代表大会常务委员会第十三次会议正式通过《中华人民共和国票据法》,并规定于 1996 年 1 月 1 日起施行。

根据 2004 年 8 月 28 日第十届全国人民代表大会常务委员会第十一次会议《关于修改〈中华人民共和国票据法〉的决定》修正,主要是删去第七十五条。《中华人民共和国票据法》根据本决定作修改并对条款顺序作调整后,重新公布。

（二）《中华人民共和国票据法》的立法原则和体例结构

1. 立法原则

(1) 遵循票据当事人平等的原则，着重调整票据当事人之间的权利义务关系

票据关系是一种平等主体之间的债权债务关系。票据法应以保护票据当事人的合法权益，促进票据的正常使用和流通为宗旨，对票据当事人的票据行为以及权利、义务和责任加以明确规定，赋予债权人付款请求权和追索权双重票据权利，强调保护善意持票人的票据权利，规定债务人无条件支付票款的义务，限制债务人的抗辩权等。

(2) 借鉴国外票据立法经验，采用国际通行规则

票据制度是对市场经济一般规律的反映。国际上的票据制度经过长期的发展，已形成了一些通行规则。在我国社会主义市场经济条件下，制定票据法，需要参考、借鉴国外票据立法的经验，在票据种类、票据行为、票据权利和票据义务等方面尽可能地采用国际通行规则，与国际惯例接轨，以适应我国改革开放的需要。

(3) 立足我国基本国情，适应实际需要

我国银行结算制度经过多年的实践，已经形成了一些习惯做法和成功经验，对我国社会经济的发展起了重要作用。因此，制定票据法，在参考、借鉴国外经验的同时，必须立足我国基本国情，肯定我国行之有效的做法和经验，如汇票分为银行汇票和商业汇票，支票分现金支票和转账支票等。对国外一些票据制度，如参加承兑和参加付款等，在我国目前并无实际需要，因此不宜规定在票据法中。

2. 体例结构

目前，国际上的票据立法形式大致分为两种：一是将汇票和本票合在一个法中，支票单立一个法，如日本票据法、日内瓦统一票据法公约；二是采取三票合一形式，如美国的票据法。我国票据法考虑到三种票据有共同点，为避免立法上的重复，采用三票合一形式。至于票据的不同点，则分章加以规定。

我国票据法在结构上以票据种类为主体框架，以票据行为为主线，将票据权利义务寓于其中。《票据法》共七章 111 条，除总则、涉外票据的法律适用、法律责任、附则四章外，三类票据各占一章。

六、票据行为

票据行为，是指以发生票据上债务为目的所为的要式法律行为。票据关系的成立，票据权利和义务的发生都必须基于票据行为。票据行为是票据关系成立的唯一基础。票据法律行为有广义、狭义之分。最为狭义的票据行为是指出票、背书、承兑、保证，这四种都产生票据权利。而广义的票据行为还包括付款。狭义的票据行为中，出票属于主票据行为，其他的票据行为属于从票据行为。

（一）出票。出票是指出票人签发票据并将其交付给收款人的票据行为。一切票据行为基于出票，无论汇票、本票、支票都有出票行为。

（二）背书。票据基于背书转让。背书是指在票据背面或者粘单上记载有关事项并签章的票据行为。汇票、本票和支票都允许背书转让。

（三）承兑。承兑是指汇票付款人承诺在汇票到期日支付汇票金额的票据行为。承

兑不适用于见票即付的票据，也不适用于本票和支票。也就是说承兑是汇票的专有票据行为。

（四）保证。我国票据法没有规定保证的含义。这是因为我国票据法中保证与民法中保证的含义并无不同。根据《票据法》第 81 条规定："本票的背书、保证、付款行为和追索权的行使，除本章规定外，适用本法第二章有关汇票的规定。"同时，《票据法》第 94 条规定："支票的背书、付款行为和追索权的行使，除本章规定外，适用本法第二章有关汇票的规定。"综上可知，保证行为只在汇票和本票中才有。

（五）付款。付款就是按照票据记载的金额支付款项，它是所有票据都有的票据行为。

七、票据瑕疵

票据瑕疵，是指影响票据效力的行为，它包括：票据伪造、票据变造、票据更改和票据涂销。

1. 票据伪造

票据伪造，是指行为人假冒他人之名义在票据上签章而进行票据伪造的行为。伪造出票人、承兑人、背书人、保证人等人的签名的，都是票据的伪造。伪造的票据和签名不发生效力。除伪造人应负法律责任外，被伪造人不负任何义务。我国《票据法》规定："票据上有伪造、变造的，签章的，不影响票据上其他真实签章的效力。"

2. 票据变造

票据变造，是指非法涂改票据上签章以外的其他记载内容的行为，最为常见的为金额和到期日的涂改。我国《票据法》第 14 条第 3 款规定："票据上其他记载事项被变造的，在变造之前签章的人，对原记载事项负责；在变造之后签章的人，对变造之后的记载事项负责；不能辨别是在票据被变造之前或者之后签章的，视同在变造之前签章。"

3. 票据更改

票据更改，是指有更改权的人对票据上的可变更记载事项，依法进行变更的行为。票据的更改必须是由具有更改权的人进行更改，更改的事项除了金额、日期、收款人外，其他记载事项都可以更改，更改时应当由原记载人签章证明。

4. 票据涂销

票据涂销，是指权利人对票据的签名或记载的涂抹而使之失去效力。由于我国《票据法》未对涂销加以规定，票据行为人并无涂销权，所以涂销票据者，票据应归于无效。

第二节　汇　　票

一、汇票的定义

（一）汇票的定义

汇票是国际商务中一种常用的支付工具。汇票一般由出口商开出、要求进口商或者它的代理人在特定时间支付特定金额。在国内交易中，买方通常可以在不签署任何承认自己义务的正式文件之前先获得货物。相反，在国际贸易中，由于缺乏信任，买方在获得货物之前必须支付货款或者作出支付的承诺。因此，人们使用汇票来对交易进行结算。不过，关于汇票的定义各国法律规定并不完全统一，多是从本国的使用实际出发，作出各自的说明。

1930 年日内瓦公约并未对汇票作出定义，大陆法系国家也没有给汇票下定义，如德国、日本票据法无汇票定义。英美国家在成文法中给汇票下定义，如英国 1882 年票据法第 3 条规定："汇票是一个人向他人出具的无条件书面委托，由出具人签名，要求对方即日或定日或在未来的特定期间内，向特定人或向特定人指定的人，或向持票人支付确定数额的金钱。"

我国《票据法》第 19 条规定："汇票是出票人签发的，委托付款人在见票时或者在指定日期无条件支付确定的金额给收款人或者持票人的票据。"

汇票的定义包含以下几方面的内容。

1. 汇票是一种委托他人付款的证券

汇票是委托他人付款而不是自己付款的证券。美国学者把票据分为两种，一种叫做指示证券(order instrumet)，一种叫允诺证券(promise instrument)。汇票属于指示证券。

2. 汇票是一种无条件的书面支付命令

汇票以书面形式作成，由出票人签名，汇票的付款应是无条件的。

3. 汇票的金额必须确定

汇票的支付标的只能是金钱，而不能是物品。

4. 汇票是见票或到期付款的票据

(二) 汇票的当事人

汇票至少有三方当事人：

1. 给予支付命令的人——出票人
2. 接受支付命令的人——付款人
3. 接受付款的人——受款人

出票人(drawer)是开立票据并将其交付给他人的法人、其他组织或者个人。出票人对收款人及正当持票人承担票据在提示付款或承兑时必须付款或者承兑的保证责任。一般是出口方或债权人。

受票人(drawee/payer)就是"付款人"，即接受支付命令的人。进出口业务中，通常为进口方或进口方指定的银行。在托收支付方式下，付款人一般为买方或债务人；在信用证支付方式下，一般为开证行或其指定的银行。

收款人(payee)又叫"汇票的抬头人"，是指受领汇票所规定的金额的人。进出口业务中，一般填写出票人提交单据的银行。

付款人因其在汇票上签名，而承担付款义务，成为主债务人；但在付款人签名前，出票人仍是汇票的债务人。出票人对付款人来说是债权人，而对受款人而言则是债务人。

(三) 汇票分类

汇票可以分为以下几类。

1. 按出票人的不同分为：银行汇票、商业汇票。

银行汇票(banker's draft)是出票人和付款人均为银行的汇票。

商业汇票(commercial draft)是出票人为企业法人、公司、商号或者个人，付款人为其他商号、个人或者银行的汇票。

2. 按有无附属单据分为：光票汇票、跟单汇票。

光票汇票(clean bill)本身不附带货运单据，银行汇票多为光票。

跟单汇票(documentary bill)，又称信用汇票、押汇汇票，是需要附带提单、仓单、保险单、装箱单、商业发票等单据，才能进行付款的汇票，商业汇票多为跟单汇票，在国际贸易中经常使用。

3. 按付款时间分为：即期汇票、远期汇票。

即期汇票(sight bill，demand bill，sight draft)是指持票人向付款人提示后对方立即付款，又称"见票即付汇票"。

远期汇票(time bill，usance bill)是在出票一定期限后或特定日期付款。在远期汇票中，记载一定的日期为到期日，于到期日付款的，为定期汇票，记载于出票日后一定期间付款的，为计期汇票；记载于见票后一定期间付款的，为注期汇票；将票面金额划为几份，并分别指定到期日的，为分期付款汇票。

4. 按承兑人不同分为：商业承兑汇票、银行承兑汇票。

商业承兑汇票(commercial acceptance bill)是以银行以外的任何商号或个人为承兑人的远期汇票。

银行承兑汇票(banker's acceptance bill)承兑人是银行的远期汇票。

（四）汇票涉及的票据行为

汇票使用过程中的各种行为都由票据法加以规范，主要有：出票、提示、承兑和付款。如需转让，通常应经过背书行为。如汇票遭拒付，还需作成拒绝证书和行使追索权。

1. 出票(draw/issue)

出票，是指出票人签发汇票并交付给收款人的行为。出票后，出票人即承担保证汇票得到承兑和付款的责任。如汇票遭到拒付，出票人应接受持票人的追索，清偿汇票金额、利息和有关费用。

出票时有三种方式规定收款人。

(1) 限制性抬头(restrictive payee)，这种汇票通常会标注"pay ABC Co. Ltd. only"或"pay ABC Co. Ltd. not negotiable"。这种汇票不得流通转让。

(2) 指示性抬头(to order)汇票常标有"pay ABC Co. Ltd. or Order"或"pay to the order of ABC Co. Ltd."。

(3) 持票人或者来人抬头(to bearer)常标注有"pay to bearer"或"pay to ABC Co. Ltd. or bearer"。

2. 提示(presentation)

提示是持票人将汇票提交付款人要求承兑或付款的行为，是持票人要求取得票据权利的必要程序。提示又分付款提示和承兑提示。

3. 承兑(acceptance)

承兑，是指付款人在持票人向其提示远期汇票时，在汇票上签名，承诺于汇票到期时付款的行为。具体做法是付款人在汇票正面写明“承兑”(accepted)字样，注明承兑日期，于签章后交还持票人。付款人一旦对汇票作承兑，即成为承兑人，以主债务人的地位承担汇票到期时付款的法律责任。

4. 付款(payment)

付款人在汇票到期日，向提示汇票的合法持票人足额付款。持票人将汇票注销后交给付款人作为收款证明。汇票所代表的债务债权关系即告终止。

5. 背书(endorsement)

票据包括汇票是可流通转让的证券。根据我国《票据法》规定，除非出票人在汇票上记载“不得转让”外，汇票的收款人可以以记名背书的方式转让汇票权利，即在汇票背面签上自己的名字，并记载被背书人的名称，然后把汇票交给被背书人即受让人，受让人成为持票人，是票据的债权人。受让人有权以背书方式再行转让汇票的权利。在汇票经过不止一次转让时，背书必须连续，即被背书人和背书人名字前后一致。对受让人来说，所有以前的背书人和出票人都是他的前手(prior parties)；对背书人来说，所有他转让以后的受让人都是他的“后手”，前手对后手承担汇票得到承兑和付款的责任。在金融市场上，最常见的背书转让为汇票的贴现。

6. 贴现

贴现，是指远期汇票经承兑后，汇票持有人在汇票尚未到期前在贴现市场上转让，受让人扣除贴现息后将票款付给出让人的行为。

7. 拒付和追索(dishonour & recourse)

持票人向付款人提示，付款人拒绝付款或拒绝承兑，均称拒付。另外，付款人逃匿、死亡或宣告破产，以致持票人无法实现提示，也称拒付。出现拒付，持票人有追索权，即有权向其前手(背书人、出票人)要求偿付汇票金额、利息和其他费用的权利。在追索前必须按规定作成拒绝证书和发出拒付通知。拒绝证书，用以证明持票人已进行提示而未获结果，由付款地公证机构出具，也可由付款人自行出具退票理由书，或有关的司法文书。拒付通知，用以通知前手关于拒付的事实，使其准备偿付并进行再追索。

二、汇票的出票(issue)

出票，是指出票人签发票据并将其交付给受款人的票据行为。出票包括两个方面内容：出票人签发票据和将票据交给受款人。

汇票是要式证券，出票时必须将法定内容记载于票面上，票据才生效。

各国票据法规定的汇票必须记载的事项包括如下内容

1. 表明“汇票”字样

“汇票字样”(wechsel 或 sola wechsel)被学者称为“票据文句”。各国票据法对是否标明“汇票”字样要求不一：

(1) 德国法系及日内瓦公约要求标明；

(2) 英美法系不要求标明；

(3) 中国票据法规定：必须在汇票上记载表明汇票字样的文句，否则汇票无效。

2. 无条件支付的命令

各国包括中国的票据法，都规定此为必须记载文句。

命令必须是无条件的，不能指示除支付金钱外的任何行为。例如，在汇票尾部书明“须以收到收据后付款”是有条件的，该种汇票无效。按照英国票据法的规定，从一个特殊基金支付的命令不是无条件的，但若该命令说明以下情况：

(1) 该特殊基金由付款人建立；

(2) 开立的汇票的原因。

则汇票是无条件的，有效的。

3. 确定的金额

各国票据法均规定此为汇票必须记载事项。包括下列三层含义。

(1) 汇票是一种金钱证券，支付标的只能是金钱，而且数额必须确定。

(2) 汇票上载有利息条款、分期付款条款、汇率条款的情况下，对金额确定性的效力，有以下几种规定。

① 英美法系

英美法系规定汇票支付的金额可以是：附有利息的；分期付款，同时规定任何一期延付，则全部数额应一次付清；载明汇率。

② 日内瓦法系

日内瓦法系规定汇票支付的金额可以是：附利息的票据限于见票即付，或见票后定期付款的汇票；未载明利率的，视为无记载；利息从出票之日计算；不允许分期付款。

③《联合国国际汇票和国际本票公约》

《联合国国际汇票和国际本票公约》规定汇票支付的金额可以是：附有利息的，未载明利率，视为无记载，利息从出票日计算，不限制附利息汇票的种类；分期付款，同时规定任何一期延付，则全部数额应一次付清；载明汇率；可以不同于票面金额货币的另一种货币支付。

④ 中国台湾地区法

中国台湾地区法规定汇票支付的金额可以是：附利息，无利率记载从法定利率，不影响利息条款效力；对附利息汇票种类不限制；不允许分期付款。

⑤ 中国票据法

我国《票据法》对此未作规定。

(3) 汇票的金额同时用文字和数字记载不一致时，各国和国际公约一般均规定以文字记载的金额为准。日内瓦公约还规定，如汇票金额以文字或数字记载在一次以上，而先后有不符时，则应以较小的数额为付款数额。

4. 付款人名称

各国票据法都规定必须在汇票上注明付款人名称。出票人可以指定银行或其他受托人为付款人，也可以以自己为付款人。后一种汇票称为“对己汇票”，对它的性质，各国有不同的看法。

英美法认为，对这种汇票，出票人有权选择把它作为本票或汇票处理。其他国家的法律则有的视为本票,有的视为汇票。

汇票的付款人可以是一人或一人以上。在这种情况下,任何一个付款人均须承担支付全部汇票金额的责任,当其中一个人付款后,其他人即可解除付款义务。

中国的票据法对于“对己汇票”和一人以上付款人的付款未作规定。但实践中存在着类似对己汇票的票据。一般将商业对己汇票视为汇票;而银行对己汇票视为本票。只要出票人与付款人之间具有真实的委托付款关系,并且具有支付汇票金额的可靠资金来源,对付款人的人数从理论上讲不应限制。

5. 受款人名称

各国票据法对该记载事项有不同的规定,其中英美法系的规定如下。

汇票可指定受款人,也可以不指定。不指定受款人,或以虚构或未生存的人为受款人,为来人汇票,持票人视为受款人。根据受款人名称的不同写法,英国票据法将汇票分为如下几种。

① 指示汇票

该种汇票表明根据指示支付给特定的人,不禁止转让。

例如,“凭指示支付给 A、B500 英镑”是指示汇票;而“凭指示只支付给 A、B500 英镑”(pay A、Bonly)或“凭指示各支付 A、B500 英镑”(pay A、Bpersonally £500)不是指示汇票,不能背书转让,只能依民法上债权让与的方式转让。

② 来人汇票

该种汇票不载明受款人名称,只写明“交付来人”(payable to bearer),仅凭交付便可实现汇票的转让流通。

③ 记名汇票

该种汇票直接载明受款人名称,可背书转让。

④ 指己汇票

该种汇票是指出票人与受款人为同一人的情况。各国法律都允许该种汇票的存在,可由出票人背书转让。我国《票据法》对此未作规定。

6. 出票日期及地点

各国票据法对此有不同规定。

英美法系规定出票日期及地点不是汇票必须记载之事项。未表明出票日期,汇票仍有效,任何持票人可以补充出票的真实日期。汇票上未注明出票地,以出票人的营业地或住所地为出票地。

日内瓦法系规定汇票应当记载出票日期及地点,否则无效。但未载明出票地,可以出票人姓名旁的地点为出票地。

我国《票据法》规定出票日期为必须记载之事项。未载明出票地,出票人的营业场所、住所或经常居住地为出票地。

出票时间和地点在法律上具有重大意义。出票日期对见票即付的汇票起到确定提示付款期限的作用;对出票后定期付款的汇票起到确定付款日的作用;对见票后定期付款的汇票起到确定提示承兑期限的作用。出票地的确立则关系到国际汇票的法律适用。按照国际公约和许多国家的法律冲突规则,汇票所适用的法律在许多方面都采用行为地法,特别是有关汇票的形式及有效性，一般适用出票地的法律。

7. 出票人签章

各国法律都将此规定为汇票必须记载之事项。欠缺出票人签章的汇票在法律上是无效的。

出票人对持票人承担保证汇票获得承兑和付款的责任。

出票人可否在汇票上列入“免予追索”(without resourse)的文句，各国法律对此有不同规定。

英美法系规定出票人可以在汇票上列入免责文句，免除对持票人的偿还义务。

日内瓦法系规定出票人可以在汇票上列入免责文句，免除担保承兑的责任，但不包括免除担保付款的责任。

《联合国国际汇票和国际本票公约》规定出票人可以在汇票上明文规定排除或限制他对承兑或付款的责任。

我国《票据法》不允许出票人在汇票中加入“免于追索”的文句，出票人一旦签发汇票，就应承担保证汇票承兑和付款的责任。

8. 付款地

各国法律对此是否为汇票必要记载事项有不同规定：

英美法系不要求载明付款地，只要持票人能找到付款人，便可向他提示付款。

日内瓦法系要求必须载明付款地，但若无注明，以付款人姓名旁地点为付款地，亦同时视为付款人的所在地。

《联合国国际汇票和国际本票公约》不要求载明付款地。

我国《票据法》不要求载明付款地，将付款人的营业场所、住所或者经常居住地视为付款地。

9. 到期日(付款日)

各国法律对汇票的到期日有不同规定。

英美法系规定到期日不是汇票必须记载事项，未载明到期日视为见票即付汇票。

日内瓦法系规定必须记载到期日，但允许例外，无记载也不影响汇票效力。

《联合国国际汇票和国际本票公约》规定到期日不是汇票生效的必要条件，未表明到期日的汇票视为见票即付汇票。我国《票据法》的规定与此相同。

汇票的到期日(付款日)有以下四种规定方式。

(1) 见票即付(sight bill)，付款人在受款人提示汇票时付款。

例如：

汇票金额 10 000 英镑　伦敦 1988 年 3 月 5 日

见票即付约翰琼斯壹万英镑，对价收讫。

此致

汤姆士罗宾逊先生

威廉史密斯

(2) 定日付款(fixed date)，在出票时订明付款日期。

例如：

汇票金额 10 000 英镑　伦敦 1988 年 3 月 5 日

凭票于 1988 年 4 月 20 日付给约翰琼斯壹万英镑，对价收讫。

此致

汤姆士罗宾逊先生

威廉史密斯

(3) 出票后定期付款(after date)，从出票日起算，于出票日后的一定期间内付款。

例如：

汇票金额 10 000 英镑　伦敦 1988 年 3 月 5 日

于出票后一个月付给约翰琼斯或其指定人壹万英镑，对价收讫。

此致

汤姆士罗宾逊先生

威廉史密斯

(4) 见票后定期付款(after vight)，从受款人提示汇票之日起算一定期间内付款。

例如：

汇票金额 10 000 英镑　伦敦 1988 年 3 月 5 日

见票后 90 天付给约翰琼斯或其指定人壹万英镑，对价收讫。

此致

汤姆士罗宾逊先生

威廉史密斯

三、汇票的背书

汇票上的背书(indorsement)，是指由背书人在汇票背面或粘单上记载有关事项并签章，把它交付给受让人(被背书人)的行为。记名汇票和指示汇票必须以背书方式转让。

背书产生的后果：(1)被背书人取得汇票上的权利；(2)背书人对被背书人及其一切后手承担保证汇票承兑或付款的责任；(3)善意并支付了对价的被背书人享有优于背书人的权利，不受背书人权利瑕疵的影响。

(一) 背书的种类

1. 空白背书

空白背书是在汇票背面只有背书人的签名，无被背书人签名。空白背书的汇票实际上成为凭交付即可转让的来人汇票。

2. 记名背书

记名背书是由背书人在汇票背面书写“支付甲”或“支付甲或凭其指示”，这二者的作用是一样的。任何一个空白背书的持票人可补注上某些人的姓名，变为记名背书。

背书是否须载明背书的年、月、日，各国法律有不同规定。英美一般不要求，日内瓦法系一般必须载明日期。我国《票据法》未要求，但规定未记载日期的，视为在到期日前背书。

3. 特殊背书

特殊背书是针对背书人签名的，是指背书人在签名时，附加了某些特殊文句。

包括下列几种情形。

(1) 限制转让背书

一般由背书人在背书时加“不得转让”字样。对此类背书，各国法律有不同规定。

英美法系，如英国不允许限制转让背书的再次转让；美国则不限制其转让流通。

日内瓦法系不允许限制转让背书再以背书方式转让；若被背书人以背书方式再次转让，背书人对被背书人之后的一切后手不负责任。

《联合国国际汇票和国际本票公约》不允许限制转让背书的转让和继续转让。

我国《票据法》规定汇票上记载“不得转让”字样的，不得转让；其后手再背书转让的，原背书人对后手的被背书人不承担保证责任。

(2) 限制背书人责任的背书

背书人为了限制自己的责任，往往在背书时加注“无追索权”。

按英国票据法规定，加注后背书人可免受追索，但下列情况下仍须对支付了对价的受让人负责：汇票曾被伪造；背书人在转让时已知道该汇票将遭拒付；背书人的权利有瑕疵。

(3) 附有条件的背书

背书应当是无条件的，附有条件的背书所附条件是无效的。

我国《票据法》也规定：背书不得附有条件，背书时附有条件的，所附条件不具有汇票上的效力。

4. 限制性背书

背书人对此类汇票背书的目的不是转让、流通。一般包括下列几种情形。

(1) 委托取款背书

背书人背书目的是委托被背书人代为取款而不是转让所有权。这种背书一般注明“委托收款”(For collection)或“委托代收”等字样。按照各国法律的规定，被背书人一般享有如下权利：①行使汇票上的一切权利，包括请求承兑或付款的权利，追索权和起诉权；②以代理人的身份，为了取款，将汇票再度背书给第三人，由第三人代为取款，但不得作其他背书。

在委托取款背书的情况下，由于该汇票的权利未转让给被背书人，被背书人行使汇票权利时，该汇票债务人所能提出的抗辩，以对抗背书人为限，被背书人做为代理人，不能以与他之间的纠纷提出抗辩。例如，甲将汇票背书给乙，委托乙向丙收款，丙得以和甲之间的债权对抗；而不能以和乙之间的债权对抗。相反，若是转让背书，乙取得汇票所有权，丙可以和乙之间的债权对抗，而不能以和甲之间的债权抗辩。

(2) 设质背书

设质背书以背书记载“质押”字样，被背书人依法行使质权时，可行使汇票权利。

日内瓦公约规定，汇票的债务人不得以自己对设质背书人的抗辩来对抗被背书人，但被背书人在接受汇票时知道背书人的权利有瑕疵的除外。

(二) 背书的连续性

各国的票据法都规定，汇票的持票人应以背书的连续性来证明权利的成立。背书的连续，是指在票据转让中，转让汇票的背书人与受让汇票的被背书人在汇票上的签章依次前后衔接，一环扣一环，中间没有间断。如果空白背书后，再以背书方式转让，其后的背书人视为因空白背书而取得汇票的受让人。

（三）背书的真实性

背书人应当对其在汇票上的签字的真实性负责，保证在背书时对该汇票享有完全的所有权。

背书转让的汇票，后手应当对其直接前手背书的真实性负责。

禁止部分背书，将汇票金额的一部分转让或分别转让给二个以上的背书无效。例如，一张100英镑的汇票，将其中25英镑背书转让给X；75英镑背书转让给Y，是无效的。

背书的次序以在汇票背面显示的顺序为准，背书人的责任不受因疏忽将其签名放在受款人签名之前的影响。

四、汇票的提示

提示（presentment）是持票人向付款人出示汇票，请求承兑或付款的行为，包括承兑提示和付款提示。远期汇票一般均须先提示汇票，而即期汇票只须作付款提示，不用提示承兑。

提示承兑或提示付款都必须在法定期限内进行，各国对此有不同规定。

英美法系没有规定具体的提示期限，只要求在“合理时间”（reasonable time）提示。“合理时间”取决于票据的性质、贸易惯例和具体的情况。如果未在合理时间内提示，持票人丧失对其前手和出票人的追索权，但仍可向承兑人要求支付。若承兑人拒付，持票人可在6年内起诉。

日内瓦法系规定见票即付的汇票，出票后1年内付款提示；见票后定期付款的汇票，出票日起1年内提示承兑；出票人可将期限延长或缩短，背书人也可缩短但不能延长该期限。对承兑人的起诉时效为3年。此外，其还规定了特殊的二次提示承兑，即在第一次提示承兑的翌日，付款人得再次请求向其提示承兑，但该要求只有在载明于拒绝证书时，付款人才得提及要求未得到满足作为抗辩。

我国《票据法》规定：“对见票即付的汇票，于出票日起一个月内提示付款；对定日付款，出票后定期付款或见票后定期付款的，于到期日起10日内提示付款。”此外，其还规定“定日付款或出票后定期付款的汇票，到期日前提示承兑；见票后定期付款的汇票，出票日起一个月内提示承兑”。

五、汇票的承兑

承兑（acceptance），是指汇票付款人承诺在汇票到期日支付汇票金额，并在汇票正面记载的行为。

一般来说，是否要求付款人承兑，是持票人的权利，但持票人请求承兑可获得承兑人的付款保证，有利汇票流通转让；同时，一旦承兑遭拒绝，前手立即承担起付款的责任。在下列三种情况下，汇票必须经过承兑：

（1）远期汇票，必须经承兑固定付款日期；

(2) 汇票上载明必须经承兑；

(3) 汇票在付款人营业地或住所地以外地点付款。

(一) 承兑的方式

各国对承兑的方式的要求不尽相同。

英美法系只要求承兑人的签名，不必加注"承兑"字样，不以载明承兑日期作为承兑生效的必要条件。

日内瓦法系规定承兑应载明"承兑"字样，和承兑人签章。对于见票后定期付款及特别约定提示承兑期限的汇票，必须注明承兑日期，以保全对背书人和出票人的追索权；未载明承兑日期的，应于适当时间内作成拒绝证书。

我国《票据法》规定承兑必须在汇票正面记载"承兑"字样和承兑日期并签章；见票后定期付款的汇票，应在承兑时记载付款日期。未记载承兑日期的，以收到提示承兑的汇票的第三日为承兑日期。

(二) 承兑的种类

1. 普通承兑

由付款人承兑签名，对出票人的命令没有附加任何条件。这是正常的承兑，是完全有效的。

2. 附条件承兑

(1) 有条件的承兑，如付款人在承兑时，注明必须以提交某种单据为付款条件等；

(2) 部分承兑，是指承兑汇票金额的一部分；

(3) 付款地限制，是指只在特殊的某地支付；

(4) 付款时间限制，如承兑必须在到期日后两个月付款，或限定承兑有效期为三个月，逾期必须更新等；

(5) 付款人限制，是指当有数个付款人时，由一些付款人承兑，而不是全部。

对附条件承兑的效力，各国法律有不同规定。

英美法系规定附条件承兑无效，持票人可拒绝接受，除非取得出票人、背书人同意；否则，出票人、背书人不承担责任。

日内瓦法系规定承兑应当是无条件的，但允许部分承兑。

我国《票据法》规定付款人承兑汇票，不得附有条件；承兑附有条件的，视为拒绝承兑。

(三) 参加承兑

参加承兑，是指汇票因未获承兑遭拒付，为了防止追索权的行使，由持票人允许的第三人为出票人的利益而承兑汇票。参加承兑在英国又被称为"名誉承兑"(acceptable for honour)。

某些汇票本身也可在汇票上注明第三人名称，保留持票人在遭拒付的情况下向其提示承兑，这样的人被称为预备付款人。

各国的票据法都规定参加承兑人必须：(1)在汇票上表明并注示他是参加承兑的；(2)由参加承兑人签名；(3)载明被参加承兑人姓名，如未注明，则视出票人为被参加承兑人。

参加承兑的后果是使参加承兑人承担起付款的责任。

我国《票据法》对参加承兑这种方式未作规定。

六、汇票的保证

汇票的保证，是指由汇票债务人以外的第三人，以担保因主票据行为而产生的以债务为目的所作的从票据行为。保证人可以为出票人、背书人、承兑人提供保证。英美法系国家没有保证制度，只有日内瓦法系国家对保证制度有详细的规定。

（一）汇票保证的特点

1. 保证是一种要式行为

汇票保证应在汇票或粘单上记载，注明“保证”字样，由保证人签名，载明保证日期和被保证人。日内瓦公约规定，未记载被保证人，出票人视为被保证人，我国也有类似的规定。

2. 保证具有独立性

汇票的保证，有被保证的主债务无效时，除因汇票记载事项欠缺无效外，保证人仍应对合法持票人承担保证责任。

3. 保证人不享有先诉抗辩权

保证人与被保证人之间承担相同责任，汇票的持票人可以不先向被保人请求付款或追索，而直接向保证人提出付款请求或追索。

（二）条件保证和部分保证

条件保证，是指保证人在保证时，附加条件，限制其承担的保证责任。保证不得附有条件，附有条件的，不影响对汇票的保证责任。

部分保证，是指只对部分汇票金额提供担保，保证人仅对所保证的部分金额承担支付义务。

保证人在清偿汇票债务后，取得持票人的地位，可向被保证人及其前手追索。

七、汇票的付款

汇票的付款(payment)，是指付款人在到期日向持票人支付汇票金额，以消灭票据关系的行为。

（一）付款时间

付款人一般在到期日当日足额付款，但各国的法律及习惯均规定：到期日是星期日或其他公休假日的，付款日期可顺延至下一个营业日。英国的票据法，对提示付款还有三天的宽限期。

（二）付款的效力

汇票由付款人按票面金额足额支付后，汇票上的债权债务关系即告消灭。持票人在汇票上签收“收讫”字样，并交付给付款人，则全体汇票债务人的责任解除。

（三）参加付款

参加付款，是指当付款人或承兑人不付款时，由第三人向持票人代为付款的行为。参加付款人可以是参加承兑人、预备付款人或任何第三人。参加付款的目的同参加承兑一样，是保全票据债务人的信用，防止追索权的行使，因此参加付款应在持票人得以行使追索权时进行，但最迟不得在作成拒绝证书期限届满的次日进行。

参加付款人付款后，取得持票人的权利，可以向被参加付款人及其前手追索，但不得将汇票再行背书转让，而且被参加付款人的后手的责任解除。

参加付款人必须注明被参加人的姓名，未注明，视出票人为被参加付款人，在这种情况下，参加付款人只能向出票人或承兑人追索。

各国法律一般都规定：持票人如果拒绝参加付款，将丧失对被参加人及其后手的追索权。

八、汇票的拒付与追索权

（一）汇票的拒付

汇票的拒付包括拒绝承兑和拒绝付款。拒付不仅指付款人明白表示拒绝承兑或付款，也包括承兑人或付款人死亡、逃匿或依法被宣告破产或因违法被责令终止业务活动等情况。

（二）汇票的追索权

各国法律一般都规定，持票人有权向其前手背书人及出票人请求偿还汇票上的金额，这种权利在票据法上称为追索权。

行使追索权应满足下列条件：

(1) 已在法定期限内向付款人作承兑提示或付款提示；

(2) 汇票被付款人拒绝承兑或拒绝付款；

(3) 在汇票遭拒付后的法定期间内作成拒绝证书；

(4) 在汇票遭拒付后的法定期间内将拒付事实通知其前手。

对拒绝证书和拒付通知，各国的法律规定不尽相同。

1. 拒绝证书

拒绝证书，是一种由付款地的公证人或其他依法有权作出这种证书的机构，如法院、银行公会等所作成的证明付款人拒付的书面文件。

英美法系，如按照英国票据法，国内汇票不要求必须作成拒绝证书；而外国汇票必须在拒绝之日或翌日作成拒绝证书，否则出票人和背书人即可解除对汇票的责任。

日内瓦法系规定拒绝证书是行使追索权的必要条件，应在提示期内作成，如提示日为提示期限的最后三日，则在其后的第一个营业日作成。

我国《票据法》规定的“拒绝证明”类似于拒绝证书。持票人行使追索权时，应当提供被拒绝承兑或被拒绝付款的有关证明，不能出示拒绝证明的，丧失对其前手的追索权。

2. 拒付通知

当持票人遭拒绝时，在法定期间内向其直接的背书人或想追索的任何前手发出遭拒付的通知，后者在接到通知后也须立即通知其再前手，直至出票人。

英美法系，如英国票据法对拒付通知的要求十分严格。不在合理时间内发出拒付通知，持票人就丧失对其前手背书人和出票人的追索权。拒付通知不要求特殊的形式，可以是口头或书面的。拒付的汇票的退回是拒付通知的一个必要条件。其中，合理时间，在缺少特殊条件的情况下，是指：①当事人居住在同一地区，通知在拒付翌日发出，或于拒付后及时发出使对方能于翌日收到；②当事人居住在不同地区，通知在拒付翌日发出；若翌日无邮班，应在下一个邮班发出。此外，拒付通知在汇票遭拒付后收到生效，但若拒付前发出，拒付后收到，也是有效的。

日内瓦法系规定持票人应在拒付证书作成之日后四个营业日内发出通知；每一背书人应于收到通知后两个营业日内通知其再前手，直至出票人。未作成拒付通知，持票人不丧失追索权，但因此给其前手或出票人造成损失，应以汇票金额为限承担赔偿责任。

九、汇票的对价

汇票的对价，是指持票人取得票据必须给付对价。汇票的对价，只在英美法系的票据法中出现，日内瓦法系国家无此项制度。我国的《票据法》规定：票据的取得，必须给付对价，即应当给付票据双方当事人认可的相对应的代价。

有效汇票对价包括：(1)任何支持一个简易合同的对价；(2)任何前手的债务或责任义务。对价一旦给付，持票人便被认为是合法的持票人，包括承兑人和在此之前的所有当事人，但最初的受款人除外。

关于汇票的对价，应对融通汇票问题予以关注。融通汇票，是指出票人、承兑人或背书人签发汇票，未取得对价。融通汇票的当事人对持票人负有票据责任，持票人是否知道该汇票是融通汇票无关紧要。我国《票据法》有类似的规定：因税收、继承、赠予可以依法无偿取得票据的，不受给付对价的限制，但是所享有的票据权利不得优于其前手的权利。

十、汇票上的伪造签名

汇票上的伪造签名，是指假冒他人名义或未经授权而用他人名义在汇票上签名的行为，包括：伪造出票人、承兑人、背书人名义在汇票上签名。此外，盗用他人印章签章也属于伪造签名。

各国法律对伪造签名的规定，存在差异：

英美法系规定，伪造签名无效，任何人都不能依此签名取得汇票权利。伪造签名有下列几种情形。

1. 伪造出票人签名

出票人对伪造的汇票不负责任，持票人持有的是无效的汇票；付款人若已付款，不能向出票人追偿；付款人若承兑了该种汇票，承兑人就不能否认出票人的存在及其签名的真实性。该汇票的背书人也必须对其后的持票人负责。

2. 伪造承兑人签名

伪造承兑人签名，该汇票视为未承兑。被假冒的承兑人不承担责任。

3. 伪造背书

伪造背书是假冒背书人的名义在汇票上签名。

例如，出票人甲开立以乙为受款人，辛为付款人的汇票，经图一系列背书转让：

甲（出票人）→乙→丙（由 X 冒丙的名）……丁→戊→己（持票人）→辛（付款人）
（其中，X 冒丙的名，背书转让给丁）

按英国法规定可知：(1)伪造背书是无效的，该汇票仍认为是向丙付款的汇票；(2)丁得到一张未经背书汇票，不享有汇票权利，其后手戊、己也不享有汇票权利；(3)辛对最后持票人己不承担付款责任，仍向丙付款，若辛对己付款，仍须对真正的所有人丙负付款义务；(4)己因伪造背书遭拒付，有权向戊追索，戊有权向丁追索，但丁无权向丙追索，因丙未真正在汇票上签名。综上所述，英国法着重保护真正的汇票所有人，损失由从伪造者手中取得汇票的人承担。但有两个例外：第一，如果银行作为付款人，支付了由银行签发的见票即付的汇票，只要该银行是善意并且符合普通商业惯例，付款银行的责任即可解除；第二，如果伪造背书的受让人是在外国得到该汇票，若在该国该所有权是有效的，则在英国也视为有效。

按日内瓦公约规定可知：(1)伪造背书无效，但不影响其后在汇票上签字的丁、戊、己等人的权利和义务；(2)失去汇票的丙（汇票所有人）不能要求最后持票人己返还汇票，除非丙能证明己是以恶意或重大过失取得汇票；(3)辛一旦对己付款，便可解除责任；丙不能要求辛再次付款，除非丙能证明辛有诈欺或重大过失。综上所述，日内瓦公约着重保护善意的第三人，付款人只须证明背书的连续性，对背书签名的真实性不负责任，由失去汇票的汇票所有人承担损失。

英国法和日内瓦公约在伪造签名问题上存在分歧，它们均认为自身的做法是为了促进票据的流通使用。英国法认为，若由出票人或失票人承担损失，它们便会不愿开出或接受汇票，从而使汇票使用受到影响；日内瓦法系各国则坚持，如果由善意持票人或付款人来承担损失，它们就要花大量时间去追查有无伪造背书，否则就不放心接受汇票，这也会影响汇票的流通使用。这造成了两大法系对伪造签名作出了截然不同的处理办法。

我国《票据法》的规定倾向于采纳日内瓦公约的规定，即票据上的伪造、变造的签章，不影响票据上其他真实签章的效力。

十一、电子商业汇票

(一) 制定目的和依据

为规范电子商业汇票业务，保障电子商业汇票活动中当事人的合法权益，促进电子商业汇票业务发展，依据《中华人民共和国中国人民银行法》、《中华人民共和国票据法》、《中华人民共和国电子签名法》、《中华人民共和国物权法》、《票据管理实施办法》等有关法律法规，规范我国电子商业汇票行为。

(二) 概念

电子商业汇票，是指出票人依托电子商业汇票系统，以数据电文形式制作的，委托付款人在指定日期无条件支付确定金额给收款人或者持票人的票据。

电子商业汇票分为电子银行承兑汇票和电子商业承兑汇票。其中，电子银行承兑汇票由银行业金融机构、财务公司（以下统称金融机构）承兑；电子商业承兑汇票由金融机构以外的法人或其他组织承兑。

电子商业汇票的付款人为承兑人。

（三）特点

1. 电子商业汇票的出票、承兑、背书、保证、提示付款和追索等业务，必须通过电子商业汇票系统办理。

2. 电子商业汇票业务主体的类别分为：

（1）直接接入电子商业汇票系统的金融机构（以下简称“接入机构”）；

（2）通过接入机构办理电子商业汇票业务的金融机构（以下简称“被代理机构”）；

（3）金融机构以外的法人及其他组织。

电子商业汇票系统对不同业务主体分配不同的类别代码。

3. 票据当事人办理电子商业汇票业务应具备中华人民共和国组织机构代码。被代理机构、金融机构以外的法人及其他组织办理电子商业汇票业务，应在接入机构开立账户。

4. 接入机构提供电子商业汇票业务服务，应对客户基本信息的真实性负审核责任，并依据本办法及相关规定，与客户签订电子商业汇票业务服务协议，明确双方的权利和义务。

客户基本信息包括客户名称、账号、组织机构代码和业务主体类别等信息。

5. 电子商业汇票信息以电子商业汇票系统的记录为准。

（四）基本规定

1. 电子商业汇票为定日付款票据。电子商业汇票的付款期限自出票日起至到期日止，最长不得超过1年。

2. 票据当事人在电子商业汇票上的签章，为该当事人可靠的电子签名。电子签名所需的认证服务应由合法的电子认证服务提供者提供。可靠的电子签名必须符合《中华人民共和国电子签名法》第十三条第一款的规定。

3. 电子商业汇票业务活动中，票据当事人所使用的数据电文和电子签名应符合《中华人民共和国电子签名法》的有关规定。

4. 客户开展电子商业汇票活动时，其签章所依赖的电子签名制作数据和电子签名认证证书，应向接入机构指定的电子认证服务提供者的注册审批机构申请。接入机构为客户提供电子商业汇票业务服务或作为电子商业汇票当事人时，其签章所依赖的电子签名制作数据和电子签名认证证书，应向电子商业汇票系统运营者指定的电子认证服务提供者的注册审批机构申请。

5. 接入机构、电子商业汇票系统运营者指定的电子认证服务机构提供者，应对电子签名认证证书申请者的身份真实性负审核责任。电子认证服务提供者依据《中华人民共和国电子签名法》承担相应责任。

6. 接入机构应对通过其办理电子商业汇票业务客户的电子签名真实性负审核责任。电子商业汇票系统运营者应对接入机构的身份真实性和电子签名真实性负审核责任。

7. 电子商业汇票系统应实时接收、处理电子商业汇票信息，并向相关票据当事人的接入机构实时发送该信息；接入机构应实时接收、处理电子商业汇票信息，并向相关票据当事人实时发送该信息。

8. 出票人签发电子商业汇票时，应将其交付收款人。电子商业汇票背书，背书人应将电子商业汇票交付被背书人。电子商业汇票质押解除，质权人应将电子商业汇票交付出质人。交付，是指票据当事人将电子商业汇票发送给受让人，且受让人签收的行为。

9. 签收，是指票据当事人同意接受其他票据当事人的行为申请，签章并发送电子指令予以确认的行为。驳回，是指票据当事人拒绝接受其他票据当事人的行为申请，签章并发送电子指令予以确认的行为。收款人、被背书人可与接入机构签订协议，委托接入机构代为签收或驳回行为申请，并代理签章。商业承兑汇票的承兑人应与接入机构签订协议，在符合本办法规定的情况下，由接入机构代为签收或驳回提示付款指令，并代理签章。

10. 出票人或背书人在电子商业汇票上记载了“不得转让”事项的，电子商业汇票不得继续背书。

11. 票据当事人通过电子商业汇票系统作出行为申请，行为接收方未签收且未驳回的，票据当事人可撤销该行为申请。电子商业汇票系统为行为接收方的，票据当事人不得撤销。

12. 电子商业汇票的出票日，是指出票人记载在电子商业汇票上的出票日期。电子商业汇票的提示付款日，是指提示付款申请的指令进入电子商业汇票系统的日期。电子商业汇票的拒绝付款日，是指驳回提示付款申请的指令进入电子商业汇票系统的日期。电子商业汇票追索行为的发生日，是指追索通知的指令进入电子商业汇票系统的日期。承兑、背书、保证、质押解除、付款和追索清偿等行为的发生日，是指相应的签收指令进入电子商业汇票系统的日期。

13. 电子商业汇票责任解除前，电子商业汇票的承兑人不得撤销原办理电子商业汇票业务的账户，接入机构不得为其办理销户手续。

14. 接入机构终止提供电子商业汇票业务服务的，应按规定由其他接入机构承接其电子商业汇票业务服务。

（五）票据行为

1. 出票

(1) 电子商业汇票的出票，是指出票人签发电子商业汇票并交付收款人的票据行为。出票人在电子商业汇票交付收款人前，可办理票据的未用退回。出票人不得在提示付款期后将票据交付收款人。

(2) 电子商业汇票的出票人必须为银行业金融机构以外的法人或其他组织。电子银行承兑汇票的出票人应在承兑金融机构开立账户。

(3) 电子商业汇票出票必须记载下列事项：

① 表明“电子银行承兑汇票”或“电子商业承兑汇票”的字样；

② 无条件支付的委托；

③ 确定的金额；

④ 出票人名称；

⑤ 付款人名称；

⑥ 收款人名称；

⑦ 出票日期；

⑧ 票据到期日；

⑨ 出票人签章。

(4) 出票人可在电子商业汇票上记载自身的评级信息,并对记载信息的真实性负责,但该记载事项不具有票据上的效力。评级信息包括评级机构、信用等级和评级到期日。

2. 承兑

(1) 电子商业汇票的承兑,是指付款人承诺在票据到期日支付电子商业汇票金额的票据行为。

(2) 电子商业汇票交付收款人前,应由付款人承兑。电子银行承兑汇票由真实交易关系或债权债务关系中的债务人签发,并交由金融机构承兑。电子银行承兑汇票的出票人与收款人不得为同一人。

(3) 电子商业承兑汇票的承兑有以下几种方式:

① 真实交易关系或债权债务关系中的债务人签发并承兑;

② 真实交易关系或债权债务关系中的债务人签发,交由第三人承兑;

③ 第三人签发,交由真实交易关系或债权债务关系中的债务人承兑;

④ 收款人签发,交由真实交易关系或债权债务关系中的债务人承兑。

(4) 电子银行承兑汇票的出票人应向承兑金融机构提交真实、有效、用以证实真实交易关系或债权债务关系的交易合同或其他证明材料,并在电子商业汇票上作相应记录,承兑金融机构应负责审核。此外,承兑人应在票据到期日前,承兑电子商业汇票。

(5) 承兑人承兑电子商业汇票,必须记载下列事项:

① 表明"承兑"的字样;

② 承兑日期;

③ 承兑人签章。

承兑人可在电子商业汇票上记载自身的评级信息,并对记载信息的真实性负责,但该记载事项不具有票据上的效力。评级信息包括评级机构、信用等级和评级到期日。

3. 转让背书

转让背书是指持票人将电子商业汇票权利依法转让给他人的票据行为。票据在提示付款期后,不得进行转让背书。

转让背书应当基于真实、合法的交易关系和债权债务关系,或以税收、继承、捐赠、股利分配等合法行为为基础。转让背书必须记载下列事项:

(1) 背书人名称;

(2) 被背书人名称;

(3) 背书日期;

(4) 背书人签章。

4. 贴现、转贴现和再贴现

(1) 贴现,是指持票人在票据到期日前,将票据权利背书转让给金融机构,由其扣除一定利息后,将约定金额支付给持票人的票据行为。

转贴现,是指持有票据的金融机构在票据到期日前,将票据权利背书转让给其他金融机构,由其扣除一定利息后,将约定金额支付给持票人的票据行为。

再贴现,是指持有票据的金融机构在票据到期日前,将票据权利背书转让给中国人民银行，由其扣除一定利息后，将约定金额支付给持票人的票据行为。

(2) 贴现、转贴现和再贴现按照交易方式，分为买断式和回购式。买断式，是指贴出人将票据权利转让给贴入人，不约定日后赎回的交易方式。回购式，是指贴出人将票据权利转让给贴入人，约定日后赎回的交易方式。电子商业汇票贴现、转贴现和再贴现业务中转让票据权利的票据当事人为贴出人，受让票据权利的票据当事人为贴入人。

(3) 电子商业汇票当事人在办理回购式贴现、回购式转贴现和回购式再贴现业务时，应明确赎回开放日、赎回截止日。

赎回开放日，是指办理回购式贴现赎回、回购式转贴现赎回和回购式再贴现赎回业务的起始日期。

赎回截止日，是指办理回购式贴现赎回、回购式转贴现赎回和回购式再贴现赎回业务的截止日期，该日期应早于票据到期日。自赎回开放日起至赎回截止日止，为赎回开放期。

在赎回开放日前，原贴出人、原贴入人不得作出除追索行为外的其他票据行为。回购式贴现、回购式转贴现和回购式再贴现业务的原贴出人、原贴入人应按照协议约定，在赎回开放期赎回票据。

在赎回开放期未赎回票据的，原贴入人在赎回截止日后只可将票据背书给他人或行使票据权利，除票据关系以外的其他权利义务关系由双方协议约定。

持票人申请贴现时，应向贴入人提供用以证明其与直接前手间真实交易关系或债权债务关系的合同、发票等其他材料，并在电子商业汇票上作相应记录，贴入人应负责审查。

(4) 电子商业汇票贴现、转贴现和再贴现必须记载下列事项：

① 贴出人名称；

② 贴入人名称；

③ 贴现、转贴现或再贴现日期；

④ 贴现、转贴现或再贴现类型；

⑤ 贴现、转贴现或再贴现利率；

⑥ 实付金额；

⑦ 贴出人签章。

实付金额为贴入人实际支付给贴出人的金额。回购式贴现、回购式转贴现和回购式再贴现还应记载赎回开放日和赎回截止日。贴现还应记载贴出人贴现资金入账信息。

(5) 电子商业汇票回购式贴现、回购式转贴现和回购式再贴现赎回应作成背书，并记载下列事项：

① 原贴出人名称；

② 原贴入人名称；

③ 赎回日期；

④ 赎回利率；

⑤ 赎回金额；

⑥ 原贴入人签章。

5. 付款

(1) 提示付款,是指持票人通过电子商业汇票系统向承兑人请求付款的行为。持票人应在提示付款期内向承兑人提示付款。提示付款期自票据到期日起10日,最后一日遇法定休假日、大额支付系统非营业日、电子商业汇票系统非营业日顺延。持票人在票据到期日前提示付款的,承兑人可付款或拒绝付款,或于到期日付款。承兑人拒绝付款或未予应答的,持票人可待票据到期后再次提示付款。

持票人在提示付款期内提示付款的,承兑人应在收到提示付款请求的当日至迟次日(遇法定休假日、大额支付系统非营业日、电子商业汇票系统非营业日顺延)付款或拒绝付款。持票人超过提示付款期提示付款的,接入机构不得拒绝受理。持票人在作出合理说明后,承兑人仍应当承担付款责任,并在上款规定的期限内付款或拒绝付款。

(2) 电子商业承兑汇票承兑人在票据到期后收到提示付款请求,且在收到该请求次日起第3日(遇法定休假日、大额支付系统非营业日、电子商业汇票系统非营业日顺延)仍未应答的,接入机构应按其与承兑人签订的《电子商业汇票业务服务协议》,进行如下处理:

① 承兑人账户余额在该日电子商业汇票系统营业截止时足够支付票款的,则视同承兑人同意付款,接入机构应扣划承兑人账户资金支付票款,并在下一日(遇法定休假日、大额支付系统非营业日、电子商业汇票系统非营业日顺延)电子商业汇票系统营业开始时,代承兑人作出付款应答,并代理签章;

② 承兑人账户余额在该日电子商业汇票系统营业截止时不足以支付票款的,则视同承兑人拒绝付款,接入机构应在下一日(遇法定休假日、大额支付系统非营业日、电子商业汇票系统非营业日顺延)电子商业汇票系统营业开始时,代承兑人作出拒付应答,并代理签章。

(3) 接入机构应及时将持票人的提示付款请求通知电子商业承兑汇票的承兑人。通知方式由接入机构与承兑人自行约定。持票人可选择票款对付方式或其他方式向承兑人提示付款。

(六) 信息查询

1. 票据当事人可通过接入机构查询与其相关的电子商业汇票票据信息。接入机构应记录其与电子商业汇票系统之间发送和接收的电子商业汇票票据信息,并按规定将该信息向客户展示。票据信息包括票面信息和行为信息。

2. 票面信息是指出票人将票据交付收款人后、其他行为发生前,记载在票据上的所有信息。行为信息是指票据行为的必须记载事项。

3. 出票人可查询电子商业汇票票面信息。承兑人在收到提示付款申请前,可查询电子商业汇票票面信息。收到提示付款申请后,可查询该票据的所有票据信息。收款人、被背书人和保证人可查询自身作出的行为信息及之前的票据信息。持票人可查询所有票据信息。在追索阶段,被追索人可查询所有票据信息。

4. 票据当事人对票据信息有异议的,应通过接入机构向电子商业汇票系统运营者提出书面申请,电子商业汇票系统运营者应在10个工作日内按照查询权限办理相关查询业务。

5. 电子商业汇票所有票据行为中，处于待签收状态的接收方可向电子商业汇票系统查询该票据承兑人和行为发起方的电子商业汇票支付信用信息。电子商业汇票系统仅提供票据当事人的电子商业汇票支付信用信息，不对其进行信用评价或评级。

第三节 本票与支票

一、本票

本票(promise note)，又称期票，是由出票人签发的，承诺自己在见票时无条件支付确立的金额给收款人或持票人的票据。

本票的格式如下所示：

伦敦 1987 年 8 月 20 日

兹经本人允诺于见票时即付给约翰逊先生或其指定人壹千英镑。对价收讫。

威廉史密斯(出票人)

(一) 本票的特点

1. 本票只有两个当事人：出票人和受款人。

2. 本票都是见票即付的，无须承兑。

(二) 本票的提示见票和拒付

英国法规定：(1)未经背书的本票，无须在合理时间内提示付款确认出票人责任；(2)有背书转让的本票，必须在合理时间内提示见票，确认背书人责任；(3)外国本票退票，无须作成拒绝证书。

日内瓦法系规定持票人必须提示见票，否则丧失对其前手的追索权；对遭拒付的，必须作成拒绝证书。

我国《票据法》规定本票的提示见票是必须的，未提示则持票人丧失对出票人之外的前手的追索权。

(三) 本票的法律适用

本票与汇票都是流通票据，有许多共同之处。因此，世界各国的票据法一般均以汇票为中心，本票的出票、背书、付款、保证及追索权等的规定可适用汇票的有关规定。

二、支票

支票是出票人签发的，以银行为付款人的见票即付一定金额的支付证券。英国的票据法将支票看作是由银行付款的见票即付的汇票。

支票与汇票一样有三个当事人：出票人、付款人和受款人。

(一) 银行与客户的关系(Banker and Customer)

客户，是指在银行开立存款账户，银行同意在存款额度内支付其开立的支票的人。对银行与客户之间的关系，各国法律有不同的理解。

英美法系，如英国法认为银行与客户之间是债务人与债权人的关系。客户在银行开立存款账户，银行则凭客户对银行开出的支票付款。与民法上的债权债务关系不同，银行作为债务人只在客户(债权人)要求(根据支票)下才支付。

日内瓦法系，如法国认为银行与客户之间是资金关系。银行支付支票款，是因为客户在银行存有资金，或银行同意对客户给予透支。

为了防止出票人未经银行同意透支或没有存款签发空头支票，各国法律都对签发空头支票的出票人规定了处罚方法，严重者还要承担刑事责任。我国《票据法》也规定禁止出票人签发支票金额超过在付款人处实有的存款金额的空头支票。对这种票据欺诈行为，将追究出票人的刑事责任。

银行有义务了解客户的资信，核对账目。按照英国法的规定，银行因疏忽对客户开立的空头支票付款，银行就不能向受款人要求返还，而只能向客户索赔。

（二）支票的种类

1. 延期支票(postdate)

延期支票是一种提前开出的支票，即在支票表面记载的日期以前开出的支票。

例如，B银行6月13日开出支票，却在支票上填迟日期为6月20日。

延期支票一般不被接受。

2. 未填日期支票(undate)

该种支票未注明出票日期。对未填日期支票，持票人有权在合理时间内补上日期。

3. 记名支票

记名支票，是指在支票上注明受款人名称的支票，可以背书转让。

4. 空白支票

空白支票，是指出票人在支票上签名后将支票交给受款人，支票上有一项或者若干项未记载。出票人自己或授权受款人对空白支票进行补记。一般空白支票未注明受款人名称或金额，未注明受款人名称或只注明“凭指示”的支票，可以背书转让，后者又称之为指示支票。

5. 空头支票

空头支票，是指出票人签发的支票金额超过其付款时在付款人处实有的存款金额，恶意透支，或根本未在银行开立存款账户，滥发支票。

各国法律都禁止签发空头支票。

6. 现金支票

现金支票是我国票据法规定的。由出票人签发的，委托其开户银行向收款人在见票时无条件支付确定金额的现金的票据。

现金支票是专门支取现金的支票，只能用于支取现金，不能用于转账。

7. 转账支票

转账支票是出票人签发给收款人办理结算或者委托开户银行向收款人付款的票据。

转账支票专门用于转账，不能用于支取现金。

转账支票应当在正面记载“转账”字样。

8. 指己支票

指己支票，是指出票人将自己记载为收款人的支票。在实践中，出票人一般使用指己支票向存款银行取款。

9. 横线支票

横线支票是由出票人、背书人或持票人在支票正面划有两条平行线，或在平行线内载明银行名称的支票。

横线支票最早起源于英国，主要用于银行业之间的收付。主要包括下列几类。

（1）普通横线支票(general)

普通横线支票，指在支票上划两道平行线或加上“公司”字样，但不注明银行公司名称的支票。

（2）注名横线支票(special)

注名横线支票，是指在支票上划两道平行线并在平行线内载明收款银行名称的支票。

付款行只能对载明的收款行支付，若将支票金额支付给他人，应对支票的真正所有人承担损害赔偿责任；但若支票上无横线或被涂抹或修改，银行已善意的未过失地支付了支票，则解除责任。

普通横线支票，可以由持票人加注付款名称，变为注名横线支票。

（3）不得转让横线支票(Not negotiable)

在横线支票上加注“不得转让”字样，加注或未加注付款行名称。

不得转让横线支票若是因非法原因给付，如在赌场作为赌注交换，则该支票的受让人不享有优于背书人的权利。

（4）账户受款人横线支票(A/C payee)

账户受款人横线支票，是指将账户受款人在支票上注明，一般在托收中使用，由托收行在收取款项后，将款项划拨至受款人账户。

横线支票的作用主要是为了减少支票的遗失、被窃的风险，防止他人冒领票款，保护支票真正所有人的利益。

（三）支票的停付和确认

支票的停付，是指支票的出票人在出票后，付款前将支票撤回或通知付款行停付。在这种情况下，持票人不能起诉付款行，只能向出票人或向其前手追索。

支票的确认，是指受款人为了防止出票人撤回支票或通知银行停付，要求付款行对支票予以确认。一旦付款行确认，付款行就承担付款义务，成为唯一的债务人，而出票人、背书人均可解除责任。因此，确认的效力比汇票的承兑更有力。支票的确认在延期付款的支票中尤为重要，这种支票的出票人在付款前完全有充分的时间通知银行停付或撤回，若不经确认，持票人要承受很大风险。

（四）支票的法律适用

支票和汇票有许多相似的地方，以前甚至把支票看作是一种见票即付的汇票，未另加规定。各国的票据法一般都规定了支票的出票、背书、付款和追索权行使，可适用汇票的有关规定。

第四节　与票据有关的国际公约及商事惯例

一、《统一汇票本票法公约》

(一)《统一汇票本票法公约》简介

《统一汇票本票法公约》(*Convention on the Unification of the Law Relating to Bills of Ex-change and Promissory Notes*),又称《1930 年关于统一汇票和本票的日内瓦公约》,是关于统一各国汇票和本票的国际公约。1930 年 6 月 7 日由国际联盟在日内瓦召集的第一次票据法统一会议上通过,1934 年 1 月 1 日生效。

《统一汇票本票法公约》共 2 编,12 章,78 条。其主要内容包括:第 1 编,汇票(1～12 章,1～74 条),第 2 编,本票(75～78 条)。该公约主要内容有:汇票的开立和格式;背书;承兑;担保;到期日;付款;拒绝承兑或拒绝付款的追索权;为维护信誉而参加;成套汇票和副本;更改;诉讼时效和一般规定。该公约对本票也作了具体的规定。

由于各国票据法的立法技术和体例不同,形成了法国、德国和英美三大票据法体系,对票据的国际交流带来了极大不便。1910 年和 1912 年在荷兰海牙举行了统一票据法会议,提出了关于统一票据法的草案,后因第一次世界大战而搁浅。“一战”战后,1930 年和 1931 年由国际联盟在日内瓦召集的票据法统一会议和支票法统一会议,制定了《1930 年关于统一汇票和本票的日内瓦公约》、《1930 年关于解决汇票和本票的若干法律冲突的公约》、《1931 年关于统一支票法的日内瓦公约》和《1931 年关于解决支票的若干法律冲突的公约》四个关于票据法的公约,统称“日内瓦公约”或“日内瓦统一法体系”。

(二) 该公约的主要内容

1. 关于汇票的应记载事项。汇票主文内记载其为汇票的文句,并以汇票本文所使用的文字表明之;无条件支付一定金额的委托;付款人姓名;付款日期;付款地;受款人或其指定人的姓名;出票日期及出票地;出票人签名。

2. 关于汇票的出票。出票人可以签发指己汇票和对己汇票。汇票金额同时以文字和数码记载,两者有差异时,以文字记载的金额为应付金额;如果不止一次用文字或数码记载,两者有差异时,以较小的金额为应付金额。出票人担保承兑及付款。出票人可以免除自己担保承兑之责,但任何免除其担保付款的记载,均视为无记载。

3. 关于汇票的背书。所有汇票均得以背书转让,背书转移汇票上的一切权利。背书必须在汇票或者其粘单上为之,并必须由被背书人签名。背书必须无条件,附记条件的,其条件视为无记载。就汇票金额的一部分背书的,不产生效力。允许空白背书、禁转背书。如无相反的规定,背书人担保承兑即付款。到期日后背书与到期日前背书有同一效力,但期限后背书通常仅有债权转让的效力。

4. 关于承兑。持票人于汇票到期日前,可以在付款人住所,向付款人为承兑提示。见票后定期付款的汇票,应自出票日起一年内为承兑提示。承兑时应于汇票上记载承兑或其他同义字样,由付款人签名。付款人仅在票据正面签名者,构成承兑。承兑应当是无条件的,但付款人可就票据金额的一部分为承兑。付款人承兑后,即应负到期付款的责任。

5. 关于到期日。汇票到期日的记载方式有四种：见票即付；见票后定期付款；出票后定期付款；定日付款。记载除此以外的到期日的汇票或者分期付款的汇票无效。

6. 关于付款。见票即付以外的汇票持票人，应于到期日或其后两个营业日中的一日为付款提示。付款人应负责查验背书的连续，但对背书人的签名，不负认定之责。

二、《解决汇票及本票若干法律冲突公约》

《解决汇票及本票若干法律冲突公约》(*Convention on the settlement of Certain Conflicts of Laws in Connection with Bills of Exchange and Promissory Notes*)，是为解决汇票和本票法律冲突而制定的统一冲突法公约。1930 年 6 月 7 日，在国际联盟召开的日内瓦票据法统一会议上通过，1934 年 1 月 1 日生效。

《解决汇票本票若干法律冲突公约》是对《统一汇票本票法公约》的补充。因为，《统一汇票本票法公约》没有完全统一汇票和本票制度：一方面，许多国家没有参加，或者没有批准这个公约；另一方面，统一法公约不是对所有问题都有规定，还有保留的条款。此外，会议上又考虑到公约实施后，各国法院解释不同，会引起新的法律冲突。为了弥补这些缺点，日内瓦会议在订立《统一汇票本票法公约》的同时，又订立了该公约，这个公约没有包括汇票和本票的全部冲突规则，所以称为《解决汇票本票若干法律冲突公约》。

该公约共 20 条。其主要内容如下所述。

1. 票据行为的成立要件。出票人的权利能力与行为能力依其本国法的规定，但如依本国法无票据能力，依票据行为地法，有能力时则该项票据行为视为有能力。

2. 票据的行为效力。在票据上签字的人的权利和义务，依票据行为独立原则，不同票据行为受不同的法律支配，汇票承兑人或本票出票人承担义务的效力，由付款地法律规定。汇票或本票上其他签字人承担义务的效力，由签字地法律规定。票据形式依出票地法，背书形式依背书地法。票据的支付依支付地法。拒绝证书的形式和作成期限，依证书作成地法。票据的偿付请求权的诉讼时效，依出票地法。

3. 票据的义务履行。票据的义务履行，具体是指付款及与付款相连的问题。各缔约国有权规定，其国民在国外缔结汇票或本票所构成的义务，如系依照本国法所定形式为之，对于在其国境内的任一国民同样有效。因汇票遗失或被盗而采取的措施，皆由该等票据付款地的国家法律规范。

4. 公约的适用范围。公约适用于缔约国间的汇票及本票的法律冲突。对于在缔约国领土范围外所承担的义务，或依公约规定所应适用的法律为非缔约国的法律时，缔约国有权决定是否适用所规定的国际私法原则。

三、《统一支票法公约》

《统一支票法公约》(*Convention Providing a Uniform Law of Cheques*)，又称《1931 年关于统一支票法的日内瓦公约》，是关于统一支票法的国际公约。1931 年 3 月 19 日，由国际联盟在日内瓦召开的第二次票据法统一会议上制定，1934 年 1 月 1 日生效。

《统一支票法公约》共 10 章,57 条:第 1 章,支票的开立和格式(第 1～13 条);第 2 章,转让(第 14～24 条);第 3 章,担保(第 25～27 条);第 4 章,提示与付款(第 28～36 条);第 5 章,划线支票与转账支票(第 37～39 条);第 6 章,拒绝付款的追索权(第 40～48 条);第 7 章,成套支票(第 49～50 条);第 8 章,更改(第 51 条);第 9 章,诉讼时效(第 52～57 条)。公约规定,支票应包含下列内容:票据主文中列有"支票"一词,并以开立票据所使用的文字说明;无条件支付一定金额的命令;付款人(受票人)的姓名;付款地的记载;开立支票的日期和地点的记载;开立支票的人(出票人)的签名。

《统一支票法公约》明确规定,支票必须对持有出票人存款的银行开出,并须符合出票人有权以支票方式处理该款之明示或默示之协议。但如不符合这些规定,所开票据作为支票仍有效。支票不得承兑。有承兑记载者视为无记载。支票得付给:确定的人,不论是否载有"可付指定人"字样;或确定的人,并载有"不可付指定人"字样或同等词语,或来人。凡付给确定的人并有"或来人"字样,或任何同等字样的支票,视为来人支票。未载受款人的支票视为来人支票。

四、《解决支票若干法律的冲突公约》

《解决支票若干法律的冲突公约》(*Convention on the settlement of Certain Conflicts of Laws in Connection with Check*),是为解决支票法律冲突而制定的统一冲突法公约。1931 年 3 月 19 日,由国际联盟在日内瓦召开的第二次票据法统一会议上制定,1934 年 1 月 1 日生效。

《解决支票若干法律冲突公约》共 18 条。该公约的制定,是对《统一支票法公约》的补充,它与《解决汇票本票若干法律冲突公约》基本相同,但由于支票只是支付的工具,所以扩大了付款地法律的适用范围;付款地法决定支票付款的资格。付款地法决定下列事项:

(1) 支票是否须为见票即付或见票后定期付款,以及后注日期支票的效力;

(2) 提示期限;

(3) 支票可否承兑、付款保证、确认或查证,以及该类事项的记载效力;

(4) 持票人可否要求部分付款及是否须接收部分付款;

(5) 支票可否划线、载有"转账"或同类表示,以及划线、转账或同类表示的效力;

(6) 持票人对于备付金是否具有特别权利及该权利的性质;

(7) 出票人可否撤销支票或是否可作出止付;

(8) 在支票失窃情况下采取的措施;

(9) 为向背书人、出票人及其他共同债务人行使追索权,是否须有拒绝证书或同类声明。

该公约还规定,支票付款人的资格,由付款地的法律规定。支票义务的效力,由签名地的法律规范。所有签字人行使追索权的期限,由出票地法律规定。拒绝证书的方式和期限,以及因行使或维护有关支票的权利而须作出的其他行为的方式,由应开出拒绝证书或作出该等行为的国家法律规范。各缔约国有权保留不适用下述载于该公约的国际私法原则:(1)在缔约国之一境外所承担的义务;(2)按照上述原则可适用、但非为缔约国之一所实施的法律。对于该公约生效前已发出的支票，其公约的规定不适用于各缔约国。

五、《联合国国际汇票和国际本票公约》

由于《日内瓦公约》只是统一了大陆法系国家在票据法上的分歧，没有消除与英美法系国家在许多问题上的重大差别，达到统一各国票据法的目的，这对于汇票在国际上的使用流通十分不利。为了解决这一问题，促进各国票据法的协调和统一，联合国国际贸易法委员会从 1971 年开始着手起草一项适用于国际汇票的统一法公约，并于 1973 年提出草案。但由于各国在许多方面的分歧一时难于解决，该草案迟迟未能通过。1979 年又将其改名为《国际汇票和国际本票公约草案》，以后又经多次修改，1987 年 8 月在维也纳召开的联合国国际贸易法委员会第 20 届会议上正式获得通过，于 1988 年 12 月 9 日由成员国在纽约签订，并于 1990 年 6 月 30 日以前开放签字，但公约一直未能生效。

《联合国国际汇票和国际本票公约》共八章，包括：适用范围和票据格式，解释，转让；权利和责任，提示、不获承兑或不获付款而遭退票和追索，解除责任，丧失票据，时效日最后条款等。

（一）适用范围

公约第一条规定，公约适用于“国际汇票”和“国际本票”。

国际汇票是列明至少下列两处地点并指出所列明的任何两处地点位于不同国家的汇票：

（1）汇票开出地点；

（2）出票人签名旁所示地点；

（3）受票人姓名旁所示地点；

（4）受款人姓名旁所示地点；

（5）付款地点。

但须汇票上列明汇票开出地点或汇票付款地点，而且两个地点均位于一个缔约国境内。

国际本票是列明至少下列两处地点并指出所列明的任何两处地点位于不同国家的本票：

1. 本票签立地点；
2. 签票人签名旁所示地点；
3. 受款人姓名旁所示地点；
4. 付款地点。

但须本票上列明付款地点，而且该地点位于一个缔约国境内。

（二）公约在协调英美法系和日内瓦公约分歧方面的主要成果

1. 票据形式

公约对票据的形式要求基本采纳英美法系原则，比较灵活，允许附利息条款，分期付款条款，不必标明汇票或本票字样，但在下列两方面采纳日内瓦公约的规定：

（1）汇票必须记载出票时间；

（2）不得开立来人汇票；但背书人可以用空白背书的方式，使汇票实际上成为来人汇票，受让人可仅凭交付转让汇票。

2. 善意、合法持票人

公约规定了两种：持票人和受保护的持票人（holder and protected holder）。前者类似于日内瓦公约规定的“合法持票人”（lawful holder）；后者类似于英国的“正当持票人”（holder in due course）。

（1）合法持票人和持票人

日内瓦公约规定合法持票人，是指通过一系列不间断的背书证明其对票据的所有权的持票人，不论其是否支付对价。若根据客观情况能推定其应当知道背书人的权利有瑕疵，则该持票人不是合法持票人，不受法律对于合法持票人的各种保护。

《联合国国际汇票和国际本票公约》第 15 条规定，持票人是指：

① 拥有票据的受款人；

② 拥有经背书转让给他或前手为空白背书的票据，并且该票据上有一系列连续背书，即使任一背书是伪造的或是由未经授权的代理人签字的背书。

持票人的权利不受其前手权利瑕疵的影响。

（2）正当持票人和受保护的持票人

英国票据法规定了三种持票人：

① 持票人，即受款人或被背书人或空白背书汇票的持票人。

② 支付对价的持票人，即对票据支付了代价的持票人。

③ 正当持票人，即在票据完整、正常、未过期情况下，出于诚信，并且实际上确实不知道出让人的权利有瑕疵或票据曾遭拒绝，而支付了对价，并取得票据的持票人。

正当持票人享有优于其前手的权利，不受其前手权利瑕疵的影响，也不受其他人对票据可能享有的衡平利益的影响（pass free from all equities）。

《联合国国际汇票和国际本票公约》中规定受保护的持票人是指：

① 该票据在他取得时是完整的；或在他成为持票人时，该不完整票据已经授权补齐；

② 他不知情该票据曾遭拒付；

③ 他不知情出让人权利有瑕疵；

④ 该票据未超过提示付款期限；

⑤ 他未以欺诈或偷窃手段取得票据或未参加与票据有关的欺诈或偷窃行为；

⑥ 不必支付对价。

公约对受保护的持票人给予强有力的保护，限制对受保护的持票人可能提出的抗辩。

公约第 31 条规定，除下列情况外，当事人不得对受保护的持票人提出任何抗辩：

① 关于票据上伪造签名的抗辩；

② 关于票据曾发生过重大改动的抗辩；

③ 关于未或授权或越权代理人在票据上签名的抗辩；

④ 关于汇票须提示承兑而未能提示承兑的抗辩；

⑤ 关于未适当提示付款的抗辩；

⑥ 关于须在不获承兑或不获付款时作成拒绝证书，而未正当地作成拒绝证书的

抗辩；

⑦ 关于票据时效(4 年)已过的抗辩；

⑧ 基于该当事人本人与持票人之间在票据项下的交易或由于该持票人有任何欺诈行为而使该当事人在票据上签字而提出的抗辩；

⑨ 基于当事人不具备履行票据责任的行为能力的抗辩。

除了上述几项抗辩外，当事人不得对受保护的持票人提出任何其他抗辩。同时，受保护的持票人的权利不受任何第三人对该票据的任何请求的限制，除非这种请求权是由于他本人同提出请求权的人之间的基础交易所引起的。公约的这些规定，对于促进票据在国际范围的流通，保障交易安全是十分必要的。

3. 追索权

两大法系在对行使追索权的事件上存在分歧，对于拒付证书的作成与拒付通知的发出存在不同的规定。

《联合国国际汇票和国际本票公约》在这方面采纳日内瓦法系的规定，行使追索权，必须以作成拒绝证书为前提；没有拒付通知，并不丧失追索权，但因此给其前手或出票人造成损失，应承担以汇票金额为限的赔偿责任。

4. 伪造背书

若汇票被伪造背书转让，造成的损失由谁承担，英美法系与日内瓦公约体系存在严重的分歧。按照日内瓦公约的规定，尽管票据曾发生过遗失、被窃或其中有一个签名被伪造等情况，但对于善意而且没有重大过失的，通过一系列没有间断的背书而取得该票据的人来说，这项背书仍然有效，其仍可享有票据上的权利，凡在票据上有真实签名的人包括出票人、承兑人、保证人等仍须对其负责。如果付款人已对这张被伪造背书的汇票付了款，其也可以解除责任。不过，有一个重要的例外，即如果付款人是在票据到期以前付了款，其就必须自行承担不当付款的风险。至于伪造签名者的责任，则属于刑法上的责任及民法上的侵权行为责任，不属于票据法上的问题。按照日内瓦公约的规定，伪造背书的风险最终是由票据的所有人(owner of the bill)来承担，其可能是丢失票据的出票人、受款人或背书受让人。日内瓦公约的目的是保护善意的持票人，使之放心接受票据，从而有利于票据的流通转让。不过，按照英国和美国的法律规定，其虽然承认票据的正当持票人享有优于其前手的权利，即使其前手把属于别人的汇票偷来转让给他，只要他对此不知情并支付了对价，他也可以取得票据上的权利，要求汇票上的付款人向他付款或向汇票上的前手进行追索。

然而，这项原则有一个重要的例外，就是任何人都不能通过伪造签名的背书而取得票据的权利。例如，一张经过特别背书的汇票的被背书人甲不慎将该汇票遗失，被乙拾得后冒甲的签名，将该汇票转让给另一个不知情而且支付了对价的第三者丙，则该第三者丙不得享有汇票上的权利。如果付款人对这张被伪造背书的汇票付了款，亦不能解除付款人的付款义务。因为按照英美法，伪造的背书是不起任何作用的，取得这种汇票的人也不能成为持票人，他不能取得票据上的权利。因此，即使付款人向这种人付款，也不能认为是向汇票的持票人付了款，所以也就不能解除其对该汇票的真正所有人的付款义务。唯一的例外是以银行为付款人的见票即付的支票。如果银行出于善意在正常的业务中对有伪造背书的支票付了款，则可解除责任。按照英美法的上述规定，伪造背书的风险最终是由直接从伪造者手中取得票据的人来承担。这样做的目的是保护票据的真正所有人。因为英美法认为，受让人应该了解出让票据的人，如果受让人不慎买进了伪造背书的汇票，则应由他自己承担损失，而不应让真正的所有人承担损失。

《联合国国际汇票和国际本票公约》试图用折中的办法来调和两大法系的分歧。公约第15条规定："拥有经过背书转让给他或前手的背书为空白背书的票据，并且该票据上有一系列连续背书，即使后一背书是伪造的或是未经授权的代理人签字的背书，只要他不知情，就应当认定他是票据的受保护的持票人。"这反映了保护善意第三人的原则，采纳了日内瓦公约的做法。公约第25条规定："如果背书是伪造的，则被伪造背书的人或在伪造背书前签名的人有权就其遭受的损失，向伪造人、从伪造人手中直接受让票据的人及向伪造人支付票款的付款人索偿。但付款人如果付款时是善意的，对伪造背书不知情，则不承担赔偿责任。"这反映了保护票据真正所有人的原则，采纳了英美法系的做法。按照公约的规定，伪造背书的风险最终是由伪造者负责，若伪造者逃匿或死亡或破产，则由从伪造者手中取得票据的人负责。

（三）公约的不足

1. 公约只对汇票和本票作出规定，未对支票加以规范。

2. 公约只规定了票据的保证制度，没有对参加承兑和参加付款作出规定。

3. 公约企图调和两大法系的分歧，作出了一些折中的规定，但实践上却不可能使两大法系的国家改变多年的传统，适用公约的规定。这也是公约一直未能生效的原因。

六、《托收统一规则》

《托收统一规则》由国际商会在1967年制定，1979年重新修订。

（一）适用范围

《托收统一规则》中所指的单据包括如下内容。

1. 金融单据：汇票，本票，支票，付款收据或其他类似用以取得付款的凭证。

2. 商业单据：发票，装运单据，所有权单据或其他类似单据或其他"非金融"单据。

（二）托收方式

托收是由接到委托指示的银行：(1)取得承兑或付款；(2)凭承兑或付款交上商业单据；(3)凭其他条件交出单据。

托收有两种方式：(1)支票托收，仅有金融单据的一种托收方式；(2)跟单托收，包括金融单据附带商业单据的托收和单纯的商业单据的托收。

跟单托收附带金融单据(汇票)时，又可分为以下几种情况。

(1) 承兑交单(D/A)

跟单托收中，附带远期汇票，托收行委托代收行，向付款人提示后，只要付款人承兑了远期汇票，就放单(商业单据)，付款人应在到期日付款的托收方式。

例如，在合同中规定"买方应在第一项指示卖方开具见票60天后付款的跟单汇票时，予以承兑，并在汇票到期日付款，承兑后交单"。

(2) 付款交单(D/P)

跟单托收中，托收行委托代收行，提示付款人对跟单汇票立即付款或于到期日按时付款后，就放单(商业单据)的托收方式。

例如，合同中规定“买方应凭卖方开具的即期跟单汇票，于第一次提示见票时立即付款，付款后交单”；或“买方应在第一次提示卖方开具的见票后60天付款的跟单汇票时，予以承兑，并在汇票到期日付款，付款后交单”；或“买方凭卖方开具的跟单汇票，于出票日后60天付款，付款后交单”。

若商业单据上未注明是凭承兑或凭付款交单，视为付款交单。

(三) 单据的提示

1. 提示承兑

提示行对于汇票承兑的形式，在表面上应负有完整与正确地予以检查的责任。但对任何签字的真实性，或对承兑签字的签字人权限不负责任。

2. 提示付款

提示付款又可分为以下情况。

(1) 凭单即期汇票付款

对该种汇票，提示行应立即提示付款，不得延误。

(2) 凭单远期汇票付款

对于承兑交单的(D/A)，提示行应立即提示承兑；付款交单的(D/P)，提示行的提示付款不得迟于相应的到期日。

(四) 特殊的托收方式

1. 分期付款托收

托收附带的汇票载有分期付款条款时，对于兑票托收，只有在付款全部收到时，方能放单。同时，只有付款地法律允许汇票附载分期付款条款的情况下，才可以接受。对于跟单托收，必须由托收行明确委托授权的情况下，收到全部付款后，代收行才可放单。

2. 附利息的托收

托收附带的汇票载有附利息条款时，利息金额应作为单据待收金额的一部分，托收利息不得放弃，并且只有付款地法律允许汇票附载利息条款的情况下，才可以接受。

(五) 其他规定

代收行没有审核单据的义务，只负责将收到的单据与托收委托书所列单据核对一致，任何单据遗漏时，银行须立即通知托收行。

提示行对于任何签字的真实性，或对于本票、付款收据或类似凭证上签字的签字人的权限不负责任。

代收行只有在托收行明确提示的情况下，对于汇票遭拒付的事实，才承担作成拒绝证书的义务。

七、《跟单信用证统一惯例》

《跟单信用证统一惯例》由国际商会于1930年制定，并经1933年、1974年、1983年、1993年修订。现行的惯例于2006年由国际商会修订，2007年7月1日生效，一般简称为

"国际商会600号书目"或UCP600。

(一) 适用范围

信用证,是由买方申请开立的,以卖方为受益人的,由银行的信用来担保付款的支付结算工具。

《跟单信用证统一惯例》中规定,跟单信用证中的单据是指:

1. 向第三人(受益人)或其指定的人付款,或承兑并支付受益人出具的汇票;

2. 授权另一家银行进行该项付款,或承兑并支付该汇票;

3. 授权另一家银行议付。

(二) 银行的审单义务

银行必须合理谨慎地审核信用证规定的所有单据,以确定表面是否与信用证条款相符。

银行对任何单据的形式、完整性、准确性、真实性、虚假性或法律效力,或对于单据中载明或附加的一般及特殊条件,概不负责。

(三) 信用证的种类

根据信用证所附的汇票可分为以下几种。

1. 即期信用证

该种信用证随附的是一张见票即付的以买方为付款人的汇票,提示付款期便是信用证的到期日。

2. 远期信用证

该种信用证随附的是一张定日付款或出票后定期付款或见票后定期付款的汇票。

3. 延期信用证

该种信用证随附的是一张"延期汇票",即在票面记载日期以前出票的汇票。

4. 分期付款信用证

该种信用证随附的是一张载有分期付款条款的汇票,银行须收到全部付款后,才可以交出单据。

(四) 跟单信用证的一般传递步骤

1. 买方向开证行上交一笔保证金后,申请开立以卖方为受益人的信用证;

2. 开证行开出信用证,同时签发一张以开证行为付款人,受益人或其指定的人为受款人的汇票;

3. 开证行将信用证及汇票转交议付行,由通知行通知卖方交单取款;

4. 开证行委托议付行,授权其向受款人(卖方)承兑或议付汇票票款、收取单据;

5. 议付行支付票款,收取单据后,通知开证行;

6. 开证行偿付议付行票款,取得单据,通知买方付款赎单;

7. 买方向开证行支付票款,取得单据。

小结

票据是一种可以通过交付或背书转让,以实现非现金化流动的有价证券。它具有强制性、技术性与国际性。在票据法统一运动中,国际上形成了日内瓦公约与英美法两大体系并存的局面。票据分为本票、汇票、支票三种，其中汇票最具代表性。国际商法中的票据法主要侧重于对票据行为、票据关系、非票据关系三个方面的规定。其中，票据行为包括出票（issue）、背书（endorsement）、提示（presentment）、承兑（acceptance）、付款（payment），还包括将特殊情况下的保证、拒付、追索等。比较重要的国际公约有《日内瓦公约》、《联合国国际汇票和国际本票公约》等内容，与票据相关的国际商事惯例则包括《托收统一规则》和《跟单信用证统一惯例》。

思考题

1. 票据的法律特征是什么？
2. 各国票据法规定的汇票必须记载的事项包括哪些？
3. 对于伪造背书的法律后果，英美法和日内瓦公约之间有何差异？
4. 在行使追索权时应当注意哪些问题？

第八章　知识产权保护法

本章学习目标

1. 知识产权法概述
2. 专利法
3. 商标法
4. 著作权法
5. WTO 及《TRIPs 协定》
6. 中国的知识产权法律保护制度

本章重要概念：知识产权　专利　商标　著作权　精神权利　财产权利

第一节　知识产权法概述

一、知识产权的概念

知识产权(intellectual property right)这一术语产生于 18 世纪的德国，1967 年建立的世界知识产权组织(World Intellectual Property Organization，WIPO)沿用了这一术语，因此它在全世界范围内被普遍接受。它是个人或组织对其在科学、技术与文学艺术等领域里创造的精神财富，即对其智力创造性活动成果所享有的一种专有权。WIPO 认为知识产权是基于智力的创造性活动所产生的权利。根据 1967 年 7 月 14 日在斯德哥尔摩签署的《世界知识产权组织公约》第 2 条第 8 款的规定，知识产权包括以下八项权利：(1)关于文学、艺术和科学作品的权利；(2)关于表演艺术家的演出、录音与广播的权利；(3)关于人们在一切活动领域中的发明的权利；(4)关于科学发现的权利；(5)关于工业品式样的权利；(6)关于商标、服务商标、厂商名称与标记的权利；(7)关于制止不正当竞争的权利；(8)关于在工业、科学、文学或艺术领域里一切其他来自知识活动的权利。

传统的知识产权可以分为工业产权与著作权两类。根据《保护工业产权巴黎公约》第 1 条第 2 款的规定："工业产权的保护以发明专利、实用新型、工业品外观设计、商标、服务商标、商店名称、产地标记或原产地名称以及制止不正当的竞争作为对象。"著作权也称为版权或作者权。它是指作者对其创作的作品享有的人身权与财产权。人身权包括发表权、署名权、修改权与保护作品完整权等；财产权包括作品的使用权与获得报酬权，即以复制、表演、播放、展览、发行、摄制电影、摄制电视、录像或者改编、翻译、注释、编辑等方式使用作品的权利，以及许可他人以上述方式使用作品并由此获得报酬的权利。此外，计算机软件与集成电路布图设计也被中国与大多数国家列为作品，成为著作权的客体内容。在内容的选取与编排上有独创性的数据库，许多国家将其视为编辑作品，也受著作权法保护。

在世界贸易组织的《与贸易有关的知识产权协定》(TRIPs)第一部分第1条所规定的知识产权范围中，还包括"未披露过的信息专有权"，这主要是指工商业经营者所拥有的经营秘密与技术诀窍(know-how)等商业秘密。此外，该协定还把"集成电路布图设计权"列为知识产权的范围。随着科学技术的迅速发展，知识产权保护对象的范围将不断扩大，不断涌现新型的智力成果，例如，计算机软件、生物工程技术、遗传基因技术、植物新品种等，也是当今世界各国所公认的知识产权的保护对象。

二、知识产权的特点

知识产权具有自己独特的特点。

1. 合法性。即它的存在必须得到法律的承认与保护。

2. 专有性。即独占性、排他性或专断性。除权利人同意或法律规定外，权利人以外的任何人不得享有或使用该项权利。

3. 地域性。即除签订了国际公约或双边互惠协定外，经一国法律所保护的某项权利只在该国境内发生法律效力，对其他国家不发生效力。

4. 时间性。法律对各项权利的保护，都规定一定的期限，期限届满即失去效力，法律不予以保护。

5. 双重性。即某些知识产权兼具人身权与财产权，是精神权利与财产权利的结合。例如，著作权，其财产权属性主要体现在所有人享有的独占权或者排他权，以及许可他人使用而获得报酬的权利，其所有人可以通过自己独家实施获得收益，也可以通过有偿许可他人实施获得收益，还可以像有形财产那样进行买卖或抵押；其人身权属性主要是指署名权等。

6. 使用的非排斥性。即某人对某知识产权的合法使用，并不影响他人对该知识产权的合法使用，也就是说，知识产权的使用增加时其边际成本为零。

三、知识产权法的概念

各国保护知识产权的主要法律是商标法、专利法与著作权法。这些法律是调整有关商标、发明与创作的所有权和使用权等各种关系的法律规范。国家通过这些法律授予知识产权所有人以商标权、专利权与著作权，确认与保护他们对自己的商标、发明和作品的所有权与使用、支配、转让、继承等权利。知识产权是一种独占性的权利，具有排他性，未经知识产权所有人的许可或转让，任何人不得使用；当上述权利受到侵害时，知识产权所有人有权对侵权者提起诉讼，要求排除侵害、赔偿损失或予以刑事处罚。法律对知识产权的保护都有一定的期限，过了这个期限，这些权利便自行终止而成为社会的共同财富。

知识产权的特点是具有严格的地域性，其表现是，在一国境内根据该国法律取得的知识产权，只在该国境内有效，受该国法律的保护，而在其他国家则不具有域外效力，除了有国际条约约束外，其他国家没有予以保护的义务。如果知识产权所有人想要使其知识产权在其他国家也得到法律保护，则要分别向有关国家提出申请。而其他民事权利则不同，在一国境内根据该国法律取得的约束，在外国境内虽然没有国际条约的约束，但在通常情况下，也都能根据该国的冲突规范所确定的准据法，得到有关国家法律的承认与保护。

19 世纪末期，当时一些主要西方国家极力谋求通过缔结双边或多边的国际公约保护其商品、技术和图书在国际市场上的竞争力与垄断地位。在它们的发起与支持下，1883 年签订了《保护工业产权巴黎公约》，1886 年签订了《保护文学艺术作品伯尔尼公约》，1891 年签订了《商标国际注册马德里协定》等保护知识产权的国际公约。这些国际公约的缔结，在一定程度上削弱了"严格地域性"的作用，并在知识产权的国际保护方面产生了重要的作用，为知识产权的国际保护奠定了基础。

目前，绝大多数国家都制定了保护工业产权与版权的法律，国际上也缔结了若干关于保护工业产权与版权的国际公约。这些公约主要有：1883 年订立、1884 年生效的《保护工业产权巴黎公约》，1970 年订立、1978 年生效的《专利合作条约》，1961 年订立的《保护植物新品种国际公约》，1977 年订立、1980 年生效的《国际承认用于专利程序的微生物保存布达佩斯条约》，1971 年《专利分类斯特拉斯堡协定》，1925 年《工业品外观设计国际保存海牙协定》，1968 年订立、1971 年生效的《建立工业品外观设计国际分类洛迦诺协定》，1891 年《制止商品来源地虚假或欺骗性标记马德里协定》，1891 年订立、1892 年生效的《商标国际注册马德里协定》，1957 年订立、1961 年生效的《为商标注册目的而使用的商品与服务的国际分类尼斯协定》，1958 年《保护原产地名称及其国际注册里斯本协定》，1973 年《商标注册条约》和《建立商标图形际分类维也纳协定》，1981 年订立、1983 年生效的《保护奥林匹克会徽内罗毕条约》，1886 年制定、1887 年生效的《保护文学和艺术作品伯尔尼公约》，1952 年通过、1955 年生效的《世界版权公约》，1961 年通过、1964 年生效的《保护表演者、录音制品制作者和广播组织罗马公约》，1971 年缔结、1973 年生效的《保护录音制品制作者防止未经授权复制其录音制品公约》，1974 年《关于播送由人造卫星传播的载有节目信号的布鲁塞尔公约》，1979 年《避免对版权使用费收入重复征税多边公约》，1989 年《视听作品国际登记日内瓦条约》，1993 年达成、1994 年签署的《与贸易（包括冒牌货贸易）有关的知识产权协议》，还有 2 个新签订尚未生效的公约，即 1996 年日内瓦通过的《世界知识产权组织版权条约》和《世界知识产权组织表演和录音制品条约》以及尚未生效的两个介乎工业产权和版权之间的国际公约，即 1973 年在维也纳缔结的《印刷字体的保护及其国际保存协定》和 1989 年在华盛顿缔结的《关于集成电路的知识产权条约》。中国也先后制定了《中华人民共和国商标法》、《中华人民共和国专利法》和《中华人民共和国著作权法》，对这些无形财产权在法律上予以保护。

第二节　专　利　法

一、专利的概念

专利(patent)是由国家专利管理机构根据发明人的申请，认为其发明符合法律规定的条件，而在一定的期限内授予发明人对该项发明创造的一种专有权。取得专利权的人即专利权人(patentee)，有权在规定的期限内享有就该项发明进行制造、使用与销售其产品的专有权，并可以将其专利权转让给别人，或把专利的使用权让与他人使用。任何第三人要利用该项发明进行制造、使用或销售产品，都必须事先征得专利权人的许可，并要付给一定的报酬。如果未经专利权人的同意而擅自使用其专利，就构成侵犯专利权，专利权人可以向有关当局提出控告，要求予以制止，并可以请求赔偿损失，情节严重者还可以追究其刑事责任。

专利法是由国家制定的、调整因确认发明创造所有权和利用发明创造而产生的各种社会关系的法律规范的总和，是以保护发明为手段，达到促进全社会的科学技术与生产发展为目的的一种法律制度。专利法的主要作用在于：一方面要求发明人公开其发明，以便让社会公众能了解其发明，并可以通过合法的途径利用其发明；另一方面在法律上保护发明人的专有权，在一定的期限内禁止任何第三人侵犯其专利权，使发明人不致因公开其发明而遭受损失。如果没有专利制度的保护，发明人就会对其发明严加保密，防止一旦泄露，被他人模仿与抄袭而遭受损失，这样，一些有用的发明就不能对社会经济的发展发挥其充分的作用；如果实行了专利保护制度，发明人就不必担心因公开其发明而遭受损失，他们为了获得专利权就必须根据法定程序向政府主管部门公开其发明，这样社会公众就可以从官方发表的专利公告中获得大量的科技情报资料。如果任何第三人需要利用发明人的专利，可以通过合法途径取得发明人的许可，发明人则可以通过向第三人出售专利许可证的办法，收取使用报酬。因此，实行专利制度，使发明公开化与商品化，可以使社会公众，特别是科技界与产业界能迅速获得各种科技情报资料，这对推广使用专利发明，提高全社会的科学技术水平与促进生产的发展都有重要的作用。

二、各国专利法简介

在西方国家，专利制度已经有几百年的历史。在欧洲封建社会的中后期，随着商品经济和技术的发展，一些国家的封建君主开始授予某些商人和能工巧匠在一定时期内免税或独家经营某种新工艺、新产品的权利。最早把发明专利作为一种正式法律制度的是威尼斯，它从1474年制定专利法之后，就授予了许多专利权。该法规定，任何在本城市制造的前所未有的、新而精巧的机械装置，一经完善和能够使用，即应向市政机关登记。继此之后，英国议会于1623年制定了《垄断法》，并于1852年正式成立了专利局，主管专利申请的审批与专利刊物的出版工作。该法废除了过去的封建特权制度，同时建立起对真正的发明予以专利保护的制度。对大多数国家来说，专利制度大都是从19世纪后期建立起来的。据统计，1900年只有45个国家制定了专利法，但是到1980年已经有近150个国家与地区制定了专利法。各国专利法的主要内容如下。

（一）取得专利的条件

根据大多数国家专利法的规定，一项发明要取得专利权，必须具备以下三个条件。

1. 新颖性(novelty)

新颖性是指一项发明在申请人提出专利申请时，必须是从来未曾公开发表、公开使用或以其他形式为公众所知的。凡是在提出专利申请之前已经为公众所知，或已经被公开使用，或已经有公开刊物发表的，就丧失了新颖性，不能取得专利权。

新颖性是专利条件中最重要的一条。但是各国的专利法对新颖性的要求并不完全相同,主要有以下两种情况。

(1) 判断新颖性的时间标准

世界各国采用三种不同的时间标准判定发明的新颖性。

一是以完成发明创造日为标准。凡在完成发明创造日之前该项技术未被公开,该发明创造就有新颖性;二是以专利申请日为标准。凡是在专利申请日以前某项技术没有被公开过,那么这项技术就有新颖性。目前,英国、法国、德国以及加入欧洲专利公约的国家都是以专利申请日作为判断新颖性的时间标准。我国也采用这个标准;三是以专利申请时刻为标准。以专利申请时刻(即某年、某月、某日、某时、某分)作为判断新颖性的时间标准。采用这种标准需要专利审查机关详细准确地注明收到申请的时刻。若邮寄的,要以邮戳上的日期和时间为准。日本采用这种时间标准。

(2) 判断新颖性的地域标准

判断新颖性的地域标准主要有两个:一是世界标准,即要求申请专利的发明在提出申请时,必须是在世界上任何国家都未曾公开发表与公开使用的,才给予专利权;二是本国标准,某项发明在提出专利申请时,只要在申请国未曾公开发表与公开使用,尽管在国外已被公开发表或公开使用,但是仍然可以在该国取得专利权。目前大多数国家的立法都以世界范围内的新颖性作为取得专利权的条件,在采用世界范围的新颖性为标准的国家中,情况也各有不同。不同国家对公开发表与公知、公用等不同项目,采用不同的标准。有些国家要求公知、公用与在公开刊物发表都必须具备世界标准,即要求申请专利的发明在提出申请时,必须是在世界范围内未被公知、公用和未在公开刊物发表作为具备新颖性的条件。英国、德国、法国与荷兰等国家都采用这种标准。日本专利法规定,对公知、公用采用本国的标准,即一项发明只要在日本国内未被公知、公用即视为具备新颖性,而对公开刊物发表则采用世界标准,即要求该项发明必须是在日本国内外都未曾在公开刊物发表过,才认为具备新颖性的要求。中国专利法也有类似的规定。美国、加拿大、瑞士、瑞典、比利时与罗马尼亚等国家亦都采用这种标准。

关于何种事实能构成“先前公开”的问题,各国所采用的标准也不相同。根据美国法律的规定,凡是刊载在本国或外国的印刷出版物上的,才构成先前公开。但是根据法国法律的规定,不论采取何种形式公开发明的内容,还是在书刊上发表或口头演讲与答辩,均构成先前公开。凡是在提出专利申请日以前已经公开的发明,除专利法另有规定外,原则上就认为丧失新颖性,不能取得专利权。

各国的专利法对新颖性的要求都有一些例外规定,主要是对于在科学讨论会上发表的有可能取得专利权的学术报告,以及在官方主办或官方认可的展览会上展出的有可能取得专利的产品,在其发表或展出后的一定的时间内(一般为 3～6 个月),不影响该项发明的新颖性。只要发明人在规定的期限内提出专利申请,仍然可以依法取得专利权。

2. 先进性(progress)

先进性又称为创造性,是指提出专利申请的发明,必须比现有已知的技术水平有突出的实质性特点与显著进步,也就是说,在一个同行业的专业人员看来,该项发明并不是显而易见的。美国专利法把这一条件称为“非显见性”(non-obviousness)。如果某项发明与先前的技术水平没有什么差别，对同行业的专业人员来说是显而易见的，就不能取得专利权。根据美国的法例，凡是属于以新材料代替旧材料，改变机械或物品的形状、大小、尺寸，将零件的位置加以改动或重新组合等，一般都认为不具备“非显见性”的条件，不算作新发明，不能取得专利权。我国专利法规定：创造性，是指同申请日以前已有的技术相比，该发明有突出的实质性特点和显著的进步，该实用新型有实质性特点和进步。所谓“发明有突出的实质性特点”(inventions with the prominent substantial features)，是与现有技术相比，申请专利的发明具有与其明显不同的技术特征，这是发明内在的质的标准。

3. 实用性(utility)

实用性是指申请专利的发明必须能够实际应用于产业部门，才能取得专利。所谓产业部门，主要包括工业、农业、采矿业、林业、渔业、水产业、畜牧业以及交通运输业等，服务行业一般不包括在内。根据美国与日本法院的判例，科学原理、自然现象的发现以及营业方式、财务制度、电报密码与广告方法等，都认为不符合实用性的要求，不能取得专利权。至于电子计算机的程序是否可以取得专利权的问题，在美国法院中曾经引起过很大的争论，直至1970年，美国专利与海关上诉法院才作出判例，认为可以取得专利。实用性必须以“能够产生积极的效果”为前提，在美国，有害的、危险的、不道德的发明都按缺乏实用性处理。

（二）专利的申请与审查程序

1. 专利申请

一项发明要取得专利权，必须由发明人向政府主管部门即专利局提出专利申请，经专利局根据法定程序审查批准后，才能取得专利权，使其发明受到法律的保护。根据各国专利法的规定，发明人在提出专利申请时，必须对发明的内容作出说明，并具体指出要求保护的范围，必要时还要附具图样对其发明作出解释。美国专利法规定，发明人在提出专利申请时，必须向专利局提交下列文件：(1)说明书(specification)；(2)图样(drawing)；(3)宣誓书或声明书(oath or declaration)。其中最重要的是说明书。根据美国法律的规定，申请人在说明书中，应包括发明的名称与对发明的叙述，并应说明制造及使用发明的方式、方法以及发明人认为实施其发明的最佳方式。对于上述情况，申请人必须如实披露，并应做到足以使一般具有专业技术的人能够实施该项发明的程度。此外，申请人还必须在说明书中明确、具体地提出他所要求给予专利保护的范围。由于申请书的内容相当复杂，如果不符合法律的要求，则往往会被专利局驳回，因此，发明人一般都委托专利律师或专利代理人代为申请。

根据专利法的基本原则，对于同一个发明只能授予一个专利权，因此，当出现两个以上的人就同一发明分别提出专利申请的情况时，就要由专利局确定究竟应当把专利权授予谁。对于这个问题，现在国际上存在两项不同的处理原则：一项是先发明原则；另一项是先申请原则。所谓先发明原则，是指同一发明如果有两个以上的人分别提出专利申请，应把专利权授予最先作出此项发明的人，而不问其提出专利申请时间的早晚。但是由于在采取此项原则时，在确定谁是最先发明人的问题上往往会遇到很多实际困难，因此，目前在世界上只有美国、加拿大与菲律宾等少数国家采用这项原则。所谓先申请原则是指当两个以上的人就同一发明分别提出申请时，不问其作出该项发明的时间先后，而根据提出专利申请时间的先后为准，把专利权授予最先提出申请的人。目前世界上大多数国家都采用这项原则。

2. 专利审查程序

在专利制度的形成初期，由于颁发的专利为数很少，建立专利制度的国家大多实行呈报登记制度。随着科学技术的发展，发明的数量逐渐增多，专利申请案也日益增加，许多国家相继建立或者引入了审查制度，作为削减专利数量，保证专利质量的措施之一。美国于1836年首创了审查制度，同时设立了专利局。它规定具有新颖性又符合实用性的发明，才能被授予专利权。这是专利制度的一大改革。此后，德国于1877年、英国于1905年先后都实行了审查制度。但法国直到现在为止仍然坚持不审查制度，法国的不审查制度对比利时、意大利和西班牙等国曾产生过影响。

20世纪50年代，国际上形成了审查制和不审查制两大专利体系。其差异在于：不审查制度又称为形式审查制度，它仅仅审查申请案的文件是否齐备、表格是否符合标准、手续是否完备、发明是否属于法律规定的保护对象；而审查制度却要求在初步审查的基础上，对专利申请再进行实质审查，看其是否具备新颖性、创造性和实用性等专利条件。不审查制度手续简单，花费较少，授权迅速，但不能保证专利质量；审查制度虽然所花时间长一些，但却能在一定的程度上保证专利质量。审查制度的缺点是造成大量申请案的积压。为了解决这一问题，荷兰于1963年创立了“早期公开，延迟审查”制度。专利局对这些公开了的专利申请是否进行审查，视专利申请人是否提出实质审查请求而定。申请人在规定的时间内，如不提出实质审查请求，其申请按自动撤回处理，临时保护也随之消失。自荷兰以后，瑞典、丹麦、挪威等国家也相继沿用这种审查制度。这项制度现已成为专利制度中的一项基本制度。我国现行专利制度也采用了这种制度。

（三）专利的保护期限

各国的专利法对专利权的保护都规定了一定的期限，但是期限的长短与计算期限的办法各国有所不同。西方发达国家的专利期限一般多为15～20年；苏联及东欧各国为10～15年；发展中国家的情况比较复杂，有短至5年的，也有长达20年的，视不同国家和发明的不同性质与不同的部门而异。计算期限的方法，多数国家是从提出专利申请之日起算，少数国家是从授予专利权之日起算。例如，法国、英国、比利时和卢森堡等国家规定，专利权的期限为从提出申请之日起20年。此外，有些国家是从专利申请被公告之日起算，例如，日本专利法规定，从公告之日起15年，但不能超过从申请之日起20年，以较长者为准。中国专利法规定发明专利权的期限为20年，从申请之日起算。除我国外，还有许多国家规定专利权的保护期限自申请日起算，1992年法国专利法第L 611—612条规定，发明专利权有效期限为20年，自提交申请之日起算，实用新型专利权有效期限为6年，自提交申请之日起算。美国原专利法规定专利权的保护期限自授权之日起算，但为了履行《知识产权协定》规定的义务，其现行专利法也将专利权保护期的起点定于专利申请日，而不再是专利权授权日。

根据多数国家专利法的规定，在专利有效期内，专利权所有人必须根据法律规定，每年向专利主管部门缴纳专利费，如果不按时缴费，则其专利权即告失效。在受法律保护的时间性上，专利权比商标权严格得多。商标权在有效期届满后可以续展，而且各国对续展的次数都不加任何限制。但是，专利权在有效期限届满后，原则上都不能续展，任何人都可以随意使用。有些国家对某些专利虽然在特殊情况下允许其续展，但是续展的期限一般都不能超过原来的有效期，而且只准续展一次。

（四）不能获得专利的发明

各国基于社会、政治、经济与工业保护政策上的考虑，认为某些发明不宜由个人垄断时，就在专利法中把它们列为不能取得专利的项目，不授予专利权。各国法律对于不能取得专利的项目规定，主要包括以下六项：(1)纯科学原理或理论；(2)违反法律与社会道德的发明；(3)动、植物新品种；(4)化学物质；(5)食物与药物；(6)原子能技术。根据传统的专利法，对于化学物质以及食物与药物，都不授予专利权。但是对制造这些物品的方法的发明，仍然授予专利权。之所以对食物与药物的发明不授予专利权，是因为这些东西都是人们日常生活的必需品，如果授予发明人以专有权，势必促成其任意提高价格，给人们的日常生活造成威胁，因此不能授予专利权。对化学物质的发明不授予专利，主要有两个方面的原因：一是认为化学物质是天然存在物，人们只不过是发现了它，而不是发明，因此不能取得专利；二是基于工业保护政策的考虑，即当一国的工业技术尚不发达时，为了防止先进国家利用专利权垄断化学物质的发明，对本国工业的发展造成巨大的压力，保护本国幼稚工业的观点出发，对化学物质的发明不授予专利权。但是，第二次世界大战后，随着社会生产与科学技术的发展，许多西方国家已经放弃了过去对物质发明不授予专利权的做法，并且修改了专利法，采取了新的物质专利制度。如 1959 年日本专利法曾规定，对饮食品或嗜好品、医药及其化合方法与化学物质都不授予专利权。但是，1975 年专利法已对此作了修改，对上述发明都授予专利权。目前，美国、英国、法国、德国、瑞典、挪威、丹麦与芬兰等国家均已采用物质专利制度，对物质发明授予专利权。

至于对动、植物新品种及其培植方法的发明是否授予专利权的问题，近年来也在演变之中。有的国家对于利用既有品种进行栽培、饲养或养殖方法的发明，授予专利权，有的国家认为对植物新品种的发明，亦应承认其具有专利性，并在传统的专利法之外，另行制定了保护植物新品种的专利法，对植物新品种的发明加以保护。目前，美国、德国、法国和意大利等国家都已经制定了保护植物新品种的特别法。此外，近年来西方国家对于生物克隆技术也存在很大的争议，各国政府一般持保留态度。对于原子能技术与核装置，各国一般都不授予专利权。这主要是基于国防与国家安全的考虑。这种发明一般都收归国家所有，由国家付给发明人以适当的报酬。

（五）关于专利的强制使用问题

过去，各国在专利法中一般都不规定专利权人必须将其专利付诸实施的义务。但是近年来，一些国家，特别是发展中国家的专利法都规定了专利权人有实施其专利发明的义务，把不实施其专利发明视为滥用专利权的行为，并采用强制许可证（compulsory license）、撤销专利权或由国家征用其专利权等办法予以制裁。这项立法的主要由于授予专利权的目的是发展本国的国民经济与科学技术事业，如果专利权人不把其发明在当地予以实施，就失去了授予专利权的意义。另外，西方国家的垄断资本往往利用其在经济上与技术上的优势地位，将其某些发明在外国，特别是在发展中国家申请专利，但是并不在当地实施其发明，而是利用专利权取得对进口的垄断权，从其他国家输入专利产品，借以达到垄断这些国家的市场，阻碍其民族工业的发展，谋取高额利润的目的。

有鉴于此，许多国家在专利法中都规定，取得专利权的发明，必须在当地实施，如果在申请专利之日起满 4 年，或在批准专利之日起满 3 年，没有正当理由而未将其发明付诸实施或未充分实施时，专利主管机关可以根据第三人的申请，不经专利权人的同意，依法发给强制使用许可证，允许该第三人在向专利权人支付一定报酬的条件下，可以使用该专利发明。此外，有些国家的专利法还规定，如果在颁布第一个强制使用许可证 2 年之后，该专利的实施情况仍不能达到令人满意的程度，则专利主管部门为了满足国民经济或公共利益的需要，可以撤销或征用该项专利。

根据联合国国际贸易法委员会对 73 个国家的调查，有 65 个国家都在不同程度上采用了强制使用制度，只有 8 个国家在专利法中对专利的实施没有规定任何限制，其中包括美国、苏联、乌干达、智利、肯尼亚、利比里亚、加纳和坦桑尼亚。美国在专利法中没有规定专利权人必须实施其发明的义务，主要是通过反托拉斯法对滥用专利权的行为给予制裁。

三、关于保护专利权的国际公约

专利权具有严格的地域性，一国授予的专利权只在该国领土内有效，其他国家的法律没有保护的义务。专利权人如果要在其他国家取得法律上的保护，必须根据有关国家的法律另行办理专利申请手续。由于各国在知识产权领域法律规定差异较大，知识产权的域外保护变得十分复杂，不利于知识产权的发展。为解决这一问题，各国先后签订了一些有关保护工业产权或专利权的国际公约，其中主要有《保护工业产权巴黎公约》、《专利合作条约》、《欧洲专利公约》和《共同体专利公约》等。

(一)《保护工业产权巴黎公约》

该公约于 1883 年 3 月 20 日，由比利时、瑞士等 11 个国家发起，1884 年生效。由于公约在巴黎缔结，又简称为《巴黎公约》。《巴黎公约》缔结的直接原因就是解决工业产权保护的地域性。《巴黎公约》生效之后，曾先后于 1900 年、1911 年、1925 年、1934 年、1958 年和 1967 年进行六次修改，目前，大多数成员国遵循 1967 年 7 月 14 日在斯德哥尔摩修订的文本。截至 2013 年 9 月 21 日，随着萨摩亚正式加入，《巴黎公约》的正式缔约方总数已达到 175 个国家。我国于 1985 年 3 月 19 日正式成为该公约成员国，并于加入时声明对公约的第 28 条，即将有关争议提交国际法院解决予以保留。《巴黎公约》不仅是知识产权领域第一个世界性多边公约，同时也是成员国最为广泛、对其他世界性和地区性工业产权公约影响最大的公约。《巴黎公约》共有 30 条，第 1～12 条是公约的核心，规定了工业产权方面各成员国应遵循的共同规则或成员国进行国内立法的最低要求。其主要原则如下所述。

1. 国民待遇原则

国民待遇原则是《巴黎公约》的首要原则，制定该原则的目的在于解决外国人在本国的法律地位。原则规定，任何成员国国民，在保护工业产权方面，应在其他成员国内享有各该国法律现在或以后给予各该国国民的各种利益。《巴黎公约》并不包括非成员国的国民，但是在一个成员国的领土上设有永久住所或真实有效的工商营业所的人，也给予与成员国国民同样的待遇。各成员国在关于司法和行政程序、管辖权以及选定送达地址或指定代理人的法律规定等方面，可以予以保留，不给外国人国民待遇。

2. 优先权原则

根据《巴黎公约》第四条的规定，成员国的申请人已在公约的一个成员国正式提出申请专利权的人，从首次提出专利申请之日起 12 个月的期限内，享有优先权，即当他向其他成员国就同一发明提出专利申请时，其后来申请的日期可以视同首次申请的日期。行使优先权的条件是，申请人必须在成员国之一完成了第一次合格的申请，而且第一次申请的内容与日后向其他成员国所提出的专利申请的内容必须完全相同，并且必须不超过 12 个月的期限。优先权对成员国的专利申请人有两点好处：一是在优先权期限内，任何人不能以其在第一次申请时已将其发明的内容公开，就认为其发明已失去新颖性，从而阻止其在其他成员国取得专利权；二是在优先权期限内，其他成员国不得以已有其他人就同一发明提出了专利申请为理由对抗首次申请人取得专利权。

3. 专利权独立的原则

根据《巴黎公约》的规定，成员国的国民向各个成员国申请的专利权与他在其他成员国或非成员国就同一发明所获得的权利无关。所谓独立原则，是指不同的国家就同一发明所授予的专利权，在申请专利的条件、有效期限期限、无效原因与撤销方面都是互不牵连的。任何成员国对于上述问题都有权根据本国的专利法独立作出决定，不受其他国家所作出的任何决定的影响。

4. 关于强制许可与撤销专利权的规定

《巴黎公约》规定，各成员国有权采取立法措施，规定在一定的条件下可以核准强制许可证，以防止由于专利权人滥用专利权而可能产生的流弊。具体而言，自提出专利权申请之日起 4 年，或自核准专利权之日起 3 年，以期限较长者为准。如果专利权人没有合法的理由，没有把该项发明付诸实施，或没有充分实施，则任何第三人都可以向有关主管部门提出申请，要求给予强制使用许可证。如果经核准强制使用许可证还不能防止上述流弊，则在核准第一次强制使用许可证 2 年届满之后，可以提出撤销该项专利的程序。

5. 关于临时性保护措施的规定

《巴黎公约》第 11 条规定，公约各成员国必须依本国法律，对于在任何一个成员国内举办的经官方承认的国际展览会上展出的商品中可以申请专利的发明、实用新型或外观设计以及可以申请注册的商标，给予临时保护。在此期间内，不允许展品所有人以外的第三方以展品申请工业产权。临时保护不是自动的，必须由要求得到临时保护的展品所有人取得举办国际展览会的成员国的有关当局的书面证明，以证明公开展出的日期以及展品的种类、名称。虽然《巴黎公约》没有能够为各成员国提供一套多方面统一的关于工业产权保护的实体法，但它规定了各成员国在制定本国工业产权法时应遵守的最低标准，从一定程度上为成员国国民在成员国间申请工业产权保护提供了很大方便。

（二）《专利合作条约》

《专利合作条约》是 1970 年 6 月 19 日在华盛顿签订的，于 1978 年 6 月 1 日正式生效。截至 2013 年 8 月，已有 148 个国家加入这一条约。该条约的主旨是规定专利国际申请的程序，各成员国就批准专利以前的审查工作进行合作，实行国际新颖性调查与国际事先审查制，避免各国分头审查时在检索专利文献工作中的重复劳动。

成员国的申请人可以向设在华盛顿、莫斯科和东京的国际专利申请受理处提出国际申请，并指明要求给予保护的国家的名称。受理处在接受国际申请后，根据1963年《斯特拉斯堡条约》的规定，对该项发明是否具有新颖性、工业实用性与发明活动进行事先审查。受理处对申请进行审查后，应作成审查报告送交申请书上指定要求给予保护的国家的专利机构，由有关国家的专利机构根据国内法决定是否授予专利权。由此可见，《专利合作条约》完全是程序方面的规定，即专利申请的受理主审查程序方面的统一性规定，不涉及专利批准问题。

（三）《欧洲专利公约》

《欧洲专利公约》是一些欧洲国家于1973年10月在慕尼黑签订的，又称为《慕尼黑公约》。《慕尼黑公约》于1977年生效，并于1978年6月1日开始办理专利的申请与审批业务。《慕尼黑公约》试图设立一个单一的专利机构——欧洲专利局，根据单一的程序与统一的专利条件授予专利权。这种专利权称为欧洲专利权。根据这个程序所授予的专利证，可以分化为若干国家的专利证。《慕尼黑公约》的目的是采用单一的程序取代向各国分别申请专利的多重程序。根据《慕尼黑公约》的规定，申请人无须向每个欧洲国家分别提出专利申请，只需向欧洲专利局提出一次申请即可。申请人既可以向欧洲专利局或设在海牙的调查处提出申请，也可以向本国的专利机构提出申请。缔约国为了维护本国的国家利益，可以要求申请人必须向本国的专利机构提出申请。欧洲专利证的有效期为20年，从公布发证之日起算。欧洲专利证一经发给就可以转化为申请人在申请书中指定要求给予保护的那些国家的国家专利证。《慕尼黑公约》的主要特点是，它使欧洲专利服从双重法律制度，即既服从欧洲法又服从本国法。关于专利的标准条件与保护期限受欧洲法支配，至于其他方面的问题则由有关国家的国内法确定。

第三节　商　标　法

一、商标

商标(trade mark)，是生产经营者在其商品或服务上使用的、具有显著特征和便于识别商品或服务来源的可视性标志。《与贸易有关的知识产权协议》第15条规定：“任何一种能够将一个企业的商品或服务区别于其他企业的商品或服务的标记或标记的组合均为商标。这种标志可以由一个或多个具有特色的单词、字母、数字、图样或图片等组成。”

商标大体上可以分为制造商标、商业商标与服务商标三类。制造商标亦称生产商标，是生产产品的企业使用的商标，由其把商标贴在自己生产的产品上，用以表明它们是该产品的生产者，其功用不仅在于区别不同的生产厂家，而且能在销售经营中突出表示制造者。商业商标是由推销商品的商业企业贴在它们出售的商品之上的，西方国家的大百货公司都有自己的商业商标，这种商标有时又称为推销商标。使用商业商标的目的是宣传商业企业的经营，使其销售的商品与其他经销商销售的同类商品展开商业竞争。同一商品可以同时贴有制造商标与商业商标，而且这两种商标可以分属不同的企业所有。服务商标是服务性行业使用的标志，即提供服务的人在其向社会公众提供的服务项目上所使用的标志。例如，运输业、旅馆在旅客行李上加贴的标签；汽车修理行在修好的汽车上加盖的标志，银行在支票本及存折上加印的标志等。根据《商标注册用商品和服务国际分类尼斯协定》的规定，服务商标所适用的对象有：广告与实业；保险与金融；建筑与修理；交通；运输与贮藏；材料处理；教育与娱乐；杂务。服务商标是商品商标的延伸和扩展，是商品经济发展和第三产业勃兴的产物。美国于 1946 年率先在其商品法《兰哈姆法》中对服务商标提供注册保护，此后，各国纷纷加以仿效。1958 年里斯本会议修改的《保护工业产权巴黎公约》增列各成员国应予保护服务商标的条款。迄今为止，世界上已有一百多个国家或地区建立了服务商标保护制度。我国于 1993 年 2 月修改《商标法》时增列条款规定，"企业、事业单位和个体工商业者，对其提供的服务项目，需要取得商标专用权的，应当向商标局申请服务商标注册"；"本法有关商品商标的规定，适用于服务商标"。由此，我国确认了对服务商标的保护，进一步完善了商标法律制度。但是，由于服务商标往往与商店或企业的名称很接近，有时甚至完全相同或其简写一样，因此，有些国家，例如，英国、比利时、荷兰与卢森堡等国家的商标法都明确地规定，对服务商标一般不予以办理注册。

商标是一种工业产权，为了保护商标所有人的利益，各国均制定了有关商标的法律，并且设立了专门机构主管商标注册事宜。根据大多数国家商标法的规定，商标的所有人必须将商标向政府主管部门登记注册，只有经批准注册后，才能受到国家有关法律的承认与保护。凡是经依法批准注册的商标，该商标的所有人就取得了在一定的期限内对该商标的专用权，即除了该商标的所有人外，任何人都不得使用这个商标，也不得使用与其相类似的以至于会在公众中混淆视听的商标。否则就构成仿冒他人商标的侵权行为，被仿冒的商标的所有人有权向法院提起诉讼或者向商标主管机关提出申诉，请求依法对仿冒者追究法律责任。

二、各国商标法介绍

商标作为一种私有财产受到法律的承认和保护，并成为一种专门的法律制度，始于资本主义时期。在此之前，将标记符号使用于商业的历史已相当悠久，在古罗马法中，对于伪造商标出售货物的行为，允许买主向卖主提出控告。自 18、19 世纪欧洲产业革命以来，资本主义商品经济得到长足的发展，与商品生产和销售有直接关系的商标也日渐显现其重要性。法国于 1803 年制定的《关于工厂制造场和作坊的法律》，是商标保护的早期法律，该法第 16 条将假冒商标行为认定为私自伪造文件罪。但是，这个法律文件并不是关于商标的专门法律，也未在法国全境通行。一般认为，法国于 1857 年制定的《关于以使用原则和不审查原则为内容的制造标记和商标的法律》是世界上第一部具有现代意义的商标法。英国对于商标的保护，最初采用判例法形式，从 19 世纪开始，英国制定了一系列的成文法，其中有 1862 年的《商品标记法》、1885 年的《商标注册法》、1905 年的新商标法。英国的商标立法虽然比法国晚，但其内容较当时的法国法先进，因而英国商标法对美国、日本以及英国原来的殖民地和附属国有很大影响。美国于 1870 年制定了《联邦商标条例》，同年 8 月又补充了对侵犯商标权行为适用刑事制裁的规定。该法被联邦最高法院判决为违反宪法而予以废除，代替它的是 1881 年新的商标法。德国于 1874 年公布了《商标保护法》，采用的是"不审查原则"，后又于 1894 年颁布了以"审查原则"为内容的《商标法》。日本受德国和英国商标法影响，于1884年制定了以"注册原则"为基本方针的《商标条例》。进入20世纪以来，苏联、东欧各国和亚、非、拉美国家也先后制定和完善了自己的商标法律制度。到目前为止，世界上绝大多数国家都制定有商标法，可以说，商标法已成为各国通行的工业产权制度。下面将各国商标法中的一些主要内容加以简单介绍。

（一）商标权的取得

对于取得商标权的资质问题，各国的商标法有不同的规定，主要包括以下三种情况。

1. 注册制度

在采用这种制度的国家中，商标的注册是取得商标权的必要法律程序。首先注册人的权利可以压倒任何其他人的权利，包括首先使用人的权利。如法国商标法规定，商标的所有权只有通过首先有效的申请注册而取得，仅凭使用商标的这一事实的本身并不能产生任何权利。因此，根据规定，如果商标的首先使用人未能及时办理注册手续，而被别人将该商标抢先注册，则该商标的首先使用人就无法取得该商标的所有权。目前，大多数国家，例如，日本、法国、德国、意大利、比利时、丹麦、荷兰、卢森堡、希腊、埃及、伊朗、墨西哥、秘鲁等，还有多数拉丁美洲国家以及俄罗斯和东欧一些国家，均采用这种制度。中国的商标制度是以注册作为取得商标专用权的必要条件的。根据《商标法》第3条与第4条的规定，一切企业、事业单位与个体工商业者，对其生产、制造或经销的商品，需要取得商标专用权的，应当向商标局申请商品商标注册。经商标局核准注册后，该商标的注册人即享有专用权，受法律保护。

在采用这种制度的国家里，确定提出商标注册申请的日期是一个十分重要的问题。如果遇有两个以上的申请人就同一商标或类似商标同时提出注册申请时，有些国家允许两个以上的申请人作为该商标的共同所有人，有些国家则要求由各申请人自行协商，推选其中的一个人提出申请。例如，日本商标法规定，如果申请人直接向专利厅提出申请，以专利厅收到申请文件的当天为申请日；如果通过邮局寄出申请，则以邮戳的日子为申请日；如果一天内有两个以上的申请人，就相同或类似的商品提出两件以上的相同或类似商标的申请时，专利厅将让申请人之间互相协商，只能由一人提出申请，如果申请人之间通过协商不能解决，则采用抽签的方法确定。中国《商标法》第31条规定，如果有两个或两个以上的申请人，就同一种商品或类似商品，以相同或者近似的商标申请注册的，初步审定并公告申请在先的商标；同一天申请的，初步审定并公告使用在先的商标，驳回其他人的申请，不予以公告。

2. 使用原则

使用原则是指商标的首先使用人有权取得商标的所有权，而不论其是否办理了商标注册手续，法律亦予以承认与保护。在采用这种办法的国家里，办理商标注册手续只具有"声明"性质，不能确定商标权的归属。该商标的真正所有人可以随时对已注册的商标提出异议，要求予以撤销。例如，列支敦士登商标法规定，商标的首先使用人有权取得商标的法律保护，并可以要求撤销别人已经注册的相同或相类似的商标。这种制度对商标的首先使用人有利，但是对商标的注册人不利，因为它使商标注册人的权利处于不确定的状态，随时有遭到异议与被撤销的可能。同时，它使商标的注册徒有虚名，不能起到确定商标所有权的作用。因此，目前只有美国、列支敦士登、挪威、菲律宾等少数国家采用这一原则。在美国，只有已使用的商标才可以注册，未曾使用的商标不准许注册。商标经注册后，任何第三人可在批准注册后5年内提出异议。采取该原则确定商标权的归属问题，对商标的首先使用人有利，但一旦发生争议，又不易查明谁是商标的首先使用人，因此，在世界上只有少数国家的商标法采用使用原则。

3. 混合原则

这种制度实际上是上述两种制度的折中，即以在规定期限内无人对已注册的商标提出指控决定商标的所有权。根据这种制度，一个人只要首先使用了某个商标，即使未经注册，也受到法律的保护，他可以阻止别人注册同样或相类似的商标，如果别人已将该商标注册，那么，他也可以对此提出异议，要求宣告该项注册无效。但是，如果在法律规定的期限内，没有人对业已注册的商标提出异议，则该商标的注册人就可以取得无可辩驳的商标权。以美国为例，美国一贯采用使用在先的原则，不论是已经注册的商标还是未经注册的商标，都受到法律的保护。未注册的商标可以享受普通法的保护，如果该商标所有人的权益受到侵害，那么，他可以援引普通法中的“不公平竞争法”请求给予法律上的救济。已注册的商标则既可以享受联邦或州的成文商标法的保护，也可以享受普通法的保护。根据美国联邦商标法的规定，商标的注册申请人必须证明该商标已经实际使用，才能申请注册。商标注册是享有该商标的所有权的初步证据，任何第三人都可以在批准注册后5年之内提出异议，但是如果5年期限届满以后，则任何第三人都不得再提出异议，要求法院撤销已注册的商标。1938年《英国商标法》亦实行这种制度。目前，除了美国和英国外，许多英联邦成员国，例如，澳大利亚、加拿大、印度、新西兰和斯里兰卡等国家，以及奥地利、西班牙、科威特等国家的商标法都采用这种制度。但是对提出异议的年限，各国规定不同。美国和奥地利规定为5年，西班牙则规定为3年。

另外，有些国家为了保护商标首先使用人的利益，在授予商标注册人的商标权的同时，允许首先使用该商标但未办理注册手续的人继续使用该商标。例如，英国商标法规定，商标的首先注册人无权限制与干涉该商标的首先使用人继续使用该商标。斯里兰卡、沙特阿拉伯、冰岛等家国也有类似的规定。但是，商标首先使用人的权利仅限于自己使用该商标，或只能在将其业务转让给别人的同时连同商标一起转让，并不能像商标的注册所有人那样可以任意将商标的使用权转让给别人。

（二）商标注册的手续与审查程序

各国的商标法对申请商标注册的手续都有具体的规定。一般都要求申请人提交书面申请，具体说明申请人的名称、国籍、居住地与使用该商标的商品名称和商品分类的类别等。在提出申请时，还要提交一定尺寸的商标图样与印版一式数份，并且必须根据规定缴纳申请费用。主管部门在接到商标注册申请后，要对申请进行审查。有些国家只对申请进行形式审查，即审查申请文件和手续是否完备；有些国家除进行形式审查外，还要进行实质审查，即审查商标的内容是否具有新颖性以及是否符合该国法律的要求。经审查认为申请人有资格取得商标注册，即将该项申请在《官方商标公报》上予以公布，让公众进行审查，时间一般为3个月。在此期间，任何人如果认为该商标不符合法律的要求或与已注册的商标相同或相类似，可以向商标主管部门或有管辖权的法院提出异议。如果在规定的期限内无人提出异议，即可以准予注册，并由商标主管部门发给注册证书。如果商标注册申请遭到主管部门的拒绝，申请人可以向有关部门或有管辖权的法院提起上诉。但是上诉必须在规定的期限内提出，否则有关部门或法院可以不予以受理。关于提出上诉的期限，各国规定不同，一般是1～3个月，从申请被驳回之日起算。

大多数国家对申请注册的商标都具有统一的标准，在统一的登记部门进行注册登记，并对注册商标给予统一的法律保护。但是，英国与一些英联邦国家的商标法却有不同于其他国家的特点，即把商标注册分为A部注册与B部注册两种，有些商标只能在B部注册而不能在A部注册，它们所要求的条件以及法律给予的保护也有所不同。两者的区别在于对商标的"识别性"的要求不一样。凡是在A部注册的商标，必须具有明显的"识别性"，而在B部注册的商标则不要求在其注册时就具有"识别性"，只要求它能在使用过程中由于公众逐渐把该商标与其使用人的产品结合起来而取得这种"识别性"。例如，当商标主管部门认为申请注册的商标与现有的某个商标相类似时，一般只允许其在B部注册，不允许其在A部注册。但是，已在B部注册的商标，经过长时间的使用以后，可以已取得"识别性"为理由重新申请在A部注册。根据英国商标法的规定，在B部注册的商标，其法律保护是十分有限的。当该商标的注册人提起侵犯商标权的诉讼时，被告只要能证明他使用有关商标的方式不会使公众引起误会，误认为是原告的商标，原告就败诉。但是在A部注册的商标却受到法律强有力的保护。别人不能在广告上把他的商品与使用A部商标的商品进行比较。例如，别人不能在广告上宣称，他的商品与某个在A部注册商标的商品，原料相同，质量相同，而价格便宜一半等。否则就构成侵犯商标权的行为，该商标所有人有权对其提起仿冒的诉讼。

根据各国商标法的规定，对于外国人申请商标注册，一般都给予国民待遇。但是在实行国民待遇原则时，各国的一些具体的要求不并完全相同，主要有以下三个方面。

(1) 关于互惠问题。有些国家的商标法规定，外国人在该国申请商标注册，必须以互惠为条件，即如果该外国人所属国家允许该国国民办理商标注册，该国亦允许其注册，否则就不允许其在该国注册。目前，日本、法国、德国、瑞士、奥地利、希腊、西班牙、葡萄牙、伊朗与菲律宾等国家都实行互惠制。有的国家还要求由双方国家达成商标注册互惠协议，才允许对方国家的个人或企业申请商标注册。但是大多数国家，例如，英国、美国、瑞典、丹麦、挪威、意大利、新西兰、澳大利亚、巴基斯坦、斯里兰卡、泰国、印度以及墨西哥、阿根廷等拉丁美洲国家，对外国人申请商标注册都不要求以互惠为条件，任何外国人都可以自由申请注册。根据中国《商标法》第17条的规定，外国人或者外国企业在中国申请商标注册的，应当根据其所属国与中国签订的协议或者共同参加的国际条约办理，或者根据对等原则办理。

(2) 关于提供本国商标注册登记证书的问题。有些国家的商标法规定，外国人在申请商标注册时，必须提交本国相应的注册登记证书。也就是说，只有先在本国获准注册的商标，才能在该外国办理注册手续。例如，美国、奥地利、德国、丹麦、挪威、瑞典、瑞士、芬兰、冰岛、葡萄牙、菲律宾、科威特与巴拿马等国家的商标法均有此项要求。但是大多数国家的商标法都不要求外国人在申请注册时提交本国的注册证明。

(3) 关于商标注册代理问题。大多数国家的商标法都规定，外国人要在该国办理商标注册，必须在该国设有营业所或住所，否则必须委托在该国设有营业所或住所的代理人代为办理。有的国家虽然允许外国人直接申请注册，但是由于外国人一般不太了解该国的法律规定与注册手续，办理起来较复杂，因此，一般多委托注册国的代理人代为办理。中国《商标法》第 18 条的规定，外国人或者外国企业在中国申请商标注册和办理其他商标事宜的，应当委托国家指定的组织代理。现在该项工作主要是由中国国际贸易促进委员会办理。

（三）商标注册的有效期与续展的期限

各国的商标法对注册商标都规定了一定的保护期限，最长的为 20 年，最短的为 5 年，一般为 10～15 年。例如，美国、瑞士、意大利、西班牙、菲律宾和厄瓜多尔等国家规定为 20 年；加拿大、伊拉克和叙利亚等国家规定为 15 年；日本、法国、德国、奥地利、瑞典、丹麦、挪威、比利时、荷兰、卢森堡、希腊、泰国以及大多数中东与拉丁美洲国家均规定为 10 年；英国与一些英联邦国家则规定为 7 年。

在有效保护期限届满以后，商标所有人可以要求续展。续展的期限一般与注册的有效保护期相等，但是也有一些国家的法律规定经续展后的保护期长于注册的有效期。例如，英国商标法规定，商标注册的有效期为 7 年，而续展后的保护期为 14 年。各国的商标法对续展的次数都不加以任何限制。因此，只要商标所有人按期办理续展手续，并缴纳规定的费用，其商标就可以长期受到法律的保护。但是，如果商标所有人不按期办理续展手续，则有关主管部门在该商标的有效期届满后，可以依法撤销其注册。

根据《中华人民共和国商标法》第 39 与第 40 条的规定，注册商标的有效期为 10 年，自核准注册之日起计算。有效期届满，需要继续使用的，商标注册人应当在期满 12 个月内按照规定办理续展手续；在此期间未能办理的，可以给予 6 个月的宽展期。每次续展注册的有效期为 10 年，自该商标上一届有效期满次日起计算。期满未办理续展手续的，撤销其注册商标。

（四）商标注册的撤销

商标在获准注册后，如果出现下列情况者，则有关主管当局可以依法撤销其注册：(1)因第三人的异议成立而被撤销；(2)因有效期届满，未按时办理续展而被撤销；(3)因不使用而被撤销。根据大多数国家商标法的规定，商标在获准注册之后，必须付诸使用。如果在规定的期限内不予以使用，又无正当的理由，经第三人提出要求，有关主管部门可以撤销其注册。该期限一般为 3 年或 5 年。例如，瑞士商标法规定为 3 年，英国商标法规定为 5 年。

根据中国《商标法》第 49 条的规定，商标注册人在使用注册商标的过程中，自行改变注册商标、注册人名义、地址或者其他注册事项的，由地方工商行政管理部门责令限期改正；期满不改正的，由商标局撤销其注册商标。

注册商标成为其核定使用的商品的通用名称或者没有正当理由连续 3 年不使用的，任何单位或者个人可以向商标局申请撤销该注册商标。商标局应当自收到申请之日起 9 个月内做出决定。有特殊情况需要延长的，经国务院工商行政管理部门批准，可以延长 3 个月。

三、关于保护商标权的国际公约

自19世纪下半叶以来，随着国际贸易的发展，商标法律保护开始向国际化发展。《保护工业产权巴黎公约》与《TRIPs协定》规定了各缔约方关于商标保护所共同遵循的原则。此外，国际间还先后缔结了《商标国际注册马德里协定》、《商标注册条约》、《国际注册用商品与服务国际分类尼斯协定》、《建立商标图形国际分类维也纳协定》等，就商标法律事务建立了一系列的规则和办法。在上述公约的基础上，国际间、地区间还建立了相应的组织以处理商标国际注册和保护事宜。以下主要介绍几个关于保护商标权的国际公约。

（一）《国际保护工业产权巴黎公约》

《国际保护工业产权巴黎公约》（*Paris Convention for International Protection of Industrial Property*）是1883年3月20日在巴黎签订的，简称为《巴黎公约》。《巴黎公约》是一个开放性的国际公约。《巴黎公约》自缔结以来，先后作过7次修订，最近一次修订是1980年2月在日内瓦进行的。根据全国人民代表大会常务委员会的决定，中国已于1984年11月14日正式加入《巴黎公约》，该公约于1985年3月19日对中国生效。参加《巴黎公约》的国家成立了一个保护工业产权的国际同盟，称为巴黎同盟。巴黎同盟设有大会、执行委员会与国际局，最初由瑞士政府代为管理，1893年，《巴黎公约》与《伯尔尼公约》的管理机构合并，成立了保护知识产权联合国际局。1967年，各国在斯德哥尔摩缔结了一项关于建立世界知识产权组织（WIPO）的公约，决定由这个组织集中管理巴黎同盟与伯尔尼版权同盟的行政工作，这两个同盟的国际局也移交给国际知识产权组织，由它作为该组织的国际局。

由于西方国家在工业产权法律方面存在不少分歧，难以实现统一，因此，《巴黎公约》并没有也不可能为各成员国提供一套国际统一的关于工业产权的实体法。各成员国在商标与专利等工业产权的立法上仍然享有充分的自主权。《巴黎公约》只是规定了各成员国必须共同遵守的若干规则，为成员国的国民在成员国间申请商标或专利的保护提供某种便利。至于是否给予法律保护，仍然必须由各成员国根据其本国的法律确定。《巴黎公约》的许多规定是既适用于商标，也适用于专利及其他工业产权的。

1. 国民待遇原则

凡是成员国的国民在商标的申请注册与保护方面享受本国国民同等待遇，这是《巴黎公约》的一项基本原则。其目的是解决外国人在本国的法律地位。根据《巴黎公约》第2条的规定，任何成员国的国民，在工业产权保护方面，在其他成员国内应享有各国的法律现在或将来给予其本国国民的各种便利。他们只要遵守对该国国民适用的条件与手续，就可以享有与该国国民同样的保护，当他们的权利遭受任何损害时，也可以得到同样的法律救济。非成员国的国民，如果在某一成员国内有永久住所或有真实与正当的工商营业所，亦可以享有与成员国国民同样的待遇。公约亦规定，各成员国在关于司法和行政程序、管辖权以及选定送达地址或指定代理人的法律规定等方面，可以予以保留。

2. 优先权原则

根据《巴黎公约》第4条c(1)项的规定，凡是已在一个同盟国申请注册的商标，可以享受自初次申请之日起计算的为期6个月的优先期限，以便他考虑是否向其他成员国提出同样的注册申请。如果他在规定的6个月期限以内，再向其他成员国提出同样的申请，其后来申请的日期应视同初次申请的日期。在这个期限内，即使有任何第三人使用了该项商标或已向有关的成员国提出了同样的商标注册申请，均不得用以对抗首次申请人。对于服务商标，公约第6条规定：各成员国应保护服务标记，但不应要求各成员国规定对这种标记进行注册。该项规定说明，公约没有将服务商标的注册作为对成员国国内法的硬性要求。优先权的作用在于保护首次申请人，使他在向其他成员国提出同样的注册申请时，不致由于两次申请日期的差异而被第三人抢先申请注册。

3. 商标权独立原则

由于各国的商标法各有差异，为了避免某项注册申请由于在一个国家遭到拒绝，而使申请人在其他成员国提出同样申请时受到不利的影响，《巴黎公约》规定了所谓同一权利在不同的国家互不牵连的原则。《巴黎公约》规定，申请与注册商标的条件，由每一个同盟国的本国法予以确定。对成员国国民提出的商标注册申请，被请求保护的员国不能以其未在所属国申请、注册或续展为理由，而予以拒绝或使其注册无效。也就是说，商标在一个成员国取得注册之后，就独立于原商标，即使原注册国已将该商标予以撤销，或因其未办理续展手续而无效，但是都不影响它在其他成员国所受到的保护。

4. 商标的使用

《巴黎公约》第5条对有关商标使用方面的问题规定了一些共同的规则。

(1) 如果某个成员国的国内法规定凡是已注册的商标都必须付诸使用，则《巴黎公约》要求必须经过一段“合理的期限”，并且只有有关权利人不能提出其不使用的正当理由时，才能撤销其注册。

(2) 商标所有权人使用的商标，如果与其在成员国之一所注册的图样有所不同，但是并没有改变其显著特征者，则不得作为注册无效，亦不得减少已给予该商标的保护。这是考虑同一商标在不同的国家进行注册时，往往必须对原商标的图案或文字作一些变动，最常见的是把本国文字译为外文，这在商业上是完全必要的。因此，任何成员国都不得以此为理由不允许其注册，或使其注册无效。

(3) 如果几个工商企业共同使用同一商标于相同的或类似的商品上，而根据被请求保护国家的国内法必须视为该商标的共同所有人者，则只要这种共用商标并非欺骗群众与违反公众利益，任何成员国都必须给予注册。

5. 对驰名商标的保护

为了防止利用他人的驰名商标进行投机诈骗或在混淆公众，《巴黎公约》禁止注册属于他人所有的驰名商标。如果驰名商标被他人用于同类商品或类似商品上进行注册，则其权利人有权在被模仿注册之日起至少为期5年的期限内提出撤销此项注册的请求。如果申请注册人出于恶意，则没有期限的限制，原驰名商标的权利人可以在任何时候提出撤销其注册的请求。

6. 商标的转让

关于商标的转让问题，各国的法律有不同的规定。有些国家的法律规定商标可以单独转让，有些国家则规定商标必须连同企业的营业一道转让。《巴黎公约》在这个问题上采取折中的办法。《巴黎公约》规定，如果根据某个成员国的法律，商标必须连同企业的营业同时转让方为有效，则只需将该厂商标或牌号在该国的部分连同带有被转让商标的商品在该国制造或销售的专有权一起转让给受让人，而不需要把设立在该国以外的那些企业或牌号全部同时转让。但是《巴黎公约》同时规定，这样的转让必须以不会使公众对贴有该商标的商品的原产地、性质或其品质发生误解为条件。

7. 关于临时性的保护措施

《巴黎公约》对于在国际展览会上展出的商品的商标给予临时性的保护。《巴黎公约》第 11 条规定，公约成员国根据本国的法律，对在任何一个成员国领土上举办的官方或经官方认可的国际展览会上展出的商品的商标，给予临时性的保护。商标的临时保护期通常为 6 个月，在此期间内，不允许展品所有人以外的第三方以展品申请工业产权。但是，这种临时性的保护不能延长优先权的期限，如果商标使用人日后向成员国申请商标注册，则各国的主管部门可以把该商品在展览会展出的日期作为起算优先权的期限的日期。

8. 不得作为商标使用的标记

《巴黎公约》第 6 条之 3 第(1)款第 a 项规定，本联盟各成员国同意，对未经主管机关许可，而将本联盟国家的国徽、国旗和其他国家标志、各该国用以表明监督和证明的官方符号和检验印章以及从徽章学的观点看来的任何仿制用作商标或商标的组成部分，拒绝注册或使其注册无效，并采取适用措施禁止使用。此外，由公约一个或一个以上成员国参加的政府间国际组织的徽章、旗帜、其他标志、缩写和名称，也适用上述禁止性规定。

9. 代理人或代表人的注册

如果商标所有人的代理人或代表人未经所有人同意而以自己的名义将该商标注册，根据《巴黎公约》第 6 条之 7 的规定，该所有人有权反对所申请的注册或要求取消注册；如果核准注册的国家的法律允许，该所有人可以要求将该项注册转让给自己，除非该代理人或代表人能证明其行为是正当的。

(二)《商标国际注册马德里协定》

《商标国际注册马德里协定》(*Madrid Agreement Concerning the International Registration of Trademarks*)，简称《马德里协定》。该协定是 1891 年 4 月 14 日在马德里缔结的一项关于商标国际注册的国际公约。该协定自缔结以来曾先后于 1900 年、1911 年、1925 年、1934 年、1957 年与 1967 年作过 6 次修订，但是只有 1957 年与 1967 年的 2 次修订生效。《马德里协定》是《巴黎公约》框架内的一个程序性协定，只对《巴黎公约》成员国开放。截至 2002 年 1 月 18 日，参加这一协定的共有 52 个国家，主要有法国、瑞士、意大利、德国、西班牙、奥地利、荷兰、卢森堡与埃及等国家，苏联与其他一些东欧国家也参加了这一协定。中国自 1989 年 10 月 4 日起成为《马德里协定》的成员国。

1. 国民待遇问题

《马德里协定》为了落实《巴黎公约》规定的国民待遇，具体规定了以下几个问题。

(1) 来源国。来源国是《巴黎公约》和《马德里协定》涉及商标保护和注册时的一个重要概念。按照协定第 1 条第 3 款的规定，所谓来源国，是指作为协定缔约国的下述三种国家：申请人在其境内有真实和有效的工商业营业场所；如果申请人在其境内没有上述工商业营业场所，但在其境内有惯常住所；虽然申请人在其境内既无工商业营业场所又无惯常住所，但具有其国籍。

如果缔约国国民的商标在“来源国”已获得注册，根据协定第1条第2款的规定，经由“来源国”的注册当局向国际局提出申请，在其他所有缔约国内均应受到保护。

(2) 国民。结合《巴黎公约》和《马德里协定》的规定，所谓的缔约国国民是指：具有某一缔约国的国籍的人，包括自然人和法人；《巴黎公约》第3条规定的非缔约国国民，只要其在一缔约国境内有永久住所或真实的、有效的工商业营业场所，即应视为缔约国的国民。

2. 商标的国际注册申请要件

(1) 申请当事人。根据《马德里协定》和通用实施细则的规定，申请当事人主要包括以下几种：(A)申请人，(B)持有人，(C)代理人。

(2) 申请注册的商标。按照《马德里协定》的规定进行国际注册的商标必须是在其所属国已经登记的用于商品或服务项目的标记。这就是说，凡未在其所属国进行登记的商标，不得进行国际注册。这里的商标包括服务商标在内。

(3) 申请文件。根据协定第3条的规定，每一个国际注册申请必须采用细则所规定的格式提出。根据细则第9条的规定，申请书中应包括下列内容：申请人姓名，申请人的地址，代理人的姓名和地址，优先权的声明及说明，商标标识的复制件，标准字母标识的声明，根据协定第3条第3款对将颜色作为其商标的一个显著特点以及以文字对所要求的颜色或颜色的组合的说明，对立体商标的说明，对声音商标的说明，对集体商标或证明商标或保证商标的说明，对文字标识的描述，对非拉丁文字的文字及非阿拉伯数字和罗马数字的翻译，商品或服务的名称，费用支付等。

另外，根据实施细则的要求，国际申请还应包含一些其他内容。中国国家工商行政管理局商标局印制有书面的“商标国际注册申请书”，通过中国商标局提出商标国际注册申请的应使用该申请书。该申请书的主要内容包括：商标的原属国、申请人的名称地址、代理人的名称地址、原属国商标的申请和注册、优先权要求、商标标识、商标适用的商品和服务的国际分类、指定保护的国家、注册费的缴纳、申请人签名等。

3. 国际申请的提出与受理

(1) 国际申请的提出。根据协定的要求，商标国际注册应通过原属国的注册当局向国际局提出，商标国际注册申请必须采用细则所规定的格式提出。对于提出申请的方式，根据《实施细则》第2条的规定，有两种可以接受的方式：一是书面方式；二是电子形式。

(2) 来源国注册当局对申请的处理。商标国际申请是由国际局受理的，但需要通过来源国的注册当局向国际局提出申请。因此，虽然来源国的注册当局事实上并不是国际注册申请的当事方，但在收到申请人提出的国际申请之后，仍有一些工作需要进行。这些工作主要包括以下三个方面：一是对国际申请中的具体项目进行认证；二是提供商标在来源国申请和注册的日期和编号；三是提供申请国际注册的日期。另外，根据协定第3条第2款的规定，申请人所作的类别说明须经国际局检查，由国际局会同来源国注册当局进行检查。

(3) 国际申请费用的支付。申请商标国际注册需要缴纳一定的费用。根据《马德里协定》第8条的规定，在国际局的商标注册预收国际费用。这些费用包括：(A)基本费，(B)附加费，(C)补加费。上述费用每10年分两期缴纳。如果没有缴纳上述费用，国际注册视为撤回或放弃。

(4) 国际局的注册。《马德里协定》第 3 条第 4 款规定，国际局对根据第 1 条规定提出申请的商标立即进行注册，并将这种注册通知有关注册当局，将注册申请的具体项目在国际局所出的定期刊物上公布。

4. 国际注册的法律效力

根据《马德里协定》第 4 条的规定，经国际注册的商标，在每一个有关缔约国内的保护；应如同该商标直接在那里提出注册的一样。不过，如果有关缔约国已经根据协定第 5 条进行了保留，则该商标不受保护。根据协定第 6 条的规定，在国际局的商标注册的有效期为 20 年，并可续展。商标在国际局进行注册并不能使该商标在缔约国内自然受到保护。根据《马德里协定》的规定，申请人必须提出领域延伸的要求，指定要求保护的国家。这种要求应在提出注册申请时一并提出。如果在注册之后提出领域延伸的要求，必须采用细则所规定的格式，向来源国的注册当局提出。国际局对商标国际申请的注册并不能代替各国的注册机构的注册。各国注册当局在接到国际局的注册通知之后，可在一定的时间内进行批驳，拒绝予以保护。《马德里协定》第 5 条对这种批驳的时间、条件、效力、法律救济等作出了具体规定。根据《马德里协定》的规定，国际注册与在所属国原先注册的国家商标存在着一定的法律上的联系。协定第 6 条第 3 款规定，自国际注册的日期开始 5 年内，如果该商标在原属国已全部或部分不受法律保护，则国际注册所得到的保护也全部或部分不再产生权利。这样，国际注册的商标的法律效力，在国际注册开始的 5 年内，需要以其在原属国所受的法律保护为基础。如果在原属国不受保护，国际注册也就不受保护。但是，根据协定第 6 条第 2 款规定，从国际注册的日期开始满 5 年之后，国际注册即与在原属国注册的国家商标完全无关。即使商标在原属国不再受法律保护，国际注册也继续有效，在有关缔约国应当予以保护。

(三)《关于马德里协定的议定书》

由于《马德里协定》存在着一些缺陷，世界知识产权组织于 1989 年主持缔结了《关于马德里协定的议定书》(以下简称《马德里议定书》)，对商标国际注册的有关问题进行了重新规定。截至 2002 年 1 月 18 日，《马德里议定书》有 55 个成员国，中国于 1995 年 12 月 1 日成为其成员国。根据《马德里议定书》第 1 条的规定，不论是否作为《马德里协定》的缔约国，均可作为议定书的缔约国。不过，议定书也要求，作为国家参加议定书，必须是《巴黎公约》的缔约国。议定书还将其成员扩大到政府间的国际组织。议定书第 9 条之 6 专门规定了对《马德里协定》的保护。依议定书第 9 条之 6 第 1 款的规定，对于某个特定的国际申请或国际注册而言，如果来源国既是议定书的缔约国又是协定的缔约国，则本议定书的任何规定在其他任何既是议定书的缔约国又是协定的缔约国的国家境内不产生任何效力。依该条第 2 款的规定，大会可通过 3/4 多数取消上述第 1 款或限制其适用的范围，但须在本议定书生效 10 年以后进行，而且在《马德里协定》缔约国中的多数国家成为本议定书的缔约国之日起 5 年内不得为之。在投票时，只有那些同为《马德里协定》和本议定书的缔约国的国家才有权参与。《马德里议定书》的结构和内容与《马德里协定》有非常相似之处，许多条款完全一样。从内容和技术上来讲，《马德里议定书》明显是《马德里协定》的延续和发展。但在法律上两者却是完全独立的，两者有许多明显的差别。

(1)《马德里议定书》放宽了申请国际注册的条件。除了在原属国已获得注册的商标外，那些已经提出申请但尚未获得注册的商标也可以申请国际注册。

(2)《马德里议定书》延长了成员国可拒绝保护的期限，由《马德里协定》规定的 1 年改为 18 个月。

(3)《马德里议定书》规定国际注册的收费标准由各成员国自行确定，各成员国的实际收费大大高于《马德里协定》统一规定的收费。

(4)《马德里议定书》增加了一项新规定，使申请人在其国际注册因在原属国的基本注册被宣告无效而被国际局撤销的情况下，可向原国际注册生效的国家申请国家注册，以国际申请日作为其申请日。

(5)《马德里议定书》增加了国际申请所使用的语言，由《马德里协定》的法语改为英语和法语。

(四)《商标注册条约》

1973 年 6 月 12 日，在维也纳召开的工业产权外交会议上，缔结了一项《商标注册条约》(*Trade Mark Registration Treaty*，TRT)。缔结这项条约的重要原因之一是由于某些主要西方国家，如英国、美国等国家都没有参加《马德里协定》。为了在更大的范围内促进商标的国际注册，就需要制定一项新的国际公约，以便吸引更多的国家参加，1973 年《商标注册条约》就是在这种背景下产生的。《商标注册条约》与《马德里协定》是两个并行的国际条约。一个国家可以同时参加两个条约，也可以只参加其中的一个。这两个条约的主要区别在于：根据《马德里协定》的规定，申请人在申请商标国际注册时，必须先在所属国取得商标注册；但是根据《商标注册条约》的规定，任何缔约国的申请人无须先在所属国获得商标注册即可以向世界知识产权组织的国际局申请国际注册，从而使商标的国际注册完全独立于其所属国，申请人不必通过所属国的商标注册当局，就可以直接向国际局提出商标国际注册的申请。

根据《商标注册条约》的规定，申请人在申请商标国际注册时，必须指定要求给予保护的国家，即指定国，如果当时没有指定，则事后也可以补充指定。但是对于比利时、荷兰、卢森堡等区域性的商标条约集团国，申请人只能指定该集团的所有国家作为指定国，而不能仅要求其中的一个国家给予保护。指定国可以根据本国的法律与本公约以及《巴黎公约》的有关规定，拒绝对国际注册商标按本公约规定予以保护，但是必须将拒绝书或可能拒绝的通知书通知国际局，使该局能在国际注册公告日起 15 个月内收到。经获准国际注册的商标在指定国内具有与该国商标同等的效力，受到同等的保护。商标国际注册的有效期为 10 年，期限届满可以申请续展。参加《商标注册条约》的国家必须是《巴黎公约》的成员国。该条约已于 1980 年 8 月 7 日起生效。但是到目前为止，参加的国家还不多。

除了上述三个条约外，还有一些有关商标的国际性或区域性的条约与协定。例如，《关于商标注册的商品国际分类的尼斯协定》(1975 年)、《维也纳同盟》(1973 年)，以及 1929 年在华盛顿签订的《泛美国际商标注册公约》、1968 年缔结的《中美洲公约》、1972 年公布的《欧洲商标法》等。

第四节 著作权法

一、著作权

(一) 著作权的概念及其历史沿革

著作权(copy right)是指作者及其他著作权人对文学、艺术、科学作品所享有的专有性人身权利和财产权利的总称。各国知识产权法学者皆认为著作权是随着印刷术的采用而出现的,只不过最初的著作权更接近于“版权”的原始之意,即翻印权,并没有发展到对作者权利的保护。原始版权保护制度最早起源于我国宋朝,宋神宗继位(公元 1068 年)之前,朝廷曾颁布有“禁擅镌”的命令。15 世纪末,威尼斯共和国授予印刷商冯·施贝叶为期 5 年的印刷出版专有权,被认为是西方第一个由统治政权颁发的保护翻印之权的特许令。在此之后,罗马教皇于 1501 年,法国国王于 1507 年,英国国王于 1534 年,都曾为印刷出版商颁发过禁止他人随便翻印其书籍的特许令。欧洲第一个要求享有“作者权”,即对印刷商无偿地占有作者的精神创作成果提出抗议的是德国宗教改革的领袖马丁·路德。1709 年,英国议会通过了世界上第一部著作权法:《为鼓励知识创作而授予作者及购买者就其已印刷成册的图书在一定时期内之权利法》,即《安娜法令》。该法在序言申明确指出,颁布该法的主要目的,是防止印刷者不经作者同意就擅自印刷、翻印或者出版作者的作品,以鼓励有学问、有知识的人编辑或者写作有益的作品。法国 1791 年颁布《表演权法》、1793 年颁布《作者权法》,使著作权法离开了“印刷”、“出版”的基点,成为名副其实的保护作者权的法律。在法国之后建立版权保护制度的多数大陆法系国家,都沿用了法国著作权制度的“作者权”概念,作为与英文“版权”(copyright)相对应的术语。日本的著作权法自德国引进,“著作权”的日文含义即是“著作人的权利”,与作者权等同。著作权立法现代化、国际化潮流的推动下,“版权”体系的英美法系国家与“作者权”体系的大陆法系国家在基本原则、基本制度方面已出现相当程度的整合与趋同。2001 年新修订的《中华人民共和国著作权法》将 1990 年原《中华人民共和国著作权法》第 51 条“本法所称的著作权与版权系同义语”,修改为“本法所称的著作权即版权”,进一步表明了立法者对“著作权与版权为同一概念”的立法态度,澄清了较长时间以来我国学术界对此问题的争议,统一了法律术语的含义。

(二) 著作权保护的对象

各国版权法把著作权保护的对象分为主体与客体。所谓著作权保护的主体,是指用自己的创作活动产生某种作品的人,即可以享受著作权保护的作者。著作权的主体可以是本国和外国的公民与法人,也可以是政府机构与国际组织,例如,联合国及其所属专门机构的教科文组织与世界知识产权组织等。《世界版权公约》规定把受保护的著作权主体扩延到无国籍人士作者与流亡人士作者。所谓著作权保护的客体,是指以某种物质形式所表现的创作活动的产物,即一定的作品,通常是指作者创作的具体文学、艺术与科学作品。受法律保护的作品必须具备两个特点:一是作品必须是作者创作活动的产物,而不是抄袭别人的作品;二是作品不论其内容如何,都必须以一定的形式表现出来,以便别人能够看到、听到或触到(例如，凸点盲文)。任何作品只要具备上述两个特点，即具有一定的创造性与物质表达形式，不管其思想内容是否与早已问世的作品相同，都可以获得著作权。也就是说，著作权所保护的是作品的“独创的表达形式”，而不是作品的内容与实质。这是著作权与专利权和商标权的一个主要区别。

著作权保护的作品内容广泛，形式多样，各国的规定不完全相同。归纳起来，大体可以分为以下几类：(1)文字作品(著作、小册子、单篇文章及其他文字作品)；(2)口头作品(讲学、演说、布道及其他口头作品)；(3)音乐作品；(4)戏剧作品与戏剧音乐作品；(5)舞蹈作品与哑剧作品；(6)艺术作品：油画、绘画、版画、雕刻、雕塑与其他造型艺术作品；(7)摄影作品；(8)电影作品；(9)录音与录像作品；(10)电视与广播作品；(11)辞典、百科全书、文选、诗集与画集等；(12)与地理、地形、建筑或科学有关的示意图、地图、设计图与模型作品；(13)利用已有的文学、艺术与科学作品进行改编、翻译与注释等而形成的演绎作品。随着科学技术日新月异的发展，计算机程序的法律保护问题已经被提到议事日程。美国在 1980 年增补其新版权法时，第一个把计算机程序列为著作权法保护的对象。此后，越来越多的国家也将计算机程序纳入著作权保护的范畴。通常各国的著作权法规定，政府的法律、条例、行政命令与法院判决等官方文件；报纸与电台的新闻报道；公开的政治演说，属于公共财富的常识性的作品，例如，标语、口号、表册、日历与度量衡表等，都不在著作权的保护之列。此外，对于诽谤性的、淫秽色情的以及故意欺骗公众的作品，一般各国都拒绝予以著作权保护。

(三) 著作权人对其作品享有的权利

作者对其作品的专有权包括精神权利与经济权利，即人身权与财产权。

精神权利是指与作者人身不可分割的一种权利，主要包括作者有在自己的作品上签署真名、假名或不署名的权利；有发表、修改与收回自己作品的权利；有保护自己作品完整性的权利。这种精神权利只能由作者本人享有，而其他版权所有者都不能享有。它也不能转让、继承与剥夺。精神权利可以不依赖经济权利而存在，在经济权利转让后，作者还保留着精神权利。大多数国家的法律对作者的精神权利的保护是没有限制的。作者死后，他的精神权利一般由其继承人依法进行保护；如果作者没有合法继承人，就由相应的作者协会或作者生前的所属组织依法进行保护；有的国家则规定由作者生前的所属组织进行保护。

经济权利是一种财产权，主要是指作者自己利用或通过许可他人利用其作品而获得经济利益的权利。这些权利包括出版权、复制权、表演权、广播权、演绎权、发行权与展览权等。作者的这种经济权利可以赠送、转让与继承。作者可以把他的包括经济权利的著作权赠送给个人、法人、公众或国家。在英国、美国与其他英美法国家，著作权被看成是一种个人的流动财产，作者可以通过签订合同的方式将他的版权部分或全部地转让给他人。而在法国、德国与其他大陆法国家，著作权则被认为是一种与作者本人不可分割的个人权利，因此，不能作为流动财产转让，但是可以作为使用权转让，通常采取发放许可证的方式允许他人行使其版权中的某些权利。作者死后，他的著作权可以根据遗嘱继承或法定继承的程序转移给他的继承人。著作权除了可以通过合同或许可证的方式转让以及继承的方式转让外，还可以因国家收购而转移。

法律对作者的版权的经济权利的保护是有一定的期限的，一般为作品发表后若干年，或为作者在世之年加死后若干年。一部作品的著作权期限届满后，该作品就成为人类共有文化财富，任何人都可以自由地使用。但是，近年来，有些国家制定了若干规定，对这类作品的使用要求支付一定数额的报酬，用来作为扶助作者基金或某种社会福利基金。各国的著作权法与国际版权公约，除了强调保护作者的正当权益外，还规定在一定的条件下，为了公众与社会的利益，为了发展文化科学的需要，可以不经著作权所有人的同意而无偿地利用其著作权的作品，这就叫作对著作权的权利限制或称为"合理使用"。"合理使用"的条件归纳起来，主要有以下六个方面：(1)为了个人学习、学术研究、评论与新闻报道而摘录、复制某一作品；(2)为了诉讼程序的需要或报道此种诉讼程序而复制某一作品；(3)为了进行系统教学活动收集教材而复制某一作品；(4)图书馆、档案馆或其他资料中心(指非营利性的对公众开放的资料中心)为保藏版本或供公众借阅等目的而对某一作品进行复制(包括照相复制、录音、录像等)；(5)利用已发表的作品免费在公共场所表演节目，或为了教学目的，师生在校内表演或展出某一作品，或为慈善机构募捐举行义演而表演或展出某一作品；(6)在自己的作品中少量引用他人的作品等。不论属于哪种情况，使用者都必须说明作品的来源与作者的姓名，并且严格遵守法律规定的条件(例如，复制件不许超过一定的份数等)。

著作权是一种排他性的权利，非经本人或法律许可，他人不得行使，否则便构成对著作权的侵犯。在著作权遭受侵犯时，作者或版权所有人有权向法院提起诉讼，要求侵权者停止侵犯著作权的行为、赔偿损失直至给予侵权者以法律制裁。

二、著作权的国际保护

同商标权、专利权一样，著作权具有严格的地域性，即受一国保护的著作权，仅在该国境内有效，其他国家没有保护的义务。19 世纪上半期，随着科学技术的日益进步与工业生产的迅速发展，作为传播科学文化手段的出版业也由于印刷技术的改进而迅速发展起来，各国对科学文化知识的需求日益迫切，使得许多优秀的作品被打破一国界限而在许多国家大量翻印、翻译与发行。这使得各国之间在促进文化交往的同时，由于版权的地域性的作用，使本国的作者与出版商的合法利益得不到外国法律的保护。为了保护本国作者与出版商的利益，便于本国出版商在国际图书市场的竞争方面处于有利的地位，英国、法国等欧洲发达国家积极地开展谋求国际版权保护的活动。除了签订双边版权协定相互给予互惠待遇外，他们之间主要是通过缔结多边国际公约实现对版权的国际保护。经过多次国际会议，以英国、法国、德国与西班牙等欧洲国家为中心，于 1886 年在瑞士首都伯尔尼签订了《保护文学艺术作品伯尔尼公约》(*Berne Convention for the Protection of Literary and Artistic Works*，简称《伯尔尼公约》)。美国、阿根廷、巴西、智利等美洲国家于 1889 年在乌拉圭首都蒙得维的亚签订了《美洲国家间版权公约》(简称《泛美公约》)。1952 年，在联合国教科文组织发起与主持下，在日内瓦签订了《世界版权公约》。美国与《泛美公约》的成员国都先后参加了《世界版权公约》。所以，《泛美公约》这个地区性的多边版权公约已经被完全取代了。法语非洲 13 个国家于 1977 年在中非首都班吉签订了《班吉协定》，其附件七是世界上第一部地区性的跨国版权法。《伯尔尼公约》与《世界版权公约》是当前在版权的国际性保护方面最有影响与成员国最多的世界性公约。其主要内容与基本原则如下。

（一）《保护文学艺术作品伯尔尼公约》

《伯尔尼公约》于1886年9月9日签订于瑞士首都伯尔尼。当时签字的有英国、法国、德国、意大利与西班牙等10个国家。1887年由上述国家组成了伯尔尼同盟。《伯尔尼公约》于1887年12月5日生效。《伯尔尼公约》缔结后，先后经过7次修订与补充：1896年于巴黎，1908年于柏林，1914年于伯尔尼，1928年于罗马，1948年于布鲁塞尔，1967年于斯德哥尔摩，1971年于巴黎。截至2013年11月22日，随着莫桑比克加入，共有167个国家参加了《伯尔尼公约》。《伯尔尼公约》的管理机构是联合国世界知识产权组织。

《伯尔尼公约》是一个开放性的国际公约，是世界上第一个保护文学、艺术与科学作品的国际公约，为著作权的国际保护奠定了基础。长期以来，美国以公约条文与本国立法有抵触和未获得国会批准为理由没有在公约上签字，至今未加入。除了加拿大等个别国家外，美洲国家也拒绝参加《伯尔尼公约》。20世纪50年代至70年代中期，1948年布鲁塞尔修订文本曾一直是《伯尔尼公约》的权威文本。但是现在已经逐渐被1971年巴黎修订文本所代替。目前采用巴黎修订文本的成员国已有40多个。根据巴黎修订文本的规定，现在任何一个希望参加《伯尔尼公约》的国家，只能参加1971年在巴黎修订的公约。《伯尔尼公约》共有44条，其中正文有38条，附件有6条，正文前21条与附件6条为实质性条款。正文后17条为管理条款。《伯尔尼公约》对保护的对象、作者的专有权利、保护期限、对版权的限制以及对发展中国家实行强制许可证等，都有比较详细的规定。《伯尔尼公约》的第5条规定了以下基本原则。

1. 国民待遇原则

《伯尔尼公约》第5条第1款规定适用“双国籍国民待遇”原则，双国籍是指作者国籍与作品国籍。双国籍国民待遇原则，是指如果作者为一成员国的国民，则不论其作品在哪个国家出版，或者如果作品首次在一成员国出版，则不论作者为哪一国国民，在这两种情况下出版的作品，在其他成员国中均享有各成员国给予其本国国民的作品的同等保护。这项原则也适用于在任何成员国有长期住所的不具有成员国国籍的作者。由于某些缔约国国内法律给予本国作者的版权权利可能低于《伯尔尼公约》的规定，或者提出了比《伯尔尼公约》规定更严格的限制或条件，如果完全实施国民待遇，则受公约保护的作者按照国民待遇受到的保护还不如公约规定的最低标准。为了避免出现这种不合理的现象，公约特别规定，受公约保护的作者在各成员国除了享受国民待遇外，还享受本公约特别授予的权利。根据这项原则，各成员国不论是对本国作者还是外国作者作品的版权保护水平都不得低于《伯尔尼公约》规定的限度。归纳起来，主要有以下五项内容：(1)受保护的作品起码要包括《伯尔尼公约》的作品分类中所列各类作品；(2)作者所享有的经济权利起码要包括复制权、翻译权、公演权、广播权、摄制影片权与改编权等；(3)作者应享有不依赖于经济权利而独立存在的精神权利；(4)文字作品的版权保护不得少于作者有生之年加死后50年；在作者难以确定的情况下，不得少于自作品发表之日起50年；(5)《伯尔尼公约》要求各成员国向其他成员国的作品提供的保护必须具有追溯力，即一成员国对其参加

《伯尔尼公约》之前其他成员国内已受保护的作品必须给予保护，而不仅仅保护在它参加《伯尔尼公约》之后其他成员国开始保护的作品。

2. 自动保护原则

根据公约第 5 条第 2 款规定的这项原则，作者在公约成员国中享受版权的保护，不需要履行任何手续，即作品一旦产生，便自动受到保护，不必登记注册，不必送交样本，也不必在出版物上刊载任何形式的标记。公约允许各成员国作出一项保留，即“固定要求”：即各缔约国法律有权规定仅保护表现于一定物质形式上的文学艺术作品。

3. 独立性原则

公约第 5 条第 2 款规定，享受和行使这类权利不需要履行任何手续，也不管作品起源国是否存在有关保护的规定。因此，除本公约条款外，只有向之提出保护要求的国家的法律方得规定保护范围及向作者提供的保护其权利的补救方法。公约的该项规定，旨在说明作品在缔约国所享受的保护，不依赖于其在起源国所受到的保护，完全依照该缔约国的法律。

（二）《世界版权公约》(*Universal Copyright Convention*)

《世界版权公约》是在联合国教科文组织的主持下，于 1952 年 9 月 6 日在日内瓦召开的政府间代表会议上签订的。美国、英国、法国等 50 个国家的代表参加了大会，其中 40 个国家的代表在公约上签了字，并成立了政府间的著作权委员会。该公约已于 1955 年 9 月 16 日开始生效。1971 年，《世界版权公约》与《伯尔尼公约》同时在巴黎作了修订，修订后的《世界版权公约》于 1974 年 7 月 10 日生效，任何新的参加国，只能参加这个在巴黎修订的公约。《世界版权公约》也是一个开放性的国际公约，与《伯尔尼公约》互相独立，但是原来已参加《伯尔尼公约》的，不能退出原公约而参加《世界版权公约》。至 1988 年 1 月，已有 78 个国家参加了《世界版权公约》，其中大约有 46 个国家同时也是《伯尔尼公约》的成员国。《世界版权公约》是作为《伯尔尼公约》与《泛美版权公约》调和折中的产物而制定的。第二次世界大战后，美国的大出版商与大书商为了使日益增多的作品在国外得到充分的保护，并扩大与控制世界图书市场，迫切希望缔结一个对它有利的新的国际版权公约，但是又不愿意参加由欧洲国家控制的伯尔尼同盟。另外，伯尔尼同盟国家为了使自己的作品打进美国与美洲其他国家的市场，并得到充分的保护，也急于要把美国拉进国际版权组织。因此，双方都希望建立一个国际版权组织协调它们之间的关系。于是，在美国的推动下，《世界版权公约》在联合国教科文组织的主持下制定出来了。为了使公约既能为《伯尔尼公约》参加国所接受，又能为美洲国家所接受，因此，《世界版权公约》强调它将不触及各缔约国之间以前已经达成的行之有效的双边或多边著作权协定的效力。参加《世界版权公约》的《伯尔尼公约》成员国，如果对某作品的版权保护在两项公约的条款之间发生矛盾时，应当服从《伯尔尼公约》的条款。《世界版权公约》的缔结并没有取代《伯尔尼公约》以及美洲国家间地区性的版权公约，原因是两大法律制度差别太大，只能达成部分统一。尽管如此，它的制定将美洲国家纳入世界版权保护的阵营，大大减少了两种版权制度之间的冲突。

《世界版权公约》的条文很短，不到《伯尔尼公约》的 1/3，各种规定也都是原则性的。《世界版权公约》1971 年巴黎修订文本的主要原则如下。

1. 国民待遇原则。实行双国籍国民待遇，具体内容与《伯尔尼公约》关于“国民待遇”原则的规定基本相同。

2. 非自动保护原则。任何一个缔约国出版的作品，必须具备一定的形式，即出版作品的所有各册，必须在版权栏内醒目的地方标有C(文字作品)或R(录制品)的标记、作者姓名与初版年份等三项内容，才可以在其他缔约国自动受到保护，并且无须履行任何登记注册之类的手续。

3. 最低限度保护原则。《世界版权公约》对各成员国版权法的保护水平规定了最低要求，主要有以下三项内容：(1)要充分、有效地保护文学、科学与艺术作品，包括文字、音乐、戏剧、电影作品、绘画、雕刻与雕塑(作品的具体范围与内容，未加限制)；(2)作者享有的经济权利起码要包括复制权、公演权、广播权与翻译权；(3)对作品的保护期一般不得少于作者有生之年加死后25年，或作品发表之后25年。

《世界版权公约》虽然调和了美国与英国、法国等国家在著作权保护问题上的矛盾，但是并没有解决发展中国家与发达国家之间在这个问题上的矛盾。当前，发展中国家要求改变这种不合理的国际版权保护制度的呼声日益强烈，而发达国家却力图维护现行制度，双方的矛盾越来越尖锐。1971年7月，由联合国教科文组织出面，在巴黎同时召开了修订《伯尔尼公约》与《世界版权公约》的会议，制定并通过了两项公约的修订本。在新修订的文本中，共同给予了发展中国家在作品的翻译与复制权方面以某些优惠待遇。

4. 外国人的作品在本国取得版权保护的待遇。各国著作权的立法都规定，在一定的条件下，准予外国人在本国依法取得著作权，即给予国民待遇。几乎所有国家对第一版首次在本国发表的外国作者的作品，都采用“作品国籍”原则(亦称为地域原则)，视为本国作品，给予与本国作品相等的保护。“作品国籍”原则，是指第一版首次在本国发表的作品便被认为是该国的作品，而不管作者国籍如何，住所何在，都受到该国法律的保护。另外，本国作者第一版首次在外国发表的作品，被视为外国作品，但是该作品在作者本国仍然受到保护。对在一国已发表的作品，则只能通过互惠原则、双边协定或多边国际版权公约，才能在他国获得国民待遇，取得著作权的保护。一国的作品，不论是根据“作品国籍”原则，还是根据互惠原则、双边协定或多边国际版权公约，如果要在外国获得著作权的保护，都必须以他国的国内法为依据，也就是说，必须建立在他国的国内法效力之上。

(三)《保护表演者、录制者及广播组织罗马公约》

《保护表演者、录制者及广播组织罗马公约》(*Rome Convention for the Protection of Performers, Producers of Phonograms and Broadcasting Organizations*)简称《罗马公约》，于1961年10月26日缔结，1964年5月18日生效。该公约要求一个国家必须是参加了两项主要的版权公约(即《伯尔尼公约》与《世界版权公约》)中的任何一个之后，才有资格参加该公约。截至2013年8月，已有91个成员国。《罗马公约》保护表演者的专有权利、录制者的专有权利与广播组织的专有权利，其专有权的保护期限为20年。

《罗马公约》的行政管理由联合国世界知识产权组织、教科文组织与国际劳工组织共同承担。这是世界上第一个保护邻接权的国际公约。邻接权是为了保护作品传播者的权利而设立的一种权利。因为它和著作权紧密相连，所以世界上大多数国家称之为邻接权。它主要包括表演者的权利、广播电视组织的权利、录音录像制作者的权利。这三种主要的权利是世界上建立著作权制度国家中的大多数都承认的，但邻接权在各国的法律保护的内涵和外延不尽相同。我国《著作权法》将邻接权表述为“与著作权有关的权益”。

邻接权和著作权同属于知识产权的范畴，两者之间有着密切的联系：两者都是法律规定的专有权利，都具有严格的时间性和地域性。但邻接权和著作权又都是独立的权利，两者之间亦有显著的区别：在权利主体方面，著作权保护的主体是作品的创作者，而邻接权保护的主体是作品的传播者；在权利客体方面，著作权的客体是具有独创性的作品，而邻接权的客体是为了传播作品而赋予作品的传播形式。从世界各国知识产权制度产生发展的历史看，法律对邻接权的保护晚于对著作权的保护。著作权和邻接权两者紧密相连、互相依存，法律既要保护作品的创作者，也要保护作品的传播者，作品只有传播才能为公众知晓，才能实现作品的社会价值和经济价值。《罗马公约》规定保护邻接权的主要内容包括如下。

1. 表演者权

根据公约第 7 条的规定，表演者应享有制止下列三种行为的可能性：未经其同意而将其表演进行广播或向公众传播，但专为广播或向公众传播而作的表演以及根据已固定的表演而作的表演除外；未经其同意而将其未固定的表演加以固定；未经其同意而复制其已经固定的表演，或者复制的目的不同于表演者同意的目的，或者原始固定是根据第 15 条(邻接权的例外)的规定而为但复制却出于不同于该条规定的目的。

在广播是经表演者同意而为的情况下，对转播、为广播目的的录音、录像以及为广播目的而复制此种录音、录像是否受保护，由被请求的缔约国的国内法决定。对于广播组织使用为了广播目的而制定的录音、录像的条件，亦应由被请求保护的缔约国的国内法决定。但上述国内法不得剥夺表演者通过合同控制其与广播组织的关系的能力。如果数个表演者参与同一个表演，为了每个表演者行使权利的方便，公约第 8 条规定，任何缔约国得通过其国内法律与规章，指定一定的方式来确定代表表演者行使其权利的代表。

《罗马公约》第 7 条和第 8 条规定的表演者保护，是针对文学或艺术作品的表演者。如果所表演的不是文学或艺术作品，如杂耍、马戏等，公约第 9 条规定，任何缔约方得通过其国内法律和规章，将本公约给予的保护延及非文学或艺术作品的表演者。

2. 录音制品制作者权

公约第 10 条规定，录音制品制作者应享有授权或禁止直接或间接复制其录音制品的权利。

根据公约第 11 条的规定，如果一缔约国根据其国内法的规定，将履行一定的手续作为对录音制品制作者权利或与录音制品有关的表演者权利保护的一个条件，只要录音制品含有规定的标记，应视为已完全履行了所有手续。

公约第 12 条规定，如果将为商业目的而出版的录音制品或其他复制品直接用于广播或任何公共传播，使用者应向表演者和或录制制品制作者支付一笔公平的补偿金。在当事人无协议的情况下，国内法得规定该补偿金的分配条件。

3．广播组织权

《罗马公约》第13条规定了对广播组织的最低限度保护。依该条规定，广播组织享有授权或禁止下列行为的权利：转播其广播节目；将其广播节目进行固定；复制未经其同意的其广播节目的固定，以及，如果该未经其同意的固定是根据第15条规定而制作，为了不同于该规定的目的而进行的复制；向公众传播其电视广播，如果传播发生在公众付入场费才能进入的地方。行使上述最后一项权利的条件由被请求保护的国家的国内法决定。

4．邻接权的保护期

根据公约第14条的规定，本公约给予的保护的期限至少应为20年。

5．保护的例外

公约第15条规定，任何缔约国可在其国内法律和规章中规定，下列行为属于公约所提供的保护的例外：(1)私人使用；(2)在时事报道中少量引用；(3)广播组织为了方便自己在广播中使用而短暂固定；(4)纯粹出于教学或科学研究目的的使用。除了上述例外以外，公约规定，任何缔约国可以将其国内法律和规章中对文学艺术作品版权保护的限制，同样地适用于对表演者、录音制品制作者和广播组织的保护。但是，对强制许可应遵守本公约的有关规定。

第五节　知识产权的国际保护

一、世界知识产权组织

保护工业产权巴黎同盟的国际局与保护文学艺术作品伯尔尼同盟的国际局，于1893年合并在一起，成立了一个联合事务局，并更名为“保护知识产权联合国际局”。该机构曾置于瑞士政府的监督之下，因此不能充分发挥国际机构的作用。在该联合国际局的建议下，经过多年的酝酿，51个国家于1967年7月14日在斯德哥尔摩会议上签订了《成立世界知识产权组织公约》，并根据该公约成立了一个政府间的国际机构，定名为“世界知识产权组织”(World Intellectual Property Organization，WIPO)。《成立世界知识产权组织公约》于1970年4月26日正式生效。1974年12月，世界知识产权组织成为联合国的一个专门机构，是联合国15个专门机构中的第14个，总部设在日内瓦。截至2013年8月，该公约已有186个成员国，中国于1980年6月3日批准了《成立世界知识产权组织公约》，并加入该组织，成为该组织的第90个成员国。

世界知识产权组织的宗旨是：(1)通过各国间的合作，并在适当的情况下与其他国际组织进行协作，以促进在全世界范围内保护知识产权；(2)保证各种知识产权方面的公约所建立的联盟之间在行政上的使用。世界知识产权组织的主要任务与职能包括：(1)在促进全世界对知识产权保护方面，鼓励缔结新的国际条约，协调各国的立法，给予发展中国家以法律与技术援助，搜集并传播情报，以及办理国际注册或成员国之间的其他行政合作事宜。(2)在各知识产权同盟的行政合作方面，世界知识产权组织将各同盟的行政工作集中于日内瓦国际局(即世界知识产权组织的秘书处)。目前，它执行保护工业产权巴黎同盟、保护文学艺术作品伯尔尼同盟、商标国际注册马德里同盟、专利合作条约同盟、工业品外观设计国际保存海牙协定同盟等十几个知识产权方面的国际组织的行政职务。所以,世界知识产权组织已成为知识产权方面的十几个同盟的行政执行机构。(3)在对发展中国家援助方面,世界知识产权组织就技术转让、起草知识产权方面的立法、建立专利机构与专利文献机构以及培养专业工作人员等事项向发展中国家提供援助。例如,它起草了《发展中国家发明示范法》及其实施细则以供发展中国家参考。为了在技术转让问题上对发展中国家提供帮助,它制定了“工业产权发展合作长期计划”。

世界知识产权组织管理的联盟、公约、条约及协定主要有:(1)在工业产权方面:巴黎联盟(《保护工业产权巴黎公约》)、《制裁商标来源的虚假或欺骗性标志马德里协定》、马德里联盟(《商标国际注册马德里协定》)、海牙联盟(《工业品外观设计国际保存海牙协定》)、尼斯联盟(《商标注册用商品与服务国际分类尼斯协定》)、里斯本联盟(《保护产地名称及其国际注册里斯本协定》)、洛迦诺联盟(《建立工业品外观设计国际分类洛迦诺协定》)、《专利合作条约》联盟、国际专利分类联盟(《国际专利分类斯特拉斯堡协定》)、维也纳联盟(《建立商标图形要素国际分类维也纳协定》)、布达佩斯联盟(《国际承认用于专利程序的微生物保存布达佩斯条约》)、《保护奥林匹克会徽内罗毕条约》;(2)在著作权方面:伯尔尼联盟(《保护文学艺术作品伯尔尼公约》)、《保护表演者、唱片制作者和广播组织罗马公约》、《保护唱片制作者禁止未经许可复制其唱片的日内瓦公约》、《发送卫星传输节目信号布鲁塞尔公约》。

世界知识产权组织设有四个机构。

1. 大会

由参加本公约的各同盟成员国组成,是其最高权力机构。大会的主要职责是:任命总干事;审核并批准总干事与协调委员会的工作报告;通过各同盟共同的3年开支预算;通过本组织的财务条例等。

2. 成员国会议

由参加本公约的国家组成,不论其是否为任何同盟的成员国。会议的主要职责是:讨论知识产权方面普遍感兴趣的事项;通过成员国会议的3年预算;在预算限度内制定3年法律、技术援助计划等。

3. 协调委员会

由担任巴黎同盟执行委员会委员或伯尔尼同盟执行委员会委员或兼任该两委员会委员的本公约参加国组成,为保证各同盟国之间的合作而设立的机构。其主要职责是:就一切与行政、财务等有关事项提出意见;拟订大会的议程草案。

4. 国际局

是世界知识产权组织各种机构与各同盟的秘书处,即常设办事机构。其主要职责是:提供报告与工作文件,为这些机构的会议做准备。它自己组织各种会议。会议以后,它要保证使会议决定传达到各有关方面,并将与国际局有关的各项决定付诸实施。国际局设总干事1人和2个以上的副总干事。总干事为本组织的行政首脑,任期不得少于6年,可连选连任。总干事应向大会提出关于本组织内、外事务的报告,并遵从大会的指示。

二、世界贸易组织有关知识产权保护的机制

第二次世界大战后，调整国际经济贸易和金融关系的三大支柱之一关税与贸易总协定，为战后的经济恢复和发展起到了重要的作用。自1947年成立以来，关贸总协定一直作为一个“事实上”的国际贸易组织，主持关税和贸易领域的多边谈判。1986年，总协定决定发起第八轮多边贸易谈判，即“乌拉圭回合”。

在乌拉圭回合谈判之前，知识产权保护体系在国内、国际水平上已普遍建立起来。但从总体上看，知识产权保护还存在着很大不足：许多国家尤其是发展中国家的知识产权制度不健全，保护水平较低；现存的国际条约的缔约国数目太少，各条约缺少强有力的机构来保证其实施，各公约缺少相互协调机制等。因此，发达国家极力主张在乌拉圭回合中就知识产权问题进行谈判，以期将知识产权问题纳入关贸总协定多边法律框架当中。乌拉圭回合部长宣言就此问题阐述了知识产权问题谈判的原则和目标：即为了减少对国际贸易的扭曲和障碍，考虑到促进充分有效地保护知识产权的必要性，并保证实施知识产权的措施和程序本身不对合法贸易构成障碍，谈判应旨在澄清关贸总协定的规定，并视情况制定新的规则和纪律；谈判应旨在拟订处理国际贸易的多边原则、规则和纪律的框架，同时应考虑到总协定已进行的工作；这些谈判不得有碍于世界知识产权组织和其他机构在处理这些问题方面可能采取的其他补充行动。《乌拉圭回合部长宣言》通过以后，“乌拉圭回合”正式启动。在谈判结果的4个附件中，附件1中的附件1A是“货物贸易多边协定”，附件1B是“服务贸易总协定及附件”，附件1C是“与贸易有关的知识产权协定”(Agreement on Trade-Related Aspects of Intellectual Property Rights，TRIPs)。

就知识产权而言，按最初的议题，只对与贸易有关的知识产权问题进行谈判。但随着谈判的进展，谈判超出了原定范围，几乎涉及知识产权各个领域。在1989年4月召开的高级官员会议上，经过各方妥协，就知识产权问题达成了一致意见，形成了关于知识产权问题的框架协议。此后知识产权谈判开始进入实质阶段。在谈判的过程，发展中国家与发达国家的立场差距很大，但由于这次谈判采用“一揽子”谈判方式，不在知识产权问题上作出让步，很难在其他方面让发达国家作出让步，因此，许多发展中国家转而支持就知识产权问题进行谈判。到1991年，当时的总干事邓克尔提出了最后文本草案的框架，其中有关知识产权问题的协定基本获得通过。1993年12月15日，随着乌拉圭回合谈判的全部结束，知识产权问题也最终形成了协议。

《TRIPs协定》属于世界贸易组织框架下的多边协定，凡世界贸易组织的成员都必须加入。截至2013年12月，世界贸易组织成员已有160个。中国于2001年12月11日正式加入世界贸易组织。TRIPs的订立对于国际上知识产权的保护具有重要的意义，是对知识产权国际保护的新发展。与在世界知识产权组织管辖下的《巴黎公约》与《伯尔尼公约》等保护知识产权的国际条约相比较，TRIPs第一次以协定的形式将知识产权的国际保护在WTO的文件中作出了正式规定，第一次把商标、专利与版权的各种知识产权的保护合并为一体，第一次与国际贸易相联系，从而第一次把世界贸易组织(WTO)成员应尽的义务扩大到国际知识产权保护的适用领域。

三、TRIPs的主要内容与规则

（一）基本原则

传统的知识产权保护原则只有国民待遇原则，而TRIPs则增加了最惠国原则。国民待遇原则与最惠国待遇原则一起构成世界贸易体系下的非歧视原则，其实质是要求各成员"一视同仁"地对待本国生产的产品和进口的相同产品。

1. 国民待遇

TRIPs第3条"国民待遇"规定如下。

（1）在知识产权保护方面，各成员应给予其他成员国民不低于本国国民的待遇，除非在《巴黎公约》、《伯尔尼公约》、《罗马公约》或《集成电路知识产权保护条约》中已规定的例外。对表演者、录音制品制作者与广播组织而言，该义务仅限于本协议规定之权利。任何成员如可能适用《伯尔尼公约》(1971年)第6条，或《罗马公约》第16条(b)，应根据这些规定通报与贸易有关的知识产权理事会。

（2）各成员可以在司法与行政程序方面适用第1款的例外，包括在某成员的管辖范围内指定服务地址或代理人，但是这种例外是实施与本协定不相抵触的法律与细则所必不可少并且这种实践不能构成对贸易的伪装限制。在国民待遇原则方面，TRIPs第3条第1款的规定是关贸总协定(GATT)第3条第1款的延伸，所不同的是，其同等对待的对象是国民及其享受的知识产权，而不是产品。这里所谓的国民，是指在世界贸易组织中独立关境成员中的人，包括自然人和法人。他们在此独立关境中有居住所，或有实际的、有效的工商营业所。

2. 最惠国待遇

就知识产权领域而言，过去在世界知识产权组织管理的国际条约下实施的知识产权的国际保护中，只有"国民待遇"原则，没有"最惠国待遇"原则。关贸总协定的乌拉圭回合为新建的世界贸易组织加强对知识产权的国际保护，在"国民待遇"原则之外，增加了"最惠国待遇"。该原则进一步加强了知识产权的国际保护，对知识产权国际保护的发展，无疑具有极为重要的意义。

TRIPs第4条是"最惠国待遇"条款：在知识产权保护方面，某成员给予任何其他成员国民的任何利益、优待、特权或豁免，都将立即无条件地给予其他成员国民。某成员给予任何这种利益、优惠、特权或豁免的义务之例外是：(1)基于有关司法协助的国际协定或一般性质的法律实施，并且不是特定限于知识产权保护；(2)根据《伯尔尼公约》或《罗马条约》有关规定允许给予的待遇，不属于国民待遇，而属于在其他国家获得的对等待遇；(3)有关本协定未规定的表演者、录音制品制作者和广播组织权利；(4)在WTO生效以前，根据国际协定规定的知识产权保护措施，如果已将这种协定通知与贸易有关的知识产权理事会，并且不构成对其他成员的专横和不公正的歧视。

（二）TRIPs对知识产权的保护范围

以《巴黎公约》、《伯尔尼公约》等为基础，TRIPs协定为处在世纪之交的国际贸易中的知识产权保护确立了一系列新的标准与制度。

TRIPs对知识产权的定义见之于其第1条第2款。该条款规定了协定中所包含的知识产权的七个方面：

(1) 版权与邻接权；(2)商标权；(3)地理标志权；(4)工业品外观设计权；(5)专利权；(6)集成电路布图(拓扑图)设计权；(7)未披露过的信息专有权。(8)许可协议中对反竞争惯例的控制。

对此，有两个问题必须加以说明。

(1) 与“贸易”有关，这里的“贸易”主要指有形货物的贸易。TRIPs 并不涉及服务贸易，服务贸易另有《服务贸易总协定》对其加以规范。

(2) 协定中所涉及的对未披露过的信息专有权的保护，实际上主要是指对“商业秘密”(trade secrets)的保护，其中也自然包括对技术诀窍(know-how)的保护。长期以来，知识产权法理论界及司法界在关于商业秘密究竟是否能作为一种财产权对待而争论不休。该协定在国际贸易领域对此作出了肯定的回答。这是采用了美国国内法规的规定。美国司法部与联邦贸易委员会于 1996 年 4 月共同颁布的《知识产权许可证指导准则》，明确地将“商业秘密”包括在知识产权之中。

(三) 知识产权保护的实体标准

1. 版权与邻接权

TRIPs 的版权条款是第 9 条至第 13 条，沿袭了《伯尔尼公约》规定的版权保护标准(作者的精神权利除外)，以及版权保护的是作品而非观念这种传统理论，同时又着重规定了与信息技术产品、影视产品相关的知识产权保护标准。

(1) 明确地将计算机程序与数据汇编(即数据库)作为版权保护的客体。随着信息时代的来临，计算机程序软件已成为美国等发达国家的重要出口产品。为此，这些发达国家强烈要求通过版权保护计算机程序软件设计者与生产商的利益。同时，协议规定了保护“完全意义上的数据库”。TRIPs 第 10 条规定：“汇编或其他材料的汇编，无论采用机器可读形式还是其他形式，只要内容的选择与安排构成智力创作，即应予以保护。这类保护不延及数据或其他材料本身，不得损害数据或材料本身已有的版权。”这一规定适应了迅猛发展的互联网上的知识产权保护的需要。

(2) 计算机程序与影视作品的作者及其继承者，可以授权或禁止他人向公众商业性出租其原始的或复制的版权作品。这是与商业交易特别有关的一项权利。TRIPs 第 14 条规定了若干邻接权的保护标准，其中包括在录制表演者表演的音像作品方面，未经表演者授权不得录制或复制，或通过无线电通信向公众传播；音像作品制作者可以授权或禁止他人直接或间接地复制其作品；音像制作者享有出租权；表演者与音像作品制作者的相邻权保护期至少为首次表演或录制之日起的 50 年；广播组织的相邻权保护期为首次广播之日起 20 年。值得注意的是，TRIPs 第 14 条第 4 款规定：在 1999 年 4 月 15 日时，某成员已生效的域内法在录音制品的出租方面已规定了对权利人的公平补偿制度，将被允许继续实行，只要这种商业性出租不会导致对权利人独占复制权的实质性损害。

2. 商标权

TRIPs 的商标条款是第 15～20 条，在与已有的商标保护国际条约相协调的基础上作了进一步的规定。

(1) 商标保护的主题包括任何能够区分特定商品或服务,构成某种商标的标志或组合。如果某种标志难以起到区别的作用,则成员可以根据使用情况,决定是否给予商标注册。成员可以将使用作为商标注册的依据,但是商标的实际使用不能作为申请商标注册的条件。

(2) 对驰名商标的保护。TRIPs 确立了由商标注册国或使用国主管机构认定驰名商标;第 16 条第 2 款着重规定了驰名商标的认定原则:第一,服务商标应适用驰名商标的有关规定。协定规定,《巴黎公约》第 6 条之 2 关于驰名商标的规定原则上应适用于服务商标;第二,确定驰名商标应考虑的因素。协定规定,在确定一个商标是否成为驰名商标时,成员应考虑到该商标在相关领域的公众中的知名度,包括在成员内由于商标宣传而获得的知名度;第三,驰名商标的效力。协定规定,《巴黎公约》第 6 条之 2 原则上应适用于与商标注册使用的商品或服务不相类似的商品或服务,如果在有关商品或服务上使用该商标将使人认为有关商品或服务与注册商标所有人存在有关联,而且注册商标所有人的利益由于此种使用而可能受损害。

(3) 注册商标专用权。未经商标所有人的同意,任何人均不得在商业中使用与该注册货物或服务商标相同或相似的商标。但是,这种注册商标专用权不能妨碍先有商标的使用权,或影响成员规定以实际使用为基础的商标权。

(4) 注册商标的保护期为初始注册之日起的 7 年。该保护期可以无限期地每 7 年续展。

3. 地理标志权

与《巴黎公约》相比较,TRIPs 在商标保护方面与其基本原则相同,但是 TRIPs 更强调地理标志的保护,特别是酒类地理标志的附加保护。TRIPs 第 22 条规定,地理标志是指确认原产于成员领域内的商品,说明该商品由于地理上的原产地而特有的质量、声誉或其他特点。各成员应采取一定的法律手段,保护原产地标志所有人的利益,以防止任何假冒原产地标志或《巴黎公约》第 10 条第 2 款规定的不正当竞争。对于葡萄酒或烈性酒产品,TRIPs 第 23 条规定了有关原产地标志的附加保护。

4. 工业品外观设计权

根据 TRIPs 第 25 条与第 26 条的规定,各成员应对具有独创性与新颖性的外观设计提供保护。对于那些不具有独创性与新颖性,但是足以区别于其他已知设计特点的外观设计,由各成员决定是否给予保护。各成员可以通过外观设计法或版权法,保护纺织品外观设计。外观设计的所有人享有权利,任何第三人未经其同意不得为了商业目的而制造、销售或进口包含复制该外观设计的产品。外观设计保护期至少为 10 年。

5. 专利权

TRIPs 对专利保护范围、保护期限、授予的权利与方法专利的举证责任等实质问题作出了规定,这是对以往知识产权国际公约的突破。TRIPs 第 27 条至第 34 条规定了以下标准。

(1) 专利的主题应是所有技术领域内的任何发明,无论其是产品还是工序,除非为了保护公共秩序或道德,包括保护人类的生存与健康,动、植物的生长,或避免对环境的严重破坏;对人类或动物的治疗方法。这一规定将大多数发展中国家不予以保护的药品、食品与化学物质包括在内，突出地反映了发达国家的利益。而上述除外规定是各国专利法普遍采纳的。值得注意的是，第 26 条第 3 款(b)项规定：成员可以排除采用生物工序（不包括非生物与微生物工序）再生动、植物（不包括微生物）的专利主题，但是应提供专利或其他有效的特别制度，保护植物新品种。这说明各成员可以决定是否保护与基因工程技术有关的专利主题。

(2) 可以获得专利的条件应是新颖性与具有工业适用性。这一规定沿袭了国际公认的标准。当然，由于专利的独立性，各成员在运用这些标准决定是否授予专利时，难免存在程度上的差别。

(3) 第 28 条规定，授予的专利权利包括：对产品专利来说，禁止第三人未经权利人许可制造、利用、要约销售、销售或为这些目的而进口该产品；对方法专利来说，禁止第三人未经专利权人许可使用、要约销售、销售或为这些目的而进口由该专利方法直接获得的产品。值得注意的是，这一规定排除了非专利权人的"平行进口权"，即非专利权人可以进口在外国授予的同一专利产品或由同一方法生产的产品，而这与国际贸易密切相关。TRIPs 第 20 条第 2 款进一步规定，专利所有人有权转让其专利或许可他人使用。

(4) 专利申请的条件。各成员都应要求专利申请人以充分清晰与完整的方式披露该发明，使得该领域的技术人员可以实施该发明。这也是国际上早已公认的专利申请条件。但是，TRIPs 第 29 条规定的由各成员决定是否采纳的"最佳方式"条件，则是源于美国专利申请制度的较高标准。同时，TRIPs 遵循了《巴黎公约》确定的"优先权"原则。

(5) 专利的授予及其权利的行使不应由于发明的地点、技术领域或产品是否是本地生产而得到歧视待遇，即在符合上述 TRIPs 规定的专利主题、可取得专利的条件与申请条件的前提下，各成员不应歧视对待在域外的发明或在域外生产的专利产品。

(6) 未经权利人许可的其他使用。在承认强制许可使用与政府使用专利权的同时，规定了一系列限制适用强制许可的条件，包括个案处理、合理要求许可使用未成、非独占使用与非转让等。

(7) 专利的撤销与无效。协定第 32 条并未规定专利撤销与宣布无效的具体规则，只是要求成员在作出撤销或宣布无效的决定时，应提供司法审查的机会。

(8) 专利权的保护期为自申请之日起 20 年。

(9) 专利方法的举证责任。协定规定，在下述两种情况下，如无相反证据，应推定被控侵权产品是使用该专利方法而获得：第一，如果使用该专利方法获得的产品是新产品；第二，如果相同产品极可能使用该方法制造，而专利所有人虽经合理努力也未能确定实际使用的方法。任何成员得自由规定，只有在满足上述第一种情况所规定的条件或第二种情况所规定的条件的情况下才要求被控侵权者承担举证责任。在引用相反证据时，应考虑被告在保护其制造和营业秘密方面的合法利益。

由此可见，TRIPs 的专利条款主要是尽可能扩大专利保护的主题范围，加强对专利权人的保护。显然，这符合美国等发达国家通过提高专利保护水平，拓展海外市场，尤其是发展中国家市场的目标。

6. 集成电路布图设计权

TRIPs 第 35～38 条遵循了尚未生效的《集成电路图知识产权条约》的有关规定。同时规定：一是确定保护范围为以商业为目的而进口、销售或发行受保护的拓扑图、与受保护的拓扑图结合在一起的集成电路或其集成电路产品；二是任何人未经权利人授权，不得进口、销售或为了商业目的而提供应受保护的拓扑图或包含拓扑图的产品；三是“无意侵权人”在收到权利人通知后，如果继续侵权，就应负责任；四是受保护期为自注册之日起，或首次商业性应用之日起10年，或拓扑图创造完成之日起15年。

7. 未披露的信息权

（1）未披露信息受保护的条件

协定规定了未披露信息受保护的三个条件：第一，未披露信息是秘密的，即该信息作为一个整体或作为其各个构成部分的精确构造或集合未被通常从事该信息所属领域的工作的人普遍了解或轻易接触；第二，由于其属于保密状态而具有了商业价值；第三，合法控制信息的人根据有关情况采取了合理措施以保持其秘密状态。

（2）未披露信息持有人的权利

对于符合上述三个条件的未披露信息，协定规定，合法控制该信息的自然人与法人均应享有防止他人以违背诚实信用的商业习惯的方式在未经其同意的情况下披露、获得或使用有关信息的可能性。这里所谓的“以违背诚实信用的商业习惯的方式”，至少应包括如违约、违反信任，以及诱导他人违约或违反信任等方式，也包括第三方在已经知道或应当知道但由于重大过失而未能知道其所取得的未披露信息是他人以上述方式获得的。

（3）对有关数据的保护

在许多国家，法律要求当事人向有关主管当局提交未披露过的实验数据或其他数据，作为批准采用新化学成分的医用或农用化工产品上市的条件。在此情况下，协定要求，如果该数据的最初取得付出了相当的努力，成员应保护此种数据以防止不公正的商业利用。另外，协定还要求，成员应采取措施保护这些数据以防止被披露，除非此种披露是为了保护社会公众所必需的，或已经采取了措施确保数据不被不公正地投入商业利用。

8. 对许可协议中的反竞争惯例的控制

协定在第40条承认，成员在遵守协定有关规定的情况下，可以对在许可协议中滥用知识产权的行为采取适当措施进行控制。至于如何控制，协定则未作具体规定，由各成员自行处理。协定只要求成员在处理有关问题时进行协商与合作。

四、TRIPs的实施制度

美国等发达国家将知识产权保护直接纳入WTO的管辖范围，目的之一是促使各成员在多边贸易框架下采取积极的行动保护知识产权。有关实施规定是第41～60条，是世界知识产权组织所管辖的公约或条约所没有的。

（一）知识产权实施的一般义务

协定第41条对于实施知识产权的程序提出了总体要求，主要包括以下四个方面：第一，成员应保证本部分所规定的实施程序在其法律之下可被利用，以便于对知识产权侵权行为采取有效的行动，包括采取及时防止侵权的救济和制止进一步侵权的救济。协定要求，这些程序不应对合法贸易造成障碍，亦不得被滥用；第二，知识产权的实施程序应公平公正，不得过于复杂或花费过高，不得有不合理的时间限制或无保障的拖延；第三，就个案作出的裁决最好采取书面形式并说明理由。裁决应及时送达有关当事人。个案裁决仅应基于各方有机会对其陈述意见的证据作出；第四，程序的当事人应有机会要求对最终行政裁决进行司法审查，以及在符合成员法律对重要案件的司法管辖权的规定的条件下，至少可以要求对个案的初审司法裁决中的法律问题进行司法审查。但是，对刑事案件中的宣告无罪，成员没有义务提供审查的机会。

（二）民事与行政程序及补救

TRIPs 第 42 条采纳西方国家通常所说的“正当程序”的规定，将公平、公正的程序定义为知识产权的权利人可以通过各成员国内法规定的民事司法程序，实施本协定范围内的知识产权；被告有权及时获得详细的说明原告请求的书面通知；当事人有权聘请独立的法律顾问；当事人均有权提出要求或证据；在必要时，这种程序应保障当事人所要求的秘密。

TRIPs 第 43 条就正当程序的核心——证据规则作出了专门规定。TRIPs 第 44 条至第 46 条规定了补救措施，包括：禁令，即司法当局有权命令当事人停止侵权、禁止侵权产品进口；损害赔偿，即司法当局有权命令侵权人向知识产权人支付足以补偿其损失的损害赔偿金；销毁侵权产品，即司法当局有权销毁有关侵权产品以免其进入商业渠道对知识产权人造成进一步损害。TRIPs 第 49 条规定上述司法程序的基本原则均应适用于行政程序。

（三）有关边境措施的特别要求

TRIPs 在上述国内法民事与行政程序的基础上，为有效地制止进入国际贸易领域的侵犯知识产权行为，在第 51～60 条着重规定了有关边境措施，其中包括如下内容。

1. 海关中止放行。各成员应采取必要的程序使知识产权人在有充分的理由对假冒商标或盗版物进口时可以向有关行政当局提出书面请求。各成员亦可以将这种程序扩大到对侵犯其他知识产权的进口产品的中止放行。

2. 申请的要求。任何要求海关对侵权产品中止放行的权利人，都应根据有关成员国内法提供侵权的表面证据，详细说明侵权产品，以便海关能够识别，海关当局应在合理的期限内通知权利人，告知是否同意其申请。

3. 担保或同等保证。各成员有关当局应有权要求申请人提供一定的担保或同等保证，以充分保护被告的利益；当申请释放已被海关中止放行的产品涉及外观设计、专利、拓扑图或未被披露的信息时，申请释放人应提供一定的担保或同等保证，以保护权利人的利益。

4. 中止放行的期限。在申请中止放行之日起 10 日内，海关当局没有采取申请人所要求的行动，或者有关当局已经采取了暂行措施，被中止放行的产品应予以释放。

（四）刑事措施

TRIPs 第 61 条规定：成员应对在商业规模上故意假冒商标或盗版行为实施刑事程序，补救措施包括：监禁或罚金、占有、没收及销毁侵权物品或原材料。成员可以对在商业规模上其他故意侵犯知识产权行为使用刑事程序及补救措施。由于刑事程序及刑事处罚通常涉及国家的主权，协定只提出了很笼统的要求而没有作具体的规定。

第六节　中国的知识产权法律保护制度

一、商标法

1950 年,中国政务院颁布了《商标注册暂行条例》。1963 年,国务院颁布了《商标管理条例》,代替了前一暂行条例。1982 年 8 月 23 日,第五届全国人民代表大会常务委员会公布了《中华人民共和国商标法》,并于 1983 年 3 月 1 日起正式施行。在新的商标法开始实施之日,旧的商标管理条例同时废止。

此后,1983 年的商标法从 20 世纪 90 年代开始作了三次修正。第一次是 1993 年 2 月 22 日第七届全国人民代表大会常务委员会第三十次会议决定修正,第二次修正是 2001 年 10 月 27 日第九届全国人民代表大会常务委员会第二十四次会议决定修改与通过,自 2001 年 12 月 1 日起施行。第三次是 2013 年 8 月 30 日第十二届全国人民代表大会常务委员会第四次会议《关于修改〈中华人民共和国商标法〉的决定》,进行了第三次修正。

二、专利法

为了奖励与推广使用发明,鼓励群众改进技术的积极性,促进科学技术的繁荣与国民经济的发展。1950 年,中国颁布了《保障发明权和专利权暂行条例》及其施行细则。1954 年,又公布了《有关生产的发明、技术改进及合理化建议的奖励暂行条例》。1963 年,国务院制定了《发明奖励条例》与《技术改进奖励条例》,以代替前面两个暂行条例。1978 年 12 月,国务院重新修订并颁布了《发明奖励条例》。根据这一条例的规定,在中国,发明属于国家所有,全国各单位(包括集体所有制单位)都可以利用它所需要的发明。

为了适应中国改革开放与对外经济贸易及技术交流的需要,经国务院批准,中国于 1980 年成立了专利局。《中华人民共和国专利法》于 1984 年 3 月 12 日由第六届全国人民代表大会常务委员会第四次会议通过,自 1985 年 4 月 1 日起施行。

此后,专利法进行了两次修正。1992 年 9 月 4 日,根据第七届全国人民代表大会常务委员会第二十七次会议对专利法作了第一次修正。2000 年 8 月 25 日,根据第九届全国人民代表大会常务委员会第十七次会议对专利法作了第二次修正。2001 年 7 月 1 日颁布新的《中华人民共和国专利法》。新专利法共有 8 章,69 条。最新一次修正后的专利法是《全国人民代表大会常务委员会关于修改〈中华人民共和国专利法〉的决定》由中华人民共和国第十一届全国人民代表大会常务委员会第六次会议于 2008 年 12 月 27 日通过,自 2009 年 10 月 1 日起施行。

三、著作权法

1990 年中国有了著作权法。《中华人民共和国著作权法》于 1991 年 6 月 1 日起施行。2001 年 10 月 27 日,第九届全国人大常委第二十四次会议通过了对《商标法》与《著作权法》的修正。新著作权法共有6章,60条。与旧著作权法相比,中国新著作权法具有以下三个明显的特点。

（一）该法扩大了著作权保护的客体,增加了著作权人的权利

这见之于修改后的第10条:"著作权包括下列人身权和财产权:(1)发表权,即决定作品是否公之于众的权利;(2)署名权,即表明作者身份,在作品上署名的权利;(3)修改权,即修改或者授权他人修改作品的权利;(4)保护作品完整权,即保护作品不受歪曲、篡改的权利;(5)复制权,即以印刷、复印、拓印、录音、录像、翻录、翻拍等方式将作品制作一份或者多份的权利;(6)发行权,即以出售或者赠予方式向公众提供作品的原件或者复制件的权利;(7)出租权,即有偿许可他人临时使用电影作品和以类似摄制电影的方法创作的作品、计算机软件的权利,计算机软件不是出租的主要标的除外;(8)展览权,即公开陈列美术作品、摄影作品的原件或者复制件的权利;(9)表演权,即公开表演作品,以及用各种手段公开播送作品的表演的权利;(10)放映权,即通过放映机、幻灯机等技术设备公开再现美术、摄影、电影和以类似摄制电影的方法创作的作品等的权利;(11)广播权,即以无线方式公开广播或者传播作品,以有线传播或者转播的方式向公众传播广播的作品,以及通过扩音器或者其他传送符号、声音、图像的类似工具向公众传播广播的作品的权利;(12)信息网络传播权,即以有线或者无线方式向公众提供作品,使公众可以在其个人选定的时间和地点获得作品的权利;(13)摄制权,即以摄制电影或者以类似摄制电影的方法将作品固定在载体上的权利;(14)改编权,即改变作品,创作出具有独创性的新作品的权利;(15)翻译权,即将作品从一种语言文字转换成另一种语言文字的权利;(16)汇编权,即将作品或者作品的片段通过选择或者编排,汇集成新作品的权利;(17)应当由著作权人享有的其他权利。著作权人可以许可他人行使前款第(五)项至第(十八)项规定的权利,并依照约定或者本法有关规定获得报酬。著作权人可以全部或者部分转让本条第一款第(五)项至第(十七)项规定的权利,并依照约定或者本法有关规定获得报酬。"

（二）该法明确规定了"合理使用"的范围

这见之于修改后的第22条:"在下列情况下使用作品,可以不经著作权人许可,不向其支付报酬,但应当指明作者姓名、作品名称,并且不得侵犯著作权人依照本法享有的其他权利:(1)为个人学习、研究或者欣赏,使用他人已经发表的作品;(2)为介绍、评论某一作品或者说明某一问题,在作品中适当引用他人已经发表的作品;(3)为报道时事新闻,在报纸、期刊、广播电台、电视台等媒体中不可避免地再现或者引用已经发表的作品;(4)报纸、期刊、广播电台、电视台等媒体已经发表的关于政治、经济、宗教问题的时事性文章,但作者声明不许刊登、播放的除外;(5)报纸、期刊、广播电台、电视台等媒体刊登或者播放在公众集会上发表的讲话,但作者声明不许刊登、播放的除外;(6)为学校课堂教学或者科学研究,翻译或者少量复制已经发表的作品,供教学或者科研人员使用,但不得出版发行;(7)国家机关为执行公务在合理范围内使用已经发表的作品;(8)图书馆、档案馆、纪念馆、博物馆、美术馆等为陈列或者保存版本的需要,复制本馆收藏的作品;(9)免费表演已经发表的作品;(10)对设置或者陈列在室外公共场所的艺术作品进行临摹、绘画、摄影、录像;(11)将中国公民、法人或者其他组织已经发表的汉族语言文字作品翻译成少数民族语言文字作品在国内出版发行;(12)将已经发表的作品改成盲文出版。以上

规定适用于对出版者、表演者、录音录像制作者、广播电台、电视台的权利的限制。”

（三）修改后的著作权法明确了版权管理机构的法律地位，增加了司法机关采取临时措施的规定，对侵权行为的法律责任与执法措施规定得更加具体详细，也更具有可操作性，对侵权行为的处罚力度也进一步加大

总之，中国对著作权法的修改及其有关实施细则的颁布，是健全与完善中国知识产权制度的新的里程碑。修改后的著作权法坚持有利于鼓励公平竞争，有利于创新，有利于与世界规则一致等原则，其目的就是更有效地保护知识产权所有人的合法权益。

《全国人民代表大会常务委员会关于修改〈中华人民共和国著作权法〉的决定》已由中华人民共和国第十一届全国人民代表大会常务委员会第十三次会议于 2010 年 2 月 26 日通过，自 2010 年 4 月 1 日开始施行。这次对著作权法进行了细微的调整，主要内容包括：(1)将第四条修改为：“著作权人行使著作权，不得违反宪法和法律，不得损害公共利益。国家对作品的出版、传播依法进行监督管理。”(2)增加一条，作为第二十六条：“以著作权出质的，由出质人和质权人向国务院著作权行政管理部门办理出质登记。”

四、我国知识产权保护法律制度的主要特点

1995 年生效的 TRIPs 协定，成为国际经贸体制的重要组成部分，标志着知识产权制度进入一个全球统一标准的新时期。中国政府在签署加入 WTO 的法律文件时郑重承诺：“中国将在完全遵守 WTO 协定的基础上，通过修改其现行的国内法和制定新的法律，以有效的和统一的方式实施 WTO 协定。”为顺应 WTO 的要求，中国对知识产权法进行了相应的修改，这些修改具有以下主要特点。

（一）快速与大幅度的修改立法

中国先后对知识产权的三个法律进行了全面彻底的修改、充实与完善，其中不少修改的内容都与 TRIPs 协定有关。如前所述，第九届全国人大常委第十七次会议和第二十四次会议通过了《中华人民共和国专利法》(以下简称《专利法》)的第二次修正而且第十一届全国人民代表大会常务委员会第六次会议通过了第三次修正，以及对《中华人民共和国商标法》(以下简称《商标法》)与《中华人民共和国著作权法》(以下简称《著作权法》)的修正。新《商标法》由原来的 64 条增加到 73 条，共修改了 53 处。新《著作权法》由原来的 56 条增加到 60 条，修改了 53 处之多，第十一届全国人民代表大会常务委员会第十三次会议还对著作权法进行了微调。

（二）颁布条例，实施配套规定，加强相关法律的可操作性

在修改上述立法时，中国政府又先后修改了《计算机软件保护条例》，颁布了《商标法实施条例》、《专利法实施条例》、《著作权法实施条例》与《集成电路布图设计保护条例》等。

政府有关主管部门也制定相应的实施细则。例如，国家工商局发布了《关于禁止侵犯商业秘密行为的若干规定》(自 2001 年 7 月 1 日起施行)；国家知识产权局制定了《中华人民共和国专利法实施细则》(自 2001 年 7 月 1 日起施行)，1992 年 12 月 12 日国务院批准修订、1992 年 12 月 21 日中国专利局颁布的《中华人民共和国专利法实施细则》同时废止；根据《集成电路布图设计保护条例》，国家知识产权局制定了《集成电路布图设计保护条例实施细则》(自 2001 年 10 月 1 日起实施)；根据《中华人民共和国计算机信息系统安

全保护条例》与《中华人民共和国计算机信息网络国际联网管理暂行规定》，公安部发布了《计算机信息网络国际联网安全保护管理办法》(自 1997 年 12 月 30 日起施行)等。

此外，最高人民法院也颁布了有关的法律解释。例如，自 2001 年 7 月 1 日起施行的《最高人民法院关于审理专利纠纷案件适用法律问题的若干规定》，自 2001 年 7 月 24 日起施行的《最高人民法院关于审理涉及计算机网络域名民事纠纷案件适用法律若干问题的解释》，最高人民法院关于适用《全国人民代表大会常务委员会关于惩治侵犯著作权的犯罪决定》若干问题的解释，以及最高人民法院关于审理涉及计算机网络纠纷著作权案件适用法律若干问题的解释等。

上述条例、实施细则、管理暂行规定与若干问题的解释等，使相应的立法更加细化，更具操作性。

(三) 吸收借鉴国外理论，引入国际知识产权保护的有关规定

1. 引入“即发侵权”理论

“即发侵权”(imminent infringement)是指在侵权活动开始之前，权利人有证据证明某行为很快就会构成对自己知识产权的侵犯，或该行为的正常延续必然会构成对其知识产权的侵权行为，这类可诉行为就称为“即发侵权”。TRIPs 协定第 50 条第 1 款规定，对即将发生的侵权行为，权利人有权提出申请，“司法机关有权责令采取迅速和有效的临时措施以便：(1)防止侵犯任何知识产权，特别是防止货物进入其管辖范围内的商业渠道，包括结关后立即进入的进口货物；(2)保存关于被指控侵权的有关证据。”根据这一规定，该条第 2 款规定：“在适当时，特别是在任何延迟可能对权利持有人造成不可弥补的损害时，或存在证据被销毁的显而易见的风险时，司法机关有权采取不作预先通知的临时措施。”

根据 TRIPs 协定的相关规定，中国在有关法律的修改中及时地引入了“即发侵权”理论，增加了诉前“保全证据”、“责令停止”与“财产保全”的三种临时措施。其具体内容包括：(1)《商标法》第 66 条规定：“为制止侵权行为，在证据可能灭失或者以后难以取得的情况下，商标注册人或者利害关系人可以依法在起诉前向人民法院申请保全证据。”(2)《专利法》第 61 条第 1 款规定：“专利权人或者利害关系人有证据证明他人正在实施或者即将实施侵犯其专利权的行为，如不及时制止将会使其合法权益受到难以弥补的损害的，可以在起诉前向人民法院申请采取责令停止有关行为和财产保全的措施。”(3)《著作权法》第 50 条第 1 款也有类似的规定。

经过修改后的中国知识产权法全面引入了 TRIPs 协定中的“即发侵权”规定，突破了民事诉讼法的限制，扩大了对权利人的保护，完善了临时保护措施，使得侵权行为能够得到及时与有效的制止。

2. 吸纳“法定赔偿”制度

TRIPs 协定中多处提到法定赔偿(pre-established damages)。例如，TRIPs 第 45 条第 1 款规定：“对于故意或有充分理由应知道从事侵权活动的侵权人，司法机关有权责令侵权人向权利人支付足以补偿其因知识产权侵权所受损害的赔偿。”第 2 款规定：“司法机关还有权责令侵权人向权利人支付有关费用，其中包括有关的律师费用。在适当的情况下，各成员国可授权司法机关责令其退还利润或支付法定的赔偿。”

中国新知识产权法也明确规定了侵犯知识产权的法定赔偿，具体包括如下内容。

(1)《商标法》第 63 条规定：侵犯商标专用权的赔偿数额，按照权利人因被侵权所受到的实际损失确定；实际损失难以确定的，可以按照侵权人因侵权所获得的利益确定；权利人的损失或者侵权人获得的利益难以确定的，参照该商标许可使用费的倍数合理确定。对恶意侵犯商标专用权，情节严重的，可以在按照上述方法确定数额的一倍以上三倍以下确定赔偿数额。赔偿数额应当包括权利人为制止侵权行为所支付的合理开支。

人民法院为确定赔偿数额，在权利人已经尽力举证，而与侵权行为相关的账簿、资料主要由侵权人掌握的情况下，可以责令侵权人提供与侵权行为相关的账簿、资料；侵权人不提供或者提供虚假的账簿、资料的，人民法院可以参考权利人的主张和提供的证据判定赔偿数额。

权利人因被侵权所受到的实际损失、侵权人因侵权所获得的利益、注册商标许可使用费难以确定的，由人民法院根据侵权行为的情节判决给予三百万元以下的赔偿。

第 64 条的规定：注册商标专用权人请求赔偿，被控侵权人以注册商标专用权人未使用注册商标提出抗辩的，人民法院可以要求注册商标专用权人提供此前三年内实际使用该注册商标的证据。注册商标专用权人不能证明此前三年内实际使用过该注册商标，也不能证明因侵权行为受到其他损失的，被控侵权人不承担赔偿责任。

销售不知道是侵犯注册商标专用权的商品，能证明该商品是自己合法取得并说明提供者的，不承担赔偿责任。

(2)《专利法》第 65 条规定：侵犯专利权的赔偿数额按照权利人因被侵权所受到的实际损失确定；实际损失难以确定的，可以按照侵权人因侵权所获得的利益确定。权利人的损失或者侵权人获得的利益难以确定的，参照该专利许可使用费的倍数合理确定。赔偿数额还应当包括权利人为制止侵权行为所支付的合理开支。权利人的损失、侵权人获得的利益和专利许可使用费均难以确定的，人民法院可以根据专利权的类型、侵权行为的性质和情节等因素，确定给予一万元以上一百万元以下的赔偿。

(3)《著作权法》第 48 条也有类似的规定。

以上规定充分反映了 TRIPs 法定赔偿制度的要求，使得中国的知识产权侵权法具有更大的可操作性。

(四) 保护知识权益，对侵犯知识产权的行为加大处罚力度

首先，新《商标法》加强了对商标专用权的保护。其保护措施包括：第一，第 57 条规定了 5 种行为为“侵犯注册商标专用权”，包括使用、销售、伪造、更换与损害注册商标或近似商标；第二，在第 60 条中确认了工商行政管理部门对涉嫌侵犯他人注册商标专用权的行为进行查处时，可以行使的具体执法权限，包括“责令立即停止侵权行为，没收、销毁侵权商品和专门用于制造侵权商品、伪造注册商标标识的工具，并可处以罚款”；第三，强化了损害赔偿的措施，第 63 条对赔偿数额作了具体规定。

其次，新《专利法》强化了专利侵权的损害赔偿力度。其具体规定包括：第一，强化了司法保护力度，第 66 条第 1 款规定：“专利权人或者利害关系人有证据证明他人正在实施或者即将实施侵犯专利权的行为，如不及时制止将会使其合法权益受到难以弥补的损害的，可以在起诉前向人民法院申请采取责令停止有关行为的措施。”第二，侵权纠纷解决的办法得以扩充，在原来的既可以请求专利机关处理，也可以直接向人民法院起诉的基础之上，第 60 条第 1 款增加了“由当事人协商解决”的办法。第三，新《专利法》第 65 条增加了侵犯专利权的赔偿数额的规定。

再次，《著作权法》也加大了对著作权的保护力度。主要内容包括：第一，第 49 条第 1 款规定了针对即发侵权的行为，“著作权人或者与著作权有关的权利人有证据证明他人正在实施或者即将实施侵犯其权利的行为，如不及时制止将会使其合法权益受到难以弥补的损害的，可以在起诉前向人民法院申请采取责令停止有关行为和财产保全的措施。”第二，纠纷的救济途径扩大了，第 54 条第 1 款规定：“著作权纠纷可以调解，也可以根据当事人达成的书面仲裁协议或者著作权合同中的仲裁条款，向仲裁机构申请仲裁”；该条第 2 款规定：“当事人没有书面仲裁协议，也没有在著作权合同中订立仲裁条款的，可以直接向人民法院起诉。”第三，对侵权事件，负责处理的著作权行政管理部门与人民法院的处理职权得到确认。第 47 条规定：“有下列侵权行为的，应当根据情况，承担停止侵害、消除影响、赔礼道歉、赔偿损失等民事责任；同时损害公共利益的，可以由著作权行政管理部门责令停止侵权行为，没收违法所得，没收、销毁侵权复制品，并可处以罚款；情节严重的，著作权行政管理部门还可以没收主要用于制作侵权复制品的材料、工具、设备等；构成犯罪的，依法追究刑事责任。”第 51 条规定：“人民法院在审理案件，对于侵犯著作权或者与著作权有关的权利的，可以没收违法所得、侵权复制品以及进行违法活动的财物。”第四，第 48 条第 1 款对侵权赔偿的数额作了具体的规定，“侵犯著作权或者与著作权有关的权利的，侵权人应当按照权利人的实际损失给予赔偿；实际损失难以计算的，可以按照侵权人的违法所得给予赔偿。赔偿数额还应当包括权利人为制止侵权行为所支付的合理开支。参照的标准为权利人的实际损失，侵权人的违法所得，包括权利人为制止侵权行为所支付的合理开支。”该条第 2 款则规定了明确的数额，“权利人的实际损失或者侵权人的违法所得难以确定的，由人民法院根据侵权行为的情节，判决给予五十万元以下的赔偿。”第五，对侵害知识产权是否造成精神损害，造成精神损害能否要求精神损害赔偿。根据最高人民法院发布的《关于确定民事侵权精神损害赔偿责任若干问题的解释》（法释 2001 年 7 号），肯定自然人的生命权、健康权与身体权遭受非法侵害的，可以请求赔偿精神损害。因此，在该法第 46 条列举的 11 种侵权行为的具体法律责任中，第 1 款具体规定了“停止侵害、消除影响、赔礼道歉、赔偿损失等民事责任”形式。其中对“赔偿损失”一般解释为精神损害赔偿的法律依据。

最后，必须强调的是，新修改的《中华人民共和国对外贸易法》增加了“与对外贸易有关的知识产权保护”一章（第 5 章，第 29～31 条）。其中第 29 条规定：“国家依照有关知识产权的法律、行政法规，保护与对外贸易有关的知识产权。进口货物侵犯知识产权，并危害对外贸易秩序的，国务院对外贸易主管部门可以采取在一定期限内禁止侵权人生产、销售的有关货物进口等措施。”第 30 条规定：“知识产权权利人有阻止被许可人对许可合同中的知识产权的有效性提出质疑、进行强制性一揽子许可、在许可合同中规定排他性返授条件等行为之一，并危害对外贸易公平竞争秩序的，国务院对外贸易主管部门可以采取必要的措施消除危害。”第 31 条规定：“其他国家或者地区在知识产权保护方面未给予中华人民共和国的法人、其他组织或者个人国民待遇，或者不能对来源于中华人民共和国的货物、技术或者服务提供充分有效的知识产权保护的,国务院对外贸易主管部门可以依照本法和其他有关法律、行政法规的规定,并根据中华人民共和国缔结或者参加的国际条约、协定,对与该国家或者该地区的贸易采取必要的措施。”

这三条明确规定对外贸易主管部门可以根据具体情况,分别采取“在一定期限内禁止侵权人生产、销售的有关货物进口等措施”,“必要的措施消除危害”等,这就为充分运用世贸组织规则,保护对外贸易经营者的合法权益,以及保护国内产业的健康发展,提供了有力的法律保障。

(五) 适时调整知识产权保护范围,完善知识产权保护体系

中国对知识产权保护的范围作了调整,具体内容包括:(1)在《商标法》中,增加声音商标(第 8 条);增加禁止宣传和使用“驰名商标”的规定(第 14 条第 5 款和第 53 条)。(2)现行《专利法》在专利的申请一章中规定,发明创造的完成依赖于遗传资源的,申请人应当在专利申请文件中申明该遗传资源的直接来源和原始来源;申请人无法申明原始来源的,应当说明理由。(3)在《著作权法》方面,扩大了作品的范围,增加了“杂技艺术作品”、“建筑作品”与“模型作品”(第 3 条第 3 项)等;突出加强了对网络环境的知识产权保护,增加规定了作品、表演与录音录像制品的“信息网络传播权”(第 10 条第 12 项),以及对“技术措施”与“权利管理电子信息”的保护规定(第 47 条第 6、7 项);此外,如前所述,依据修改后的第 10 条,著作权包括的人身权和财产权有 17 项之多,著作权的客体与著作权人的权利范围进一步扩大。

上述调整使得知识产权的权利范围更加广泛,体系更加完整。

(六) 积极参与国际公约,与国际知识产权保护标准接轨

中国还积极参与有关知识产权保护的国际性组织,是许多国际主要公约的成员国,例如,中国于 1980 年 6 月 3 日批准和加入《成立世界知识产权组织公约》,1985 年 3 月 19 日加入《保护工业产权巴黎公约》,1992 年 10 月 30 日加入《伯尔尼保护文学艺术作品公约》和《世界版权公约》,1993 年 4 月 30 日加入《保护录音制品制作者防止未经许可复制其录音制品公约》等。中国根据本国法律和加入或缔结的有关国际公约,坚持在适用法律上的国民待遇原则和对等原则,对无论中国人还是外国人的知识产权都予以保护。

总之,中国以商标、专利和著作权为三大支柱的知识产权法律体系已基本形成并不断完善,在此基础上目前已基本建成了一个完整的和比较现代化的,已与国际保护标准接轨的知识产权保护体系。

小结

各国保护知识产权的主要法律是商标法、专利法和著作权法。这些法律是调整有关商标、发明与创作的所有权和使用权等各种关系的法律规范。要了解知识产权,必须了解知识产权的概念及其发展和主要特点;商标注册登记的作用,商标取得的原则,商标注册的有效期与续展的期限,以及关于保护商标权的国际公约及其原则;取得专利的条件,专利的申请与审查程序,专利保护的期限,关于专利的强制使用问题,对外国人申请专利的待遇,以及关于保护专利权的国际公约和原则;著作权法的概念与特点,保护著作权的国际公约和原则;《与贸易有关的知识产权协定》(TRIPs)的重要意义,主要内容与基本原

则，以及主要规则和实施制度；中国知识产权保护法的发展与修改。

1. 知识产权的概念和主要特征是什么？
2. 各国取得专利的主要判断标准是什么？
3. 保护著作权的国际公约主要有哪些？
4. 简述《TRIPs 协定》的主要内容。
5. 简述中国新著作权法的主要特点。

第九章　仲裁与涉外民事诉讼

本章学习重点

1. 仲裁与其他争端解决方式的异同
2. 仲裁协议的内容
3. 仲裁协议的效力
4. 国际常设仲裁机构的示范仲裁条款
5. 仲裁的基本程序
6. 国际常设仲裁机构及其规则
7. 国际商事仲裁裁决的认可与执行
8. 涉外民事诉讼制度

本章重要概念：仲裁　可替代性争端解决　仲裁协议　认可与执行　司法豁免管辖　司法协助

第一节　仲裁概述

一、仲裁的定义

解决民事纠纷的方式主要有协商、调解、仲裁和诉讼等，在国际商事领域，仲裁是最主要的纠纷解决方式。

仲裁作为一项法律制度，是指双方当事人在争议发生前或争议发生后达成协议，将争议的事项交给非司法机关的第三方进行审理，并由其作出具有约束力的裁决，双方当事人对此裁决有义务执行的一种解决争议的方法。

仲裁有以下特点。

（一）必须存在仲裁协议

通过仲裁协议，当事人可以协商确定将可能发生的或者已经发生的纠纷提交仲裁或者提起诉讼，但两者只能取其一。双方达成仲裁协议的，应当提交仲裁，一方向法院起诉，法院不予受理；双方没有达成仲裁协议的，应当提起诉讼，一方申请仲裁，仲裁委员会不予受理。当事人可以协商选定将纠纷提交哪个仲裁委员会进行仲裁。当事人可以约定提交仲裁的具体事项。

（二）当事人意思自治

在仲裁中，当事人享有选定仲裁员、仲裁地、仲裁语言以及适用法律的自由。当事人还可以就开庭审理、证据的提交和意见的陈述等事项达成协议，设计符合自己特殊需要的仲裁程序。在当事人没有协议的情况下，则由仲裁庭决定。因此，与法院严格的诉讼程序和时限相比，仲裁程序更为灵活。

（三）独立仲裁

仲裁依法独立进行，不受行政机关、社会团体和个人的干涉。仲裁庭根据事实，依照法律和合同规定，参考国际惯例，并遵循公平合理原则，独立公正地作出裁决。

（四）专家仲裁

仲裁委员会的仲裁员都是来自经贸、法律、科技等社会各方面的专家、学者或者具有高级职称或者同等专业水平的实际工作者，具有很深的专业知识和较高的社会威望。

（五）便利迅捷

仲裁程序简便，气氛平和，审期短。

（六）保密原则

未经当事人双方同意，仲裁不公开审理，且参与仲裁的各方人员不得向外界透露有关案件审理的情况，从而有效地保护当事人的商业秘密和商业信誉。

（七）一裁终局

商事合同当事人解决其争议的方式多种多样，但是，只有诉讼判决和仲裁裁决才对当事人具有约束力并可强制执行。仲裁裁决不同于法院判决，仲裁裁决不能上诉，一经作出即为终局，对当事人具有约束力。仲裁裁决虽然可能在裁决作出地被法院裁定撤销或在执行地被法院裁定不予认可与执行，但是，法院裁定撤销或不予认可与执行的理由是非常有限的，在涉外仲裁中通常仅限于程序问题。

（八）易于被认可与执行

《承认及执行外国仲裁裁决公约》（1958 年《纽约公约》）现有缔约的国家和地区 149 个，根据该公约，仲裁裁决可以在这些缔约国得到认可与执行。此外，仲裁裁决还可根据其他一些有关仲裁的国际公约和条约得到执行。《纽约公约》于 1987 年对中国生效，中国在加入《纽约公约》时作出了商事保留和互惠保留。

二、仲裁的种类

根据不同标准，仲裁可分为多种不同类型。但在理论和实践中具有重大意义、也为学界所普遍接受的，主要分为三类。

（一）国内仲裁和国际仲裁

根据争议是否具有涉外因素，可分为国内仲裁和国际仲裁。

1. 国内仲裁。是解决本国当事人之间没有涉外因素的国内民商事纠纷的仲裁。

2. 国际仲裁。在私法范围内也称为涉外仲裁或国际商事仲裁；是解决具有涉外因素的民商事争议或国际性民商事争议的仲裁。

（二）机构仲裁和临时仲裁

根据仲裁机构的产生和存续状态，可分为机构仲裁和临时仲裁。

1. 机构仲裁。也称为制度性仲裁或常设仲裁，是当事人根据仲裁协议，将他们之间的纠纷交给某个常设仲裁机构进行审理并作出裁决的仲裁。需要说明的是，仲裁机构（如我国的仲裁委员会)本身并不审理案件,具体审理案件的,是由该机构的仲裁员为某一案件临时组成的仲裁庭,仲裁程序终结后仲裁庭即告解散。

2. 临时仲裁。也称为临时性仲裁或特别仲裁;是在事先并不存在仲裁机构的情况下,当事人根据仲裁协议,将其争议交给双方共同信赖的仲裁员临时组成的仲裁庭进行审理并作出裁决的仲裁。

(三) 依法仲裁和友好仲裁

根据仲裁的适用法律,可分为依法仲裁和友好仲裁。

1. 依法仲裁。是指仲裁庭裁决纠纷必须依据相关法律规定,依法仲裁是现代仲裁制度的主要形态,也是各国对仲裁的一般要求。

2. 友好仲裁。也称为原则仲裁或友谊仲裁,是指仲裁庭依据当事人的明示性授权,可以依照相关法律规定裁决纠纷,也可以不根据法律规定而按照公允、善良、善意等原则和商业惯例裁决纠纷,但仲裁不得违背仲裁地的相关法律和公共秩序。

三、仲裁与诉讼的差异

虽然仲裁和诉讼都是解决民事纠纷的主要方式,但两者有以下区别。

(一) 管辖权依据不同

仲裁管辖权来自于仲裁协议,没有仲裁协议仲裁庭就没有管辖权,超出了仲裁协议的范围作出的仲裁裁决是无效的仲裁裁决,仲裁协议的瑕疵直接影响到仲裁裁决的认可与执行。而法院的管辖权主要来自于法律规定,分为地域管辖、专属管辖、级别管辖等管辖类别。一般是依据被告的住所地或经常居住地来确定管辖。当然,民商事纠纷也可以通过协议管辖的方式由当事人协议选择法院,但是选择的法院也存在一定的限制。而且,法院审理的权限和程序不能由当事人约定,只能基于法律的规定。

(二) 专业性不同

由于仲裁的对象大多是民事、商事纠纷,纠纷的内容涉及专业性极强的经济贸易和技术性问题。所以,各仲裁机构都备有一定数量的仲裁员名册,仲裁员一般都是由专业、公正而有权威的人士担任,供当事人选择,这样就能保证仲裁案件得到公正合理的裁决,从而维护当事人的正当权益。而法院的法官配置是固定的,与仲裁员相比专业性较为欠缺。法院一般通过专家证人或相似的程序来解决专业性问题。

(三) 当事人意愿的影响不同

仲裁在程序上不像诉讼那么严格,基于自愿原则,当事人可以选择仲裁庭的组成形式、开庭的方式、仲裁语言、仲裁地点以及仲裁规则等。因此,仲裁程序在很多环节上可以简化,文书格式和裁决书的内容、形式也可以灵活处理。此外,在管辖上,不实行地域管辖和级别管辖。仲裁在时限、法律适用和代理制度方面也存在很大的弹性和灵活性,当事人的意愿在仲裁中得到了充分的考虑。而法院诉讼程序,只有协议管辖时可以协议选择管辖法院外,其他程序事项,例如法院组成、庭审地点、语言等事项都是严格基于法律规定,当事人没有选择的权利。

(四) 保密性不同

仲裁一般以不公开审理为原则,并且各国有关的仲裁法律和仲裁规则都规定了仲裁员及仲裁秘书人员的保密义务。此外，仲裁是以不公开审理为原则，以公开审理为例外，当事人的商业秘密、技术秘密等不会因仲裁而泄密，仲裁表现出极强的保密性。而法院审理民事案件，除极少数涉及个人隐私的外，都必须公开进行，并严格执行法律规定。

（五）效率性不同

仲裁实行一裁终局的制度，而不像诉讼那样实行两审或三审终审制，能使当事人的纠纷得以迅速解决。因此，可以说它比诉讼等方式更具有效率性，这样就有利于当事人之间纠纷的迅速解决。国际商事仲裁裁决相比国际商事诉讼判决更容易得到认可与执行，在执行效率上超过国际诉讼，这也是国际商业纠纷大多采用商事仲裁方式的原因之一。

（六）独立性不同

仲裁不实行级别管辖，各仲裁机构间也没有隶属关系，所以，仲裁独立进行，不受任何机关、社会团体和个人的干涉。另外，这种独立性表现为仲裁庭的独立，在机构仲裁下，仲裁庭审理案件的时候，也不受仲裁机构的干涉，显示出最大的独立性。而法院诉讼程序，虽然存在着司法独立的原则，但是国家主权差异、政治体制和法律传统差异导致了诉讼活动的独立性存在差异。总体而言，仲裁较诉讼程序有更大的独立性。

四、仲裁与调解的差异

仲裁与调解都是遵循当事人自愿原则，当事人就他们之间发生的争议提交争议外的第三方调解，从而解决纠纷的一种方式。仲裁与调解都是具有民间性质的民事纠纷解决方式，但两者也具有以下不同之处。

（一）调解具有较大的任意性

调解程序中，任何一方当事人不愿继续调解，可以随时终止，调解方不得强迫其继续参加调解。而在仲裁过程中，某些程序和规则当事人不能以协议予以排除，当事人单方不得随意改变或终止仲裁程序。一方当事人拒不出庭，仲裁庭可以根据仲裁规则的规定进行缺席审理，作出最终裁决。

（二）调解具有较大的灵活性

调解中双方当事人本着互谅互让的精神，双方协商一致就能达成调解协议；而仲裁则需依法按照仲裁程序规则进行，裁决的依据是事实和法律。

（三）仲裁和调解的效力不同

调解书经双方当事人签收后，才发生法律效力。调解书签收前当事人反悔的，调解书无效。而仲裁委员会一旦作出裁决，送达后，立即发生法律效力。

五、可替代性争端解决方式

实践中，国际民商事争议的解决方式主要有诉讼、仲裁、调解、和解等，这些方式虽难以列举穷尽，但从诉讼的角度却可以分为诉讼和诉讼以外的争议解决方式，后者就是所谓的替代性争议解决(alternative dispute resolution，ADR)。

ADR 发轫于 20 世纪 60 年代的美国，其兴起并非因为法院有什么过错，而是因为当事人和律师意识到通过诉讼解决法律纠纷日益变得昂贵、费时、不保密；而法院面对“诉讼爆炸”也感到人力、财力难以为继，鼓励 ADR 以疏减讼源就成为自然而然的选择。ADR 是个集合概念，迄今尚没有一个公认的定义。

一般情况下，ADR 是当事人的合意选择，但法院有时在适当的案件中也可强制决定采用 ADR。在诉讼过程中，法院也可以采用 ADR 的方法结案。这被称为法院附属的 ADR，或司法 ADR。同样，仲裁中也可以采用 ADR 方法，如仲裁与调解相结合，又可简称为仲裁 ADR。

ADR 方法虽然种类繁多，但都具备下列共性。

（一）自愿性

又称合意性、选择性或自治性，在 ADR 中占有重要地位。ADR 程序及其采用的形式一般出于当事人的自愿，甚至争议解决的结果是否有强制性也取决于当事人。假如 ADR 程序成功，很可能是双赢的结果；假如没有成功，所失去的只是时间及 ADR 程序不多的费用。

（二）非正式性

又称简便性。ADR 既不像诉讼那样需要国家权力和法院的介入，一切以诉讼法为依据，也不像仲裁那样注重最低限度的正当程序要求。恰恰相反，ADR 的程序极为灵活，甚至很难讲它有什么必须的正式程序，当事人之间也不必处于对抗地位。比如，ADR 没有严格的证据规则，没有现代诉讼和仲裁中常有的对抗制以及保证程序正常进行的规则。因为这种非正式性，当事人可以灵活处理所争议的问题，不必通过昂贵的手段举证，不必进行冗长的质证和辩论，从而节省了费用与时间。对于解决争议的法律程序而言，非正式性不是一个优点，但由于 ADR 的结果多半是当事人自愿达成并接受，所以非正式性不仅没有侵犯自然正义（natural justice）或正当程序（due process），反而成为灵活、效率的代名词。

（三）复合性

又称共融性。在 ADR 过程中，只要当事人愿意，可以同时采用多种方式解决纠纷。ADR 程序和诉讼程序、仲裁程序甚至也是共通的。如美国公众授助中心（center of public sources，CPR）提供的 ADR 示范程序中的两步争议解决程序—调解/微型审判—仲裁/诉讼；三步争议解决程序—谈判—调解/微型审判—仲裁/诉讼，就表明了 ADR 各种机制的共融性。中国的一些仲裁机构也采用了类似方法，如当事人可以先请求调解中心进行调解，如调解失败，进入仲裁程序；当事人也可以边进行仲裁程序，边由独立的调解员进行调解，调解成功则由仲裁庭依调解协议的内容作出和解裁决，如调解不成功，则径由仲裁庭作出裁决。显然，ADR 的复合性有助于当事人提高解决争议的效率。

（四）保密性

ADR 的进行一般不对外界公开，有助于当事人放弃对抗，营造和谐气氛，在小范围内平和地解决争议，保护当事人的商业秘密。同时，保密性还意味着当事人在 ADR 程序中的所作所为，以及 ADR 主持人（如调解员）的言行，都不得由当事人在以后的解决同一争议的诉讼、仲裁或其他程序中用作证据，ADR 主持人也不负有相应的作证义务。

（五）前瞻性

当事人之间存在一种持续性的关系时，ADR 的选用可能特别有效。这在商业纠纷的解决方面，尤其重要。出于对他们之间商业关系的考虑，当事人既要对目前的争议作出安排，又要着眼将来，通过诉讼可能难以达到目的，而通过 ADR 达成一个新协议，不一定要对现存争议定性，但互有让步、各有受益，则有可能。故可以说，ADR 不见得会给当事人一个"说法"，但却可以做到"结束过去向前看"。

（六）结果的非强制性

ADR 各种方法是当事人的合意选择，没有公共权力的参与或公共权力对争议解决过程影响不深，结果通常不具有强制性。但这也不是绝对的，从联合国国际贸易法委员会起草的《国际商事调解示范法》及一些国家的国内法看，在一定条件下，通过 ADR 达成的解决方案可能具有拘束力。如前述示范法第 14 条规定：如当事各方达成解决争议的协议，则该协议具有拘束力和可执行性。但一般而言，通过 ADR 达成的争议解决方案普遍不具有强制性。

以上所述 ADR 的特点，既反映了 ADR 与诉讼、仲裁的若干本质区别，同时也反映了 ADR 作为争议解决方式的优势之所在。需要注意的是，诉讼、仲裁程序中采用 ADR 方法结案时，ADR 实际上被并入诉讼程序、仲裁程序，成为诉讼程序或仲裁程序的一部分，其结果往往也表现为法院的判决或调解书、仲裁庭的和解裁决或调解书，具有强制执行力。这和通常的 ADR 是不同的。所以，如无特别说明，一般所说的 ADR 不包括这两种情况。

第二节　仲裁协议

一、仲裁协议的概念

仲裁协议是指双方当事人愿意把他们之间将来可能发生或者业已发生的争议提交仲裁的协议。在国际商事仲裁实践中，各国立法和国际公约一般都要求仲裁协议采用书面形式。

仲裁协议具有法律约束力，它既是任何一方当事人将争议提交仲裁的依据，又是仲裁机构和仲裁员受理案件的基石。当事人之间一致同意以仲裁方式解决有关争议，是把争议提交仲裁的基本要素。没有当事人之间的一致同意，就不存在有效的仲裁。各国都对此通过法律予以确认。如果没有仲裁协议，或仲裁协议无效，任何一方当事人都不能强迫对方进行仲裁，仲裁机构也不能进行仲裁。如果双方已经有效地同意仲裁，任何一方当事人都不能单方面地撤回已经表示同意的约定。

二、仲裁协议的形式

在具体的民商事活动中，仲裁协议往往可以表现出多种形式。根据仲裁协议订立的时间，仲裁协议可以分为事先仲裁协议和事后仲裁协议。根据仲裁协议的意思表示，仲裁协议可以分为明示仲裁协议和默示仲裁协议。明示仲裁协议又可以分为口头的仲裁协议和书面的仲裁协议。默示仲裁协议，是指当事人以实际行为表示仲裁意思而达成的仲裁协议。但是,我国《仲裁法》不承认默示仲裁协议,也不承认口头仲裁协议,只承认书面方式明示的仲裁协议。书面仲裁协议又分为两种形式:一是包含于主合同中的仲裁条款;二是其他书面方式的仲裁协议。

(一) 仲裁条款

仲裁条款作为仲裁协议的形式之一,它对主合同既有一定的依赖性,又有一定的独立性。

其依赖性表现在:(1)仲裁条款中约定仲裁的争议,限于因履行合同其他条款所产生的争议,否则不能作为仲裁条款约定仲裁的对象;(2)仲裁条款生效以合同其他条款在履行中产生争议为条件,如果合同其他条款在履行中未发生任何争议,那么,仲裁条款则无须生效;(3)主合同内容往往对仲裁条款的内容有影响。如仲裁协议往往选择主合同签订地或履行地的仲裁机构作为纠纷处理者。

其独立性表现在:(1)仲裁条款不因主合同的变更、中止、解除、无效而失去效力,而恰恰因此而得以生效;(2)主合同的其他条款在于规定当事人之间的实体性法律关系,而仲裁条款则在于规定当事人间的程序性法律关系;(3)从该条款的订立时间来看,其只能在争议发生前订立,即只适用于将来可能发生的争议。因为,该条款包含于主合同之中,在主合同订立伊始,当事人之间不可能就该合同已存在争议;(4)从该条款的适用范围来看,其只适用于合同纠纷。如前文所述,仲裁条款中约定仲裁的争议,限于因履行合同其他条款产生的争议,对与合同无关的争议,如侵权争议等,不能作为仲裁条款约定仲裁的对象。

(二) 其他书面方式的仲裁协议

其他书面方式的仲裁协议是指当事人在主合同之外,单独就仲裁问题达成的协议。这类仲裁协议从形式到内容都是完全独立的,不依赖于其他合同。仲裁协议既可以在纠纷发生前达成,也可以在争议发生后达成,既适用于将来可能发生的争议,也适用于已经发生的争议。该类仲裁协议不仅适用于合同纠纷,也适用于合同以外的其他纠纷,如侵权纠纷。

三、仲裁协议的内容

一份完整、有效的仲裁协议必须具备法定的内容。根据我国《仲裁法》的规定,仲裁协议应当包括请求仲裁的意思表示、仲裁事项、仲裁机构三个基本内容。实践中也会对仲裁地点、仲裁程序规则、仲裁裁决的效力等问题进行约定,有时还会对仲裁语言、仲裁员的人数及指定方法、仲裁适用的法律、仲裁费用的承担等问题加以约定。

(一) 请求仲裁的意思表达

请求仲裁的意思表达是仲裁协议的首要内容。当事人在表达请求仲裁的意思表示需要注意四个问题。

1. 仲裁协议中当事人请求仲裁的意思表达要明确。请求仲裁的意思表示不明确的仲裁协议无法判断当事人的真实意思,仲裁机构也无法受理当事人的仲裁申请。申请仲裁的意思表示明确,最主要是要求通过该意思表示,可以得出当事人排除司法管辖而选择仲裁解决争议的结论。

2. 请求仲裁的意思表达必须是双方当事人共同的意思表示，而不是一方当事人的意思表示。不能证明是双方当事人的意思表示的仲裁协议是无效的。

3. 请求仲裁的意思表达必须是双方当事人的真实意思表示，即不存在当事人被胁迫、欺诈等而订立仲裁协议的情况，否则仲裁协议无效。

4. 请求仲裁的意思表达必须是双方当事人自己的意思表示，而不是任何其他人的意思表示。如上级主管部门不能代替当事人订立仲裁协议。

（二）仲裁事项

仲裁事项即当事人提交仲裁的具体争议事项。它解决的是"仲裁什么"的问题。在仲裁实践中，当事人只有把订立于仲裁协议中的争议事项提交仲裁，仲裁机构才能受理。同时，仲裁事项也是仲裁庭审理和裁决纠纷的范围。即仲裁庭只能在仲裁协议确定的仲裁事项的范围内进行仲裁，超出这一范围进行仲裁，所作出的仲裁裁决，经一方当事人申请，法院可以不予执行或者撤销。因此仲裁协议应约定仲裁事项。

仲裁协议中约定的仲裁事项，应当符合下面两个条件。

1. 争议事项具有可仲裁性

仲裁协议中双方当事人约定提交仲裁的争议事项，必须是仲裁立法允许采用仲裁方式解决的争议事项。约定的仲裁事项超出法律规定的仲裁范围的，仲裁协议无效。这已成为各国仲裁立法、国际公约和仲裁实践所认可的基本准则。我国《仲裁法》第 2 条和第 3 条分别规定了可以仲裁的范围和不可仲裁的范围。其中第 2 条规定"平等主体之间的合同纠纷和其他财产权益纠纷可以仲裁"，第 3 条规定"下列纠纷不能仲裁：婚姻、收养、监护、扶养、继承纠纷；依法应当由行政机关处理的行政争议"。

2. 仲裁事项具有明确性

即将什么争议提交仲裁解决应该明确，如在供货合同中，是将因产品质量问题引起的争议，还是因产品数量问题引起的争议，或是因整个供货合同引起的争议提交仲裁解决，应在仲裁协议中明确。仲裁机构只解决仲裁事项范围内的争议。在具体约定时，对于已经发生的争议事项，其具体范围比较明确和具体，因而较容易约定；对于未来可能性争议事项要提交仲裁，应尽量避免在仲裁协议中作限制性规定，包括争议性质上的限制、金额上的限制以及其他具体事项的限制，应采用宽泛的约定，如约定"因本合同引起的争议"。这样有利于仲裁机构全面迅速地审理纠纷，充分保护当事人的合法权益。

（三）选定的仲裁机构

由于仲裁没有法定管辖的规定，因此，仲裁机构是由当事人自主选定的。如果当事人在仲裁协议中不选定仲裁机构，仲裁就无法进行。对于仲裁机构的选定，原则上应当是明确、具体，即双方当事人在仲裁协议中要选定某一仲裁机构进行仲裁，如当事人选定发生争议由北京仲裁委员会仲裁。但如果当事人约定了两个以上的仲裁机构，根据最高人民法院的司法解释，只要这一约定是明确的，也是可以执行的，当事人选择约定的仲裁机构之一，即可进行仲裁。

仲裁的意思表示、仲裁事项和选定的仲裁委员会这三项内容必须同时具备，仲裁协议在内容上才能符合《仲裁法》的规定而成为有效的仲裁协议。

(四) 仲裁地点

在商订仲裁条款时,当事人各方一般都力争在本国进行仲裁。当事人的标准格式合同中,一般都规定有在本国仲裁的条款。这是由于当事人对自己所在国家的法律和仲裁的做法比较了解和信任,对外国的仲裁制度往往不大了解;另外,仲裁地点与仲裁所适用的程序法以及确定争议所适用的实体法都有密切关系。一般来说,在哪个国家仲裁,往往就适用哪个国家的仲裁法律;如果当事人对适用的实体法未做约定的话,则仲裁庭将根据仲裁地所在国的法律冲突规则确定应适用的实体法,这将对仲裁结果产生影响,因此,仲裁地点,往往是当事人协商的焦点。一般情况下,当争取不到在本国仲裁时,可规定在被告国或第三国仲裁。如何争取到对自己比较有利、比较方便的仲裁地点,取决于法律有无强制性规定、当事人的方针和政策、双方的谈判地位和优势以及谈判的艺术和技巧。

(五) 仲裁程序

仲裁程序主要规定进行仲裁的程序和手续,包括如何提出申请,如何指定仲裁员组成仲裁庭、如何审理、如何作出裁决以及如何收取仲裁费用等。仲裁程序的作用,主要是为当事人和仲裁员提供一套进行仲裁的行动准则,以便在仲裁时有所遵循。一般来说,仲裁条款规定在哪个常设仲裁机构仲裁,就应该按照该机构的仲裁程序规定进行仲裁,尤其是当事人在未明确或未提及适用的仲裁程序规则时。但有的仲裁机构,允许当事人选用其他仲裁规则。组成临时仲裁庭的程序规则则完全由当事人约定。

(六) 仲裁裁决的效力

仲裁裁决的效力一般应订明是终局的,对双方均有约束力。不这样订明,败诉方就可以到法院去起诉,这样就可能使争议得不到及时地解决。国际上大部分国家的法律对当事人在仲裁条款中裁决终局性的约定是尊重的,有的还明确规定了经仲裁裁决的争议,当事人不得向法院起诉。但也有少数国家的法律,如当事人在仲裁条件中未明确排除法院干预的,经仲裁作出裁决的,如败诉方起诉,法院仍可以受理。

四、仲裁协议的效力

仲裁协议一旦有效成立,就会对有关主体产生一定的法律效力,主要包括:对当事人的效力;对仲裁机构的效力;对法院的效力。

(一) 对当事人的效力

1. 当事人就协议仲裁事项的诉权受到限制。诉权是当事人的一项基本权利,本可以在产生民、商事争议时自由行使。但是,如果该争议属于生效仲裁协议中约定的仲裁事项,则当事人只能就该争议提交仲裁,而不能向法院起诉,更不能请求行政机关或其他团体、组织处理该争议。

2. 当事人可提请仲裁的范围受到限制。他们只能就仲裁协议中确定的仲裁事项申请仲裁。在此范围外的争议事项,除非另有新的仲裁协议,任何一方当事人不得将争议事项提交仲裁解决。否则,另一方当事人可向受理申请的仲裁机构提出异议。

3. 当事人附随义务。当事人基于仲裁协议还承担附随义务,其中,最主要的是履行裁决的义务。除此以外,仲裁协议对当事人产生的付随义务还有:任何一方当事人不得任意变更、解除已发生效力的仲裁协议;当事人在仲裁过程中应与仲裁机构积极配合,如实陈述案件事实，提供必要的材料和证据等。

（二）对仲裁机构的效力

仲裁机构受理仲裁案件的前提和依据是当事人之间的仲裁协议，仲裁协议对仲裁机构也产生约束力，主要表现在以下三个方面。

1. 授权效力。即有效的仲裁协议授予了约定仲裁机构对仲裁事项的管辖权。除该仲裁机构外，其他司法机关及仲裁机构对该争议均无管辖权。

2. 对行使仲裁权范围的限制效力。仲裁机构只能对有效仲裁协议中约定的仲裁事项享有仲裁权，而对于超出约定仲裁事项范围的争议，根据仲裁自愿的原则，仲裁机构无管辖权，不得受理和裁决。否则，当事人可以向法院要求对该仲裁裁决予以撤销或不予执行。

3. 对仲裁裁决内容实现的保证力。双方当事人对合法有效的仲裁裁决必须执行，否则，另一方当事人可申请法院强制执行。

（三）对法院的效力

1. 排除法院对有仲裁协议的争议案件的管辖权。当事人达成仲裁协议，一方向法院起诉的，法院不予受理，但仲裁协议无效的除外。当事人达成仲裁协议，一方向法院起诉未声明有仲裁协议，法院受理后，另一方在首次开庭前提交仲裁协议的，法院应当驳回起诉。我国民事诉讼法第 271 条规定：涉外经济贸易、运输和海事中发生的纠纷，当事人在合同中订有仲裁条款或者事后达成书面仲裁协议，提交中华人民共和国涉外仲裁机构或者其他仲裁机构仲裁的，当事人不得向人民法院起诉。当事人在合同中没有订有仲裁条款或者事后没有达成书面仲裁协议的，可以向人民法院起诉。

2. 对仲裁机构基于有效仲裁协议所作出的有效裁决，法院负有执行职责。我国《民事诉讼法》第 273 条规定，经中华人民共和国涉外仲裁机构裁决的，当事人不得向人民法院起诉。一方当事人不履行仲裁裁决的，对方当事人可以向被申请人住所地或者财产所在地的中级人民法院申请执行。

五、无效的仲裁协议

无效的仲裁协议主要有以下情形。

1. 因主体缺乏行为能力而无效

缔结仲裁协议的当事人必须具有完全民事行为能力，否则签订的仲裁协议无效。

2. 因意思表示不真实而无效

当事人订立仲裁协议的意思表示必须真实，仲裁协议的内容必须是当事人在平等、自愿的基础上达成的真实的意思表示。如果仲裁协议是在其中一方当事人受胁迫、欺诈、乘人之危的情形下签订的，或存在着重大误解时，则仲裁协议无效。

3. 因缺少必备条款或具备矛盾条款而无效

仲裁协议必须明确具体的指明仲裁内容和仲裁机构，缺乏必要的内容，仲裁协议无效。如果仲裁协议中规定了与仲裁制度矛盾的条款也是无效的。例如没有指明明确的仲裁机构、约定的仲裁机构不存在、选择仲裁的同时又选择诉讼、违反仲裁裁决终局性以及争议事项不适用仲裁等。

无效的仲裁协议自始无效，或经撤销而无效。但是应该注意到，根据 2011 年 4 月 1 日起施行的《中华人民共和国涉外民事关系法律适用法》第十八条规定："当事人可以协议选择仲裁协议适用的法律。当事人没有选择的，适用仲裁机构所在地法律或者仲裁地法律。"判断仲裁协议有效与否适用的法律，当事人可以协议选择，没有选择的适用仲裁机构所在地法律或仲裁地法律。因此仲裁协议的效力可能根据纠纷的具体情况导致适用的法律不同而不同。

仲裁庭本身有认定仲裁协议效力的权利，法院可以根据当事人的申请认定仲裁协议的效力。对确认有效的仲裁协议，仲裁庭应受理当事人提出的仲裁申请，并予以审理、裁决，法院对该案无管辖权；对确认无效的仲裁协议，除非另达成仲裁协议，否则当事人只能就其争议向法院起诉。仲裁委员会或法院一旦对仲裁协议效力作出认定，任何一方当事人都不能对仲裁协议的效力再次提出异议，仲裁委员会或法院对此也不再受理。

六、仲裁条款的范本

仲裁条款的内容，各仲裁庭各不相同，现将世界上主要常设仲裁机构的仲裁条款示范文本加以介绍。

（一）中国国际经济贸易仲裁委员会的仲裁条款

中国国际经济贸易仲裁委员会示范仲裁条款有两个范本。

第一个范本：

凡因本合同引起的或与本合同有关的任何争议，均应提交中国国际经济贸易仲裁委员会，按照申请仲裁时该会现行有效的仲裁规则进行仲裁。仲裁裁决是终局的，对双方均有约束力。

第二个范本：

凡因本合同引起的或与本合同有关的任何争议，均应提交中国国际经济贸易仲裁委员会________________分会（仲裁中心），按照仲裁申请时中国国际经济贸易仲裁委员会现行有效的仲裁规则进行仲裁。仲裁裁决是终局的，对双方均有约束力。

（二）国际商会仲裁院仲裁条款

国际商会向希望将争议提交国际商会仲裁和（或）根据以上规则进行的国际商会友好争议解决的当事人推荐下列标准条款。

1. 仲裁

凡产生于本合同或与本合同有关的一切争议均应按照国际商会仲裁规则由依据该规则指定的一名或数名仲裁员终局解决。

为了适应中国法律的规定，建议在以中国大陆为仲裁地的仲裁中，当事人应当将国际仲裁院写入上述标准条款，具体内容如下：

凡产生于或与本合同有关的一切争议均应提交国际商会国际仲裁院并按照国际商会仲裁规则（由依据该规则）指定的一名或数名仲裁员终局解决。

2. 无紧急仲裁员的仲裁

凡产生于本合同或与本合同有关的一切争议均应按照国际商会仲裁规则由依据该规则指定的一名或数名仲裁员终局解决。紧急仲裁员规定不予适用。

为了适应中国法律的规定，建议在以中国大陆为仲裁地的无紧急仲裁员仲裁中，当事人应当将国际仲裁院写入上述标准条款，具体内容如下：

凡产生于或与本合同有关的一切争议均应提交国际商会国际仲裁院并按照国际商会仲裁规则由依据该规则指定的一名或数名仲裁员终局解决。紧急仲裁员规定不予适用。

3. 任择性友好争议解决

对于产生于本合同或与本合同有关的一切争议，当事人随时尝试按照国际商会友好争议解决规则予以解决，但不影响任何其他程序。有三种文本可以选择。

(1) 有义务考虑友好争议解决

对于产生于本合同或与本合同有关的一切争议，当事人首先同意进行商讨并考虑按照国际商会友好争议解决规则将该事项提交和解程序解决。

(2) 有义务将争议提交友好争议解决，而该义务到期自动终止

对于产生于本合同或与本合同有关的一切争议，当事人同意按照国际商会友好争议解决规则将该事项提交和解程序解决。如果在提交友好争议解决申请书后四十五天内，或在当事人书面约定的其他期限内，该争议未能根据该规则和解解决，则当事人在本条款项下不再负有任何进一步义务。

(3) 有义务将争议提交友好争议解决，之后按需要交由国际商会仲裁

对于产生于本合同或与本合同有关的一切争议，当事人同意按照国际商会友好争议解决规则将该事项提交和解程序解决。如果在提交友好争议解决申请书后四十五天内，或在当事人书面约定的其他期限内，该争议未能根据该规则和解解决，则该争议应按照国际商会仲裁规则由依据该仲裁规则指定的一名或数名仲裁员终局解决。

如何使用以上条款意欲采用国际商会仲裁和或国际商会友好争议解决解决争议的当事人，应选择以上条款之一。这些条款涵盖了各种不同情况和需求。当事人如果无意适用紧急仲裁员的规定，则须采用以上两条仲裁条款的第二条，来明确表示其已选择不适用该规则。

当事人可以自由调整所选条款，以适应其具体情况。例如，在约定采用仲裁方式时，由于考虑到仲裁规则中规定了一条偏好采用独任仲裁员的假设，当事人可能希望约定仲裁员人数。当事人可能还希望约定仲裁语言和仲裁地点以及对于案件实体问题所适用的法律。在约定采用友好争议解决方式时当事人可能希望具体约定所采用的和解方法，在调解不成的情况下采用默认机制。

以上最后一项条款是一则双重条款，约定先进行友好争议解决，随后进行仲裁。还可以采用其他的服务组合。组合型的多重争议解决条款可以帮助促进争议管理。但是，当事人也可以在任何时间，甚至在争议已经发生之后，或者在其他争议解决程序进行过程当中，按照国际商会友好争议解决规则或国际商会专家规则，提出有关申请。

在任何情况下，起草该条款务须谨慎避免发生歧义的风险。措辞不明确，会导致不确定性，延误并可能妨碍、甚至危害到争议解决的进程。

建议当事人在将上述任何条款纳入其合同中时，应将可能影响该条款在适用法律项下执行力的任何因素考虑在内。例如，当事人应注意到仲裁地和执行地的任何强制要求。

（三）香港国际仲裁中心的示范条款

该类条款分为三种。

1. 由香港国际仲裁中心管理的仲裁

“凡因本合同所引起的或与之相关的任何争议、纠纷或索赔，包括违约、合同的效力和终止，均应根据提交仲裁通知时有效的《香港国际仲裁中心机构仲裁规则》，在香港仲裁解决。

*仲裁员人数为[ ]名（一名或三名）。仲裁语言为[ ]（选择语言）。”

注：*可约定可不约定

2. 按联合国国际贸易法委员会的仲裁规则仲裁

“凡因本合同产生或与本合同有关的争议、争执或索偿，或违约、合同的终止或有效无效，均应通过仲裁解决。仲裁按目前有效的《联合国国际贸易法委员会的仲裁规则》进行，但可作下述修改。

指定仲裁员的机构是香港国际仲裁中心。

仲裁地点在香港的香港国际仲裁中心。

*只用一名仲裁员仲裁。”

注：*如果用三名仲裁员，这句话需要修改。

如果仲裁使用的语言有可能成为问题，在合同中写入下面一句话可能有所帮助：

“仲裁程序使用的语言应为……”

3. 本地仲裁

“凡因本合同产生或与本合同有关的任何争议或分歧均应提交香港国际仲裁中心并按其《本地仲裁规则》通过仲裁解决。”

（四）斯德哥尔摩商会仲裁院示范仲裁条款

斯德哥尔摩商会仲裁院也有两个示范条款。

1. 示范条款一

任何因本合同而产生的或与本合同有关的争议、纠纷或索赔，或者有关违约、终止合同或合同无效的争议，均应当通过斯德哥尔摩商会仲裁院所提供管理的仲裁方式最终予以解决。

快速仲裁规则应予适用，除非仲裁院考虑到案件的复杂程度、争议金额以及其他情形而自行决定本规则应予适用。在后种情形下，仲裁院也应当决定仲裁庭是由一名或三名仲裁员组成。

建议补充如下：

仲裁地应为[…]。

仲裁程序应当使用的语言为[…]。

本合同应当受[…]实体法所管辖。

2. 示范条款二

任何因本合同而产生的或与本合同有关的争议、纠纷或索赔，或者有关违约、终止合同或合同无效的争议，均应当根据斯德哥尔摩商会仲裁院仲裁规则通过仲裁的方式最终予以解决。

建议补充如下：

仲裁庭应当由[…]名仲裁员(一名独任仲裁员)组成。

仲裁地应为[…]。

仲裁程序应当使用的语言为[…]。

本合同应当受[…]实体法所管辖。

（五）新加坡国际仲裁中心示范仲裁条款

新加坡国际仲裁中心也有几类示范仲裁条款，主要使用的仲裁条款如下所述。

1. 一般仲裁适用

因本合同引起的或者与本合同有关的任何争议，包括合同的存在、效力和终止等问题，提交新加坡国际仲裁中心，依据仲裁开始时最新施行的《新加坡国际仲裁中心仲裁规则》，以新加坡为仲裁地，通过仲裁方式最终解决。新仲规则视为本仲裁条款的一部分。

仲裁庭由＊位仲裁员组成。仲裁语言采用[ ]。

＊可约定单数，例如1或者3。

此外，国际合同中也应当包含合同的适用法律条款。兹推荐如下：本合同适用________＊法律。＊写明国家或者法域。

2. 快速程序示范条款

因本合同引起的或者与本合同相关的任何争议，包括合同的存在、效力和终止等问题，提交新加坡国际仲裁中心，依据仲裁开始时最新施行的《新加坡国际仲裁中心仲裁规则》，以新加坡为仲裁地，通过仲裁方式最终解决。新仲规则视为本仲裁条款的一部分。当事人同意任何依据本条款提起的仲裁均应符合新仲规则第五条第二款关于快速程序的规定。

仲裁庭由一名仲裁员组成。

仲裁语言为________。

第三节　仲裁程序

由于各仲裁庭的仲裁规则大同小异，因此本节以《中国国际经济贸易仲裁委员会仲裁规则(2015版)》为内容简要介绍一下仲裁的基本程序。该规则由中国国际贸易促进委员会(中国国际商会)于2014年11月4日修订并通过，2015年1月1日起施行。

一、仲裁申请、答辩、反请求

（一）申请

仲裁程序自仲裁委员会仲裁院收到仲裁申请书之日起开始。当事人依据申请仲裁时应：提交由申请人或申请人授权的代理人签名及(或)盖章的仲裁申请书。仲裁申请书应写明：申请人和被申请人的名称和住所，包括邮政编码、电话、传真、电子邮件或其他电子通信方式；申请仲裁所依据的仲裁协议；案情和争议要点；申请人的仲裁请求；仲裁请求所依据的事实和理由。在提交仲裁申请书时，附具申请人请求所依据的证据材料以及其他证明文件。按照仲裁委员会制定的仲裁费用表的规定预缴仲裁费。

（二）受理

仲裁委员会根据当事人在争议发生之前或在争议发生之后达成的将争议提交仲裁委员会仲裁的仲裁协议和一方当事人的书面申请，受理案件。仲裁委员会仲裁院收到申请人的仲裁申请书及其附件后，经审查，认为申请仲裁的手续完备的，应将仲裁通知、仲裁委员会仲裁规则和仲裁员名册各一份发送给双方当事人；申请人的仲裁申请书及其附件也应同时发送给被申请人。仲裁委员会仲裁院经审查认为申请仲裁的手续不完备的，可以要求申请人在一定的期限内予以完备。申请人未能在规定期限内完备申请仲裁手续的，视同申请人未提出仲裁申请；申请人的仲裁申请书及其附件，仲裁委员会仲裁院不予留存。仲裁委员会受理案件后，仲裁委员会仲裁院应指定一名案件秘书协助仲裁案件的程序管理。

（三）多份合同的仲裁

申请人就多份合同项下的争议可在同一仲裁案件中合并提出仲裁申请，但应同时符合下列条件：多份合同系主从合同关系；或多份合同所涉当事人相同且法律关系性质相同；争议源于同一交易或同一系列交易；多份合同中的仲裁协议内容相同或相容。

（四）答辩

被申请人应自收到仲裁通知后 45 天内提交答辩书。被申请人确有正当理由请求延长提交答辩期限的，由仲裁庭决定是否延长答辩期限；仲裁庭尚未组成的，由仲裁委员会仲裁院作出决定。答辩书由被申请人或被申请人授权的代理人签名及(或)盖章，并应包括下列内容及附件：被申请人的名称和住所，包括邮政编码、电话、传真、电子邮箱或其他电子通信方式；对仲裁申请书的答辩及所依据的事实和理由；答辩所依据的证据材料以及其他证明文件。仲裁庭有权决定是否接受逾期提交的答辩书。被申请人未提交答辩书，不影响仲裁程序的进行。

（五）反请求

被申请人如有反请求，应自收到仲裁通知后 45 天内以书面形式提交。被申请人确有正当理由请求延长提交反请求期限的，由仲裁庭决定是否延长反请求期限；仲裁庭尚未组成的，由仲裁委员会仲裁院作出决定。被申请人提出反请求时，应在其反请求申请书中写明具体的反请求事项及其所依据的事实和理由，并附具有关的证据材料以及其他证明文件。被申请人提出反请求，应按照仲裁委员会制定的仲裁费用表在规定的时间内预缴仲裁费。被申请人未按期缴纳反请求仲裁费的，视同未提出反请求申请。

仲裁委员会仲裁院认为被申请人提出反请求的手续已完备的，应向双方当事人发出反请求受理通知。申请人应在收到反请求受理通知后 30 天内对被申请人的反请求提交答辩。申请人确有正当理由请求延长提交答辩期限的，由仲裁庭决定是否延长答辩期限；仲裁庭尚未组成的，由仲裁委员会仲裁院作出决定。仲裁庭有权决定是否接受逾期提交的反请求和反请求答辩书。

申请人对被申请人的反请求未提出书面答辩的，不影响仲裁程序的进行。

（六）变更仲裁请求或反请求

申请人可以申请对其仲裁请求进行变更，被申请人也可以申请对其反请求进行变更；但是仲裁庭认为其提出变更的时间过迟而影响仲裁程序正常进行的，可以拒绝其变更请求。

（七）追加当事人

在仲裁程序中，一方当事人依据表面上约束被追加当事人的案涉仲裁协议可以向仲裁委员会申请追加当事人。在仲裁庭组成后申请追加当事人的，如果仲裁庭认为确有必要，应在征求包括被追加当事人在内的各方当事人的意见后，由仲裁委员会作出决定。仲裁委员会仲裁院收到追加当事人申请之日视为针对该被追加当事人的仲裁开始之日。

追加当事人申请书应包含现有仲裁案件的案号，涉及被追加当事人在内的所有当事人的名称、住所及通信方式，追加当事人所依据的仲裁协议、事实和理由，以及仲裁请求。当事人在提交追加当事人申请书时，应附具其申请所依据的证据材料以及其他证明文件。任何一方当事人就追加当事人程序提出仲裁协议及（或）仲裁案件管辖权异议的，仲裁委员会有权基于仲裁协议及相关证据作出是否具有管辖权的决定。

追加当事人程序开始后，在仲裁庭组成之前，由仲裁委员会仲裁院就仲裁程序的进行作出决定；在仲裁庭组成之后，由仲裁庭就仲裁程序的进行作出决定。在仲裁庭组成之前追加当事人的，本规则有关当事人选定或委托仲裁委员会主任指定仲裁员的规定适用于被追加当事人。

在仲裁庭组成后决定追加当事人的，仲裁庭应就已经进行的包括仲裁庭组成在内的仲裁程序征求被追加当事人的意见。被追加当事人要求选定或委托仲裁委员会主任指定仲裁员的，双方当事人应重新选定或委托仲裁委员会主任指定仲裁员。有关当事人提交答辩及反请求的规定适用于被追加当事人。被追加当事人提交答辩及反请求的期限自收到追加当事人仲裁通知后起算。案涉仲裁协议表面上不能约束被追加当事人或存在其他任何不宜追加当事人的情形的，仲裁委员会有权决定不予追加。

（八）合并仲裁

符合下列条件之一的，经一方当事人请求，仲裁委员会可以决定将根据本规则进行的两个或两个以上的仲裁案件合并为一个仲裁案件，进行审理。各案仲裁请求依据同一个仲裁协议提出；各案仲裁请求依据多份仲裁协议提出，该多份仲裁协议内容相同或相容，且各案当事人相同、各争议所涉及的法律关系性质相同。

各案仲裁请求依据多份仲裁协议提出，该多份仲裁协议内容相同或相容，且涉及的多份合同为主从合同关系；所有案件的当事人均同意合并仲裁。

根据上述决定合并仲裁时，仲裁委员会应考虑各方当事人的意见及相关仲裁案件之间的关联性等因素，包括不同案件的仲裁员的选定或指定情况。除非各方当事人另有约定，合并的仲裁案件应合并至最先开始仲裁程序的仲裁案件。

仲裁案件合并后，在仲裁庭组成之前，由仲裁委员会仲裁院就程序的进行作出决定；仲裁庭组成后，由仲裁庭就程序的进行作出决定。

（九）仲裁文件的提交与交换

当事人的仲裁文件应提交至仲裁委员会仲裁院。仲裁程序中需发送或转交的仲裁文件，由仲裁委员会仲裁院发送或转交仲裁庭及当事人，当事人另有约定并经仲裁庭同意或仲裁庭另有决定者除外。

当事人提交的仲裁申请书、答辩书、反请求书和证据材料以及其他仲裁文件，应一式五份；多方当事人的案件，应增加相应份数；当事人提出财产保全申请或证据保全申请的，应增加相应份数；仲裁庭组成人数为一人的，应相应减少两份。

（十）保全及临时措施

当事人依据中国法律规定申请保全的，仲裁委员会应当依法将当事人的保全申请转交当事人指明的有管辖权的法院。根据所适用的法律或当事人的约定，当事人可以依据《中国国际经济贸易仲裁委员会紧急仲裁员程序》（本规则附件三）向仲裁委员会仲裁院申请紧急性临时救济。紧急仲裁员可以决定采取必要或适当的紧急性临时救济措施。紧急仲裁员的决定对双方当事人具有约束力。经一方当事人请求，仲裁庭依据所适用的法律可以决定采取其认为必要或适当的临时措施，并有权决定请求临时措施的一方提供适当的担保。仲裁庭采取临时措施的决定，可以程序令或中间裁决的方式作出。

二、仲裁员及仲裁庭

（一）仲裁庭的组成

仲裁庭由一名或三名仲裁员组成。除非当事人另有约定或本规则另有规定，仲裁庭由三名仲裁员组成。仲裁员不代表任何一方当事人，应独立于各方当事人，平等地对待各方当事人。

仲裁委员会制定统一适用于仲裁委员会及其分会（中心）的仲裁员名册；当事人从仲裁委员会制定的仲裁员名册中选定仲裁员。当事人约定在仲裁委员会仲裁员名册之外选定仲裁员的，当事人选定的或根据当事人约定指定的人士经仲裁委员会主任确认后可以担任仲裁员。

仲裁庭的组成为三人时，申请人和被申请人应各自在收到仲裁通知后 15 天内选定或委托仲裁委员会主任指定一名仲裁员。当事人未在上述期限内选定或委托仲裁委员会主任指定的，由仲裁委员会主任指定。第三名仲裁员由双方当事人在被申请人收到仲裁通知后 15 天内共同选定或共同委托仲裁委员会主任指定。第三名仲裁员为仲裁庭的首席仲裁员。双方当事人可以各自推荐 1～5 名候选人作为首席仲裁员人选，并按照期限提交推荐名单。双方当事人的推荐名单中有一名人选相同的，该人选为双方当事人共同选定的首席仲裁员；有一名以上人选相同的，由仲裁委员会主任根据案件的具体情况在相同人选中确定一名首席仲裁员，该名首席仲裁员仍为双方共同选定的首席仲裁员；推荐名单中没有相同人选时，由仲裁委员会主任指定首席仲裁员。双方当事人未能按照上述规定共同选定首席仲裁员的，由仲裁委员会主任指定首席仲裁员。仲裁庭由一名仲裁员组成的，由双方按照上述程序共同指定。

仲裁庭的组成有多方当事人时，仲裁案件有两个或两个以上申请人及（或）被申请人时，申请人方及（或）被申请人方应各自协商，各方共同选定或共同委托仲裁委员会主任指定一名仲裁员。首席仲裁员或独任仲裁员由各方按程序共同指定，申请人方及（或）被申请人方选定首席仲裁员或独任仲裁员时，应各方共同协商，并提交各方共同选定的候选人名单。如果申请人方及（或）被申请人方未能在收到仲裁通知后 15 天内各方共同选定或各方共同委托仲裁委员会主任指定一名仲裁员，则由仲裁委员会主任指定仲裁庭三名仲裁员，并从中确定一人担任首席仲裁员。仲裁委员会主任根据本规则的规定指定仲裁员时，应考虑争议的适用法律、仲裁地、仲裁语言、当事人国籍，以及仲裁委员会主任认为应考虑的其他因素。

（二）仲裁员的披露和回避

被选定或被指定的仲裁员应签署声明书，披露可能引起对其公正性和独立性产生合理怀疑的任何事实或情况。在仲裁程序中出现应披露情形的，仲裁员应立即书面披露。仲裁员的声明书及（或）披露的信息应提交仲裁委员会仲裁院并由其转交各方当事人。

当事人收到仲裁员的声明书及（或）书面披露后，如果以仲裁员披露的事实或情况为理由要求该仲裁员回避，则应于收到仲裁员的书面披露后10天内书面提出。逾期没有申请回避的，不得以仲裁员曾经披露的事项为由申请该仲裁员回避。当事人对被选定或被指定的仲裁员的公正性和独立性产生具有正当理由的怀疑时，可以书面提出要求该仲裁员回避的请求，但应说明提出回避请求所依据的具体事实和理由，并举证。对仲裁员的回避请求应在收到组庭通知后15天内以书面形式提出；在此之后得知要求回避事由的，可以在得知回避事由后15天内提出，但应不晚于最后一次开庭终结。当事人的回避请求应当立即转交另一方当事人、被请求回避的仲裁员及仲裁庭其他成员。如果一方当事人请求仲裁员回避，另一方当事人同意回避请求，或被请求回避的仲裁员主动提出不再担任该仲裁案件的仲裁员，则该仲裁员不再担任仲裁员审理本案。上述情形并不表示当事人提出回避的理由成立。除特定情形外，仲裁员是否回避，由仲裁委员会主任作出终局决定并可以不说明理由。在仲裁委员会主任就仲裁员是否回避作出决定前，被请求回避的仲裁员应继续履行职责。

（三）仲裁员的更换

仲裁员在法律上或事实上不能履行职责，或没有按照要求或在规定的期限内履行应尽职责时，仲裁委员会主任有权决定将其更换；该仲裁员也可以主动申请不再担任仲裁员。是否更换仲裁员，由仲裁委员会主任作出终局决定并可以不说明理由。仲裁员因回避或更换不能履行职责时，应按照原选定或指定该仲裁员的方式在仲裁委员会仲裁院规定的期限内选定或指定替代的仲裁员。当事人未选定或指定替代仲裁员的，由仲裁委员会主任指定替代的仲裁员。重新选定或指定仲裁员后，由仲裁庭决定是否重新审理及重新审理的范围。

最后一次开庭终结后，如果三人仲裁庭中的一名仲裁员因死亡或被除名等情形而不能参加合议及（或）作出裁决，另外两名仲裁员可以请求仲裁委员会主任按照第三十三条的规定更换该仲裁员；在征求双方当事人意见并经仲裁委员会主任同意后，该两名仲裁员也可以继续进行仲裁程序，作出决定或裁决。仲裁委员会仲裁院应将上述情况通知双方当事人。

三、审理

（一）审理方式

除非当事人另有约定，仲裁庭可以按照其认为适当的方式审理案件。在任何情形下，仲裁庭均应公平和公正地行事，给予双方当事人陈述与辩论的合理机会。仲裁庭应开庭审理案件，但双方当事人约定并经仲裁庭同意或仲裁庭认为不必开庭审理并征得双方当事人同意的，可以只依据书面文件进行审理。除非当事人另有约定，仲裁庭可以根据案件的具体情况采用询问式或辩论式的庭审方式审理案件。仲裁庭可以在其认为适当的地点以其认为适当的方式进行合议。除非当事人另有约定，仲裁庭认为必要时可以发布程序令、发出问题单、制作审理范围书、举行庭前会议等。经仲裁庭其他成员授权，首席仲裁员可以单独就仲裁案件的程序安排作出决定。

开庭审理时，仲裁庭可以制作庭审笔录及(或)影音记录。仲裁庭认为必要时，可以制作庭审要点，并要求当事人及(或)其代理人、证人及(或)其他有关人员在庭审笔录或庭审要点上签字或盖章。庭审笔录、庭审要点和影音记录供仲裁庭查用。

当事人约定了开庭地点的，仲裁案件的开庭审理应当在约定的地点进行。除非当事人另有约定，由仲裁委员会仲裁院或其分会(中心)秘书处管理的案件应分别在北京或分会(中心)所在地开庭审理；如仲裁庭认为必要，经仲裁委员会秘书长同意，也可以在其他地点开庭审理。

当事人对仲裁语言有约定的，从其约定。当事人没有约定的，仲裁程序以中文为仲裁语言，或以仲裁委员会视案件的具体情形确定的其他语言为仲裁语言。仲裁庭开庭时，当事人或其代理人、证人需要语言翻译的，可由仲裁委员会仲裁院提供译员，也可由当事人自行提供译员。当事人提交的各种文书和证明材料，仲裁庭或仲裁委员会仲裁院认为必要时，可以要求当事人提供相应的中文译本或其他语言译本。

开庭审理的案件，仲裁庭确定第一次开庭日期后，应不晚于开庭前20天将开庭日期通知双方当事人。当事人有正当理由的，可以请求延期开庭，但应于收到开庭通知后5天内提出书面延期申请；是否延期，由仲裁庭决定。当事人有正当理由未能按上述规定的期限提出延期开庭申请的，是否接受其延期申请，由仲裁庭决定。再次开庭审理的日期及延期后开庭审理日期的通知及其延期申请，不受上述期限的限制。

仲裁庭审理案件不公开进行。双方当事人要求公开审理的，由仲裁庭决定是否公开审理。不公开审理的案件，双方当事人及其仲裁代理人、仲裁员、证人、翻译、仲裁庭咨询的专家和指定的鉴定人，以及其他有关人员，均不得对外界透露案件实体和程序的有关情况。

申请人无正当理由开庭时不到庭的，或在开庭审理时未经仲裁庭许可中途退庭的，可以视为撤回仲裁申请；被申请人提出反请求的，不影响仲裁庭就反请求进行审理，并作出裁决。被申请人无正当理由开庭时不到庭的，或在开庭审理时未经仲裁庭许可中途退庭的，仲裁庭可以进行缺席审理并作出裁决；被申请人提出反请求的，可以视为撤回反请求。

(二) 事实调查

当事人应对其申请、答辩和反请求所依据的事实提供证据加以证明，对其主张、辩论及抗辩要点提供依据。仲裁庭可以规定当事人提交证据的期限。当事人应在规定的期限内提交证据。逾期提交的，仲裁庭可以不予接受。当事人在举证期限内提交证据材料确有困难的，可以在期限届满前申请延长举证期限。是否延长，由仲裁庭决定。当事人未能在规定的期限内提交证据，或虽提交证据但不足以证明其主张的，负有举证责任的当事人承担因此产生的后果。

开庭审理的案件，证据应在开庭时出示，当事人可以质证。对于书面审理的案件的证据材料，或对于开庭后提交的证据材料且当事人同意书面质证的，可以进行书面质证。书面质证时，当事人应在仲裁庭规定的期限内提交书面质证意见。

仲裁庭认为必要时，可以调查事实，收集证据。仲裁庭调查事实、收集证据时，可以通知当事人到场。经通知，一方或双方当事人不到场的，不影响仲裁庭调查事实和收集证据。仲裁庭自行调查收集的证据，应转交当事人，给予当事人提出意见的机会。

仲裁庭可以就案件中的专门问题向专家咨询或指定鉴定人进行鉴定。专家和鉴定人可以是中国或外国的机构或自然人。仲裁庭有权要求当事人、当事人也有义务向专家或鉴定人提供或出示任何有关资料、文件或财产、货物，以供专家或鉴定人审阅、检验或鉴定。专家报告和鉴定报告的副本应转交当事人，给予当事人提出意见的机会。任何一方当事人要求专家或鉴定人参加开庭的，经仲裁庭同意，专家或鉴定人应参加开庭，并在仲裁庭认为必要时就所作出的报告进行解释。

（三）程序中止和案件撤销

当事人请求中止仲裁程序，或出现其他需要中止仲裁程序的情形的，仲裁程序可以中止。中止程序的原因消失或中止程序期满后，仲裁程序恢复进行。仲裁程序的中止及恢复，由仲裁庭决定；仲裁庭尚未组成的，由仲裁委员会秘书长决定。

当事人可以撤回全部仲裁请求或全部仲裁反请求。申请人撤回全部仲裁请求的，不影响仲裁庭就被申请人的仲裁反请求进行审理和裁决。被申请人撤回全部仲裁反请求的，不影响仲裁庭就申请人的仲裁请求进行审理和裁决。因当事人自身原因致使仲裁程序不能进行的，可以视为其撤回仲裁请求。仲裁请求和反请求全部撤回的，案件可以撤销。在仲裁庭组成前撤销案件的，由仲裁委员会秘书长作出撤案决定；仲裁庭组成后撤销案件的，由仲裁庭作出撤案决定。

（四）调解程序

双方当事人有调解意愿的，或一方当事人有调解意愿并经仲裁庭征得另一方当事人同意的，仲裁庭可以在仲裁程序进行过程中对其审理的案件进行调解。双方当事人也可以自行和解。仲裁庭在征得双方当事人同意后可以按照其认为适当的方式进行调解。调解过程中，任何一方当事人提出终止调解或仲裁庭认为已无调解成功的可能时，仲裁庭应停止调解。经仲裁庭调解达成和解或双方当事人自行和解的，双方当事人应签订和解协议。经调解或当事人自行达成和解协议的，当事人可以撤回仲裁请求或反请求；当事人也可以请求仲裁庭根据当事人和解协议的内容作出裁决书或制作调解书。当事人请求制作调解书的，调解书应当写明仲裁请求和当事人书面和解协议的内容，由仲裁员署名，并加盖“中国国际经济贸易仲裁委员会”印章，送达双方当事人。调解不成功的，仲裁庭应当继续进行仲裁程序并作出裁决。当事人有调解意愿但不愿在仲裁庭主持下进行调解的，经双方当事人同意，仲裁委员会可以协助当事人以适当的方式和程序进行调解。如果调解不成功，任何一方当事人均不得在其后的仲裁程序、司法程序和其他任何程序中援引对方当事人或仲裁庭在调解过程中曾发表的意见、提出的观点、作出的陈述、表示认同或否定的建议或主张作为其请求、答辩或反请求的依据。

当事人在仲裁程序开始之前自行达成或经调解达成和解协议的，可以依据由仲裁委员会仲裁的仲裁协议及其和解协议，请求仲裁委员会组成仲裁庭，按照和解协议的内容作出仲裁裁决。除非当事人另有约定，仲裁委员会主任指定一名独任仲裁员组成仲裁庭，按照仲裁庭认为适当的程序进行审理并作出裁决。

四、裁决

仲裁庭应在组庭后 6 个月内作出裁决书。经仲裁庭请求，仲裁委员会秘书长认为确有正当理由和必要的，可以延长该期限。程序中止的期间不计入裁决期限。

仲裁庭应当根据事实和合同约定，依照法律规定，参考国际惯例，公平合理、独立公正地作出裁决。当事人对于案件实体适用法有约定的，从其约定。当事人没有约定或其约定与法律强制性规定相抵触的，由仲裁庭决定案件实体的法律适用。仲裁庭在其作出的裁决书中，应写明仲裁请求、争议事实、裁决理由、裁决结果、仲裁费用的承担、裁决的日期和地点。当事人协议不写明争议事实和裁决理由的，以及按照双方当事人和解协议的内容作出裁决书的，可以不写明争议事实和裁决理由。仲裁庭有权在裁决书中确定当事人履行裁决的具体期限及逾期履行所应承担的责任。裁决书应加盖“中国国际经济贸易仲裁委员会”印章。

由三名仲裁员组成的仲裁庭审理的案件，裁决依全体仲裁员或多数仲裁员的意见作出。少数仲裁员的书面意见应附卷，并可以附在裁决书后，该书面意见不构成裁决书的组成部分。仲裁庭不能形成多数意见时，裁决依首席仲裁员的意见作出。其他仲裁员的书面意见应附卷，并可以附在裁决书后，该书面意见不构成裁决书的组成部分。除非裁决依首席仲裁员意见或独任仲裁员意见作出并由其署名，裁决书应由多数仲裁员署名。持有不同意见的仲裁员可以在裁决书上署名，也可以不署名。作出裁决书的日期，即为裁决发生法律效力的日期。

裁决是终局的，对双方当事人均有约束力。任何一方当事人均不得向法院起诉，也不得向其他任何机构提出变更仲裁裁决的请求。

仲裁庭认为必要或当事人提出请求经仲裁庭同意的，仲裁庭可以在作出最终裁决之前，就当事人的某些请求事项作出部分裁决。部分裁决是终局的，对双方当事人均有约束力。一方当事人不履行部分裁决，不影响仲裁程序的继续进行，也不影响仲裁庭作出最终裁决。

当事人应依照裁决书写明的期限履行仲裁裁决；裁决书未写明履行期限的，应立即履行。一方当事人不履行裁决的，另一方当事人可以依法向有管辖权的法院申请执行。

五、简易程序

除非当事人另有约定，凡争议金额不超过人民币 500 万元，或争议金额超过人民币 500 万元但经一方当事人书面申请并征得另一方当事人书面同意的，或双方当事人约定适用简易程序的，适用简易程序。没有争议金额或争议金额不明确的，由仲裁委员会根据案件的复杂程度、涉及利益的大小以及其他有关因素综合考虑决定是否适用简易程序。申请人提出仲裁申请，经审查可以受理并适用简易程序的，仲裁委员会仲裁院应向双方当事人发出仲裁通知。

除非当事人另有约定，适用简易程序的案件，由独任仲裁庭审理案件。

被申请人应在收到仲裁通知后20天内提交答辩书及证据材料以及其他证明文件；如有反请求，也应在此期限内提交反请求书及证据材料以及其他证明文件。申请人应在收到反请求书及其附件后20天内对被申请人的反请求提交答辩。当事人确有正当理由请求延长上述期限的，由仲裁庭决定是否延长；仲裁庭尚未组成的，由仲裁委员会仲裁院作出决定。

仲裁庭可以按照其认为适当的方式审理案件；可以决定只依据当事人提交的书面材料和证据进行书面审理，也可以决定开庭审理。

对于开庭审理的案件，仲裁庭确定第一次开庭日期后，应不晚于开庭前15天将开庭日期通知双方当事人。当事人有正当理由的，可以请求延期开庭，但应于收到开庭通知后3天内提出书面延期申请；是否延期，由仲裁庭决定。当事人有正当理由未能按期提出延期开庭申请的，是否接受其延期申请，由仲裁庭决定。

仲裁庭应在组庭后3个月内作出裁决书。经仲裁庭请求，仲裁委员会秘书长认为确有正当理由和必要的，可以延长该期限。程序中止的期间不计入的裁决期限。

仲裁请求的变更或反请求的提出，不影响简易程序的继续进行。经变更的仲裁请求或反请求所涉争议金额分别超过人民币500万元的案件，除非当事人约定或仲裁庭认为有必要变更为普通程序，继续适用简易程序。

第四节　国际常设仲裁机构及其规则

一、中国国际经济贸易仲裁委员会（CIETAC）

（一）仲裁委员会简介

中国国际经济贸易仲裁委员会（英文简称CIETAC，中文简称“贸仲委”）是世界上主要的常设商事仲裁机构之一。

根据1954年5月6日中央人民政府政务院第215次会议通过的《关于在中国国际贸易促进委员会内设立对外贸易仲裁委员会的决定》，贸仲委于1956年4月由中国国际贸易促进委员会（简称“中国贸促会”）组织设立，当时名称为对外贸易仲裁委员会。中国实行对外开放政策以后，为了适应国际经济贸易关系不断发展的需要，根据国务院发布的《关于将对外贸易仲裁委员会改称为对外经济贸易仲裁委员会的通知》，对外贸易仲裁委员会于1980年改名为对外经济贸易仲裁委员会，又于1988年根据国务院《关于将对外经济贸易仲裁委员会改名为中国国际经济贸易仲裁委员会和修订仲裁规则的批复》，改名为中国国际经济贸易仲裁委员会。2000年，中国国际经济贸易仲裁委员会同时启用“中国国际商会仲裁院”的名称。

贸仲委设在北京。为支持深圳、上海、天津和重庆的经济发展，分别于1984年、1988年、2008年、2009年设立了贸仲会深圳办事处（2004年更名为华南分会）、上海分会、天津国际经济金融仲裁中心（天津分会）和西南分会。2012年应香港特区政府的申请，贸仲委在香港特别行政区设立贸仲委香港仲裁中心。贸仲委及其分会是统一的仲裁委员会,分会是贸仲委的派出机构,统一适用《仲裁规则》和《仲裁员名册》。仲裁委员会总会和各分会根据当事人约定的仲裁条款(仲裁协议)受理当事人提起的国际的、涉外的和国内仲裁案件。

贸仲委设名誉主任一人、顾问若干人。贸仲委由主任一人、副主任若干人和委员若干人组成。主任履行《仲裁规则》赋予的职责,副主任受主任的委托履行主任的职责。贸仲委设仲裁院,贸仲委分会(中心)设秘书处,分别在贸仲委秘书长或分会(中心)秘书长的领导下处理日常事务。贸仲委下设三个专门委员会:专家咨询委员会,案例编辑委员会及仲裁员资格审查考核委员会。同时,仲裁委员会设立域名争议解决中心和亚洲域名争议解决中心,负责解决各种域名争议。域名争议解决中心于 2005 年 7 月 5 日起同时启用"中国国际经济贸易仲裁委员会网上争议解决中心"名称,全面涵盖域名争议解决中心业务,并进一步开展电子商务网上调解和网上仲裁等其他网上争议解决业务,为广大当事人提供快捷高效的网上争议解决服务。针对快速解决电子商务纠纷及其他经济贸易争议的需要,贸仲委于 2009 年 5 月 1 日推出《网上仲裁规则》。该规则在"普通程序"之外根据案件争议金额大小分别规定了"简易程序"和"快速程序",以真正适应在网上快速解决经济纠纷的需要。仲裁委员会与中国粮食行业协会、贸促会粮食行业分会联合成立了粮食争议仲裁中心,以仲裁的方式解决粮食行业发生的一切争议。

五十多年来,贸仲委以其仲裁实践和理论活动为中国《仲裁法》的制定和中国仲裁事业的发展作出了突出贡献。贸仲委还与世界上主要仲裁机构保持着友好合作关系,以其独立、公正和高效在国内外享有盛誉。

(二) 仲裁规则

中国国际经济贸易仲裁委员会现行的仲裁规则是 2015 版仲裁规则,于 2015 年 1 月 1 日正式施行。上一版本为 2012 年修订版。比较之前的 2012 版仲裁规则,新版仲裁规则主要在以下方面作了修改。

1. 整体框架的修改

从整体结构上看,新规则比旧规则新增加了一章即第六章香港仲裁的特别程序。从具体的条文看,旧规则共有条款 74 条,而新规则增加了"第 14 条多份合同的仲裁"、"第 18 条追加当事人",第六章新增 8 条组合成了新的 84 条条款。

2. 关于贸仲委机构设置的修改

2015 版规则规定贸仲下设仲裁院,接替秘书局的案件管理职能,相应地,由各分会仲裁院接替各分会秘书处的案件管理与服务职能,秘书局则依据贸仲章程承担其他公共服务职能。

3. 关于仲裁程序方面的修改

(1) 提高了简易程序争议金额。将适用简易程序的案件金额从人民币 200 万元提高为人民币 500 万元,或争议金额超过人民币 500 万元但经一方当事人书面申请并征得另一方当事人书面同意的,或双方当事人约定适用简易程序的,适用简易程序。

(2) 增加了追加当事人制度和多份合同制度,填补了以往规则中的一个缺陷。

(3) 完善了保全及临时措施,2015 版规则第 23 条第 2 款规定:根据所适用的法律或当事人的约定，当事人可以依据《中国国际经济贸易仲裁委员会紧急仲裁员程序》（本规则附件三）向仲裁委员会仲裁院申请紧急性临时救济。紧急仲裁员可以决定采取必要或适当的紧急性临时救济措施。紧急仲裁员的决定对双方当事人具有约束力。

4. 新增香港仲裁的特别规定

2012 年 9 月，应香港特别行政区政府邀请，贸仲在香港设立了贸仲香港仲裁中心，负责在香港接受仲裁申请并管理仲裁案件。为此，2015 版规则新设“香港仲裁的特别规定”专章，明确规定了贸仲香港仲裁中心管理案件的程序适用法为香港仲裁法律；其裁决为香港裁决；当事人可以不受仲裁员名册限制，贸仲仲裁员名册作为推荐名册；仲裁收费实行机构管理费与仲裁员报酬分别收取的国际仲裁惯常做法等新内容。

5. 引进紧急仲裁员制度

紧急仲裁员制度旨在使当事人在仲裁程序之初获得紧急救济，对于固定证据、防止当事人隐匿或转移财产、保障仲裁程序的顺利推进、保证仲裁裁决的顺利执行等具有积极的作用，有利于更有效地保护当事人的权益。同时，申请紧急仲裁员程序并不影响当事人依据所适用的法律向有管辖权的法院请求采取临时措施的权利。

二、国际商会国际仲裁院（ICCCA）

（一）仲裁院简介

国际商会国际仲裁院（International Court of Arbitration of the International Chamber of Commerce，ICCCA），成立于 1923 年，是附属于国际商会的一个国际性常设调解与仲裁机构。

国际商会国际仲裁院是国际性民间组织，具有很大的独立性，该仲裁院总部设在巴黎，理事会由来自 40 多个国家和地区的具有国际法专长和解决国际争端经验的成员组成，其成员首先由国际商会各国委员会根据一国 1 名的原则提名，然后由国际商会大会决定，任期 3 年。仲裁院成员独立于其国家和地区行事。仲裁院设主席 1 名，副主席 8 名。该仲裁院在国际商会总部设有秘书处，秘书处由来自 10 多个国家的人员组成，设秘书长 1 名，秘书处的工作由秘书长主持，秘书处分 5 个小组，每组由 3 人组成，1 名顾问、1 名助理，还有 1 名秘书。顾问一般是律师，并至少应当懂英语与法语。这 5 个小组负责处理案件管理中的日常事务。除以上 5 个小组以外，秘书处还设有 1 名特别顾问、1 名档案管理员、1 名行政助理和几名秘书。

设立国际商会国际仲裁院的目的在于通过处理国际性商事争议，促进国际间的经济贸易合作与发展。该院最初受理的案件主要是有关货物买卖合同和许可证贸易的争议，后来，逐渐扩大其受理案件的范围，几乎包括因契约关系而发生的任何争议。而且，国际商会仲裁院对根据仲裁协议提请仲裁的当事人不作限制，任何国家的当事人，不论是自然人，还是法人，甚至是国家、政府及其机构本身，都可以通过仲裁协议将其争议提交仲裁。

（二）仲裁规则

2011 年 9 月 12 日，国际商会（ICC）发布修订的仲裁规则，将 1998 年 1 月 1 日生效的仲裁规则进行了修订。新仲裁规则于 2012 年 1 月 1 日起生效。新规则对 1988 年的仲裁规则作了不少修改，旨在提高国际商会仲裁的效率和公正性，满足仲裁参与者对于国际商会仲裁的需要与期望。

新规则修改和增加的相关条文体现了仲裁规则的现代化、灵活性和高效率。下面简述新规则的主要修改之处。

1. 国际商会仲裁院的功能定位：新规则取消了1988年规则关于解决“国际性质的商事争议”的提法，意在除了受理国际争议之外，还扩大受理同一国家当事人之间的国内案件和一国与他国国民之间的投资条约争议。

2. 仲裁管辖争议的解决：新规则第6条允许当事人将有关仲裁协议的存在、效力和范围的争议直接提交给仲裁庭而不必提交给仲裁院解决。

3. 多方当事人的仲裁：新规则第7条至第10条是关于多方当事人仲裁和合并仲裁的新条款。第7条规定，在仲裁员被指定或确认之前，任何一方当事人可以向秘书处提出申请，要求将一个第三方加入到仲裁之中。一旦仲裁员指定或确认之后，这种加入必须得到各方当事人的同意。第8条规定，在审理范围书批准之前，一方当事人可以向任何一方当事人提出任何种类的索赔或反诉。审理范围书批准之后，追加的索赔或反诉的提出必须取得仲裁庭的许可。第9条规定，发生于或与一个以上合同有关的各项索赔可以在一个仲裁案件中提出，而第10条允许仲裁院根据一方当事人的请求和具体条件决定将两个以上的在审仲裁案件合并为一个仲裁案件仲裁。

4. 建立案件高效管理机制：新规则第24条要求仲裁庭在起草审理范围书之时或其后要召开案件管理会议，使用一些加快程序进度的技术，避免不必要的拖延和费用发生。为此，新规则附件五列举了一些建议性的技术措施，例如，仲裁庭可以就关键问题作出一个或多个部分裁决，将当事人有可能和解的问题早日澄清，限制当事人书面或口头陈述的篇幅，鼓励和解等。

5. 建立紧急仲裁员制度：对于那些根据2012年1月1日以后生效的仲裁协议开始进行的仲裁案件来说，当事人多了一份选项。也就是说，任何一方当事人均可请求仲裁院主席在仲裁庭组成之前，指定一名紧急仲裁员，负责处理当事人提出的保全措施申请。新规则第29条规定，一方当事人如能证明其紧急请求是必要的，则可以请求仲裁院主席作此指定。紧急仲裁员作出的决定对各方当事人有约束力。但是，一旦仲裁庭组成，仲裁庭可以修改、终止或撤销该紧急仲裁员的裁定。使用紧急仲裁员的机制不妨碍当事人向有管辖权的司法机关提出紧急保全申请的权利。

6. 增加仲裁员的披露义务：1988年规则只是要求仲裁员必须签署独立性声明，说明其在客观上独立于任何一方当事人。新规则第11条增加规定，仲裁员除了要对可能引致对其独立性提出疑问的问题进行披露外，还要对可能引致对其公正性产生合理疑问的情况作出披露。仲裁员在接受指定时必须确认其有时间办理案件。

7. 建立重新裁决制度：在极少数情况下裁决有可能被法院撤销。新规则规定，国际商会的裁决核阅制度可以延伸适用于已撤销裁决的重新裁决。仲裁院可以要求仲裁庭在顾及撤销理由的基础上重新考虑其裁决。

8. 建立更加广泛的保密制度：新规则规定，根据任何一方当事人的请求，仲裁庭不仅可以就仲裁的保密问题作出裁定，而且也可以采取措施保护商业秘密和保密信息。

此外，新规则在仲裁员的指定和仲裁费用等方面也作了修订。

三、香港国际仲裁中心(HKIAC)

(一) 仲裁中心简介

香港国际仲裁中心(The Hong Kong International Arbitration Centre,HKIAC),成立于1985年,是一家按照香港《公司法》注册的民间性的、非营利性的担保责任有限公司,旨在成为亚洲地区争议解决的中心。中心为仲裁、调解和其他争议解决方式提供支持服务。它不受香港政府或者其他官员的影响或者控制,是在许多公司、专业机构、律师行以及香港政府的支持下成立的。

香港国际仲裁中心在理事会的领导下工作,理事会由不同国籍并具有多方面专业特长和资历的商界、法律界和其他各界人士组成。中心的仲裁工作和日常管理工作,由理事会下属的管理委员会通过中心的秘书处进行管理,秘书处设秘书长1人,由律师担任,秘书长的主要工作是负责中心的行政和注册事务的管理。秘书处有来自中国香港、印度、韩国、美国、英国、澳大利亚、新加坡及中国内地的19名全职人员。

香港国际仲裁中心的主要职能是:为通过仲裁解决商事争议提供管理方面的服务,包括就国际或者香港内仲裁提供一般性意见和帮助,回答应该在香港进行仲裁方面的咨询,特别是在香港进行国际仲裁方面的法律与程序问题,并就仲裁条款的适当形式提供咨询意见。

香港国际仲裁中心受理两类仲裁案件,即国际商事仲裁案件和香港的区内仲裁案件。香港仲裁受2011年6月1日生效的《香港仲裁条例》(香港法例第609章)管辖。此前的《香港仲裁条例》香港法例341章将香港仲裁分为国际仲裁(受《贸易法委员会国际商事仲裁示范法》管辖)和本地仲裁。新的《香港仲裁条例》统一了这两个不同体系。新的《香港仲裁条例》规定《贸易法委员会国际商事仲裁示范法》适用于所有在香港进行的仲裁,为使用者带来更大便利。在临时仲裁程序中,《香港仲裁条例》授权香港国际仲裁中心执行两项重要职能:为委任仲裁员或公断人;决定由一名或三名仲裁员组成仲裁庭。在履行上述职能时,香港国际仲裁中心应遵循《仲裁(仲裁员及公断人的委任)规则》。

(二) 仲裁规则

在此书的撰写过程中,香港国际仲裁中心对2008版仲裁规则进行了修改,发布了2013版《香港国际仲裁中心机构仲裁规则》(在此部分内简称《规则》)。2013版《规则》将于2013年11月1日起生效。因此,以下主要介绍一下新《规则》的修订内容。

香港国际仲裁中心基于原《规则》下五年的实践,经过公开咨询,仲裁中心规则修改委员会的研究,以及与专业人士、仲裁员及其他相关人士的广泛探讨,2013版《规则》力求回应用户的需求,强化仲裁中心向当事人及专业人士提供的服务,同时确保《规则》能不断反映当下国际商事仲裁的最佳实践。

2013版《规则》延续了仲裁中心颇具特色的"轻度管理"模式,力求在强调当事人意思自治的框架内提供高效的机构协助。鉴于2008版《规则》运作良好的记录和共识,新《规则》更多地是厘清而非改变仲裁中心管理仲裁的实质。尽管如此,新《规则》也推出了若干创新,以求与时俱进,并保持在业内能低费用、高效率地满足仲裁用户不断发展的需求的领先地位。

新《规则》的主要变化如下。

1. 多个当事人和多项合同

顺应商事争议的日趋复杂化,新《规则》力求最大限度地给予仲裁中心和仲裁庭处理涉及多个当事人和多项合同的争议的能力。新《规则》扩展了仲裁庭追加当事人的能力,并允许当事人主动申请加入仲裁,强化了追加当事人的机制。若在仲裁庭组成之前申请,仲裁中心本身也有权初步决定追加当事人。2013 年《规则》同时授权仲裁中心在特定情况下依当事人申请合并两个或多个仲裁,或允许源于或涉及多项合同的请求合在一个仲裁中提出。仲裁中心可以代当事人指定仲裁员,以推进扩展或合并后的程序。

2. 优化简易程序

较旧《规则》,新《规则》扩大了当事人申请适用简易程序的范围。虽然简易程序将是选择适用的(不同于现在的自动适用),其争议金额门槛已提高到 25 000 000 港币(约三百多万美元)。当事人也可在双方同意或出现特别紧急的情况时申请适用简易程序。如简易程序适用,原则上应由独任仲裁员审理,且除非极特殊情况,裁决需在案卷转交仲裁庭后 6 个月内作出。

3. 改进仲裁员任职条件,精简仲裁员指定程序

新《规则》在指定仲裁员方面推出了两项特色:小时费率上限和仲裁员标准任职条件。自 2008 年开始管理仲裁案件后,仲裁中心一直以独特的方式帮助当事人预测并控制费用:即由当事人选择仲裁庭是根据争议金额还是按小时费率计费。如选择后者,新《规则》规定仲裁员的费率不得超过《规则》设定的上限,除非当事人另有约定。新《规则》同时采用了仲裁员标准任职条件(可由当事人协议变更或仲裁中心变更),所有依《规则》指定的仲裁员都必须接受。这两项划一的措施可以简化当事人与仲裁员间的磋商,而使仲裁尽早进入实体程序。

4. 紧急措施

出于对诉诸法院的保留态度,以及对仲裁程序日益增长的信心,当事人越来越希望仲裁机构能够在仲裁庭组成前有效地处理临时措施申请。回应这一需求,新《规则》给予了当事人在提交仲裁通知的同时或之后申请紧急措施的机会。考虑到紧急措施程序的紧迫性,新《规则》为指定紧急仲裁员及就紧急措施申请作出决定规定了较短的期限。与此同时,香港《仲裁条例》也在酝酿修订,以澄明裁定的紧急措施可在香港强制执行,从而为紧急仲裁员程序提供保障。

四、新加坡国际仲裁中心(SIAC)

(一) 新加坡国际仲裁中心简介

新加坡国际仲裁中心(Singapore International Arbitration Centre,SIAC,以下简称新仲),受理国际商事及海事仲裁案,是新加坡法定的仲裁员指定机构,也是新加坡仲裁裁决书的认证及登记服务机构。

作为独立的、中立的、非营利的公共机构,除了管辖新仲仲裁规则下的仲裁以外,新仲也负责管理和监督由世界各地当事人提起的在联合国贸法会仲裁规则下的仲裁程序,包括仲裁员指定、仲裁庭的财务管理以及行政服务等。秘书处人员来自包括中国在内的亚洲不同国家，具有多种专业背景和行业经验，满足不同国家和多元商业文化的当事人服务需要。

所有新加坡仲裁裁决（包括未提交新仲管辖的机构仲裁和非机构仲裁的裁决），在规定的时间内向新仲登记备案的，当事人根据《纽约公约》在新加坡以外的国家申请强制执行时，可向执行地国法院提交新仲签发的新加坡仲裁裁决正式认证书或证明书。

新仲在册仲裁员由来自世界各地的行业专家组成（包括中国），当事人也可选择名册以外的人士作为仲裁员。新仲可根据当事人的协议，使用英语、汉语或世界其他语言进行仲裁。

新仲近年受理的商事纠纷案件涉及许多领域和行业，其中包括：国际贸易、航空、海事、能源、建筑、工程、公司法、合资与合作、企业并购、投资、银行、租赁、担保、证券、保险、土地承包与房地产、酒店委托管理、企业管理、销售与批发、特许与连锁经营、广告代理、信息技术、知识产权、专利权争议、专业失职争议等。

新仲受理案件的当事各方大部分来自新加坡以外的国家。这除了因为新仲机构本身在国际上具有代表性外，新加坡的法律环境也被认为是亚洲最佳司法体制，世界各国的企业商家及律师通常愿意选择新加坡作为中立的第三国或仲裁地。随着全球经济与区域经济的进一步发展，越来越多的中国当事人及其外国生意伙伴选择新加坡国际仲裁中心作为合约仲裁机构。

（二）新加坡国际仲裁中心仲裁规则

新加坡国际仲裁中心现行的仲裁规则（以下简称《2013 仲裁规则》）于 2013 年 4 月 1 日生效，是其第 5 版仲裁规则。根据《2013 仲裁规则》第 1 条第 2 款之规定，本规则适用于生效当日以及生效之后开始仲裁的案件，除非当事人另有约定。也就是说，在《2013 仲裁规则》生效之后，当事人仍然可以约定在新加坡国际仲裁中心进行仲裁时适用更早版本的仲裁规则。目前较多适用的版本还有 2007 年版和 2010 年版。与《2007 仲裁规则》相比，《2010 仲裁规则》引入了两个新功能，即“快速程序”和“临时仲裁员”，还作了较大的修改。《2013 仲裁规则》对《2010 仲裁规则》修改不多，主要是因为新加坡国际仲裁中心进行了治理结构的改组，在新的机构建制下修订了原有仲裁规则，另外对仲裁庭指定仲裁员，决定适用“快速程序”和任命紧急仲裁员，裁决管辖权异议和仲裁员异议，仲裁开始程序、时限延长、适用判例法、溯及力、裁决编纂出版等规定进行了修订。下面主要介绍一下，《2010 仲裁规则》对已有规则的修订。

1. 快速程序

《2010 仲裁规则》第 5 条规定了“快速程序”。根据该条第 1 款的规定，在仲裁庭完成组庭之前，应一方当事人书面申请，新仲主席在考虑各方当事人的意见后，认为具有以下任何一种情形的，就可以运用快速程序：一是争议金额不高于 500 万新币；二是当事人约定适用快速程序进行仲裁的；三是在遇到异常紧急情况时。

在第一种情形下，所谓的争议金额并非指一方当事人的仲裁请求金额或另一方当事人的反请求金额，而是指“仲裁请求、反请求及任何答辩主张的抵销所构成的争议数量”相加后的总金额。不过，假设申诉人（即仲裁申请人）提起仲裁时仲裁请求金额不超过 500 万新币并因此申请适用快速程序进行仲裁，新加坡国际仲裁中心主席也决定予以适用快速程序，但在仲裁庭组成后，应诉人(即被申请人)提出了反请求且反请求和仲裁请求金额合计超过了 500 万新币，或者申诉人修改了仲裁请求金额且修改后的请求金额超过 500 万新币，这时快速程序还能继续适用吗？如果此时应诉人对适用快速程序提出异议，则应如何处理？《2010 仲裁规则》没有针对这些实务中可能遇到的情况作相应的规定。

第二种情形则是考虑了当事人的意思自治，不管争议金额是否低于 500 万新币，当事人都可以约定适用快速程序进行仲裁。同时，该项规定也没有“事前约定”或者“事后约定”的要求。可见，即使仲裁协议原本没有适用快速程序的约定，在发生争议后，当事人仍然可以根据案件的具体情况重新约定适用快速程序进行仲裁。

第三种情形为遇到异常紧急情况时。不过，《2010 仲裁规则》没有对“异常紧急情况”给出任何定义或者说明。那么，何为“异常紧急情况”？按照《2010 仲裁规则》第 5 条第 2 款的规定，“异常紧急情况”应由新加坡国际仲裁中心主席在个案中具体认定，以决定是否适用快速程序。

《2010 仲裁规则》第 5 条第 2 款规定的是快速程序的仲裁程序。从该条款的具体内容看，笔者认为该条款之目的并非另外规定一套与该规则中的一般仲裁程序完全不同的快速程序，而是运用缩短期限、简化程序来达到快速裁决的目的，如主簿有权缩短本规则的任何期限；案件应当由独任仲裁员审理，但主席另有决定的除外；仲裁庭应当开庭审理，询问所有当事人、证人和专家证人，进行任何庭辩，但当事人约定书面审理的除外；仲裁庭应当在组成之日起 6 个月以内作出裁决，但例外情形时主簿延长裁决期限的除外；仲裁庭应当简述裁决理由，但当事人已约定无须任何裁决理由的除外。

2. 紧急仲裁员

紧急仲裁员制度是《2010 仲裁规则》附则一中规定的，是为当事人在紧急情况下提供紧急临时救济的制度。与快速程序一样，当事人需要紧急救济时必须提出书面申请，但当事人提交的紧急救济书面申请书必须抄送其他所有当事人。申请提出的时间点可以是在提交仲裁通知书的同时，也可以是在提交仲裁通知之后、仲裁庭组成之前。紧急仲裁员制度是一项比较特殊的新制度，《2010 仲裁规则》附则一第 1 项对当事人提交的紧急救济书面申请作了一些条件限制，如书面申请须陈述申请救济的性质，说明以紧急情况请求本项救济的理由，当事人还需提供证据证明申请书已送达其他所有当事人并按照主簿指示缴费。根据附则一第 2 项规定，“在主簿收到当事人的申请通知及其缴费之日起一个营业日内”，如果新加坡国际仲裁中心主席决定应当接受申请，则应当指定“紧急仲裁员”。

根据附则一规定，紧急仲裁员具有新仲规则赋予仲裁庭的各项权利，包括自裁管辖权的权利。紧急仲裁员也有权作出其认为必要的任何临时措施、命令(如财产保全、证据保全等)或中期裁决，但对于紧急仲裁员所作出的中期裁决和临时措施的效力，规则也进行了一定的限制。一是紧急仲裁员自己在有充分理由时可以对中期裁决或临时命令作出修正或予以废止；二是在仲裁庭组成后，仲裁庭可以对紧急仲裁员作出的中期裁决或临时措施命令重新予以考虑、作出修改或予以废止；三是仲裁庭不受紧急仲裁员的裁决和命令的约束；四是在仲裁庭作出终局裁决后，或者申请人撤回申请，或者在紧急仲裁员命令或裁决签发之日起 90 天内未组成仲裁庭，紧急仲裁员的命令或裁决即失去效力。

在审理形式上，紧急仲裁员也有其特殊之处。根据附则一第 5 项的规定，紧急仲裁员可以采用电话会议或者交换陈述书的审理方式代替正式的开庭审理形式，但紧急仲裁员应向全部当事人提供合理的陈述机会。另外值得注意的一点是，紧急仲裁员可以在中期裁决或紧急救济命令中要求申请救济的当事人提供适当的担保作为实施救济的条件。

在《2007 仲裁规则》下，当事人在仲裁庭组成之前需要临时紧急救济只能向法院申请，《2010 仲裁规则》规定的紧急仲裁员制度为当事人提供了一种新选择。尽管如此，从《2010 仲裁规则》附则一的规定来看，新仲对以指定紧急仲裁员为当事人提供临时救济还是比较谨慎的。比如，《2010 仲裁规则》附则一第 1 项规定，如果当事人需要申请临时救济，应向主簿及其他所有当事人发出书面通知；同时，附则一第 5 项尽管规定紧急仲裁员可以采用灵活的形式进行审理，但要求紧急仲裁员应当给予所有当事人合理的陈述机会。也就是说，紧急仲裁员不可以仅依单方申请即作出临时措施，而法院则可依照一方当事人的申请作出临时措施。不过，与法院程序相比，当事人在向法院申请时可能会遇到法院无法作出或不愿作出临时措施的情况(如保全对象可能不在新加坡法院的管辖范围内)，那么，在《2010 仲裁规则》下，当事人就可以申请紧急仲裁员来作出临时紧急措施。所以，笔者认为紧急仲裁员的效用值得期待。

3.《2010 仲裁规则》的其他重要特点或修改内容

(1) 关于仲裁通知及其书面答复

仲裁通知书是启动仲裁程序的关键文件，而及时、有效地启动仲裁程序显然对维护申诉人合法权益非常重要。根据新加坡《国际仲裁法》第 10 章第 21 条和《2010 仲裁规则》第 3 条第 3 款和第 4 款的规定，仲裁程序开始之日为主簿收到“完整的仲裁通知书”之日。《2010 仲裁规则》第 3 条第 1 款规定，“完整的仲裁通知书”必须包括下列内容：要求将争议提交仲裁的意思表示；仲裁当事人双方及其代表(如有)使用的名称、地址、电话号码、传真号码和电子邮件地址；提交仲裁所援引的仲裁条款或者单独的仲裁协议，并附具仲裁条款或者协议副本；提交仲裁所援引的引起争议或者与争议有关的合同，并尽可能附具合同副本；简述争议性质和情形，指明请求的救济事项，并尽可能对请求事项进行初步的量化，写明索赔金额；陈述有关进行仲裁程序的任何事项(当事人双方事先约定的，或者申诉人建议的)；关于仲裁人数的建议(如果仲裁协议未明确仲裁人数)；仲裁协议规定三人仲裁庭的，申诉人应当提名一位仲裁员；仲裁协议规定独任仲裁员的，申诉人应当提出人选建议。但当事人另有约定的除外；关于法律适用的规则的任何意见；关于仲裁语言的任何意见；支付案件登记费。同《2007 仲裁规则》对比可知，《2010 仲裁规则》使用了“完整的仲裁通知书”一词，以提醒申诉人提起仲裁时不要忽略仲裁通知书应当包含的所有内容。

另外，《2010 仲裁规则》第 3 条第 1 款规定仲裁通知书必须包括关于仲裁员人数的建议或仲裁员人选的指定和(或)建议，《2007 仲裁规则》则没有将此规定为仲裁通知书的必要内容。

关于应诉人对仲裁通知的答复，《2010 仲裁规则》也有修改。一是增加要求应诉人必须在答复书中提名仲裁员或提出对仲裁员人选的意见和建议；二是增加规定若有仲裁反请求，应诉人的答复书须包含支付案件反请求登记费的内容。因此，应诉人在答复仲裁通知书时，也应当注意《2010 仲裁规则》的严格规定。

(2) 关于仲裁程序

《2007 仲裁规则》第 15 条"审理规程"的规定是原则性的,相比较而言,《2010 仲裁规则》第 16 条"仲裁程序的进行"不但有原则性规定,也有具体操作的规定。该条第 3 款明确要求仲裁庭应当在实际可行的情况下尽快与当事人举行审前预备会议,讨论最适合案件的程序。审前预备会议可以是面谈的形式或者任何其他形式,如电话会议、视频会议等。该条第 4 款继续规定仲裁庭有权自主对审理程序作出指示,这可以保证在当事人达不成具体审理程序的情况下仍可以按照仲裁庭自主指示顺利地进行仲裁。关于审前预备会议,尽管《2007 年仲裁规则》没有在条款中进行规定,在实务中仲裁庭通常会在双方交换证人证言后举行。当然,仲裁庭也可以不举行审前预备会议。《2010 年仲裁规则》将审前预备会议透明化且规定要求尽早举行,有利于当事人及仲裁庭及时讨论并确定适合案件的仲裁程序,推进仲裁高效地进行。

关于当事人提交书面陈述的程序和时间,《2010 仲裁规则》与《2007 仲裁规则》有显著区别。《2007 仲裁规则》第 16 条规定的提交书面陈述和文件的一般顺序是:在收到组庭通知之日起 30 日内,申诉人向应诉人发送申述书;应诉人在收到申述书之日起 30 日内提交答辩书,如果有反诉应一并提交;除了申诉书和答辩书外,由仲裁庭决定当事人是否须进一步提交书面陈述并确定不超过 45 天的提交期限。当然,上述期限可以经当事人协商或者仲裁庭同意作必要的延长。《2010 仲裁规则》第 17 条规定:申诉人应在仲裁庭规定的期限内向应诉人发出申诉书;应诉人应在仲裁庭规定的期限内向申诉人发出答辩书,并可在其中提出反请求;针对应诉人提出的反请求,申诉人应在仲裁庭规定的期限内向应诉人发出"反请求答辩书";仲裁庭必须作出决定,确定需要进一步提交的书面陈述和期限。上述条款最大的区别是提交书面陈述的期限,《2007 仲裁规则》直接规定了提交时间,而《2010 仲裁规则》将期限的决定权交给了仲裁庭。

此外,《2010 仲裁规则》删除了《2007 仲裁规则》第 17 条"争议点备忘录"的规定,这是否意味着仲裁庭根据《2010 仲裁规则》不可以再要求当事人确定争议点备忘录了?《2010 仲裁规则》第 16 条规定,仲裁庭可以自主指示审理程序的先后顺序,指令当事人针对某些争点进行称述。因此,如果仲裁庭认为有必要的话,仍然可以在仲裁程序中指示当事人完成争议点备忘录并决定其期限。

因此,在仲裁程序上,当事人和仲裁庭根据《2010 仲裁规则》进行仲裁将比在《2007 仲裁规则》下进行仲裁具有更多的自决权。

(3) 自裁管辖权

仲裁庭的自裁管辖权在《2007 仲裁规则》已有充分体现,《2010 仲裁规则》并没有对《2007 仲裁规则》中仲裁庭的自裁管辖权进行实质性的修改。不过,根据《2007 仲裁规则》的规定,如果一方当事人对仲裁协议的存在、有效、终止有异议,须等仲裁庭组成后对自己的管辖权作出决定。《2007 仲裁规则》没有规定新仲对仲裁协议是否有审查权,但在实践中新仲会根据表面证据进行初步审查。

《2010 仲裁规则》就仲裁庭组成之前当事人对仲裁协议存在异议的问题作出明确规定。《2010 仲裁规则》第 25 条第 1 款规定,如果在仲裁庭组成之前,一方当事人对仲裁协议的存在、有效性或仲裁范围有异议,或者对仲裁中心关于案件仲裁请求(或者反请求,或者主张抵销）的管辖权有异议，董事局委员会应当对表面证据是否证明仲裁协议可能存在的问题作出决定。如果董事局委员会认定仲裁协议没有可能存在，则仲裁程序必须终止。该项规定授权董事局委员会可依据表面证据在仲裁庭组成之前对仲裁协议可能存在问题作出决定。不过，结合《2010仲裁规则》第25条其他规定来看，即使董事局委员会在仲裁庭组成之前已根据表面证据认定仲裁协议可能存在，如果当事人仍对仲裁庭的管辖权有异议，可以待组庭后向仲裁庭提出，而且仲裁庭仍有权对自己的管辖权作出最终决定。

（4）临时救济

在《2010仲裁规则》中，临时救济措施共有3种：一是仲裁庭在其权限内作出的临时禁令或其他临时救济措施，《2007仲裁规则》也有类似规定；二是附则一规定的紧急仲裁员制度；三是当事人可向司法主管机关申请临时救济。

就向司法机关申请临时救济的问题，《2010仲裁规则》第26条第3款规定，在仲裁庭组成之前或者在仲裁庭组成之后的例外情况下，当事人向司法机关申请临时救济的行为，与本规则并不冲突。也就是说，在仲裁庭组成之前，当事人可通过两种方式获得临时救济：一是根据《2010仲裁规则》附则一规定的“临时仲裁员”制度；二是根据新加坡《国际仲裁法》第12条的规定向新加坡高等法院申请临时救济。

与《2007仲裁规则》相比较，《2010仲裁规则》除了上述变化外，还有若干细微措辞修改和条款变动，如增加第27条，规定如果当事人明确授权仲裁庭可以适用友好仲裁，仲裁庭可以作友好仲裁等。此外，与《2010仲裁规则》同时公布的仲裁管理费和仲裁员费用也略有提高，不过案件登记费用仍为1 000新币。

五、瑞典斯德哥尔摩商会仲裁院（SCC）

（一）仲裁院简介

瑞典斯德哥尔摩商会仲裁院（Arbitration Institute of the stockholm Chamber of Commerce，SCC）成立于1917年，隶属于斯德哥尔摩商会但独立于斯德哥尔摩商会，下设理事会和秘书处。斯德哥尔摩商会仲裁院为当事人提供高效的纠纷解决服务。

斯德哥尔摩商会仲裁院理事会由1名主席、2～3名副主席以及最多12名其他成员组成，他们来自瑞典国内外并且均为国际商事纠纷解决界声望卓著和专业水平高超的专家。理事会成员每届任期为三年。斯德哥尔摩商会仲裁院理事会的职能是根据斯德哥尔摩商会仲裁院规则作出决定，这些决定的范围涵盖了初步管辖权、仲裁员任命、仲裁员资格异议和仲裁费用等各方面。秘书处的职责为日常案件管理、活动组织和出版物制作等。秘书处由秘书长领导，成员8人掌握多种语言。下设三个分部，每个分部设一名律师和一名助理，能够使用英语、瑞典语、俄语、法语或德语来管理案件的进行。当事人也可以在仲裁庭组成之后，在仲裁程序中使用其他约定的语言。秘书处的办公地点位于斯德哥尔摩。

斯德哥尔摩商会仲裁院在20世纪70年代为美国和苏联所承认，成为中立的东西方贸易争端解决中心，并随后将其业务拓展到国际商事仲裁领域。近年来，斯德哥尔摩商会仲裁院的案件受理量一直保持大量的增长，同时斯德哥尔摩商会仲裁院也成为国际上最重要的、经常被选用的仲裁院之一。

目前,瑞典斯德哥尔摩商会仲裁院可以受理世界上任何国家当事人所提交的商事争议。双方当事人之间发生争议时,如果要将该争议提交仲裁院仲裁,必须向仲裁院提出书面申请,并提供所依据的合同副本或者仲裁协议副本。仲裁庭在进行仲裁时,可以适用该仲裁院的仲裁规则,也可以适用当事人选定的其他仲裁规则,仲裁庭对争议案件经过审理后作出的仲裁裁决具有终局效力。同时,该仲裁院也允许当事人约定按《联合国国际贸易法委员会仲裁规则》规定的程序仲裁。

(二) 仲裁规则

斯德哥尔摩商会仲裁院现行的仲裁规则为《斯德哥尔摩商会仲裁院仲裁规则》以及《斯德哥尔摩商会仲裁院快速仲裁规则》,版本为 2010 年 1 月 1 日生效版。该规则灵活性强、适应当代仲裁需要,当事人和仲裁员可根据本规则为每一个案设计有效的仲裁程序。同时,规则提供的程序符合国际仲裁的最佳实践情况。规则的初始起草语言是英语,并已有其他多种语言译本。除上述规则外,斯德哥尔摩商会仲裁院还提供调解规则和保险仲裁规则,以及适用联合国国际贸易法委员会仲裁规则进行的仲裁的程序和服务。

2010 版规则与旧规则相比增加了临时保全措施中的一个条款,而且伴随着此条款的增加,SCC 仲裁规则增加了一个专门的应急仲裁员附件,附件中对于应急仲裁员的程序作了全面而细致地规定。下面简要介绍一下修订的条款。

1. 临时保全措施的修改

国际商事仲裁中的临时保全措施是指在国际商事仲裁程序开始前或进行中,一方认为对方出现转移财产、抽逃资金等可能危及最终仲裁裁决执行的情况,而提出申请,由仲裁庭或有管辖权法院采取的诸如扣押、查封财产、责令保管或出售争议标的物、保全证据以及维持某种状态等具有强制性的临时措施。SCC 仲裁规则第 32 条原条文的内容有四项,主要内容包括一方当事人有权提出临时保全措施的权利;申请一方应当提供适当的担保;作出临时保全措施决定的形式以及向法院申请临时保全措施与仲裁协议不冲突。

2010 年 1 月 1 日生效的 SCC 规则第 32 条临时保全措施增加了一项内容:“仲裁开始前或案件移交仲裁庭前请求采取临时保全措施的相关规定见附件二”。这一规则将临时保全措施的一个特殊种类单独作了规定,即附件二,而原仲裁费用部分变更为附件三。修订后增加的内容仅适用于仲裁开始前或案件移交仲裁庭之前的临时保全措施申请,而不是普遍适用于其他临时保全措施。

2. 应急仲裁员规则

如果当事人双方在签订仲裁协议时选择适用 SCC 仲裁规则,就同意了 SCC 仲裁规则中的应急程序,除非当事人在签订仲裁协议时明确排除适用应急程序。当事人申请应急仲裁员的时间是移交仲裁庭之前,应急仲裁员的权利限于对临时保全措施的决定或裁决。在收到申请应急仲裁员的通知之后,立即将其转发对方当事人,仲裁地点在当事人无法确定时由理事会决定。理事会应在 24 小时内指定仲裁员,对于仲裁员异议的决定也限定在 24 小时之内作出。临时保全措施的应急决定应当在移交应急仲裁员之日起 5 日内作出。理事会根据应急仲裁员的合理请求或认为有必要可延长上述期限。应急仲裁员应当尽量加速案件的解决。应急决定可以用裁定或裁决的形式,由应急仲裁员签署。送达双方当事人后具有约束力,当事人应毫不迟延地执行决定。应急决定对仲裁庭没有约束力。应急决定在下列情况下失效：应急仲裁员或仲裁庭裁定决定不具有约束力；仲裁庭作出了终局裁决；仲裁程序未能在应急决定作出之日起 30 日内开始；案件未能在应急决定作出之日起 90 日内移交仲裁庭。

第五节　国际商事仲裁裁决的认可与执行

国际商事仲裁裁决作出后，如果当事人拒绝自动履行裁决，这时，就会面临裁决的认可与执行问题。国际商事仲裁与国内法院诉讼不同，仲裁庭不具有法院可强制执行自己所作判决的权力。一旦败诉方不愿执行裁决，胜诉方只能通过有关的国内法院强制执行该仲裁庭的仲裁裁决，这类程序称为仲裁裁决的认可与执行程序。一国法院认可与执行仲裁裁决时，会首先判断该仲裁裁决是外国仲裁裁决还是本国仲裁裁决，然后选择不同的法律依据和程序进行认可与执行。执行本国的仲裁裁决往往依据的是本国仲裁法律和执行程序，而执行外国仲裁裁决，一般依据的是国际公约和本国执行程序。

一、关于认可与执行外国仲裁裁决的国际公约

关于认可与执行外国仲裁裁决的国际公约有三个：(1)1923 年缔结的《日内瓦仲裁条款议定书》；(2)1927 年缔结的《关于执行外国仲裁裁决的公约》；(3)1958 年在纽约缔结的《认可与执行外国仲裁裁决的公约》。

《日内瓦仲裁条款议定书》规定了缔约国间相互承认在彼此国家境内签订的仲裁协议的效力，并执行依据上述仲裁协议所作出的仲裁裁决。

《关于执行外国仲裁裁决的公约》是《日内瓦仲裁条款议定书》的补充，该公约规定了缔约国间相互认可与执行彼此仲裁裁决的条件，以及拒绝认可与执行的条件。由于这些条件很严格，程序也很复杂，远远不能适应第二次世界大战以后国际贸易发展的要求。为此，联合国 1958 年在纽约制定了《认可与执行外国仲裁裁决公约》。

《认可与执行外国仲裁裁决公约》(*Convention of the Recognition and Enforcement of Foreign Arbitration Awards*)，简称《纽约公约》，1958 年 6 月 10 日由联合国经济及社会理事会在纽约召开的国际商事仲裁会议上通过，1959 年 6 月 7 日起生效，截至 2013 年 7 月，缔约国达 149 个国家。该公约已取代了《1923 年日内瓦仲裁条款议定书》和《1927 年日内瓦执行外国仲裁裁决公约》，为执行外国仲裁裁决提供了保证和便利，在世界范围内得到了广泛的接受和实施。我国于 1987 年 1 月 22 日加入该公约，并同时声明：中华人民共和国只在互惠的基础上对在另一缔约国领土内作出的仲裁裁决的认可与执行适用该公约；中华人民共和国只对根据中华人民共和国法律认定为属于契约性和非契约性商事法律关系所引起的争议适用该公约。

《纽约公约》对以下内容作了具体规定。

1. 承认在一个国家领土内作成，而在另一个国家请求认可与执行的裁决，或者一国请求认可与执行其不认为是本国裁决的仲裁裁决时，适用该公约。但作为例外，缔约国可就以下两点宣布保留：其一，可以在互惠的基础上声明，只有对于在其他缔约国的领土内作成的裁决适用该公约，即互惠保留；其二，只有商事法律关系所产生的争议，才适用该

公约，即商事保留。

2. 明确规定了认可与执行外国仲裁裁决的必要条件。

凡外国仲裁裁决有下列情况之一的，被请求执行的国家的法院可以依被诉人的请求，拒绝予以认可与执行。

(1) 仲裁协议的当事人，根据对他们适用的法律，存在无行为能力的情况，或根据仲裁协议所选定的准据法，证明该仲裁协议无效；

(2) 被诉人未接到关于指派仲裁员或关于进行仲裁程序的适当通知，或者由于其他情况未能对案件进行申辩。

(3) 裁决所处理的事项，作为交付仲裁的事项，或不包括在仲裁协议规定之内，或者超出仲裁协议范围之外；

(4) 仲裁庭的组成或仲裁程序同当事人之间的协议不符，或者当事人没有这种协议时，同进行仲裁的国家的法律不符；

(5) 裁决对当事人还没有拘束力，或者裁决已经由作出裁决的国家或依据其法律作出裁决的国家的管辖当局撤销或停止执行。

3. 如果被请求认可与执行仲裁裁决的国家的管辖当局查明有下列情况之一者，也可以拒绝认可与执行：

(1) 争议的事项，依照该国家的法律，不可以以仲裁方法解决者；

(2) 承认或执行该项仲裁裁决将和该国的公共秩序相抵触者。

4. 缔约国应相互认可与执行对方国家所作的仲裁裁决，并且在认可与执行对方国家的仲裁裁决时，不应在实质上比认可与执行本国的仲裁裁决提出更为麻烦的条件或征收更高的费用。

5. 申请另一缔约国认可与执行裁决的当事人，应提供经过适当证明的仲裁裁决书的正本或副本，以及仲裁协议的正本或经过适当证明的副本，必要时应附具译本。

二、我国涉外仲裁裁决在我国的认可与执行

诉讼和仲裁这两种纠纷解决方式，在大多数国家是相互排斥的，一般情况下当事人只能选择一种方式解决纠纷。对于合法的内国仲裁裁决，绝大多数国家都由法院负责强制执行。我国《民事诉讼法》规定，涉外经济贸易、运输和海事中发生的纠纷，当事人在合同中订有仲裁条款或者事后达成书面仲裁协议，提交中华人民共和国涉外仲裁机构或者其他仲裁机构仲裁的，当事人不得向人民法院起诉。当事人在合同中没有订有仲裁条款或者事后没有达成书面仲裁协议的，可以向人民法院起诉。经中华人民共和国涉外仲裁机构裁决的，当事人不得向人民法院起诉。一方当事人不履行仲裁裁决的，对方当事人可以向被申请人住所地或者财产所在地的中级人民法院申请执行。

法院对内国仲裁裁决的审查一般仅作形式审查，对于法律适用问题和实体问题不作审查。形式审查一般包括：仲裁协议是否有效；仲裁程序是否合法；仲裁庭组成是否合法；仲裁是否依据法定形式作出等。我国《民事诉讼法》规定：对中华人民共和国涉外仲裁机构作出的裁决，被申请人提出证据证明仲裁裁决有下列情形之一的，经人民法院组成合议庭审查核实，裁定不予执行：(一)当事人在合同中没有订有仲裁条款或者事后没有

达成书面仲裁协议的；（二）被申请人没有得到指定仲裁员或者进行仲裁程序的通知，或者由于其他不属于被申请人负责的原因未能陈述意见的；（三）仲裁庭的组成或者仲裁的程序与仲裁规则不符的；（四）裁决的事项不属于仲裁协议的范围或者仲裁机构无权仲裁的。

人民法院认定执行该裁决违背社会公共利益的，裁定不予执行。仲裁裁决被人民法院裁定不予执行的，当事人可以根据双方达成的书面仲裁协议重新申请仲裁，也可以向人民法院起诉。可见上述审查事项属于形式审查和程序审查，人民法院不审查事实认定和法律适用等实体问题。

但是这里需要注意，这里的仲裁裁决指的是我国涉外仲裁机构作出的涉外的仲裁裁决，如果仲裁裁决没有涉外因素，当事人可以向有管辖权的人民法院申请执行，可能是基层人民法院，这与涉外仲裁裁决不同。人民法院审查执行非涉外仲裁裁决时，仍然会审查证据和法律适用等实体问题。我国《民事诉讼法》规定，对依法设立的仲裁机构的裁决，一方当事人不履行的，对方当事人可以向有管辖权的人民法院申请执行。受申请的人民法院应当执行。被申请人提出证据证明仲裁裁决有下列情形之一的，经人民法院组成合议庭审查核实，裁定不予执行：（一）当事人在合同中没有订有仲裁条款或者事后没有达成书面仲裁协议的；（二）裁决的事项不属于仲裁协议的范围或者仲裁机构无权仲裁的；（三）仲裁庭的组成或者仲裁的程序违反法定程序的；（四）裁决所根据的证据是伪造的；（五）对方当事人向仲裁机构隐瞒了足以影响公正裁决的证据的；（六）仲裁员在仲裁该案时有贪污受贿，徇私舞弊，枉法裁决行为的。人民法院认定执行该裁决违背社会公共利益的，裁定不予执行。裁定书应当送达双方当事人和仲裁机构。仲裁裁决被人民法院裁定不予执行的，当事人可以根据双方达成的书面仲裁协议重新申请仲裁，也可以向人民法院起诉。

可见我国人民法院对我国仲裁机构作出的非涉外仲裁裁决，可以由有管辖权的基层法院执行，既作程序审查，又做实体问题审查。如果是我国涉外仲裁机构作出的涉外仲裁裁决，只能由有管辖权的中级人民法院认可与执行，只做程序审查，不作实体问题审查。后续的具体执行程序两者是相同的。

三、外国仲裁裁决在我国的认可与执行

各国有关认可与执行外国仲裁裁决的方式是不同的，这些方式大致可以分为四类。

1. 将外国仲裁裁决视为外国法院判决，审查是否违反本国的法律基本原则，如无违反，颁发执行令执行。如意大利、西班牙、瑞士、墨西哥等国。

2. 将外国仲裁裁决视为本国仲裁裁决，按执行本国仲裁裁决的程序予以执行，如法国、德国、日本、希腊、比利时等国。

3. 将外国仲裁裁决作为合同之债，使之转化为一个债权执行判决，再按执行本国判决的程序执行，但也仅是对裁决所构成的新契约进行形式上的审查，如一些普通法国家。

4. 区分《纽约公约》适用范围内的裁决和其他外国裁决，对前者适用简便程序，如英国、美国、瑞典、印度、澳大利亚、新西兰、中国香港等国家和地区。

我国《民事诉讼法》对于认可与执行外国仲裁裁决规定了跟认可与执行外国法院判决

完全相同的程序。根据1986年全国人民代表大会常务委员会《关于我国加入〈承认及执行外国仲裁裁决公约〉的决定》(即《纽约公约》)、1987年最高人民法院《关于执行我国加入的〈承认及执行外国仲裁裁决公约〉的通知》的规定以及民事诉讼法的有关规定,我国认可与执行外国仲裁裁决的现行法律制度包括以下内容。

(一) 依据我国法律执行外国仲裁裁决

我国《民事诉讼法》第283条规定:国外仲裁机构的裁决,需要中华人民共和国人民法院认可与执行的,应当由当事人直接向被执行人住所地或者其财产所在地的中级人民法院申请,人民法院应当依照中华人民共和国缔结或者参加的国际条约,或者按照互惠原则办理。可见我国法院执行外国仲裁裁决有依据《纽约公约》和依据互惠原则两种方式。互惠原则是需要考虑仲裁作出地国家对待我国的仲裁裁决认可与执行的态度而确定是否认可与执行该裁决的制度。

(二) 依据《纽约公约》来认可与执行外国仲裁裁决

在中国缔结或加入的有关外国仲裁裁决的认可与执行的国际条约中,《纽约公约》是最为重要的一部公约。由于世界上有149个国家均已加入了这部公约,外国仲裁裁决在中国申请认可与执行将主要依据该公约的规定办理。我国在参加《纽约公约》时作了互惠保留声明和商事保留声明。根据《纽约公约》的规定,缔约国和非缔约国的仲裁裁决都可依公约规定的条件和程序予以认可与执行,但是任何一个国家在加入公约时都可以声明,该公约的规定仅适用于缔约国,这就是"互惠保留"。所谓"商事保留",是指我国只认可与执行对属于契约性和非契约性商事法律关系争议作成的仲裁裁决。具体来说:

根据我国加入该公约时所作的互惠保留声明,我国仅对在另一缔约国领土内作成的仲裁裁决的认可与执行适用该公约。

根据我国加入该公约时所作的商事保留声明,我国仅对按照我国法律属于契约性和非契约性商事法律关系引起的争议适用该公约。具体是指由于合同、侵权或者根据有关法律规定而产生的经济上的权利和义务关系,例如货物买卖、财产租赁、工程承包、加工承揽、技术转让、合资经营、合作经营、勘探开发自然资源、保险、信贷、劳务、代理、咨询服务和海上、民用航空、铁路、公路的客货运输以及产品责任、环境污染、海上事故和所有权争议等,但不包括外国投资者与东道国政府之间的争端。

根据《纽约公约》第4条的规定,申请我国法院认可与执行在另一缔约国领土内作出的仲裁裁决,是由仲裁裁决的一方当事人提出的。对于当事人的申请,应由我国下列地点的中级人民法院受理:被执行人为自然人的,为其户籍所在地或者居所地;被执行人为法人的,为其主要办事机构所在地;被执行人在我国无住所、居所或者主要办事机构,但其财产在中国境内的,为其财产所在地。

我国有管辖权的人民法院接到一方当事人的申请后,应对申请认可与执行的仲裁裁决进行审查,如果认为不具有《纽约公约》第5条第1款和第2款所列的情形,应当裁定承认其效力,并且依照我国法律规定的程序执行;如果认定具有第5条第2款所列的情形之一,或者根据被执行人提供的证据证明具有第5条第1款所列的情形之一的,应当裁定驳回申请,拒绝认可与执行。

申请我国法院承认及执行的仲裁裁决,仅限于《纽约公约》对我国生效后在另一缔约国领土内作出的仲裁裁决。该项申请应当在我国《民事诉讼法》规定的申请执行期限内提出。

四、我国的仲裁裁决在外国的认可与执行

我国涉外仲裁机构作出的涉外仲裁裁决，需要外国法院认可与执行时，由当事人直接依据该外国法院所在国家的相关法律规定，申请认可与执行。如果该国是《纽约公约》的缔约国，将会按照该公约的规定和程序认可与执行，如果该国不是《纽约公约》的缔约国，那么要根据该国国内相关法律规定的程序认可与执行。我国《民事诉讼法》规定，中华人民共和国涉外仲裁机构作出的发生法律效力的仲裁裁决，当事人请求执行的，如果被执行人或者其财产不在中华人民共和国领域内，应当由当事人直接向有管辖权的外国法院申请认可与执行。

五、内地与香港、澳门相互认可和执行仲裁裁决的安排

（一）内地与香港

根据《中华人民共和国香港特别行政区基本法》的规定，经最高人民法院与香港特别行政区（以下简称香港特区）政府协商，香港特区法院同意执行内地仲裁机构（名单由国务院法制办公室经国务院港澳事务办公室提供）依据《中华人民共和国仲裁法》所作出的裁决，内地人民法院同意执行在香港特区按香港特区《仲裁条例》所作出的裁决。上述安排，根据最高人民法院和香港特别行政区代表协商达成的一致意见，在内地以最高人民法院发布司法解释的形式予以公布，即法释〔2000〕3 号《最高人民法院关于内地与香港特别行政区相互执行仲裁裁决的安排》（以下简称《安排》），自 2000 年 2 月 1 日起施行。该《安排》规定如下。

1. 在内地或者香港特区作出的仲裁裁决，一方当事人不履行仲裁裁决的，另一方当事人可以向被申请人住所地或者财产所在地的有关法院申请执行。有关法院，在内地指被申请人住所地或者财产所在地的中级人民法院，在香港特区指香港特区高等法院。被申请人住所地或者财产所在地在内地不同的中级人民法院辖区内的，申请人可以选择其中一个人民法院申请执行裁决，不得分别向两个或者两个以上人民法院提出申请。被申请人的住所地或者财产所在地，既在内地又在香港特区的，申请人不得同时分别向两地有关法院提出申请。只有一地法院执行不足以偿还其债务时，才可就不足部分向另一地法院申请执行。两地法院先后执行仲裁裁决的总额，不得超过裁决数额。

2. 申请人向有关法院申请执行在内地或者香港特区作出的仲裁裁决的，应当提交以下文书：执行申请书；仲裁裁决书；仲裁协议。

3. 申请人向有关法院申请执行内地或者香港特区仲裁裁决的期限依据执行地法律有关时限的规定。有关法院接到申请人申请后，应当按执行地法律程序处理及执行。

4. 在内地或者香港特区申请执行的仲裁裁决，被申请人接到通知后，提出证据证明有下列情形之一的，经审查核实，有关法院可裁定不予执行：

（1）仲裁协议当事人依对其适用的法律属于某种无行为能力的情形；或者该项仲裁

协议依约定的准据法无效；或者未指明以何种法律为准时，依仲裁裁决地的法律是无效的；

(2) 被申请人未接到指派仲裁员的适当通知，或者因他故未能陈述意见的；

(3) 裁决所处理的争议不是交付仲裁的标的或者不在仲裁协议条款之内，或者裁决载有关于交付仲裁范围以外事项的决定的；但交付仲裁事项的决定可与未交付仲裁的事项划分时，裁决中关于交付仲裁事项的决定部分应当予以执行；

(4) 仲裁庭的组成或者仲裁庭程序与当事人之间的协议不符，或者在有关当事人没有这种协议时与仲裁地的法律不符的；

(5) 裁决对当事人尚无约束力，或者业经仲裁地的法院或者按仲裁地的法律撤销或者停止执行的。

有关法院认定依执行地法律，争议事项不能以仲裁解决的，则可不予执行该裁决。

内地法院认定在内地执行该仲裁裁决违反内地社会公共利益，或者香港特区法院决定在香港特区执行该仲裁裁决违反香港特区的公共政策，则可不予执行该裁决。

5. 申请人向有关法院申请执行在内地或者香港特区作出的仲裁裁决，应当根据执行地法院有关诉讼收费的办法交纳执行费用。

2009 年最高人民法院针对某些香港之外的国际仲裁机构在香港所作的国际商事仲裁认可与执行问题，颁布了《关于香港仲裁裁决在内地执行的有关问题的通知》。该通知规定：当事人向人民法院申请执行在香港特别行政区作出的临时仲裁裁决、国际商会仲裁院等国外仲裁机构在香港特别行政区作出的仲裁裁决的，人民法院应当按照《安排》的规定进行审查。不存在《安排》规定的情形的，该仲裁裁决可以在内地得到执行。

(二) 内地与澳门

根据《中华人民共和国澳门特别行政区基本法》的规定，最高人民法院与澳门特别行政区经协商，达成《关于内地与澳门特别行政区相互认可和执行仲裁裁决的安排》(以下简称《安排》)，并于 2007 年 10 月 30 日签署。该《安排》已于 2007 年 9 月 17 日由最高人民法院审判委员会第 1 437 次会议通过，即法释〔2007〕17 号。根据双方一致意见，《安排》自 2008 年 1 月 1 日起实施。

该《安排》就内地与澳门特别行政区相互认可和执行仲裁裁决的有关事宜规定如下。

1. 内地人民法院认可和执行澳门特别行政区仲裁机构及仲裁员按照澳门特别行政区仲裁法规在澳门作出的民商事仲裁裁决，澳门特别行政区法院认可和执行内地仲裁机构依据《中华人民共和国仲裁法》在内地作出的民商事仲裁裁决。《安排》没有规定的，适用认可和执行地的程序法律规定。

2. 在内地或者澳门特别行政区作出的仲裁裁决，一方当事人不履行的，另一方当事人可以向被申请人住所地、经常居住地或者财产所在地的有关法院申请认可和执行。内地有权受理认可和执行仲裁裁决申请的法院为中级人民法院。两个或者两个以上中级人民法院均有管辖权的，当事人应当选择向其中一个中级人民法院提出申请。澳门特别行政区有权受理认可仲裁裁决申请的法院为中级法院，有权执行的法院为初级法院。被申请人的住所地、经常居住地或者财产所在地分别在内地和澳门特别行政区的，申请人可以向一地法院提出认可和执行申请，也可以分别向两地法院提出申请。当事人分别向两地法院提出申请的，两地法院都应当依法进行审查。予以认可的，采取查封、扣押或者冻结被执行人财产等执行措施。仲裁地法院应当先进行执行清偿；另一地法院在收到仲裁地法院关于经执行债权未获清偿情况的证明后，可以对申请人未获清偿的部分进行执行清偿。两地法院执行财产的总额，不得超过依据裁决和法律规定所确定的数额。

3. 申请人向有关法院申请认可和执行仲裁裁决的，应当提交以下文件或者经公证的副本：申请书；申请人身份证明；仲裁协议；仲裁裁决书或者仲裁调解书。上述文件没有中文文本的，申请人应当提交经正式证明的中文译本。

4. 申请人向有关法院申请认可和执行内地或者澳门特别行政区仲裁裁决的期限，依据认可和执行地的法律确定。

5. 对申请认可和执行的仲裁裁决，被申请人提出证据证明有下列情形之一的，经审查核实，有关法院可以裁定不予认可：

(1) 仲裁协议一方当事人依对其适用的法律在订立仲裁协议时属于无行为能力的；或者依当事人约定的准据法，或当事人没有约定适用的准据法而依仲裁地法律，该仲裁协议无效的；

(2) 被申请人未接到选任仲裁员或者进行仲裁程序的适当通知，或者因他故未能陈述意见的；

(3) 裁决所处理的争议不是提交仲裁的争议，或者不在仲裁协议范围之内；或者裁决载有超出当事人提交仲裁范围的事项的决定，但裁决中超出提交仲裁范围的事项的决定与提交仲裁事项的决定可以分开的，裁决中关于提交仲裁事项的决定部分可以予以认可；

(4) 仲裁庭的组成或者仲裁程序违反了当事人的约定，或者在当事人没有约定时与仲裁地的法律不符的；

(5) 裁决对当事人尚无约束力，或者业经仲裁地的法院撤销或者拒绝执行的。

有关法院认定，依执行地法律，争议事项不能以仲裁解决的，不予认可和执行该裁决。

内地法院认定在内地认可和执行该仲裁裁决违反内地法律的基本原则或者社会公共利益，澳门特别行政区法院认定在澳门特别行政区认可和执行该仲裁裁决违反澳门特别行政区法律的基本原则或者公共秩序，不予认可和执行该裁决。

6. 申请人依据本安排申请认可和执行仲裁裁决的，应当根据执行地法律的规定，交纳诉讼费用。

7. 一方当事人向一地法院申请执行仲裁裁决，另一方当事人向另一地法院申请撤销该仲裁裁决，被执行人申请中止执行且提供充分担保的，执行法院应当中止执行。根据经认可的撤销仲裁裁决的判决、裁定，执行法院应当终结执行程序；撤销仲裁裁决申请被驳回的，执行法院应当恢复执行。当事人申请中止执行的，应当向执行法院提供其他法院已经受理申请撤销仲裁裁决案件的法律文书。

8. 受理申请的法院应当尽快审查认可和执行的请求，并作出裁定。法院在受理认可和执行仲裁裁决申请之前或者之后，可以依当事人的申请，按照法院地法律规定，对被申请人的财产采取保全措施。

第六节　涉外民事诉讼

一、涉外民事诉讼概述

（一）涉外民事诉讼的概念

涉外民事诉讼，是指具有涉外因素的民事诉讼。民事关系具有下列情形之一的，可以认定为涉外民事关系：

（1）当事人一方或双方是外国公民、外国法人或者其他组织、无国籍人；

（2）当事人一方或双方的经常居所地在中华人民共和国领域外；

（3）标的物在中华人民共和国领域外；

（4）产生、变更或者消灭民事关系的法律事实发生在中华人民共和国领域外；

（5）可以认定为涉外民事关系的其他情形。

（二）涉外民事诉讼的特征

涉外民事案件的特殊性决定了涉外民事诉讼具有不同于国内民事诉讼的特征：涉外民事诉讼活动涉及国家与国家之间的关系，是涉及国家主权和国家司法权的行为；涉外诉讼优先适用国际条约的规定；涉外民事诉讼诉讼期间较长；审理涉外民事案件时，可能适用外国的实体法；涉外民事诉讼有时需要外国法院或外国国家的司法协助，例如协助取证、协助送达、协助判决的认可与执行等。

（三）涉外民事诉讼程序

涉外民事诉讼程序法律规范主要由国内涉外民事诉讼程序规范和国际条约构成。如果上述规范没有规定时，一般会适用本国民事诉讼法中的一般原则和国内民事诉讼程序的有关规定。根据我国《民事诉讼法》第四编的规定，涉外民事诉讼程序主要包括以下内容：一般原则；管辖；送达、期间；财产保全；送达取证、判决和仲裁的相互认可与执行等司法协助活动。

二、外国人的民事诉讼法律地位

外国人，指具有外国国籍的自然人和法人。其民事诉讼法律地位是指外国人在一个国家内享有什么样的民事诉讼权利，承担什么样的民事诉讼义务。赋予外国人一定的民事诉讼地位，目的是保护外国人的实体权利，保证国际交往的正常进行。赋予外国人以什么样的民事诉讼权利，属于一国主权范围的事，由该国的法律和缔结的国际公约规定。

（一）国民待遇

目前，各国普遍给予在本国境内的外国人以国民待遇。即本国境内的外国人在民事诉讼方面与本国公民享有同样的权利，承担同样的义务。这种国民待遇一般在互惠或对等的基础上进行。我国《民事诉讼法》对外国人的民事诉讼地位作了明确的规定。该法第5条规定：外国人、无国籍人、外国企业和组织在人民法院起诉、应诉，同中华人民共和国公民、法人和其他组织有同等的诉讼权利和义务。外国法院对中华人民共和国公民、法人和其他组织的民事诉讼权利加以限制的，中华人民共和国人民法院对该国公民、企业和组织的民事诉讼权利，实行对等原则。

（二）司法豁免

司法豁免权是外交特权的一种，是指一个国家根据本国法律或者参加、缔结的国际条约，对在本国的外国代表和组织赋予的免受司法管辖或者司法审判的权利。司法豁免原则是主权国家平等原则在司法领域的具体体现，它是建立在国与国对等原则基础之上的，有利于各国外交代表和国际组织在驻在国顺利履行职务。

我国《民事诉讼法》第 261 条规定：对享有外交特权与豁免的外国人、外国组织或者国际组织提起的民事诉讼，应当依照中华人民共和国有关法律和中华人民共和国缔结或者参加的国际条约的规定办理。

司法豁免包括刑事司法豁免和民事司法豁免。刑事司法豁免权是完全的司法豁免权，外交代表即使触犯驻在国刑法，也不受驻在国的刑事司法管辖。而民事司法豁免权是不完全的，有限制的。民事司法豁免权的有限性表现在：享有司法豁免权的人因其所属主管机关宣布放弃司法豁免的，或者享有司法豁免权的人因私人事务涉及诉讼的，或者享有司法豁免权的人向驻在国起诉引起反诉的，均不享有司法豁免权。

具体而言，对外国驻我国的外交代表和与外交代表共同生活的配偶及其未成年子女提起的民事诉讼，我国人民法院不能受理。但下列情形除外：

(1) 享有司法豁免权的外国人，其所属主管机关明确宣布放弃司法豁免权的，驻在国法院有权受理对其提起的民事诉讼；

(2) 外交代表以私人名义涉及在中国的不动产的诉讼；

(3) 外交代表以私人身份作为遗嘱执行人、遗产管理人、继承人或者受遗赠人所引起的诉讼；

(4) 外交代表在中国境内从事公务范围以外的活动或者商业活动引起的诉讼；

(5) 因车辆、船舶或者航空器在中国境内造成的事故而引起的诉讼；

(6) 外交代表本人主动提起诉讼，因而引起对方当事人反诉的。

（三）委托本国律师代理诉讼

律师制度是国家司法制度的重要组成部分，一国的司法制度只能适用于本国，而不能延伸于国外。任何一个主权国家都不允许外国司法制度干涉其本国的司法事务。因此，任何国家的律师只能在其本国领域内从事诉讼代理业务，而不能到外国法院以律师身份代理诉讼。在涉外民事诉讼中，外籍当事人需委托代理人进行诉讼的，可以委托当地律师，也可以委托本国人为诉讼代理人，也可以委托本国律师以非律师身份担任诉讼代理人。外国驻华使、领馆官员，受本国公民的委托，可以以个人名义担任诉讼代理人，但在诉讼中不享有外交特权与豁免权。

（四）使用本国通用的语言、文字

审理涉外民事案件使用本国通用的语言、文字，是国家主权原则的具体体现，也是世界各国通用的准则。我国《民事诉讼法》第 262 条规定：人民法院审理涉外民事案件，应当使用中华人民共和国通用的语言、文字。当事人要求提供翻译的，可以提供，费用由当事人承担。人民法院审理涉外民事案件，使用我国通用的语言、文字，是维护国家主权和尊严，体现人民法院行使司法权的严肃性的重要内容。根据该原则，外国当事人提交诉状时，必须附具中文译本。外国当事人在诉讼中必须使用中国通用的语言、文字。外国当事人要求提供翻译的，可以提供，费用由当事人负担。

三、涉外民事管辖权

涉外民事诉讼管辖权，是指一国法院处理涉外民商事案件的权限或者资格。涉外民事诉讼的管辖问题，是人民法院受理涉外民事案件、行使审判权的前提。最高人民法院专门确立了对涉外商事案件集中在部分中级人民法院管辖，以实现公正、有效地审理涉外民事案件。确定涉外民事诉讼管辖的原则要考虑到维护国家主权、以减少冲突为目的的管辖权国际协调、便利管辖法院审理和当事人意思自治等因素。

涉外民事诉讼管辖有一般地域管辖、特殊地域管辖、协议管辖和专属管辖。下面结合我国《民事诉讼法》的相关规定，分别加以介绍。

（一）一般地域管辖

根据“原告就被告原则”，由与被告有关的国家对涉外案件实行管辖。具体又分为：由被告住所地法院管辖，例如德国、奥地利、意大利、日本等国家；由被告国籍国所属国法院管辖，例如法国、比利时、荷兰、西班牙、葡萄牙等国；由被告所在地法院管辖。英国、美国等普通法系国家根据“有效控制原则”，认为只要被告在起诉时在其国家境内构成“存在”或最低联系，能够向其送达诉讼文书，这些国家就有管辖权。

我国《民事诉讼法》对涉外民事诉讼中的一般地域管辖没有专门规定，但涉外民事诉讼程序中没有规定的，适用《民事诉讼法》的其他有关规定；据此，只要被告人在我国境内有住所，我国人民法院均有管辖权。

（二）特殊地域管辖

以案件的特殊性质或特定联系因素为标志确定法院管辖权，这些特定联系因素包括物和行为。我国《民事诉讼法》关于涉外民事诉讼中的特殊地域管辖，主要涉及涉外合同纠纷和其他财产权益纠纷的管辖。因合同纠纷或者其他涉外财产权益纠纷，对在我国领域内没有住所的被告提起的诉讼，根据《民事诉讼法》第 265 条规定，应按下列几种情况确定管辖法院。

1. 合同在我国领域内签订或者履行的，由合同签订地或者履行地人民法院管辖。

2. 侵权行为或者损害结果发生在我国领域内，由侵权行为地或者结果地人民法院管辖。

3. 当事人双方争讼的财产在我国领域内，由诉讼标的物所在地人民法院管辖。

4. 被告在我国领域内有可供扣押的财产的，由被告可供扣押的财产所在地人民法院管辖。

采用“可供扣押财产地”行使管辖权时，人民法院应当查实有关财产确实是被申请人所有的财产。独资公司、合作合资公司中的股权、知识产权以及到期债权都属于可供扣押的财产。

5. 被告在我国领域内设有代表机构的，由代表机构所在地人民法院管辖。

（三）协议管辖

协议管辖，是指某些涉外民事案件由双方当事人协商约定由某个国家的某个法院对案件行使管辖权。协议管辖包括明示协议管辖和默示协议管辖。协议管辖是国际经济贸易中普遍运用的一种管辖制度。这一制度充分尊重双方当事人的意愿，当事人可以选择任何一方所在国法院管辖，也可以选择与诉讼有特定联系的第三国法院管辖。协议管辖又可以分为明示协议管辖和默示协议管辖。默示协议管辖，也叫应诉管辖，是指双方当事人在纠纷发生前或者发生后，没有达成书面的管辖协议，一方当事人在某国法院起诉，另一方当事人对该国法院行使管辖权不提出异议，无条件应诉答辩或者提出反诉的，视为承认受诉人民法院为有管辖权的法院。

2012 年我国《民事诉讼法》修订时删除了 2007 年《民事诉讼法》中涉外篇关于协议管辖和应诉管辖的专门规定，而统一规定了协议管辖及应诉管辖制度，从而使上述两种制度的设计上从区分国内诉讼与涉外诉讼的“双轨制”改为统一的“单轨制”。

其中，明示协议管辖指我国《民事诉讼法》第 34 条规定，合同或者其他财产权益纠纷的当事人可以书面协议选择被告住所地、合同履行地、合同签订地、原告住所地、标的物所在地等与争议有实际联系的地点的人民法院管辖，但不得违反本法对级别管辖和专属管辖的规定。

默示协议管辖，即应诉管辖，指第 127 条规定，人民法院受理案件后，当事人对管辖权有异议的，应当在提交答辩状期间提出。人民法院对当事人提出的异议，应当审查。异议成立的，裁定将案件移送有管辖权的人民法院；异议不成立的，裁定驳回。当事人未提出管辖异议，并应诉答辩的，视为受诉人民法院有管辖权，但违反级别管辖和专属管辖规定的除外。

司法实践中，对于发生在我国境外的商事纠纷，除涉及不动产物权的纠纷外，当事人书面协议选择到我国法院进行诉讼的，我国法院就取得对该案的管辖权。如果当事人间没有书面协议，只要一方当事人起诉到人民法院，对方当事人应诉并就实体问题答辩的，也视为当事人承认人民法院的管辖权。

当事人一方向人民法院起诉时未声明有仲裁协议，人民法院受理后，对方当事人又应诉答辩的，视为该人民法院有管辖权。当事人达成仲裁协议，一方向人民法院起诉未声明有仲裁协议，人民法院受理后，另一方在首次开庭前提交仲裁协议的，人民法院应当驳回起诉，但仲裁协议无效的除外；另一方在首次开庭前未对人民法院受理该案提出异议的，视为放弃仲裁协议，人民法院应当继续审理。可见，当事人自愿放弃仲裁条款，也可以构成应诉管辖，该规则同样应适用于涉外民事诉讼中。

（四）专属管辖

专属管辖，是指与法院地的公共政策密切相关的案件，只能由法院地国法院行使独占和排他的司法管辖权。如物权诉讼以及一些非讼程序如遗嘱检验程序遗产案件、破产案件和不动产的强制处分案件。

根据我国《民事诉讼法》第 266 条规定，属于我国人民法院专属管辖的涉外民事案件有：

1. 在我国履行的中外合资经营企业合同纠纷；

2. 在我国履行的中外合作经营企业合同纠纷；

3. 在我国履行的中外合作勘探开发自然资源合同纠纷。

此外，根据国际司法的理论和实践，下列情形发生的案件，也应当专属人民法院管辖：其一，因不动产纠纷提起的诉讼，由不动产所在地人民法院管辖；其二，因港口作业中发生纠纷提起的诉讼，由港口所在地人民法院管辖。

四、国际司法协助

国际司法协助是指一国法院应另一国法院的请求，代为履行一定的诉讼行为。狭义的国际司法协助仅包括协助进行诉讼文书的送达、传讯证人、搜集证据等。广义的国际司法协助，还包括对外国法院判决和仲裁裁决的认可与执行。

国际司法协助实质上是一国法院协助外国法院在本国领域内实施具有主权性质的司法行为。需要以国家立法、双边的司法协助条约和有关国际公约的规定或互惠为前提。

根据我国缔结或者参加的国际公约，或者按照互惠原则，我国人民法院和外国法院可以相互请求，代为送达文书、调查取证以及进行其他诉讼行为。请求和提供司法协助，应当依照我国缔结或者参加的国际公约所规定的途径进行，没有条约关系的，通过外交途径进行。

（一）涉外民事诉讼送达

涉外民事诉讼中的送达，是指人民法院在涉民事诉讼中，依照法定方式，将诉讼文书送交当事人或者其他诉讼参与人的行为。涉外民事诉讼的送达，包括涉外民事诉讼文书的域内送达和域外送达。当事人在我国领域内有住所地或者经常居住地的，按国内民事诉讼送达方式送达。当事人在我国领域内无住所地或者经常居住地的，应根据我国《民事诉讼法》的规定，分为不同情况，采用如下送达方式。

1. 根据受送达人所在国与我国缔结或者共同参加的国际条约规定的方式送达

根据《海牙送达公约》，全国人民代表大会常委会确定我国司法部为中央机关和有权接收外国通过领事途径转递的文书的机关，有关的送达程序是：我国法院如果请求公约成员国向该国公民或第三国公民或者无国籍人送达民商事司法文书，由有关中级人民法院将请求书和所送达的司法文书，送有关高级人民法院转最高人民法院，由最高人民法院送司法部，转送给该国指定的中央机关；必要时，也可由最高法院送我国驻该国使领馆转送给该国指定的中央机关。

2. 委托我国驻外使、领馆代为送达

对具有中华人民共和国国籍但在我国境内没有住所的受送达人，可以由我国司法机关直接委托我国驻受送达人所在国使、领馆代为送达。委托书和所送达司法文书应当由有关中级人民法院或者专门人民法院送有关高级人民法院转最高人民法院，由最高人民法院直送或者经司法部转送我国驻该国使领馆，送达给当事人。送达证明按原途径退回有关法院。我国参加的《维也纳领事关系公约》也规定，受诉国法院可以委托其驻外使领馆向其本国当事人送达诉讼文书。

3. 通过外交途径送达

如果受送达人所在国与我国没有签订司法协助条约或者协定，也不是海牙送达公约

的成员国，人民法院可以通过外交途径送达有关诉讼文书。即可以经我国省、自治区、直辖市的高级人民法院，将应当送达当事人或者其他诉讼参与人的诉讼文书，送交我国外交机关，由我国外交部领事司送交当事人所在国驻我国的外交机构，再由其转交给该国的外交机关，然后按照该国法律规定的方式送达。

4. 向受送达人的诉讼代理人送达

向受送达人委托的代理人送达诉讼文书是国际上通行的一种办法。受送达人委托有诉讼代理人，并在授权委托书中明确表示由其代理人代收诉讼文书的，人民法院可以向其代理人送达。

5. 向受送达人在我国领域内设立的代表机构或者有权接受送达的分支机构、业务代办人送达

这种送达方式主要是针对受送达人是外国企业或者组织的情形下采取的。外国企业或者组织在我国境内无住所时，可以通过受送达人在我国领域内设立的代表机构或者有权接受送达的分支机构、业务代办人或者办事处送达。境外当事人在我国境内设立的分公司、全资子公司可以视为境外当事人在我国设立的代表机构，人民法院可以向其送达诉讼文书。但对于有商务代理关系的代理机构，则需要经过境外当事人明确授权才可以进行送达。如果未经授权，则不能有商务代理关系的代理机构送达。至于留置送达，必须对有权接受诉讼文书的有关机构方可适用。这种送达方式简便易行，是国际上通行的一种送达方式。

6. 邮寄送达

涉外民事诉讼中采用邮寄送达方式，须以受送达人所在国法律允许为前提。根据我国《民事诉讼法》规定，受送达人所在国的法律允许邮寄送达的，可以邮寄送达，自邮寄之日起满三个月，送达回证没有退回，但根据各种情况足以认定已经送达的，期间届满之日视为送达。

7. 采用传真、电子邮件等能够确认受送达人收悉的方式送达

8. 公告送达

我国《民事诉讼法》明确规定上述途径不能送达的，应当进行公告送达。公告送达时，应当通过国内外公开发行的报纸或者其他新闻媒体进行。公告送达，自公告之日起满三个月，即视为送达。

《海牙送达公约》并不排除缔约国采用其他有效途径送达诉讼文书。我国《民事诉讼法》规定的几种送达方式，除公告送达外，其他几种方式不分先后次序，只要不与公约相冲突，人民法院可以使用我国《民事诉讼法》规定的其他途径送达。只有公约与我国法律相冲突的，才优先适用公约的规定。

（二）域外调查取证

我国涉外民事诉讼域外调查取证主要通过三种途径进行：一是依照我国缔结或者所参加的国际条约所规定的途径进行；二是没有条约关系的通过外交途径进行；三是对居住在国外的我国公民进行调查取证，可以通过使领馆进行。人民法院在请求外国法院进行调查取证时，应该查明我国与被请求国之间有无司法协助协议，是否共同参加国际公约，以及各自保留的内容和要求。

五、外国法院判决的认可与执行

承认外国法院的判决和执行外国法院的判决，既有联系又有区别。承认外国法院判决是执行该判决的前提，承认外国法院的判决不等于一定要强制执行该判决。通常执行外国法院判决需要更多或更严的条件。

（一）认可与执行外国法院判决的基本制度

各国认可与执行外国法院判决的制度，大概可以分为三类。

1. 德国法系国家的规定

德国法系国家规定，由本国的法院审查确定外国裁判是否符合有关条件，就认可与执行外国裁判的问题作出裁定（也称“宣告性决定”或“执行令”）。根据德国《民事诉讼法》规定，只要外国法院判决符合一定的条件，当事人就可以向德国法院申请发给执行令。德国法院在颁发执行令时，对外国法院判决不进行实质审查。

2. 法国法系国家的规定

法国法系和拉丁法系国家规定，对某些类型的外国裁判，如形成判决、与身份有关的判决和指定破产管理人的判决，采取依法承认的制度；而对于其他一些裁判，则要有承认外国判决的裁定书。

3. 普通法系国家的规定

以英国为代表的普通法系国家，认可与执行外国裁判制度，根据是否与英国订有相互认可与执行判决的条约或安排，分为两种不同的制度。有条约或者安排的国家和地区，适用 1920 年的《司法条例》和 1933 年的《外国判决（相互执行法）》，根据其规定，为了承认某一外国判决，应当进行登记，但是适用这一制度的国家有限。而没有条约或者安排的国家，有关胜诉人不能持判决要求在英国直接获得认可与执行，应当将外国法院判决看成是在当事人之间成立的一种债务，向英国法院提起一项新的诉讼，要求债务人履行外国法院判决中所确定的债务。

美国在认可与执行外国法院裁判方面没有统一的联邦法律，而是由各州自行决定，大多数州在受理认可与执行外国法院判决时，采取与英国相同的做法。即除非有条约规定，不直接认可与执行外国法院判决，而是要求胜诉人重新起诉。

（二）各国相互认可与执行外国法院判决的一般条件

民事判决的法律效力具有地域性，承认外国法院判决保证了一国司法裁判在国外的诉讼法效力和实体法效力。不过，承认还不能保证外国法院裁判的执行，根据国际司法实践，执行还需要另外的条件。

在国际民事诉讼的实践中，认可与执行的外国法院判决，应当符合以下条件。

1. 作出裁判的外国法院有管辖权。其管辖权一般是根据认可与执行地国家的内国法为标准来确定的。

2. 诉讼程序公正。内国法院在认可与执行外国裁判时，要对其作出判决的诉讼程序公正性进行审查，如败诉方应当得到合法传唤，从而出庭陈述了自己的主张；败诉方在没有诉讼行为能力时得到适当的代理等。如不满足这些要求，就可以拒绝认可与执行外国法院裁判。

3. 外国法院裁判是确定的裁判。对实体法和程序法问题都作出终局的裁判，并且要遵从既判力规则，即该裁判不能为外国法院随意撤销。

4. 外国法院裁判是合法的裁判。运用欺诈手段获得的外国法院裁判不能在内国得到认可与执行。

5. 外国法院裁判不能与其他有关的法院裁判相抵触。

6. 外国法院适用了适当的准据法。这里是以被请求国冲突规范所指定的准据法为依据来确定的。

7. 一般需要存在条约或者互惠关系。

8. 不能与内国法院所在地的公共政策相抵触。

（三）我国《民事诉讼法》的具体规定

我国《民事诉讼法》针对相互认可与执行外国法院判决作出了明确的规定。

人民法院作出的发生法律效力的判决、裁定，如果被执行人或者其财产不在中华人民共和国领域内，当事人请求执行的，可以由当事人直接向有管辖权的外国法院申请认可与执行，也可以由人民法院依照中华人民共和国缔结或者参加的国际条约的规定，或者按照互惠原则，请求外国法院认可与执行。

外国法院作出的发生法律效力的判决、裁定，需要中华人民共和国人民法院认可与执行的，可以由当事人直接向中华人民共和国有管辖权的中级人民法院申请认可与执行，也可以由外国法院依照该国与中华人民共和国缔结或者参加的国际条约的规定，或者按照互惠原则，请求人民法院认可与执行。

人民法院对申请或者请求认可与执行的外国法院作出的发生法律效力的判决、裁定，依照中华人民共和国缔结或者参加的国际条约，或者按照互惠原则进行审查后，认为不违反中华人民共和国法律的基本原则或者国家主权、安全、社会公共利益的，裁定承认其效力，需要执行的，发出执行令，依照有关规定执行。违反中华人民共和国法律的基本原则或者国家主权、安全、社会公共利益的，不予认可与执行。

小结

仲裁与诉讼为两种常见的争端解决方式，但两者相互排斥，国际商事争端解决的主要方式为仲裁。近些年，可替代性争端解决较为流行。仲裁协议是仲裁程序启动的基础，是仲裁裁决有效的决定性因素之一。仲裁协议的内容一般包括仲裁的意思表示、仲裁事项、选定的仲裁机构、仲裁地点、程序及仲裁协议的效力等。仲裁协议对当事人、仲裁机构和法院都会发生一定的法律效力。各仲裁庭都有标准的示范仲裁条款。近些年，国际常设仲裁机构都先后修改了仲裁规则，增加了紧急程序和简易程序的规定。《纽约公约》详细规定了认可与执行外国仲裁裁决的程序和理由，我国也是缔约国之一。涉外民事诉讼程序一般依据各国国内法的规定。我国涉外民事司法管辖权一般分为：一般地域管辖、特殊地域管辖、协议管辖和专属管辖。涉外诉讼可能涉及国际司法协助和外国法院判决的认可与执行。

思考题

1. 简述仲裁与诉讼的差异。
2. 简述仲裁协议的内容。
3. 简述仲裁协议的效力。
4. 国际常设仲裁机构的仲裁规则近些年有何变化?
5.《纽约公约》中拒绝认可与执行外国仲裁裁决的理由。
6. 外国人在我国的民事诉讼法律地位如何?
7. 我国涉外民事诉讼管辖权是如何规定的?
8. 外国法院判决如何在我国获得认可与执行?

参 考 文 献

[1] 沈达明,冯大同,赵宏勋.国际商法(上下)[M].北京：对外贸易出版社,1982.
[2] 冯大同,沈四宝.国际商法[M].北京：对外贸易教育出版社,1994.
[3] 冯大同.国际商法(新编本)[M].北京：对外经济贸易大学出版社,1991.
[4] 冯大同.国际商法(新编本)[M].北京：对外经济贸易大学出版社,2001.
[5] 冯大同,沈四宝.国际商法[M].北京：对外经济贸易大学出版社,2002.
[6] 薄守省.国际商法教程[M].北京：对外经济贸易大学出版社,2007.
[7] 曹建明,贺小勇.世界贸易组织[M].北京：法律出版社,2004.
[8] 曹祖平.新编国际商法[M].北京：中国人民大学出版社,2010.
[9] 左海聪等.国际商法[M].北京：法律出版社,2008.
[10] 史学瀛,李树成.国际商法(第3版)[M].天津：南开大学出版社,2013.
[11] 陈安.国际经济法学[M].北京：北京大学出版社,1995.
[12] 陈盛清.外国法制史[M].北京：北京大学出版社,1982.
[13] 董安生.票据法[M].上海：上海人民大学出版社,2000.
[14] 董安生.中国商法总论[M].吉林：吉林人民出版社,1994.
[15] 冯守华,冯守尊.国际商法[M].北京：中国对外经济贸易出版社,2004.
[16] 郭寿康,赵秀文.国际经济法[M].北京：中国人民大学出版社,1999.
[17] 国际商会.国际贸易术语解释通则 2010[M].北京：中国民主法制出版社,2011.
[18] 国务院研究室财金贸易研究司,中华人民共和国票据法实务全书[M].北京：企业管理出版社,1995.
[19] 韩宝庆.国际商法[M].北京：经济管理出版社,2009.
[20] 韩立余.国际经济法学原理与案例教程[M].北京：中国人民大学出版社,2006.
[21] 贺小勇.国际经济法[M].北京：高等教育出版社,2009.
[22] 黄东黎.世界贸易组织法[M].北京：社会科学文献出版社,2009.
[23] 江平.新编公司法教程[M].北京：法律出版社,1994.
[24] 江平.西方国家民商法概要[M].北京：法律出版社,1987.
[25] 江平.中华人民共和国合同法精解[M].北京：中国政法大学出版社,1999.
[26] 柯芳枝.公司法论[M].北京：中国政法大学出版社,2004.
[27] 李扬.知识产权法基本原理[M].北京：中国社会科学出版社,2010.
[28] 李仲周.世界贸易组织法律文本[M].北京：法律出版社,2001.
[29] 刘惠荣.国际商法学[M].北京：北京大学出版社,2009.
[30] 刘俊海,译.欧盟公司法指令全译[M].北京：法律出版社,2000.
[31] 刘文琦.产品责任法律制度比较研究[M].北京：法律出版社,1997.
[32] 马强.合伙法律制度研究[M].北京：人民法院出版社,2000.
[33] 孟国碧,梁桂青.国际商法[M].陕西：陕西人民出版社,2007.
[34] 莫世键.国际经济法[M].北京：中国政法大学出版社,2008.
[35] 钱晓英,张善燚,孟繁华,等.国际商法[M].北京：清华大学出版社,2011.
[36] 沈四宝,王军,焦津洪.国际商法[M].北京：对外经济贸易大学出版社,2002.
[37] 沈四宝.西方国家公司法概论[M].北京：北京大学出版社,1989.

[38] 沈四宝,王军.国际商法[M].北京:对外经济贸易大学出版社,2010.
[39] 施新华.国际商法[M].四川:西南财经大学出版社,2010.
[40] 孙金刚.国际商法[M].北京:电子工业出版社,2007.
[41] 孙南申.国际商法[M].浙江:浙江大学出版社,2010.
[42] 谭兵.中国仲裁制度研究[M].北京:法律出版社,1995.
[43] 王传丽.国际贸易法[M].北京:法律出版社,2005.
[44] 邓旭,陈晶莹.国际贸易术语解释与国际货物买卖合同[M].北京:经济管理出版社,2012.
[45] 王江雨.买卖合同成立的一般规则与国际贸易中的格式之战[M].北京:法律出版社,1997.
[46] 王军.美国合同法[M].北京:中国政法大学出版社,1996.
[47] 王利明,崔建远.合同法新论·总则[M].北京:中国政法大学出版社,2000.
[48] 王延春,等.中国加入世界贸易组织法律文本[M].北京:法律出版社,2002.
[49] 吴汉东.知识产权法[M].北京:北京大学出版社,2008.
[50] 吴建斌,肖冰,彭岳.国际商法[M].北京:高等教育出版社,2010.
[51] 吴建斌,朱娟.国际商法[M].上海:上海财经大学出版社,2010.
[52] 吴建斌.国际商法新论[M].南京:南京大学出版社,2008.
[53] 吴薇.国际商法[M],北京:对外经济贸易大学出版社,2007.
[54] 吴兴光,朱兆敏.国际商法[M].北京:中国商务出版社,2010.
[55] 吴志忠.国际商法教程[M].北京:中国财政经济出版社,1998.
[56] 宣增益,张丽英.世界贸易组织法律教程[M].北京:中信出版社,2003.
[57] 尹田.法国现代合同法[M].北京:法律出版社,1995.
[58] 余劲松,吴志攀.国际经济法[M].北京:北京大学出版社,高等教育出版社,2009.
[59] 张圣翠.国际商法[M].上海:上海财经大学出版社,2000.
[60] 张玉卿,姜韧,姜凤纹.联合国国际货物买卖合同公约释义[M].辽宁:辽宁人民出版社,1988.
[61] 张玉卿.国际统一司法协会国际商事合同通则 2010 英汉对照[M].北京:中国商务出版社,2012.
[62] 赵维田.世界贸易组织(WTO)的法律制度[M].北京:法律出版社,2000.
[63] 赵旭东.新旧公司法比较分析[M].北京:人民法院出版社,2005.
[64] 郑成思.再论知识产权的概念[M].北京:中国方正出版社,1996.
[65] 郑远民.现代商人法研究[M].北京:法律出版社,2001.
[66] 中国社会科学院法学研究所民法研究室.外国仲裁法[M].北京:中国社会科学出版社,1982.
[67] 宗艳霞.国际商法[M].大连:大连理工大学出版社,2009.
[68] [德]彼得·施莱希特里姆(Peter Schlechtriem).《联合国国际货物买卖合同公约》评释[M].李慧妮,编译.北京:北京大学出版社,2006.
[69] [德]托马斯·莱塞尔(Dr. Thomas Raiser),[德]吕迪格·法伊尔.德国资合公司法[M].高旭军,单晓光,刘晓海,等译.北京:法律出版社,2005.
[70] [美]理查德·谢弗,贝弗利·厄尔,菲利伯多·阿格斯蒂.国际商法[M].邹建华,译.北京:人民邮电出版社,2003.
[71] [美]罗伯特·C.克拉克.公司法则[M].胡平,等,译.北京:工商出版社,1999.
[72] [美]迈克尔·D.贝勒斯.《法律的原则》[M].张文显,等,译.北京:中国大百科全书出版社,1996.
[73] [英]威廉·布莱克斯通.英国法释义[M].游云庭,缪苗,译.上海:上海人民出版社,2006.
[74] [英]施米托夫.国际贸易法文选[M].赵秀文,译.北京:中国大百科全书出版社,1993.
[75] [德]罗伯特·霍恩,海因·科茨,汉斯·G.莱塞.德国民商法导论[M].楚建,译.北京:中国大百科全书出版社,1996.

教学支持说明

尊敬的老师：

您好！为方便教学，我们为采用本书作为教材的老师提供教学辅助资源。鉴于部分资源仅提供给授课教师使用，请您填写如下信息，发电子邮件或传真给我们，我们将会及时提供给您教学资源或使用说明。

课程信息

书　　名			
作　　者		书号（ISBN）	
课程名称		学生人数	
学生类型	□本科　□研究生　□MBA/EMBA　□在职培训		
本书作为	□主要教材　□参考教材		

您的信息

学　　校			
学　　院		系/专业	
姓　　名		职称/职务	
电　　话		电子邮件	
通信地址		邮　　编	
对本教材建议			
有何出版计划			

________年____月____日

清华大学出版社

E-mail: tupfuwu@163.com
电话：8610-62770175-4903/4506
地址：北京市海淀区双清路学研大厦B座506室
网址：http://www.tup.com.cn/
传真：8610-62775511
邮编：100084